引發南北戰爭的

小婦人

哈里特·比徹·斯托

引領廢奴文學興起，喚醒社會平權意識，
《湯姆叔叔的小屋》作者與她不斷揭露不公和偏見的一生

THE LIFE OF HARRIET
BEECHER STOWE

查爾斯·愛德華·斯托 ——著　孔謐 ——譯

一部《湯姆叔叔的小屋》引發美國內戰；
一篇〈拜倫夫人真實的一生〉引起英國譁然，

透過日記及書信，本書帶你重新認識這位極具正義的多產作家！

目錄

CONTENTS

前言

　　在此，我要對紐約哈帕兄弟聯合出版公司表示感謝，他們慷慨地允許我使用《萊曼·比徹的自傳與通信錄》的部分內容。我得到了他們的授權，可以自由地使用該書第一章與第三章的內容。在本書的第二十章裡，我可以引用克羅斯先生所著的《喬治·艾略特傳》的內容。不過，在我引述的每個段落裡，我都會標明手稿的出處，這不是出自已經出版的內容。總而言之，我要表達對柯克·門羅的敬意，他在編寫這本書的過程中給予了我極大的幫助。

查理斯·愛德華·斯托

西元 1889 年 9 月 30 日於哈特福

PREFACE

第一章
童年時期，西元 1811 ～ 1824 年

第一章　童年時期，西元 1811 ～ 1824 年

- ✦ 斯托夫人的母親去世了
- ✦ 第一次離開家的旅程
- ✦ 在堅果平原上的生活
- ✦ 上學讀書與閱讀最喜歡作家的作品
- ✦ 利奇菲爾德學院以及其產生的影響
- ✦ 斯托夫人早年在文學上的創作
- ✦ 一篇了不起的文章
- ✦ 前往哈特福

西元 1811 年 6 月 14 日，哈里特・比徹（斯托）（Harriet Elizabeth Beecher Stowe）生於康乃狄克州利奇菲爾德這座典型的新英格蘭城鎮。她的父親是萊曼・比徹（Lyman Beecher）牧師，他是一位著名的加爾文教派牧師，她的母親，也是萊曼・比徹牧師的第一任妻子，名叫洛克塞娜・福特（Roxana Foote）。

哈里特・比徹生在一個健康幸福的家庭裡，她有五個哥哥姊姊。最年長的是凱薩琳（Catharine Esther Beecher），生於西元 1800 年 9 月 6 日。接著就是凱薩琳的兩個身體健康的弟弟，分別是威廉（William Henry Beecher）與愛德華（Edward Beecher），再來是瑪麗（Mary Foote Beecher Perkins）與喬治（George Beecher），最後才是哈里特・比徹。

另一個姊姊在哈里特・比徹出生前三年出生，但只活了一個月就夭折。萊曼的第四個女兒的名字就是為了紀念她，才取名為哈里特・伊莉莎白・比徹。在哈里特・比徹出生兩年後的同一個月，她的另一個弟弟亨利・沃德（Henry Ward Beecher）出生在這個幸福的家庭。在亨利・沃德之後，就是洛克塞娜・福特的最後一個兒子查理斯（Charles Beecher）。

哈里特人生中最早記住的事情，便是母親去世這件事。當時，她只有四歲，但這件事始終是她整個童年時期最柔軟、最悲傷與最神聖的記憶。斯托夫人對母親的記憶可以從她寫給弟弟查理斯的一封信裡看出來。之後，這封信的內容出現

在《萊曼·比徹的自傳與通信》一書裡。哈里特在信件裡這樣寫道：

母親去世的時候，我大約是三四歲。因此，我對母親的個人記憶是模糊而珍貴的。但是，那些認識母親的人在談論母親時表現出來的敬意與尊重，深深地影響著我的童年生活。母親的很多朋友都會談論有關她生前有趣的事情與故事，他們說的那些話讓我留下了深刻的印象。

母親是一位有著堅強性格、為人安靜與具有博愛精神的人，每個人都能從她身上感受到安慰與平靜。她與我父親的結合是非常特別的。他們之間的親密關係一直持續到各自人生的終點。

可以說，我的父親最相信母親所做出的各種決定。無論在智力層面還是道德層面上，父親都認為母親是更好版本的自己。我還記得父親在母親去世之後說，他一開始的感受是恐懼，就好像一個孩子突然置身於完全黑暗的環境裡，不知所措。

在我的童年時期，關於母親的記憶只有兩件事情，不過這就像穿透黑暗的光芒，讓我有所感知。其中一件事情是在某個安息日的早晨，我們從房間跑到客廳裡來回跳舞。此時，母親用友善的口吻說：「孩子們，記得要保持安息日的神聖啊！」

我記得的另一件事情是：母親是一位喜歡園藝的人，雖然她做的不是很專業，但還是會在條件允許的情況下去做。母親在紐約的哥哥剛好寄給她一小包鬱金香種球。我還記得某天母親外出，我在育兒室某個隱蔽的角落裡找到了這些鬱金香種球。當時，我強烈地認為這些種球很好吃，就用我所學不多的話語說服我的幾個哥哥，說這些東西就是大人們都喜歡吃的洋蔥，適合我們吃之類的話。於是，我們把它們吃光了。

我還記得，當我嘗到了一種奇怪的香味之後，感覺到洋蔥的味道不如我想像中那麼好，我感到有些失望。之後，母親安詳的臉龐出現在育兒室的大門口。我們跑到母親的身邊，異口同聲地告訴她我們的發現與做出的成績。我們說，我們發現了一包洋蔥，並且將洋蔥全吃了。

我還記得，母親當時沒有表現出任何的不耐煩臉色，她只是坐下來，對我們

第一章　童年時期，西元 1811 ～ 1824 年

說：「我親愛的孩子，你們剛才做的事情讓媽媽感到很遺憾。你們吃的那包東西不是洋蔥，而是一些美麗花朵的根。如果你們不去吃它們，那麼我們在明年夏天就能在果園裡看到美麗的紅花與黃花，這些花都是你們以前從來沒有見過的。」我還記得，當我們想像著那一副畫面的時候，都低著頭，感到非常沮喪。我們為那個紙袋裡空空如也感到非常悲傷。

我還記得母親曾對著我們這些孩子大聲朗讀埃奇沃思女士（Maria Edge-worth）所著的《弗蘭克》一書。我認為這本書當時剛剛出版，在利奇菲爾德的教育圈子裡也引起了不小的震動。之後，大家都說母親生病了。某天，大人們允許我走進母親的房間，母親當時躺在病床上。我仍然記得母親當時臉上兩邊都有紅色的斑點，依然露出平靜的笑容。我還記得某天晚上睡覺做夢的時候，夢到了母親的身體康復了。我興奮地從睡夢中驚醒，卻被走進房間裡的大人哄得安靜下來。我的夢境是真實的，母親之後再也不會遭受病痛的折磨了。

接著，就是我參加母親葬禮的記憶了。亨利當時還太小，沒有參加母親的葬禮。我看到亨利那金色的捲髮，穿著黑色的連衣裙，就像一隻小貓那樣在陽光下玩耍，完全不知道到底發生了什麼事。

我還記得當時穿上喪服，比我大的哥哥姊姊們都在哭泣。我還記得走在墓地上，一個人在墓碑前說話。接著，就是填土的過程了。我們這些小孩都感到非常困惑，紛紛問母親去哪裡了，想要知道母親是不是永遠都不會回來了。

有時，他們會對我們說，母親只是睡在了地下。有時，他們會跟我們說，母親去了天堂。因此，年幼的亨利將這兩種說法連繫起來，認為只要在地上挖土，就能到達天堂去找到母親。某天，姊姊凱薩琳透過窗戶看到了亨利滿懷熱情地在挖土，她就過去詢問情況，知道了亨利的用意。亨利用手將捲曲的頭髮撩上去，輕描淡寫地說：「我沒做什麼啊！我只是想要前往天堂找媽媽而已。」

雖然我們再也見不到母親的身影了，可是我認為有關她的記憶與做出的榜樣，對塑造整個家庭，對孩子們從善避惡方面產生了巨大的影響。即使她離開了我們，但她的影響力要比很多健在的母親都要更加強大。她留給我們的回憶是無處不在的，因為城鎮上的每個人，無論是地位最高還是地位最低的人，他們似乎都讚賞母親的品格與人生。這些人對母親所做出的積極評價，是我們經常可以聽到的。

在《湯姆叔叔的小屋》（Uncle Tom's Cabin）一書裡的部分段落裡，奧古斯

丁‧聖卡萊爾就曾描述了他母親對他的影響，那是我母親對我的影響的一種簡單的重複，因為母親對整個家庭的影響始終是難以磨滅的。

在談到亡妻時，比徹牧師說：「很少有女性像她那樣虔誠的。她的信念是那麼地強大，她的祈禱是那麼地真誠。她的心願是，她的孩子日後長大之後都要成為牧師。這就是她內心強烈的願望。她的祈禱得到了回應。她的每個兒子都信仰了基督教，他們也實現了她生前的願望，都成為了耶穌的信徒。

這就是洛克塞娜‧福特。她對她當時只有四歲女兒的影響力是那麼的強大，以至於影響到了這位日後創作出《湯姆叔叔的小屋》一書的女兒。在母親去世後，他們在利奇菲爾德的家彌漫著悲傷的氣氛，孩子們在這裡過著孤獨的生活。他們的阿姨哈里特‧福特將年幼的哈里特‧比徹帶到了她外祖母在堅果平原的家住了一段時間，這裡位於康乃狄克州吉爾福德附近。這是年幼的哈里特‧比徹第一次離開家。關於這段旅程，斯托夫人後來這樣回憶說：

在我最早的記憶裡，就包括了在母親去世之後，我立即被送到了堅果平原。在母親彌留之際，哈里特‧福特阿姨一直留在母親身邊照顧她。母親去世之後，她將我帶到她的家。在經歷了一段看似一整天的馬車旅程之後，我們終於在黑暗的月色下來到了一座孤零零的白色小農場。

接著，我們走進了一個很大的客廳，客廳裡的柴火燒得正旺，發出劈哩啪啦的聲響。一位年長的女士將我抱在手臂上，她用力地抱著我，安靜地啜泣著。那時，我對此感到非常奇怪，因為失去母親的悲傷已經從我幼稚的思想中消失了。

我還記得阿姨將我抱到一個很大的房間。房間的一邊擺放著她與我的睡床，另一邊則擺放著外祖母的床。哈里特阿姨不是一般意義上的女性，她是個精力充沛的人，但她不知道怎麼去教育孩子。她對教育的看法還是過去老派的那種英國女性的教育方法。她深信教堂的作用。要是她還生活在過去的那種制度下，肯定會堅定地相信著國王。雖然從獨立戰爭到當時已經經歷了好幾代人，可她依然不是《獨立宣言》的堅定支持者。

按照阿姨的觀點，女孩應該從小培養優雅的舉止，低聲說話，注重儀容，要學會說「是的，女士」或是「不是的，女士」，絕對不能撕扯自己的衣服，還要學會縫紉、編織衣服，每個週六上教堂，有問必答，回家之後要接受問答式的教義。

第一章　童年時期，西元 1811 ～ 1824 年

在進行問答式教義的過程中，她經常會將我的表妹瑪麗與我抱在她的膝蓋上，而黑人戴娜與帶著腳鏈的哈利則坐在離我們一段的距離之外。因為哈里特阿姨始終要求她的僕人「低聲地命令他們，表達對他們的尊重，這樣才對他們有好處」。

教堂的一些問答式教義始終會讓我感到有趣，特別是當我要求得到一些小冊子的時候，他們總是會稱呼我「哈里特小姐」，對我的方式是我之前在洋溢著民主氣氛的家裡所感受不到的。我開始熟練掌握教堂的問答式教義，在朗讀這些教義時表現出老式的莊重與堅定的口吻，這讓我的阿姨感到非常滿意。

因為我的父親是公理會的牧師，所以我認為哈里特阿姨雖然是高教會派的虔誠信徒，但她應該也對於我所接受的宗教教育，是否應該完全脫離我的家庭環境存在顧慮。因此，當問答式教義的練習結束之後，她會對我說：「我的外甥女，妳必須要學習另一套問答式教義了，因為妳的父親是一名長老會牧師。」之後，阿姨又會讓我將《韋敏斯德要理問答》記在心裡。

面對這種額外的練習要求，我暗地裡感到不滿。我更願意去記憶教堂問答式教義的第一個問題，因為這些問題符合小孩子的理解水準 —— 比如「你的名字是什麼？」之類的問題。這是一個很輕易就能回答的問題，我可以大聲地回答這個問題。我習慣了將第一個問題與另一個問答式教義的問題進行對比 ——「一個人存在的主要目的是什麼？」。

顯然，這個問題要比剛才的問題困難許多。事實上，在阿姨對第二種問答式教義的暗暗懷疑，與我身為孩子對太多教義表現出不耐煩的情況來看，在經歷了幾次毫無結果的嘗試之後，阿姨最終放棄這樣做。當我私下聽到阿姨對外祖母說，她認為在我回家之後，讓我學習長老會問答式教義就足夠，這讓我感到非常高興。

在學習了這麼多問答式教義與縫紉工作後，我還要學習洛思所寫的《以賽亞書》（*Book of Isaiah*）、布坎南所著的《亞洲的研究》、《赫伯主教的人生》與詹森博士等人作品中的許多節選內容。

在閱讀《聖經》（*Bible*）與《祈禱書》之後，就是外祖母閱讀她最喜歡的段落的時候了。不過，哈里特阿姨似乎並不喜歡這些內容。不過，她很喜歡外祖母對於她們閱讀《聖經》時做出的評論。在福音傳道者當中，她是一位安然待在家裡的人。她對每一位信徒的看法是那麼地明顯與具有戲劇性，她還將這些信徒當成自己的熟人。比方說，她始終會帶著微笑地談論皮特做出的評論，然後說：

「我們又再次見到了他，這段話聽上去就像皮特所說的。皮特就是一位隨時做好準備去評論的人。」

也許，正是在堅果平原上度過的這個冬天，加上她當時所處的環境，才讓哈里特開始記住了各種不同類型的讚歌、詩歌以及《聖經》裡的許多段落。她在多年之後的創作裡在使用這些詩歌的時候都顯得信手拈來。在這年 11 月，凱薩琳在一封信裡曾這樣描述她：

哈里特是一位非常聽話的女孩，她整個夏天都在上學讀書，學習流暢地閱讀課本。她還記下了二十七首讚歌與《聖經》裡的兩個篇幅較長的段落。她的記憶力非常好，肯定能成為一名優秀的學生。

此時，哈里特才只有五歲，就經常前往西街的「吉爾伯恩女士」的學校上學了。她每天都牽著自己那位圓圓胖胖、臉頰紅潤、赤腳走路的四歲弟弟亨利·沃德一起走路。

在她掌握了閱讀的能力之後，她的內心就萌生了對文學的強烈興趣，這樣的興趣一直伴隨著她的一生。在那個時代，幾乎沒有什麼書籍是專門為孩童們準備的。在哈里特六歲的時候，我們就發現這位年幼的小女孩，已經如飢似渴地找尋著精神層面上的食糧，希望從父親放在閣樓每個角落裡的許多古老的布道演說稿子以及小冊子裡，找尋到自己想要的知識。

對年幼的哈里特來說，這些古老的布道演說稿子或是小冊子的內容，都記錄著許多她根本看不懂的文字。在她翻閱許多卷的內容時，往往會發現「一個男人娶妻子的妹妹為妻，這是違反道德準則」之類的話語。但是，哈里特並不甘心，她不斷地翻找著適合自己閱讀的書籍，因為她的靈魂希望得到靈魂的食糧。

最後，她耐心的搜尋得到了回報，因為在一捆要發霉的布道演說稿子的下面，她發現了一本名叫《天方夜譚》（*One Thousand and One Nights*）的舊書。她感覺自己似乎一下子擁有了許多財富一樣，因為在這本講述著許多讓人著迷的神話故事裡，這位有著豐富想像力的孩子發現了一個充滿樂趣的源泉。

當她感到事與願違的時候，當她的哥哥們開始遠足旅行，不願意帶上她的時候，或是她鬧一些小孩子的情緒時，她就會蜷縮在某個舒適的角落裡，認真地閱

第一章　童年時期，西元 1811～1824 年

讀這本書，彷彿自己坐在一張被施加了魔法的毯子上面，飛到了一個仙境世界裡，忘記了自己所有的悲傷與不滿。

在回憶她的童年生活時，斯托夫人就首先講述了自己父親的藏書室，並且生動地描述了自己在藏書室內的許多經歷。

當我進入父親的藏書室裡，我會感覺到家裡的一切噪音都消失了。對我來說，這個房間似乎特別安靜，有一種避難所的感覺。房間的書架都是從地板一直延升到天花板的，每個書架上都擺放著許多書籍，這些書籍彷彿在向我問好。

書架的旁邊就是我父親的那把扶手椅。在父親的桌前，他始終放著克魯登所著的《用語索引》以及《聖經》。我喜歡來到這裡，在某個安靜的角落裡舒適地坐著，然後閱讀自己喜歡的書籍。當我安靜地坐下，認真觀察著父親在桌前寫作，就會有一種受到保護的感覺。

我也會翻看他的書籍，不時用認真低沉的聲音與他說話。我隱約地感覺到，父親所寫的一些文章是神聖且神祕的，這完全超越了我這個小孩子所能理解的範圍。我小心翼翼地不去向父親提問或是與他說話，不想打擾他的工作。

藏書室裡的書籍總是讓我產生一種莊嚴的敬畏感覺。在較低的書架上，擺放著許多很厚的對開本書籍，其中一本書的封面上用黑色字體寫著《賴特福德歌劇》。我對這個書名感到非常好奇，想像著這本書怎麼這麼厚。

除此之外，書架上還擺放著各種類型不同、大小不同以及不同裝幀的書籍。因為我經常看到這些書的書名，因此我對這些書名都熟記在心。書架上擺放著貝爾的《布道演說》、有伯內特的《質問》、鮑格的《論文集》、拓普雷迪所著的《命運》、波士頓的《四種狀態》、洛所著的《重要的拜訪》以及其他類似的書籍。

我每天都會好奇地看著這些書，卻從未想過要從這些書裡讀到任何有趣的內容。每當我想到父親能夠讀懂並且理解這些書，就讓我對父親產生了一種朦朧的敬意。我在想，如果我長大了，是否也能夠讀懂這些書。

但是，父親所收藏的一些書籍對我來說，卻好比是一筆財富。當父親將這些書帶回家，並將科登·瑪德的《馬格諾拉》這本書的全新版本放在書架上時，我真的感到非常高興。這本書裡面的故事是多麼的有趣啊！這些故事都是發生在我

們這個國家的。這些故事讓我感覺到，我腳下的這片土地，因為過去一些遵循上帝旨意的行為而變得非常神聖。

在回憶她過去的一些事情時，斯托夫人還談論了她第一次聽到《獨立宣言》時的感覺：「我之前從未聽說過什麼《獨立宣言》。現在，我開始對《獨立宣言》的部分內容有著模糊的了解了。不過，我還是從背誦的過程中，感受到了我們的國家之前遭受了許多傷害與不公平的對待，這讓我的內心充盈著憤怒。因此，當時年幼的我非常高興地支援宣言裡的內容。塔爾梅奇上校在閱讀《獨立宣言》的時候也顯得非常有氣勢，更是加深了我內心的想法。當時，我願意獻出自己的生命、財富與神聖的榮譽去捍衛這個事業。那時我身上的英雄主義情節是非常強烈的，因為我的祖先就是清教徒，所以我認為現在輪到我去做些事情了，但我卻不知道該做些什麼。也許，我應該為我的國家去戰鬥，或是發出自己的聲明。」

在哈里特差不多六歲的時候，她的父親娶了第二任妻子，來自緬因州波特蘭的哈里特・波特小姐（Harriet Porter）。斯托夫人這樣描述她的繼母：

當時，我與兩個弟弟在育兒室裡睡覺。我們知道父親去了某個很遠的地方，但肯定是要回家的。因此，屋子一陣喧鬧聲後，我們就馬上醒了。父親走進我們的房間，繼母跟在父親的身後。她容貌端莊、有著一雙藍色眼睛，赤褐色的軟髮上，用著黑色的束髮帶。在我們看來，她是位非常美麗而端莊的女人。

從來沒有像她這樣的繼母給人留下這麼美好的印象。她到的這天早上，我們就用敬畏的眼神看著她。在我們看來，她是那麼的美麗，那麼的細膩，那麼的優雅，我們差點不敢靠近她。在她看來，我們肯定是很粗魯的，因為我們都是臉頰紅彤彤的鄉村孩子，雖然比較誠實與溫順，卻比較害羞。她是位非常注重個人儀表與整潔的人。在她面前，我經常感覺自己是個粗魯與活潑的人。

在宗教信仰方面，她是一位最堅定的基督徒。她是那種有著高尚品格，卻比較嚴格的人，始終追求著正確的行為方式，同時還有著強烈的自然與道德理想。要不是佩森博士之前樹立了柔和的基督教榜樣的話，她肯定會成為一個有良知的固執之人。幸好，佩森博士的榜樣讓她的宗教生活多了幾分柔和與溫暖的感覺。之後，我注意到她對基督教的熱情，可以從她的孩子身上看得出來。

第一章　童年時期，西元 1811 ～ 1824 年

在比徹夫人給娘家寫的一封信裡，我們可以看出她對於這個新家的第一印象。在這封信裡，她這樣寫道：

這是一個非常有愛的家庭。當我看到他們家裡每個人都是那麼陽光與健康的時候，我心懷感激。這樣的一種美好情感與日俱增，因為我發現他們都是具有良好習慣的人，其中一些孩子還有著不同尋常的智慧。

這位繼母在信件裡所說的內容，的確非常適合她丈夫的每個孩子。這些孩子在日後也證明了他們各自所具有的天賦。

一年之後，他們家又增加了一名家庭成員，費德里克這個小男孩來到了他們家。關於那時候的哈里特，我們可以從她的姊姊凱薩琳的信件裡看出些端倪。凱薩琳在信件裡這樣寫道：

上週，我們埋葬了年幼的湯姆，埋葬的地點就在年長的湯姆旁邊。哈里特都有參加這兩場葬禮，並且顯得非常悲傷。她問我是否可以在墓碑上為年幼的湯姆起一個綽號。我寫下了下面這段話：

這裡埋葬著我們的小貓

他曾健步如飛，

他會做出奇怪的動作，

他跑得比誰都快，

現在卻埋葬在這裡。

西元 1820 年 6 月，年幼的費德里克因為猩紅熱夭折了。哈里特也患上了這種疾病。不過，在與病魔進行一番抵抗之後，她最後康復了。

接下來，就是她幸福快樂的童年生活。我們可以看到她經常在樹林裡散步，或是與她的哥哥弟弟們出去外面遠足釣魚，或是安靜地坐在父親的書房裡，認真地聆聽著父親與其他人進行神學方面的討論，有時還去堅果平原看望外祖母。

在約翰·布雷斯與皮爾斯這兩位老師的教育下，她被視為利奇菲爾德學校最聰明的學生之一。十一歲的時候，她的哥哥愛德華就這樣評價她：「不論哈里特得到本什麼書，她都會如飢似渴地閱讀。她在縫紉與編織衣服方面也做地非常

好。」

　　此時，她不再是家裡最年幼的女孩了，因為繼母所生的另一個女兒（伊莎貝拉）誕於西元 1822 年。這件事對於她的心智成熟有著巨大的推動作用，因為她需要在放學之後認真照顧妹妹。不過，照顧妹妹的工作絕對不能干擾到她的學習。在她尊敬的老師的教導下，她似乎能夠完全吸收老師所灌輸的所有知識。她這樣寫道：

　　我早年所接受的訓練與教育，並不包括我本應該去學習的知識，而是乖乖地坐在課桌前，認真地聆聽布雷斯老師在課堂上的講解。我每時每刻都在豎起耳朵，認真地聆聽老師談論有關歷史評論與討論方面的話題，或是背誦帕里的《道德的哲學》、布雷爾的《修辭學》與愛麗森的《論品味》等書，這些書籍都喚醒了我的心靈。

　　在講授寫作方面上，我認為布雷斯老師要勝過我所認識的所有老師。他能在課堂上激發學生們的興趣，讓學生的心靈變得更加開闊，然後讓學生準備去寫作文。在他看來，寫作的主要元素，就是一個人要對某個話題感興趣，然後將自己的觀點表達出來。

　　在她 10 歲的時候，哈里特開始了對她來說非常感興趣的寫作過程。她在寫作方面的進步非常迅速。她 12 歲的時候，寫作才能就已經展現出來了，而且她的作文經常是兩三篇範文中的一篇，供許多前來學校參觀的人欣賞。

　　關於這件事，斯托夫人後來寫道：

　　我還清楚地記得展出範文的場景，這件事對我來說很重要。當時，那個大廳都擠滿了利奇菲爾德文學界的名人。在他們面前，我們所有的文章都要被大聲朗讀出來。當別人朗讀我的文章時，我注意到當時坐在布雷斯老師旁邊的父親的表情，他顯得神采奕奕，充滿了興趣。朗讀完之後，我聽到父親問別人：「這篇文章是誰寫的？」「先生，是你的女兒寫的。」這是我人生中最驕傲的時刻。毋庸置疑，父親的臉上露出了滿意的神色。讓父親為我感到驕傲，這可以說是青少年時期最美好的一次勝利。

　　哈里特的這篇文章後來被妥善地保存起來。在陳舊的黃色紙張上，我們仍然

第一章 童年時期，西元 1811 ～ 1824 年

能夠看到充滿稚氣的筆跡。這是她的第一次文學創作，從中我們似乎也可以看出她日後成為著名作家的一些端倪。在這本自傳裡，引述她 66 年前所寫的這篇文章，也還是具有足夠的價值。對於一個只有 12 歲的女生來說，這篇文章的主題的確是有點太深奧了。

靈魂的永恆性是否可以透過自然之光去證明呢？

每個時代的哲學家都會得出這樣一個結論，即「對人類最恰當的研究就是人類本身。」人的本性與構成方式，無論是在生理還是心靈層面，都必然要經受最為嚴苛的檢驗。很多人都迷失在這些研究當中，無法從中抽離出來。他們無法理解人體在死亡時所發生的改變。一些人認為，這就像某些租客逃遁了，還有一些人認為這是最終的毀滅。

諸如「人在死亡的時候，靈魂會變成什麼樣子？」之類的問題是需要思考的。如果人類在死後沒有遭受澈底的毀滅，那麼「人類在死後的命運到底是什麼呢？」這些問題都是我們每個人感興趣的，這也應該是世界上所有人都關心的問題。

要想找尋這些問題的答案，我們就需要了解我們能從自然之光中感受到的一切知識，然後將我們放在與過去所有哲學家一樣的位置，去思考同樣的問題。

第一種觀點認為，證明靈魂的永恆性可以從心智的本性中得到展現。（很多支持該理論的人認為）這並不包含任何組成部分，因此正如這其中沒有任何的顆粒，是不可能具有繼續再分的可能性，因此也不可能會出現分解的狀態。所以，如果不會出現分解的狀態，那麼這就將永遠地存在下去。

既然心智是不可能透過正常顆粒分解的方式出現分離的狀況，那麼這也讓我們無法知道創造出這種物質的同一種全能的力量，可以透過簡單的能量釋放使之變成根本不存在的東西。

我們唯一能相信的理由就是，這樣的論調只是證明了靈魂不可能透過分解的方式來產生作用的。但是，這並不能證明分解的過程不能摧毀靈魂的存在。因此，為了這種論調的成立，必須要證明一點，即「造物主」沒有能力去摧毀靈魂，或者說上帝沒有這樣的意願。但是，這兩種解釋都是無法成立的，我們的永恆性是取決於造物主的喜好之上。

不過，一些人認為，造物主顯然是希望靈魂能夠永生，否則祂也不會讓靈魂與

人類的軀體那麼的不一樣。因為要是這兩者都是按照相同的目標創造出來的話，那麼它們存在的形式肯定是類似的，因為創造它們所使用的材料應該也是類似的。

這只能證明了，上帝創造靈魂與軀體的目標是不同的。至於這些目標到底是什麼，我們現在還一無所知。在經過了許多徒勞無功的推理之後，我們回到了原來的起點，即我們的論點取決於上帝的喜好。

有人說，一個擁有無限智慧與仁慈的人，要是擁有造物主擁有的一切，那麼他肯定是一個有著無限能力與欲望的人，這反而讓他沒有任何機會去釋放自己的能力與欲望。

為了證明這種論調的合理性，我們就有必要透過自然之光去進行證明，即造物主是仁慈的。既然這樣的證明是不可行的，那麼這本身就證明了這樣的論點是不成立的。

但是，這樣的論點可以建立在摧毀靈魂是不明智的假設之上。這就好比在法庭上指控「全能的上帝」，讓祂回答祂的管理存在的錯誤。我們能夠找尋這個「無法找尋」的法庭去進行論證，看看到底會有什麼結論嗎？我們只知道靈魂的毀滅可能是在上帝的可告知範圍之內，也許會透過回答這樣的問題，從而證明這與智慧的命令是相悖的。

靈魂永恆性的目標、祕密以及對遭受毀滅與生俱來的恐懼感，都可以證明靈魂的永恆性。但是，我們始終都能找到這種抗拒感或是欲望嗎？難道大部分人壓根沒有這樣的恐懼感，這不是很明顯的一個事實嗎？當然，很多人都對自己會從這個地球上消失、被澈底遺忘、失去所有的榮譽與名聲的事實感到恐懼。

很多人在預測未來的事情，思考當下的事情，認為這最終都會變成人類的一部分，因此都只會暗地裡忍受被人遺忘的恐懼感。但是，這樣的恐懼感並不是從他們可以從墳墓中超脫出來的觀點中生出來的，即便這是事實，這也無法證明人類的心智可以永遠地存在，只能感受其曾經擁有的強大願望。

很多人都曾認為，身體之所以是永遠存在的，是因為我們都對死亡感到非常恐懼。在這一原則之下，我們想要追求的任何事情都必然會遠離我們。我們所恐懼的任何邪惡都不會降臨到我們身上，但這個原則顯然是錯誤的。

還有人說，心智的能量能夠不斷遞進，這進一步表明了心智的永恆性。關於

第一章　童年時期，西元 1811 ～ 1824 年

這個問題，艾迪森就曾說：「要是人類靈魂處在不知所措的狀態，要是人類的心智處於低等狀態，無法更好地進行拓展，那麼我可以想像，人類的靈魂必然會在毫無知覺的情況下漸漸消失，並且進入到一種瞬間毀滅的狀態。但是，我們相信具有思想能力且每時每刻都處於永恆進步的人類，能夠從一種完美狀態進入更加完美狀態的行為，會對造物主所創造出來的作品表示懷疑，並對祂的無限智慧與善意表達出懷疑。難道這樣的想法不會在一開始產生的時候就立即消失嗎？」

為了回應這樣的疑問，有人說，靈魂並不總是在自身能量允許的範圍內進步的。難道這不是很多聰明的年輕人在中年時期處於停頓，在晚年則漸漸衰老的原因嗎？當古人爬進了墳墓，我們根本找不到過去那些擁有強大心智之人所殘留的任何東西。

當我們閱讀英國的歷史時，難道我們不會為伊莉莎白女王的治國才華所帶來的影響所震撼嗎？難道我們不會讚美她在和平時期所實施的一系列政策、表現出來的勇敢無畏的精神、以及在內閣中表現出來的力量所折服嗎？但是，請看看這位學識淵博且有禮貌的女王最後悲劇的結果吧！看看歲月與疾病是如何折磨這位曾經才華橫溢之人吧！因此，我們不要說人類的能量是始終不斷增長的。

當死亡的那個時刻開啟，人的心智活動就同時縮減到了一種永恆的狀態。可是，在死亡來臨的前一刻，心智始終處於活躍狀態的論述是不準確的。我們可以在歷史中發現許多有才華之人的例子，他們都會因為疾病而變得身體虛弱，最後身心疲憊，根本沒有了過去意氣風發的樣子。政治家的治國才華，聖人的智慧，勇士的勇猛與力量，這些都會遭到摧毀，最後剩下的只是白痴的行為以及精神失常的瘋狂。

一些人在臨死的時候，雖然心智遭受了許多損傷，但依然能夠保持正常的功能。如果這樣的論述是成立的話，那麼這也是證明心智永恆性的一個特例了。在此，我們需要明白一點，在這個世界上，獎賞與懲罰的不對稱性就需要我們做到賞罰分明。

首先，這樣的論述的一個基礎就是，自然之光可以讓我們分清楚什麼是美德，什麼是邪惡。一些人可能對此完全不以為然，一些人可能認為這是極為可疑的。第二，這樣的論述認為造物主背負了獎勵與懲罰的責任。不過，這樣的責任是根本不存在的，因此這樣的論述也是不成立的。這樣的論述基礎就是認為造物

主代表著正義的化身，而這是無法透過自然之光去進行證實的。因此，這樣的論述基礎本身就是謬誤的，因此論述本身就是錯誤的。

這樣的論述與造物主所擁有的智慧存在著相悖的狀況。從這個層面去看，造物主沒有足夠的能力去控制這個世界所發生的一切，因此祂必須要在另一個世界裡改正自己的錯誤，並且擁有監管一切的權力。這樣的想法能讓我們相信全能的上帝嗎？

也有人說，世界上所有的國家都對於未來的國家有著各自的想法，而古希臘與羅馬人都相信一點，即任何國家都會對未來的國家存在形式有著自己的想法。但是，他們的信念是源於他們自身的想法，而不是因為基於任何真實的基礎。因為當心智希望被說服的時候，這樣的論述就會變得貌似合理。

可是，無論每一個國家處在什麼環境下，都對未來的國家形態有著自己的看法。正因如此，我們可以解釋這樣一個事實，這就像從大洪水時代開始一直傳承到現在的傳統。

綜合以上所提到的各種論點，我們可以看到這些論點乍一看都是貌似合理的，實際卻是毫無根據的，純粹是為了想要獲得更多的啟示而出現的。要是沒有這樣的爭辯，上帝所創造出來最高尚的作品的命運，必然會迷失在茫茫的歲月長河當中。當福音的光芒照在土地上的時候，十字架的傳令官大聲地說：「願和平降臨到地球上，讓人類擁有善意。」的時候，這會讓之前那些迷惑不解或是誤入歧途的人們，能夠找到那條通向天國的道路，回歸到那條充滿榮光的世界。

福音的光芒驅散了墳墓之上的任何物體的黑暗。在《福音書》（Gospel）裡，人們會明白，當塵埃歸為塵埃，精神會就回歸到上帝所賜予的精神狀態。即便對於那些忘記了神性造物主形象的人，他們依然能在塵世的一切都化為烏有之後找尋到自己的命運，他們能夠繼承一種永不腐爛、永遠純潔與永不消失的東西，住在天國那間永恆的房子裡。

在完成這篇有思想深度的作文之後，哈里特在利奇菲爾德的孩童生活就告一段落了。幾年後，她前往哈特福，到自己的姊姊凱薩琳在這座城市創辦沒多久的學校裡繼續就讀。

第二章
在哈特福就讀期間，西元 1824～1832 年

第二章　在哈特福就讀期間，西元 1824～1832 年

- ✦ 凱薩琳‧比徹女士
- ✦ 費什教授
- ✦ 「阿爾比恩」號輪船遭遇海難，費什教授的罹難
- ✦ 「一位牧師的追求」
- ✦ 凱薩琳‧比徹女士的精神歷史
- ✦ 斯托夫人對學生生涯的回憶
- ✦ 在哈特福生活的歲月
- ✦ 斯托夫人改變信仰
- ✦ 與哈特福第一教堂聯合起來
- ✦ 斯托夫人的困惑與之後的宗教思想變化
- ✦ 她的內心最終感到了平和

在哈特福讀書的歲月，代表著哈里特人生的一個全新篇章。這是她人生觀與品格的塑造階段，因此我們有必要稍微談論一下她的姊姊凱薩琳。正是在凱薩琳的直接監管下，哈里特才在這裡繼續接受她的教育。

事實上，要是不對凱薩琳這位了不起的女性，對她的人生與品格進行一番闡述，必然會無法理解斯托夫人以及她的作品所代表的真正意義，因為凱薩琳對當時敏感、具有詩性思維的年輕妹妹的心靈，打下了永遠都無法磨去的印記。斯托夫人也曾說，在她這個成長時期，有兩個人對她產生了最為重要的影響，其中一人是他的哥哥愛德華，另一人就是她的姊姊凱薩琳。

凱薩琳是萊曼‧比徹與他的妻子洛克塞娜‧福特最年長的女兒。在一本破舊的期刊上，我們可以找到關於她的一篇文章。這篇文章簡短地描述了她的人生。這篇文章是在她六十七歲的時候寫的。她用有力地筆調這樣寫：

我出生在長島的東漢普頓，時間是西元 1800 年 9 月 5 日下午 5 點，出生的地點就在父親書房對面的那個寬闊的客廳。當然，我對此是毫無記憶的。

這篇關於她出生時所處環境的幽默紀錄，非常具有凱薩琳個人的寫作特點。在她的一生中，許多歡樂的漣漪會不時在洶湧的思想浪潮中翻滾出來，形成陣陣漣漪，讓我們能夠感受到她內心深處的思想。

在凱薩琳十歲的時候，她的父親搬到了康乃狄克州利奇菲爾德居住，她快樂的童年時光就是在這個地方度過的。她天生聰慧，對很多事情都感興趣，這讓她不需要多加努力，就能以優異的成績從小學畢業。那些對她稍有了解的人，可能只會認為她是一個天資聰穎卻缺乏思想與智慧的女孩。

她在二十歲的時候來到了波士頓，選修了音樂與繪畫課，並熟練地掌握了這兩門技術，這讓她在由賈德牧師 —— 這位主教牧師 —— 在康乃狄克州新倫敦地區創辦的一所年輕女子學校裡擔任老師。大約就在這個時期，她認識了耶魯大學的亞歷山大‧梅特卡夫‧費什教授，他是當時新英格蘭地區最有前途的年輕學者。在 1822 年 1 月的時候，他們訂婚了。在接下來的春天裡，費什教授要乘船前往歐洲，為學院的部門購買一些圖書與科學研究工具。

在他寫給凱薩琳的最後一封信裡，時間標明是西元 1822 年 3 月 31 日，他這樣寫道：

我將會在明天上午十點準時出發，從阿爾比恩前往利物浦。我所乘坐的輪船與停泊在港口的其他船隻相比沒差多少。威廉船長可以說是一位航海經驗豐富的人。這艘船的客艙很舒適，這趟旅程的價格是 140 美元。除非我們的船能夠對那些準備返回美國的人說話，否則妳可能在接下來兩個月裡都收不到我的來信。

在兩個月尚未過去之前，就傳來了愛爾蘭海岸發生了可怕船難事故的消息。接著，就傳來了阿爾比恩號輪船失事的消息。最終，凱薩琳收到了來自愛爾蘭金賽爾地區的龐德寄來的一封信，信件標明的日期是西元 1822 年 5 月 2 日。

妳肯定已經聽說了紐約的「阿爾比恩」號輪船遭遇海難的消息了。這是一次讓人心碎的海難。這次海難事故大約發生在 4 月 22 日的早晨。耶魯大學的費什教授當時也是乘客之一。在 23 名客艙乘客裡，只有一人最終安全地抵達岸邊，此人就是來自賓夕法尼亞州賈斯特郡的埃弗哈特先生。

他對我說，當輪船撞到什麼東西時，費什教授被某些物件弄傷了。這發生在 21 號晚上的八點到九點之間。雖然費什教授受了一些皮外傷，但他依然顯得非常沉著冷靜，並且幫助威廉船長將受損的方向盤搬到臥鋪，進行修理。在船隻撞擊之前的五分鐘，威廉船長就通知所有的乘客危險即將到來，要求他們都來到甲板

上，只有費什教授一人仍然留在臥鋪。埃弗哈特是最後一個離開客艙的人，也是最後一個見到費什教授還活著的人。

也許，我在講述這起家庭事件的時候，不應該用如此細節化的方式去闡述。我之所以這樣做，是因為這次海難事故對斯托夫人的人生產生了重要的影響，因此要是不對此進行詳細地描述，就很難了解她的品格以及她日後創作出來的重要作品。

要是沒有這次海難事故，也許她在日後根本不會創作出《牧師的求婚》（*The Minister's Wooing*）一書。在這本書裡，她講述了瑪律文女士的心靈掙扎，與年老的坎迪斯對所有宗教難題做出的直接有效的解決方法，他們最後在愛爾蘭海岸邊一艘遭受暴雨襲擊而擱淺的輪船上找到了答案。

這場慘烈的海難事故，讓斯托夫人的姊姊內心遭遇了巨大的痛苦，因為費什教授永遠從她的人生中消失了。沒有誰能像她的姊姊凱薩琳那樣，對她施加那麼直接與強大的影響力了。再加上她的哥哥愛德華也是同樣受到他們姊姊那種堅強不屈品格的影響，這對於當時年輕的哈里特來說是一種永恆且不可磨滅的影響。

在費什教授去世後，他之前所珍藏的書籍都歸由凱薩琳保管。在這些書籍當中，就有司各特（Walter Scott）的作品全集。當比徹牧師某天走下樓梯，手上拿著一本《劫後英雄傳》（*Ivanhoe*）的時候，這是他們家庭歷史的一個劃時代里程碑。比徹牧師說：「我始終對我的孩子們說，他們不應該去讀小說，但他們應該讀讀這本書。」

在費什教授去世的兩年後，凱薩琳‧比徹來到了麻薩諸塞州佛蘭克林，這裡是費什教授的父母所住的地方。她在這裡教育費什教授的兩個妹妹，與他的弟弟維拉德一起學習數學，聆聽埃蒙博士洋溢著勇敢無畏精神的布道演說。對於凱薩琳這樣一位有著強大心靈與樂觀精神的人來說，這樣的悲劇是無法摧毀她的，也不會讓她變成一個軟弱或是悲觀的人，更不會讓她精神失常。有人曾經這樣評價她：

她正視心智的幽靈，

最後在這些幽靈的世界裡，

找到了更加強大的信仰。

凱薩琳天生就有著很強的超自然分析能力，有著無所畏懼的精神，總是希望能夠找到一個符合邏輯的結論。她經常能夠得出一些讓人震驚且具有原創精神的結論，雖然這些結論並不總是具有持久的價值。

西元 1840 年，凱薩琳在《聖經知識庫》雜誌上發表了一篇關於〈自由行動〉的文章，這篇文章被很多著名的評論家認為，是對愛德華茲當時發表的〈意志〉一文的強而有力的反駁。

與這次刊登過程相關的一件有趣事情是，凱薩琳的這篇文章原本是無法發表的。來自新英格蘭地區的神學教授，在拜訪了一位著名的德國神學家之後，談到了這次創作時說：「對愛德華茲的〈意志〉這篇文章最有力的反駁文章竟然是出自一名女性之手，她是萊曼·比徹的女兒。」那位著名的德國人不可思議地舉起了雙手，說：「你們的女人竟然能夠寫出一篇反駁愛德華茲〈意志〉的文章？看來上帝要原諒哥倫布發現了美洲大陸啊！」

凱薩琳發現自己無法去愛用她的話所說的「一個絕對快樂的人，不會因為我的悲傷或淚水而有所觸動，或是只是用反感或是不滿情緒看著我的上帝」。她下定決心要透過行善去找尋快樂。

每天祈禱與閱讀《聖經》的做法是正確的，因此我每天都進行祈禱與閱讀《聖經》。努力去拯救別人，這是正確的事情，因此我努力地追求著救贖。這些年，我從未擔心過自己可能會遭受什麼懲罰或是懷有得到什麼獎賞的念頭。

凱薩琳的內心感到無比困惑。

上帝之子為什麼要對那些無私且誠實的人，做一些最卑鄙最自私的事情呢？

在產生了這樣的念頭，加上她所處的那種災難性環境裡，她竟然沒有感到任何悲傷或是困惑。

耶穌基督是一個遭受了許多苦難與最終殉道的人。如果我們之外的其他人能夠甘願忍受這樣的痛苦，那麼誰能拯救數百萬悲慘的人，讓他們可以自由地接受榮耀與感激呢？有時，當這些思想經過我的腦海時，我感覺這代表著驕傲、反抗

與罪惡。

因此，凱薩琳的內心依然處於掙扎的狀態，有時甚至會陷入疑惑的泥潭裡無法自拔。不過，她天生的樂觀精神有時會很自然地讓她從中抽離出來，讓她看到事物中積極的一面。正是懷著這樣的心態，她在西元 1824 年的冬天來到了哈特福，創辦了一間只招收八名學生的學校。正是在她的實際教學經驗裡，她找到了解決面臨困境的最終方式。她這樣說：

「在兩三年後，我開始接受有關心靈哲學方面的教育。與此同時，我開設了《聖經》的演說與教導的課程。這些事情占據了我管理學校的主要精力。我還要想辦法去引導學生變成虔誠可親的人。最後，我終於找到了下面這些管理學校的原則：

第一點，我的學生感受到我是發自內心地關心他們的人生幸福，這是極為重要的。我越能讓學生們相信這點，他們就會越服從管教。

第二點，學生們必須要遵守學校的權威與秩序。他們受到懲罰，是因為他們做錯了事。

第三點：維護我的影響力與學生們的情感，這同樣是必需的。學生們應該要認知到，對他們施予懲罰是因為他們做錯了事，而不是認為我才是他們接受懲罰的原因。

第四點：我的學生要明白，我的要求是合理的。在大多數時候，在不需要進行解釋的時候，學生們應該相信我的判斷力與知識。

第五點：要是學生們能夠感受到，我是以一種自我克制的仁慈去教導他們，那麼他們就會對此產生強烈的信心，也就會更願意為了別人的利益而選擇克制自己。

「過了一段時間，我將自己的教學經歷與上帝的治理方式進行比較。我最終明白了這個問題，收穫了不錯的結果，解決我之前所有的疑問，將我內心的陰暗全部驅趕走了。」

簡單來說，凱薩琳的解決方式，其實與她的弟弟亨利・伍德・比徹與她的妹

妹哈里特所表現出來的神性觀點是一樣的 —— 這樣的一種存在概念，代表著對那些遭受困難的人類表現出來的無限愛意、耐心與善意。

耶穌基督在十字架上遭受的苦難，並不能單純代表著人類的本性，而是代表著他本身的神性所遭受的苦難。在耶穌基督身上，我們只能看到上帝的啟示，而且這是關於受難的啟示。這就是斯托夫人所著《牧師的求婚》一書的核心思想，這也是她的姊姊凱薩琳在遭受激烈的心靈掙扎之後，最終發現的關於上帝的思想。

所有這些都直接與很多神學家所談論的基本原則相違背，因為這些神學家認為上帝是一個絕對完美的存在，是不可能遭受任何苦難的，因為上帝遭受苦難，表明上帝是一個不完美的存在。

在凱薩琳看來，要是上帝缺乏對祂的子民所遭受的痛苦的憐憫之情，那麼這只能代表上帝是更加不完美的。讀者朋友們可以翻看《牧師的求婚》一書第二十四節，這一章節就對這個主題進行了完整的闡述，特別是一開始的段落「悲傷是神性的，悲傷是控制宇宙一切的情感。」

在西元 1824 年的秋天，當她的姊姊凱薩琳正在度過我們上文所提到的心靈危機時，哈里特來到了凱薩琳剛剛創辦沒多久的這所學校就讀。

在西元 1886 年寫給兒子的一封信裡，斯托夫人這樣談到了這段時期的生活：

在我十二三歲的時候，我來到了姊姊在康乃狄克州哈特福剛創辦沒多久的學校讀書，直接受到姊姊的管教。我來到這所學校的時候，發現整個學校還不到 25 名學生，但之後這所學校的人數就超過了數百人。

當時的教室坐落在主大街旁邊，對面就是基督教堂，附近的一間商店上貼著兩匹白色馬匹的商標，這是謝爾敦與克爾頓的馬具商店。我始終記得第一次見到這兩個人的時候所感到的驚訝與愉悅。其中一個年輕人在馬具商店後面工作，他有著很優雅的男高音嗓子。在上學的時候，每當聽到他的歌聲就讓我感到非常愉快：

在冷漠的遺忘造就的陰影下，

美感、財富與權力都放下了。

第二章　在哈特福就讀期間，西元 1824～1832 年

在雕刻的神廟附近，

青苔爬上了交織的藤蔓。

永恆的精神占據上風，

我們肯定會再次相聚的。

當時我父親的薪水不足以維持整個龐大家庭的開支，因此我在哈特福這邊的開銷，是透過交換的形式來支付的。亞薩克‧D‧布林將女兒送到了皮爾斯女士在利奇菲爾德的神學院就讀，她住在父親的家。作為交換，我可以住在布林的家裡。

如果我那位善良、高雅與注重儀表的繼母可以選擇的話，她肯定無法找到一個更能符合她心中要求的家庭環境了。她所追求的整潔與秩序的氣氛彌漫在整個家中。

布林先生是一位精力充沛，有著白髮的男人，正在慢慢步向人生的晚年，不過看上去卻精力充沛，為人友善。薩繆爾‧柯林斯先生是一個喜歡串門子的人，他經常會過去拜訪瑪麗‧安‧布林夫人，布林夫人是一位膚色淺黑的女人，是當時出了名的熱心腸的人。

我還記得她那頭烏黑的捲髮從梳子上滑下來，然後繫在頭頂上。布林夫人的聲音很渾厚，是中心教堂唱詩班的主唱。她的兩個弟弟也同樣有著充滿男子氣概的聲音。整個家庭經常會因為四重奏的歌唱或是吹奏長笛而顯得充滿活力。

布林先生在前街開了一間規模不小的藥品批發商店，他的兩個兒子阿爾伯特與詹姆斯都在商店裡打工。布林先生最年長的兒子沃森‧布林則開了一間名叫「心地慈善的人」的零售藥品商店。在其看板裡描繪了心地慈善的人救治受傷的旅行者的照片。每當我看到這幅看板的時候，都會心生敬意。

這個家庭的女主人很快就在心裡將我當成她的孩子。她安排我住在一間小臥室裡，為我專門準備一張床，我每天都心滿意足地整理好這張床。如果我生病了，布林女士也會周到地照顧我，給予我無限的關愛。

在學校，與我關係最好的兩位朋友都是學習成績優秀的人。在我到來之前，她們就有寫信給我，我也回覆了她們的信件。當我到來之後，她們熱情地歡迎我。其中一人是凱薩琳‧萊迪亞德‧科格斯韋爾，她是哈特福地區受人尊重的醫生

的女兒。另一人則是喬治亞娜‧梅，她是當時一位篤信基督教的寡婦的女兒。喬治亞娜還有兩個年輕的妹妹，分別是瑪麗與格特魯德，還有幾個弟弟。

凱薩琳‧科格斯韋爾是我認識的最親切、最友好與最陽光的人之一。事實上，她受到所有人的喜愛，因此我很難時常見到她。許多時候，她都要與其他的女生一起玩耍。某個女生可能與她一起走路上學，另一個女生可能與她一起走路回家。

在每天的課間休息時，我們一般都會有半個小時的放鬆時間。此時，很多學生都會懇求凱薩琳與她們玩耍，凱薩琳也很難拒絕她們的要求。在那麼多找她玩的女生當中，她始終都會預留出一些時間專門陪我玩。喬治亞娜則比我們年長一些，顯得比較沉穩，因此不是很吸引其他的女生。但是，她與我慢慢培養了極為真摯的友情，這段友情在日後歲月裡變得越來越親密。

當我來到這所學校時，凱薩琳與喬治亞娜正在閱讀《維吉爾》。一開始，我獨自學習拉丁文。在第一學年結束的時候，我將《奧維德》翻譯成了詩歌的形式，並在學校的最終展覽會上閱讀出來。我覺得，這是一次相當不錯的表演。我始終對詩歌充滿了濃厚的興趣，我那時的夢想就是要成為一名詩人。

當時，我開始創作一本名叫《克里昂》的戲劇。這個戲劇的背景設在法庭上，時代則是在古羅馬皇帝尼祿當政時期。這個戲劇主要講述克里昂在經過一番探索與內心的掙扎之後，最終信仰了基督教。我在許多空白的紙上寫這齣戲劇。創作這部戲劇的念頭甚至出現在我每天走路與睡覺的時候。

某天，姊姊凱薩琳一語驚醒夢中人，說我再也不能將那麼多的時間浪費在詩歌創作上，而應該透過學習巴特勒（Joseph Butler）的《類比》（*The Analogy of Religion to the Constitution and Course of Nature*）一書，對我的心智進行自律。沒過多久，我就將《類比》一書的概要寫出來了，並且教導當時年齡與我相仿的學生。為了做到這點，我不得不提前學習與掌握每一個章節的內容。

與此同時，我閱讀了巴克斯特所著的《聖人的安靜》一書。我認為，沒有什麼書比這本書對我產生更大的影響了。當我走在人行道上，我經常希望那本書的思想會滲透進我的靈魂裡，好讓我到達天國之後找到自己。

當時，我同樣對巴特勒所著的《類比》一書產生了濃厚的興趣，因為當我在

第二章　在哈特福就讀期間，西元 1824 ～ 1832 年

利奇菲爾德上皮爾斯女士的課時，就已經教到了現在布雷斯老師所教到的內容。我還在生於義大利的德根女士的教導下，開始學習法語與義大利語。

正是在這個時候，我第一次相信自己是一名基督徒。我整個暑假假期都待在利奇菲爾德的家裡。我還記得那時夏日早晨的露珠與清新的空氣。記得在週六的聖餐禮上，當所有善良的人都去教堂領取聖餐麵包與聖餐酒的時候，我也應該去。我努力地想要感覺自己的罪惡，並將自己的罪惡一一列舉出來。但是，當我看到一路上的小鳥、雛菊以及沿途泛起漣漪的小溪時，我覺得這是不可能做到的。

當我來到教堂的時候，我為無法找到自己的罪惡感到不滿。當我看著純白色的衣服、雪白色的麵包、閃亮的杯子與聖餐檯的時候，內心就會忍不住嘆一口氣：「看來我今天又是一無所獲了。這些都是屬於成年基督徒的事情。」

儘管如此，當父親開始發表布道演說的時候，我還是會被父親那飽含憐憫的聲音所吸引。父親所發表的大部分布道演說都是當時的我所無法理解的，我只覺得父親似乎在用印第安人喬克托族人的語言在說話。不過，父親有時會按照一定的模式發表布道演說。也就是說，這樣的布道演說是源於在某個場合下產生的深沉情感，然後即興地表達出來，這是很難事先考慮或是事後重複的。

父親所引用的話語有的是從《約翰福音》（*Gospel of John*）裡引用的，然後引用耶穌基督的口吻說：「看吧！我希望你們再也不要成為僕人，而要成為朋友。」父親的演說主題是「耶穌基督作為我們的靈魂朋友，是每個人都能夠感受到的。」

忘掉他所有拘泥於細節的區別與辯證法的論證吧！他用直接、簡單與柔和的語言談論著耶穌基督的偉大愛意與他對靈魂的關愛。他將耶穌基督描述成一個對我們的錯誤具有耐心，對我們的軟弱具有憐憫之心，對我們的悲傷具有同情心的人。他接著說，耶穌基督與我們是多麼的接近，能夠啟蒙我們的無知，指引我們前進的方向，用祂無限的愛意寬慰犯錯的我們，在面對忘恩負義的信徒時依然不改初衷，直到祂最後讓我們變成沒有罪惡的人，內心滿懷著歡樂去感受祂的榮光。

我安靜地坐在那裡，認真地聆聽。我在心裡想：啊！我是多麼需要這樣一位朋友啊！接著，我突然意識到一個可怕的事實，我之前還從未意識到自身的罪

惡，因此我無法真正地接近祂。我在內心大聲地呼喚：「我會認識到自己的罪惡的。」

此時，父親正滿懷激情地表達著自己的觀點：「過來吧！將你們的靈魂交給這位值得信任的朋友吧！」他的這句話就像一道光芒照耀著我，讓我覺得需要相信自己的罪惡。他肯定會讓我意識到自己的罪惡。我將一切都交付給他。之後，我的整個靈魂將會洋溢著歡樂。當我離開教堂，步行回家的時候，我覺得自然似乎正在慢慢地對著我哼唱著天國的樂音。

父親一回到家，就進入書房，坐了下來。我走到他跟前，投入他的懷裡，大聲說：「父親，我要將自己交付給耶穌基督，祂擁有我的一切。」當父親低頭看著我那雙認真而又幼稚的眼睛時，我永遠都無法忘記他那時的表情。他的臉龐露出甜蜜與柔和的表情，就像陽光照在山丘之上。「真的嗎？」父親安靜地將我抱在他的胸前問道。我能夠感覺到父親滾燙的淚珠落在我的頭上。如果是這樣的話，那麼鮮豔的花朵將會從這天開始在天國的世界裡綻放了。

如果哈里特此時沒有人管教，只是被灌輸「要抬頭仰望星空，而不要坐井觀天，要向前看而不是向後看」的話，那麼她的宗教體會可能就會像太陽柔和的光線那樣照在盛開的花朵上。但遺憾的是，這在那個時代是不可行的。

當時的自我檢查已經陷入了一種極端，因此很容易讓一個心靈敏感與神經緊張的人變得不知所措。首先，便是她的姊姊凱薩琳也擔心，一隻羔羊遭到牧羊人追趕脫離的故事，可能存在著某些錯誤。更重要的是，那個時代的教義給人帶來很大的壓力，也就是讓「每個信徒相信自己是有罪的」。

還有，當時哈特福第一教堂的牧師是比徹的知心朋友，他就曾用憂鬱且疑惑的眼神，看著這條通向大國的不尋常且值得懷疑的道路 —— 之後，他對此的質疑心理越來越強烈。哈里特信仰基督教發生在西元 1825 年的夏天，當時她只有十四歲。在第二年，也就是西元 1826 年 4 月分的時候，比徹辭掉了在利奇菲爾德的牧師一職，接受了麻薩諸塞州波士頓安多弗大街教堂的邀請。在一封寫給當時住在吉爾福德地區的外祖母福特的信件裡 —— 這封信標明的時間是西元 1826 年 3 月 4 日 —— ，哈里特這樣寫道：

第二章　在哈特福就讀期間，西元 1824 ～ 1832 年

您可能已經知道，我們在利奇菲爾德的家就要分崩離析了。爸爸收到了波士頓方面的邀請，並準備接受這個邀請，因為他在利奇菲爾德的工作薪水無法養活這個家。上週二，他辭去了職務，將會在下週二帶著繼母與伊莎貝拉一起來到哈特福。艾斯特阿姨將會帶著查理斯與湯瑪斯（Thomas Kinnicut Beecher）暫時去她家居住。爸爸接受的這份工作的年薪在兩千美元左右，外加五百美元的安家費。

我依然每天都在上學，學習成績也在慢慢地提升。我將大部分精力與時間都投入到學習拉丁文與數學上。我希望很快就能幫助凱薩琳分擔學校的一些工作。

這次離開利奇菲爾德的家，前往哈特福的計畫，讓哈里特的生活發生了一些變化。不過，在父親的建議下，她開始與哈特福的第一教堂產生了連繫。因此，在她的兩名同學陪伴下，她在某天前去諮詢一位牧師的建議，就自己的一些困惑詢問他的建議。

這位友善的牧師認真地聆聽著哈里特用簡單謙虛的方式談論著自己身為基督徒的體會，然後用友善莊重的方式對哈里特說：「哈里特，如果整個宇宙遭到毀滅的話，妳會有什麼感覺？（此時，他故意停頓了一下）要是讓妳單獨與上帝在一起，妳會覺得快樂嗎？」在經過一番激烈的心理掙扎與困惑之後，她終於明白了之前一些聽起來毫無意義的話語，突然變成了像是有節奏的鼓聲。此時，只有十四歲的哈里特支支吾吾地回答說：「是的，先生。」

「我相信，妳已經認識到了。」這位牧師接著說：「至少在某種程度上，妳已經認識到了自己內心存在的一些不誠實的情況。為了對妳所犯下的罪惡進行一定的懲罰，妳認為上帝對妳進行的懲罰會讓妳感覺到痛苦，從而讓妳感受到自己的罪惡嗎？」

「是的，先生。」哈里特支支吾吾地說。

哈里特的回答讓牧師感到滿意。他感覺有必要讓哈里特的專注力擺脫那種病態的過分敏感，用慈父般的關懷去驅散她內心的陰霾。但就在一年前，每個安息日早晨所帶來的那種愉悅的神祕感覺去了哪裡呢？天國裡的那位朋友去了哪裡呢？難道上帝真的不會「讓我感覺到痛苦，從而讓我感受到自己的罪惡嗎？」

在這個時期一封寫給哥哥愛德華的信件裡，哈里特這樣寫道：

我的整個人生就是一段持續掙扎的過程：我感覺自己沒有做對任何事情。每當誘惑勾引我的時候，我似乎都是毫無抵抗力的，馬上就會屈服於這樣的誘惑。我內心最深層的情感始終是轉瞬即逝的，根本無法停留很長的時間。這樣的狀態讓我感到非常困擾。我感受到的罪惡將我所有的幸福感都奪走了。但是，真正每時每刻困擾我的，正是我內心的驕傲情感 —— 我可以將自己所有的罪惡都追溯到這種驕傲的情感上。

與此同時，凱薩琳創辦的學校正在慢慢壯大。在西元 1827 年 2 月 16 日，凱薩琳寫信給父親比徹說：

我在這邊的事務都進展得非常順利。這所學校已經走上了正軌。下週，我希望開始籌劃創辦「哈特福女子學院」。我希望這棟建築能夠在六月的時候建成。一位英國女士會帶著十二名學生從紐約過來。

至於哈里特，她此時正與父親一起待在波士頓。凱薩琳在信件裡接著說：

今天，我收到了哈里特寄來的信件，她的來信讓我感到不安。她說：「我不知道自己有什麼一技之長，不知道自己能做什麼有用的事情。我甚至想過要在年紀輕輕的時候就死去，讓別人對我的記憶以及我的錯誤都能埋葬在墳墓裡，永遠消失。我不願意就這樣無聊地活著，我擔心自己的存在會打擾到每個人的生活。妳根本不知道我時常感受到的痛苦：我感覺自己是那麼的沒用，那麼的軟弱，那麼的缺乏能量。媽媽經常說，我是一個奇怪且難以捉摸的人。有時，我在晚上無法入睡，而在白天的時候，我則要強顏歡笑，希望爸爸能夠因為我經常大笑而責備我。接著，他們所有人就會笑我，而我自己也會笑。雖然我感覺這會讓自己好受一些。我會制定一些計畫，更加合理地安排我每天的時間。但是我的思想卻經常發生變化，讓我根本無法保持思想的穩定。」

但是，正如卡萊爾所說的：「讓哈里特在黑暗的悲傷與憂鬱中不斷增長自身的勇氣吧！」薩繆爾·詹森（Samuel Johnson）就曾有著嚴重的臆想症。所有具備偉大靈魂的人都必然要經受這樣的煎熬，他們要置身於看不到光線的黑暗世界裡，找尋永恆的道路與天國的金星。他們在看似人生的黑洞裡找到了出路，最後

這樣的掙扎讓他們看到了廣闊的天空。」

　　在這個時期（也就是西元 1827 年的冬天），凱薩琳寫信給愛德華談論有關哈里特的事情：

　　如果哈里特過來這裡（也就是哈特福），那麼這對她來說肯定是最好的事情。因為她有什麼想法或是心事，都可以直接跟我說。我這裡有她想要閱讀的書籍，還有凱薩琳·科格斯韋爾、喬治亞娜·梅以及她的許多好朋友，這些都是她在波士頓那邊所沒有的。因為這些人都非常喜歡她，她也非常喜歡這些人。

　　喬治亞娜所面臨的問題與哈里特面臨的問題不太一樣：她同樣會經常思考一些教條之類的問題。哈里特要是住在這裡的話，那麼她有自己的同齡朋友可以一起交流，至少不會那麼孤單。但是，她在父親那裡卻沒有這樣的條件。我認為，要是她身邊有一群樂觀與有趣的朋友，那麼她的心態會好許多的。我認為她的繪畫能力要比其他人都要好，我知道她最需要的是什麼。

　　顯然，他們需要採取一些必要的手段，讓哈里特恢復到更加平穩與健康的心靈狀態。因此，在西元 1827 年春天，在她的朋友喬治亞娜·梅的陪伴下，哈里特前往看望她住在吉爾福德堅果平原上的外祖母。在第二年一月的冬季，梅就在一封寫給福特女士的信件裡談到了這次的看望之旅：

哈特福，西元 1828 年 1 月 4 日

親愛的福特女士：

　　我經常會想起您以及我去年春天在貴府度過的快樂時光。這一切都似乎發生在昨天，依然歷歷在目。此時此刻，當我提筆寫信給您的時候，我感覺自己彷彿能夠看到您那溫馨的家，您身邊那些熟悉的東西，彷彿我從來都沒有離開過。哈里特與我在那個時候都是程度差不多的女生。我認為我們到現在也沒有發生多大的改變，不過哈里特在一些方面已經有所進步了。

　　在前往吉爾福德拜訪外祖母的這次旅行後的同年八月，哈里特在寫給哥哥愛德華的一封信裡，依然包含著悲傷的語調。不過，從她在這封信裡的措辭，我們可以看出她已經慢慢地恢復健康的心智了。

　　在我們一起度過的那個下午之後，你的確幫我解開了我內心的許多困惑。在

那之後，我不再像之前那樣不快樂了。儘管如此，我還是感覺自己的許多觀點依然是模糊與相互矛盾的。我擔心如果你就這樣離開我，我肯定會重新進入之前那種黑暗孤獨的狀態，就像去年夏天時的我一樣。

我感覺自己持久的興趣、在塵世與天國的幸福，都取決於我在情感方面的轉變。在我感到失望與沮喪的時候，我會尋求上帝的寬慰，我感覺自己似乎聽到了上帝對我的忠告。我感覺到上帝能夠彌補塵世中缺失的所有愛意。所有的痛苦與黑暗都將結束。我感覺一切都恢復到了正常的狀態，永遠不會出現淪陷的狀態。

這種清醒時刻的清醒念頭對我來說是比較陌生的。但是，即便我對於這些情感是否正確存在著懷疑，因為我能夠獨自感受到上帝的存在，而沒有對其他基督徒產生強烈的愛意……我無法告訴你，到底是什麼想法讓我不願意表達出自己的情感。每當我想要表達自己的情感，都會感到非常吃力，特別是當我想要表達個人的宗教情感時，我會感到更加困難。

要是任何人向我提出這方面的問題，我的第一個反應肯定是盡可能地隱藏自己的情感。在面對我的哥哥姊姊們，我的同伴或是朋友們的時候，每當我內心想要表達情感的願望越是強烈，我就越不願意去表達出這樣的情感。

有時，我認為自己是這個世界上最坦誠、開放與具有溝通能力的人，有時則會認為自己是這個世界上最保守的人。如果你能夠解決我的這種反覆無常的思想狀況，使之變成一種較為穩定的思想，那麼你將會為我帶來巨大的幫助。你跟我說的話似乎太過哲學化了，有一種要壓抑自信的傾向。我們從未想過要對我們的情感進行分析。我們從未像數學論證那樣去分析我們的情感問題。

在我看來，如果我只是採納你跟我說的關於上帝的觀點，那麼這樣的觀點必然會對我的品格產生重要且具有價值的影響。不過，我接受這些觀點出於好幾個理由。

首先，這似乎是源於神性品格中的莊重與尊嚴，讓我們認為這樣的幸福感會受到那些罪惡深重且犯下錯誤的人影響。其次，在我看來，這種關於上帝的觀點會對我們的心智產生影響，削弱了我們做出行動背後最重要的動機。

因為，對於一個擁有寬容思想的人來說，這種關於上帝愛意的想法就是驅使我們採取行動的足夠動機。當我們感受不到愛意的時候，就必然會讓內心產生冷

第二章 在哈特福就讀期間，西元 1824 ～ 1832 年

漠的情感，也必然無法給我們的內心帶來激勵作用。我認為要是我採納了這樣的觀點，我不會那麼敬畏上帝。而至於罪惡，我感覺這只是一種悲傷的情感，是很容易被驅散或是被遺忘的。

在一封時間標明是西元 1828 年 1 月 3 日的信件裡，我們知道哈里特已經回到了哈特福，並準備在她的姊姊凱薩琳的指導下，學習繪畫課程。

我親愛的外祖母：

我應該早點寫信給您，讓您知道我始終思念著您。但是，我這段時間每天都在忙。從早上九點到晚上，我都要抽出時間去學習繪畫，希望成為這方面的老師。在學習的空檔，我只有一小段時間用於吃晚飯，然後就要繼續學習了。

您可能會認為，在每天過著這樣忙碌的生活後，我在晚上會沒有興致來寫信。事實上，如果我真的有這樣的興致，我也不會寫信，因為當我上床準備睡覺前，我還要複習一下明天要上的法語課。

學院的建築完工了，學校的一切都進展得非常順利。柯拉麗莎·布朗小姐正在幫助姊姊凱薩琳打理學校的事情。除了她之外，姊姊凱薩琳與我還有另外兩名老師都住在一起：其中一人是德根女士，她是一位來自義大利的女性，她在這裡教授法語和義大利語。她和我睡同一個房間，是一個風趣、可親的人。

霍克斯小姐則與凱薩琳睡同一個房間。從某種意義來說，她經常讓我想起我的母親。她是一位友善、親切且謙虛的人，受到所有學生的歡迎……現在，我還要繼續學習法語，這兩名年輕的老師教我學習《維吉爾》。如果我有充裕的時間，肯定要接著學習義大利語的。

我現在感到自在與幸福。

我親愛的外祖母，我希望將自己所畫的一幅水果圖寄給您。請向我保證，絕對不要對我的畫作抱著太高的期望，因為我無法向您保證它可以讓您覺得品味十足。如果是這樣的話，請您一定要原諒我啊！因為我只是一個很業餘的藝術家而已。

我想要培養對繪畫的興趣，希望提高自己的繪畫能力。我親愛的母親生前就非常喜歡繪畫，我是因為她的緣故而重視繪畫的。最近幾年，我經常會想起我的

母親。在她去世的時候，我已經感受到她的品格與她的偉大人生。我有時會想，要是母親現在還活著，我肯定會成為一個比現在更加幸福與快樂的人。但是上帝是仁慈與聰明的，祂肯定比我知道的更多。

在一封寫給在波士頓的哥哥愛德華的信件上，時間標明是西元 1827 年 3 月 27 日。這封信裡，哈里特說自己正在慢慢地接受有關上帝的觀點，並讓這樣的觀點成為她寫作的一個典型因素。

我認為，你之前跟我談論的有關上帝的觀點，對恢復我正常的心靈狀態是有積極影響的。但即便如此，上帝依然是一個遙遠的存在。上帝始終是我們無法去觸摸的，即使是最為遙遠的虔誠情感都會顯得是褻瀆神明。正是這樣一種情感讓我們熟悉內心真正想要追求的東西。

但是，那種熟悉而溫存的依戀感以及我對爸爸或是你所進行的祕密對話，是不適合與上帝去進行訴說的。祈禱的用語應該是正式且規範的，我們不能將這些小小的需求都包裹起來，然後庸人自擾。我覺得自己是熱愛著上帝的 —— 也就是說，我熱愛著耶穌基督。

我從這樣的思想中感受到了自在與幸福。可是，這樣自在幸福的感覺是無法透過向一位朋友傾訴我的悲傷與願望來實現的。有時，我希望救世主能以有形的方式出現在這個世界上，這樣的話，我就能親自找到祂，向祂詢問我所面臨的各種問題的解決方法……

我親愛的哥哥，你認為上帝的存在與品格是否真的能夠滿足塵世上所有人的需求呢？我真的想知道你對此是怎麼看的……你認為在那些罪人接近上帝之前，上帝會真的愛他們嗎？一些人說，我們都應該告訴這些人，說上帝憎恨他們，說上帝用憎惡的眼神看著他們，說他們要想改變上帝對他們的看法，就必須要熱愛上帝。對於那些深感焦慮的人來說，說出：「上帝對你感興趣，祂能感受到你的存在，並且始終熱愛著你。」這樣的話是否合適呢？

這封信還附帶著凱薩琳・比徹的一個小便條。顯然，凱薩琳是在哈里特寄出這封信之前就讀了一遍，並且親自回答了哈里特的一些問題。凱薩琳在便條上這樣寫道：

第二章　在哈特福就讀期間，西元 1824 ～ 1832 年

當女強人去接觸耶穌基督的時候，雖然耶穌基督沒有出現，難道這不正是代表著耶穌基督同樣愛著她嗎？

在西元 1828 年 4 月，哈里特開始給哥哥愛德華寫信：

相比於之前，我現在為自己能夠擁抱這樣的一位朋友而心存感激。當我處在孤立無援的時候，祂沒有拋棄我。在我看來，我對祂的愛意其實就是對絕望的愛意。我與祂進行的所有交流，雖然帶有悲傷的意味，卻讓我的靈魂得到了釋放。

我痛苦地意識到自己的無知與不足，但我依然覺得我希望上帝能夠知道這一切。祂看到那些錯誤之後，只會想辦法去說服我們改正錯誤，做得更好。祂絕對不會感到惱怒或是不耐煩。當祂指出我的錯誤時，絕對不是為了激怒我，而是為了幫助我做得更好。在這位朋友面前，我必然會坦承自己所有的錯誤與不足。無論誰激怒我，無論誰用苛刻的話語傷害我，無論誰讓我的心靈處於失衡狀態，我都再也不會向其他人透露自己的想法了。

只有在面對宇宙中最完美的存在時，這樣的不完美狀態才會讓我們懷著希望與耐心去面對。這是多麼奇怪啊！你不知道要是萬物與祂的品格進行對比，就會發現萬物都是嚴苛與讓人恐懼的。在我每天與其他人的交流過程中，我會感覺這樣的交流會摧毀我與上帝之間的交流。其中一些人會恭維我，一些人會對我感到憤怒，另一些人則以不公的方式對待我。

你談到了你對文學的偏愛，說這是你要面對的一個陷阱。我也發現了同樣的問題。每當我想到所有具有美感與詩性的東西都被其他事物占據的時候，我就會感到憤怒或是流下淚水。哦！從來沒有一位詩人的心靈是接受過聖靈的洗禮與淨化的，這些詩人又怎麼能夠表達出和諧的優雅、情感的魔法、真正的哀傷、詩意與情感呢？

……上帝賜予我什麼，這關係不大……我不想過著毫無意義的生活。上帝賜給我智慧，我就要讓我的智慧臣服於上帝，如果上帝能夠接受的話，我肯定會感到心滿意足的。上帝賜給我心靈，他會教我如何培養與釋放這些心靈功能。

在這年的 11 月，哈里特在康乃狄克州的格羅頓給梅寫了這樣一封信：

現在，我處在一種很不穩定的狀態，感覺自己的心靈無處安放，經常到不同

的地方旅行。我也沒有騰出多少時間去寫作。首先，當我到達波士頓之後，我就要花兩天的時間告訴別人我的堅韌。之後，我要去拜訪別人或是接待別人的到訪。再後來，我前往格羅頓看望我那可憐的哥哥喬治，他當時的精神狀態不是很好，正面臨著一個艱難的時期。明天，我就要返回波士頓，並在那裡待上四五天的時間，之後再前往佛蘭克林。我剩下的假期都將會在佛蘭克林那裡度過。

當我來到波士頓時，發現大家都非常好。至於我的同父異母弟弟詹姆斯，他與另外四十多個嬰兒沒什麼太大的區別，只是他有著一雙藍色的眼睛與俊俏的臉龐。對於一個男人或是男孩來說，這算不上是什麼先天優勢。

我正在認真考慮是否要留在格羅頓，專心地管理女子學校，同時能夠給予喬治一些幫助與陪伴。從某種程度來說，要是返回哈特福，這肯定不會是非常有趣的，因為我會在那裡看到很多陌生人。只有當我回到波士頓，與爸爸以及姊姊凱薩琳進行一番討論之後，我才能做出最後的決定。

顯然，哈里特的父親與姊姊凱薩琳都不贊同她留在格羅頓的計畫。因為在次年 2 月的時候，哈里特在哈特福給愛德華寫的一封信裡就可以看出來，當時的愛德華與父親一起住在波士頓。

在西元 1829 年的冬天，我在很多方面所面臨的事情都讓我感到非常愉悅。我與另外三位老師睡在同一個房間裡，她們分別是費什女士、瑪麗·達頓女士與布里格姆女士。你認識安·費什女士。達頓女士今年大約二十歲左右，她有著很強的數學思維，也許她日後還將在數學領域內繼續進行深入的研究。別人跟我說，她還有著很強的語言天賦……布里格姆女士的年齡則稍微有些大，她有著健全的心智、充沛的能量與堅忍不拔的品格。從她的孩童時期開始，她就已經下定決心，長大之後一定要接受良好的教育，讓自己的知識達到一定的標準。

當這些人要去做什麼事情，或樹立什麼目標的時候，她們會想盡一切辦法去實現這些目標。我認為，正是出於這樣的原因，她們才培養了這種一流的品格。她們就是我在這裡的朋友。我們都在學校度過白天的時間，晚上則繼續進行學習。我的學習計畫就是要學習修辭學，為晚上的半個小時的課程進行準備。在這之後，我要將晚上的時間用於學習法語與義大利語。因此，你可以看到我的學習與工作計畫都是非常充實的，也知道我身邊的朋友都是具有良好的品格。

第二章　在哈特福就讀期間，西元 1824 ～ 1832 年

　　除此之外，還有其他老師與學生都對我的品格產生了積極的影響。德根女士就有一個很好的優點，她經常能讓我們每個人發笑。加米奇女士則與德根女士住在同一個房間，她是一位虔誠的基督教徒……

　　有時候，一些很小的事情都能影響到我的情緒。如果我遇到了那些影響情緒的小事，我就會在那幾天或是接下來的幾週時間都感到悶悶不樂……我希望自己漠視別人的看法。我相信在這個世界上，沒有誰比我更能看清楚善良與邪惡的觀點。我認為，這種希望得到他人愛意的欲望，正是驅使我做出許多行動的根源……

　　我一直在認真仔細地閱讀約布的書籍，我不認為這本書包括了你跟我所談論到的關於上帝的觀點。上帝似乎剝奪了人類所能依靠的一切，從而讓人類的生活變得更有追求，然後以旋風般的形式去回答人類的抱怨。上帝沒有向人類展現出仁慈與憐憫，而是透過展現自身的能量與公正去讓人類信服……在聆聽了你的觀點之後，我應該期望一個對自身罪惡產生憐憫之心的人，或是一個遭受困難的人不應該說出這些話。

　　但不管怎麼說，我不認為上帝就是你所談論的那種樣子。在《新約聖經》裡，我發現耶穌基督的品格代表著上帝的一種啟示，即上帝是仁慈且具有憐憫心的。事實上，我正是需要這樣的上帝。不過，當我思考你所持的觀點與立場，我認為你那樣說在某種程度上也是有道理的。

　　我感覺自己的思想經常處於一種混沌的狀態。每當這樣的思想從我的心底冒出來的時候，我就無法認真地進行祈禱，我會感到無比困惑。不過真正讓我感到驚訝的是，居然有那麼多的牧師與基督徒感覺到他們是無法被原諒的。但在我看來，我們要是不帶任何罪惡來到這個世界上的話，那麼這本身就是一種最大意義上的奇蹟。

　　霍斯先生總是在進行祈禱的時候說：「我們沒有任何辦法去減輕自身的罪惡。」當他這樣說的時候，我總是會想，事實應該剛好與他所說的相反，我們有著減輕自身罪惡的一切手段與方式。在我看來，這個問題就好比我來到這個世界上，對熱烈的精神有著強烈的渴望，那麼我就應該去找尋一切可能的方式去減輕自身的罪惡，認為我所能獲得的永恆幸福源於自身的節制。

　　有時，當我想要坦誠自身的罪惡時，我會感覺到自己不應該受到別人的指

責，而應該受到別人的憐憫，因為我從來都不知道，自己的內心深處會遭遇到那麼強大的誘惑，讓我根本無法克服這樣的誘惑。這樣的念頭讓我感到震驚，但這樣的念頭同樣給我帶來了一種強大的能量，喚醒了我的良知，幫助我扼殺掉所有的罪惡感……

有時，當我閱讀《聖經》的時候，會覺得裡面的內容都是基於人類的罪惡，是讓人震驚的、不可原諒、無法進行緩解且沒有任何原因的，而關於贖罪的思想則會以一種有趣與不應得的仁慈去實現。這樣的說法始終讓我感到驚訝。

不過，如果我放下手中的《聖經》，那麼我將一無所獲，因為上帝的旨意就其本身來說，原本就是充斥著各種神祕。在這兩者當中，我肯定會選擇《聖經》，雖然《聖經》裡面有很多讓我感到迷惑的內容。當然，《聖經》要是沒有這些內容，肯定會更加具有可讀性與更好理解一些。因為《聖經》能夠讓我們對未來的世界產生希望，這點是不言自明的……因此，正如霍斯先生所說的，我現在正處在「波浪之上」。我能做的只是信從上帝會做正確的事情，我只需要安靜地等待這些思想。

在這年 7 月的夏天，哈里特在一封寫給愛德華的信件裡這樣說：

我從未有過這麼快樂的夏天。在夏天開始的時候，我感覺自己要比以往任何時候都要痛苦，但是我每天都在感謝上帝賜給我的這些痛苦。因為我希望這些痛苦最終會讓我接近上帝。我真的希望這段長時間在黑暗世界裡的追尋與不幸福的過程能夠澈底地結束。我希望能夠感覺到為我而殉道的耶穌基督，能夠找到我內心一直想要找尋的東西。

哦！愛德華，你肯定能感受到我現在的感覺，你肯定也會談論有關上帝的事情！能夠做到這點的人，真的是太少太少了。一般來說，普通的基督徒似乎都沒有將上帝視為他們最好的朋友，也根本沒有感受到上帝賜給他們的那種難以言喻的愛意。他們會用冷漠、模糊或是虔誠的口吻談論這些事情，但他們卻從來不會去談論這方面的感受，似乎參加聖餐儀式，他們就能感受到上帝的精神。他們似乎認為只要向上帝說出自己的每一種歡樂與悲傷，就能持續地向上帝尋求指引與前進的方向。

我的哥哥，我無法向你表達出我對救世主的看法。要是我認為救世主是像我

第二章　在哈特福就讀期間，西元 1824 ～ 1832 年

這樣不完美、軟弱或是表裡不一的話，這必然會給我帶來難以言喻的痛苦。我喜歡將耶穌基督視為我的老師，認為祂知道我的罪惡，知道我的愚蠢與無知，但祂依然對我充滿了耐心，依然相信我能夠做出改變，不斷昇華自己，讓我每天都能變得更加像祂。

在經過了 4 年的思想掙扎與心靈煎熬之後，哈里特回到了她在十三歲所離開的地方。這個過程就好比看著一艘只有一面飽經風雨的帆與桅杆的帆船，不時地經受著海浪的吹動，搖搖晃晃地朝著港口前進，最後終於在風平浪靜的港口裡拋錨了。當然，這個過程肯定要經歷黑暗與沮喪的時刻。不過，哈里特在上面那封信裡，卻沒有談到自己的宗教信仰與心路歷程所經歷的那些煎熬與痛苦。

接下來的 3 年時間裡，哈里特有部分時間是住在波士頓，部分時間則住在吉爾福德與哈特福。在一封寫給查理斯·比徹牧師的信件裡，她就談論了自己在這段時期的生活狀況：

我親愛的弟弟：看到父親這個時期在波士頓所寫的信件，讓我想起了以前的很多事情。在這個時候，我應該留在他的身邊，學習他的思想與許多做人方面的道理，而不是讓自己獨自去探索很多事情。

1832 年夏天，在一封寫給梅的信件裡，她談到了在某種程度上，對她而言不同尋常的精神與智慧經歷。

我在上文進行的這番探討之後，妳肯定會明白「自我屬於我」這句話帶給我的許多有趣變化。

當我的內在世界變得逐漸疲憊與站不住腳跟的時候，我最後得出了一些結論，認為應該活在現實生活裡。正如某某人曾經建議我的那樣，我應該放棄冥想的習慣，讓那些衛理公會的牧師去那樣做，而我則應該參與更多社交活動，認識更多人。

「我只是在乎內心的安靜時刻。」薩繆爾舅舅就坐在我身旁，他剛剛讀了上面這句名言。這句名言就刻在威尼斯的日晷上。這讓我突然覺得，自己想要說的話與這句名言存在著某種遙遠的關係。我已經下定決心，再也不要沉迷於無謂的想法當中，讓別人從我的記憶中消失，從而讓自己可以進行思考。

我想要培養友善對待所有人事物的精神。我不應該蜷縮到某個角落，只是看著別人怎樣做，我應該向身邊的人伸出雙手，與他們成為熟人，或是與他們成為朋友。要是透過這樣的方式，我會認識很多有趣且能給我帶來快樂的人 —— 這樣的一種快樂能夠給我帶來更多的快樂，因為這是一種全新的快樂感覺。

我對這些友情沒有抱持什麼太大的期望，因此我一般都能獲得比我想像中更多的東西。要是我一開始就執著於從這些友情得到什麼回報，那麼我最後肯定要感到失望的。我說出來的友善話語或是露出的微笑，不一定能夠得到別人同樣的回報，但這卻能讓我們與別人形成良好的關係。

友善的交往會讓我們的每一天與每個小時都充盈著快樂。當這些快樂的感覺慢慢消失的時候，就會按照你所期望的方式那樣重新出現。認識全新朋友所帶來的樂趣，對我而言是一種全新的美妙經驗。我之前從未嘗試過這樣做。我過去認識別人的時候，我對自己提出的第一個問題就是：「他們是否擁有某種品格，或是他們身上的某些特質是否對我有幫助，或是會給我帶來不良影響呢？」

讓人有點難以置信的是，收到一封來信也能為她帶來許多快樂。

妳寄來的長信在今天早上收到了，我對此感到非常高興。妳可以想像我今天早上收到信件時所感到的快樂。我感到很高興⋯⋯今天早上在學校裡經歷了許多煩心事之後，我依然還在思考這件事⋯⋯我是在家裡收到這封信的。當我從學校回家之後，我可以悠閒地打開這封信來看。

今天晚上，我參加了一個小型的社交活動 —— 參加的人大約有十來個人左右 —— 整個晚上，我都與別人聊天。當我回到我那間冰冷且孤獨的房間，妳的來信就放在我的梳妝檯上。這給我帶來了某種喜樂參半的感覺，因為在我看來這是不確定或是無法想像的，我一直都認為自己可能無法收到妳的來信。

哦！我親愛的喬治亞娜，能夠擁有像妳這樣的朋友真是太好了。沒有什麼比妳的來信更讓我感動的了。這樣的感動就在此時此刻，我享受這種情感。很多這樣的感覺來來去去，我都忘記了。但是，那些我所愛的人給予我的感動，則是大為不同的。那些我所愛的人依然還惦記著我，這讓我非常欣慰。哦！妳知道妳的來信對我來說有多麼重要嗎？我有時會為自己失去的許多朋友感到悲傷。我的很多想法都會發生變化，我的許多情感都會消失，似乎不再屬於我了一樣。

第二章　在哈特福就讀期間，西元 1824 ～ 1832 年

　　我問自己，為什麼我依然要帶著這麼多的痛苦與不安去懷著愛意呢？當我這樣表達情感的時候，我經常會這樣問自己。妳可能會說我是一個多愁善感的人，但這就是我的感受。不過，當我的內心感到某種深沉且真摯的情感時，這樣的情感就會自然外露出來。這個世界上的確存在著天國 —— 是的，天國 —— 那是一個充滿愛意的世界。畢竟，愛意才是這個生命的血液，是萬物存在與一切智慧存在的基礎。

　　這就是哈里特一生的關鍵點。她的一生是受到愛意驅使的一生，她做自己認為正確的事情，寫下自己認為應該寫下的文字，而這一切都是在愛意的驅動下進行的。倘若她沒有認識到「愛意才是生命的血液，是萬物存在與一切智慧的基礎」這個道理的話，那麼她是絕對不可能創作出《湯姆叔叔的小屋》與《牧師的求婚》等作品的。多年之後，白朗寧夫人（Elizabeth Barrett Browning）也同樣用詩歌的語言表達了同一種思想：

> 當靈魂受到機緣與良知的驅使，
> 將她的一切力量都傾注在另一個人的靈魂之上，
> 良知與專注就會讓純粹的生命充滿愛意。
> 因為在完美的生命力下，
> 目標最終會在愛意中趨於圓滿，
> 正如自然的磁性會將兩極結合起來一樣。

第三章
辛辛那提,西元 1832～1836 年

第三章　辛辛那提，西元 1832 ～ 1836 年

- ✦ 比徹牧師受邀前往辛辛那提
- ✦ 向西的旅行
- ✦ 家裡寄來的第一封信
- ✦ 內在的反省
- ✦ 「半科倫」俱樂部
- ✦ 對奴隸制的早期看法
- ✦ 前往東部的旅行
- ✦ 第一次前往尼亞加拉的感想
- ✦ 與斯托教授成婚

西元 1832 年，在波士頓的漢諾威大街教堂工作了 6 年之後，比徹博士收到了緊急的邀請，最後接受成為辛辛那提萊恩神學院院長的請求。這間神學院在西元 1829 年成立。西元 1831 年，這間神學院表示，如果比徹博士接受該院院長一職，那麼這家神學院將能夠籌集到七萬美元的款項。

對於比徹這個來自新英格蘭地區的家庭來說，要想割斷他們一輩子都生活且居住的地方，踏上漫長的旅程，前往那個時候遙遠的西部地區，這實在是有點難以抉擇。但是，比徹博士說服了一家人，讓大家明白他們日後的發展方向都是相同的時候，大家便欣然地接受這個決定。

隨著比徹博士與妻子前去辛辛那提，凱薩琳·比徹也準備在被認為是西部中心地區的辛辛那提成立一所女子學校，哈里特則可以成為她的主要助手。一起前往的還有喬治，他當時剛剛成為萊恩神學院的學生，還有伊莎貝拉、詹姆斯、伊斯特·比徹 —— 這位孩子們口中的「伊斯特姑姑」。

在做出最終的決定之前，比徹博士與他的大女兒凱薩琳一起前去辛辛那提進行一番考察。他們對這座城市的大體印象，可以從凱薩琳寫給當時身在波士頓的哈里特的一封信裡看出來：

我們終於到達了這趟旅程的終點站，依然毫髮無傷。我們住在薩繆爾·福特舅舅這裡。我會盡力描述一下他這座房子的大體情況。這座房子位於城市地勢較高的位置，可以鳥瞰城市的全貌。

這座城市的一切看上去都很新，但並沒有給我留下深刻的印象。當然，這裡的一切看上去都是那麼整潔與乾淨，可是這裡的房屋似乎很擁擠，很多房子都是用磚頭砌成的，外觀很美。這裡的街道垂直分布，道路非常寬闊，而且路況很好。我們從威靈出發，經過了三天的旅程終於抵達這裡，有一種賓至如歸的感覺。

　　第二天，父親與我還有另外三位先生一起步行來到核桃山丘。這座城市附近的鄉村一眼看上去綿延數哩，到處都有各種形狀大小不一的山丘，形成一個很寬闊的圓形劇場。神學院所在的地方非常好，附近有非常美麗的景色。雖然當我發現這裡的河流與城市都被間隔不斷的山丘所遮蔽的時候，我略微感到有些失望。我從未看到一個地方像這裡一樣，透過不斷提升品味與城市的建築，將其變成一個天堂。

　　核桃山丘上的氣溫比較低，有人說很多人在離開那裡之後都感冒了。神學院坐落在一個面積 125 英畝的農場上，附近有種植著許多美麗樹木的林子，這裡距離城市中心只有兩哩路。為了我們最終決定前來這裡生活，我們還選好了日後房子的所在地。（在這樣一個缺乏河流與海岸的地方）妳找不到比這更好的居住地點了。我們選擇的居住地點非常好，從房子後面一直到前門都有一片果樹，另一塊林地則穿越前面的大街。這裡的視野非常開闊，可以看到遠處的山丘與美麗的自然景色。

　　我已經認識了一些我們之後應該會經常接觸的女士們。我發現她們都是非常聰明的人，有著新英格蘭地區女性的追求。事實上，要是從各方面去看的話，這也算是一座新英格蘭地區的城市，這裡有一半的居民都是從新英格蘭地區移民過來的。這裡的第二教堂是這座城市最好的教堂，這座教堂的委員會成員，肯定會一致同意父親成為這座教堂的牧師。當然，父親也只能在忙完神學院的工作之後，利用閒暇時間去擔任兼職牧師。

　　在我看來，世界上沒有比這個地方更能讓社交與家庭生活變得有趣的了。約翰舅舅與薩繆爾舅舅都是充滿智慧、善於社交與熱情的人，他們受到這裡每個人的喜愛，每個人都樂意與他們交往。

　　這裡的民眾急切地希望我們的計畫包括建造一所學校。我們在城市學院建築裡，有很多寬敞的房間，這些房間都是沒有人居住的，大家都準備伸出援助之手。至於父親，我認為父親能在這裡大展拳腳，實現自己的抱負。

第三章　辛辛那提，西元 1832 ～ 1836 年

斯托夫人從此就在這片土地上工作與生活了 18 年。此時，她的姊姊瑪麗已經結婚了，生活在哈特福。她的弟弟亨利·沃德與查理斯都在上大學，而威廉與愛德華此時已經獲得了發表布道演說的資格，他們正準備追隨父親的腳步，前往西部發展。

比徹前往辛辛那提的這次考察旅程，是在 1832 年早春時期開始的，但他直到這一年的 10 月分才準備將全家都搬過去。關於這段向西旅程的有趣紀錄，可以從斯托夫人從辛辛那提寄回給哈特福的一封信裡得到闡述：

親愛的，我鋪好了紙，準備開始給妳寫信。我們全家都在這裡（紐約），大家的身體都很健康。

今晚，父親準備在查塔姆戲院發表演說！他的演說題目可能是「這個季節最後一次的演說」不過，我對此也不是很了解。可以肯定的是，我們很快就要前往匹茲堡。父親將會在匹茲堡停留一段時間，為聖經文學教授的評選活動籌集經費，這個活動的獲獎者是 C·斯托。

昨晚，亞瑟·塔潘與伊斯特曼前來拜訪我們。父親在昨天籌集到了兩千美元，現在很多好人都希望他能夠在這裡多停留幾天，因為父親很擅長籌款。他們在談論著要將我們先送到西部地區，而讓父親在這裡多停留幾天。現在，我真的不敢去見伊斯特姑姑與繼母，因為她們之前經歷了太多的苦難與挫折。

「在最深的深淵裡，還有另一個深淵！」

父親的精神狀態很好。他在這方面感覺如魚得水 —— 他談論了許多有關書籍的問題，很多權威都希望得到他的建議，父親每天都在四處奔走，不斷為籌集款項而奔波。顯然，父親為自己之前取得的成功感到滿意，也對日後的成功充滿了自信。

星期三，我仍在紐約。我覺得，要是我長時間過著一開始來到這裡的生活，我肯定會活活悶死的。這樣的生活有點像是溫水煮青蛙。這裡的生活有一個很嚴重的問題，那就是過於分散了。我開始有點渴望那些安靜的生活了。

來到費城的時候，她這樣寫道：

我們終於離開了紐約，這一路上經歷了太多的事情。馬車夫將裝載著我們全家的行李運到了錯誤的碼頭。我們在預定的碼頭上等了很久，最後還是沒有等到行李，於是就先上船了。不過喬治沒有上船，他負責解決行李的問題。

我們在上週六晚上到達這裡 —— 當時的天色很陰沉，下著毛毛細雨。可憐的伊斯特姑姑顯得很淒慘 —— 她沒有一件乾的衣服可以穿 —— 繼母也面臨著同樣的狀況。我們每個人都沒有乾的衣服穿。於是，我們一半人前往斯金納的家裡，一半人前往埃姆斯女士家裡。

其中，繼母、伊斯特姑姑、父親與詹姆斯前往斯金納的家，凱特、貝拉與我前往埃姆斯女士家裡。他們都是富有且好客的人，他們就像傳教士時代的聖加伊烏斯那樣招待我們。

我們的行李在今天早上終於送過來了。父親站起來，看到行李都搬到了斯金納的家門口時，他一把舉起帽子，大聲說了一句：「萬歲！」因為當時大家在過去一週的時間裡都沒有乾淨的衣服可以換穿。父親剛想要打開錢包付錢，卻被別人搶先了一步。伊斯特曼說，誰付錢都沒有關係。

今天，我在《費城人》報紙上看到了有關父親的介紹，報紙將父親介紹成「一位著名的兄弟，有著龐大的家庭，為了理想從他們所眷戀的家搬到另一個地方」之類的話，還說父親「就像雅各那樣虔誠」 —— 這是一段非常具有《聖經》味道的描述。正如保羅所說的，這些人就像一個「傻瓜」。這座城市的很多虔誠之人都在晚上過來這裡，舉行一場祈禱集會，談到這次旅程的過程與目的。我對此深表感激。

哈里特在唐寧鎮的時候這樣寫道：

我們終於來到這裡了。這就彷彿諾亞攜帶著他的妻子兒女以及所有的牲畜都過來這裡了，然後都放在一所旅館的前門大廳裡。這裡距離費城有三十哩路。如果今天算是我們這趟旅程的典型代表的話，那麼這趟旅程也算得上是非常愉悅的。因為馬車夫很有禮貌，道路狀況非常良好，大家的精神狀態也都很好，而且還吃了一頓不錯的晚餐，沿途的景色非常美麗，偶爾還有人唱著〈聖歌與精神頌歌的詩篇〉。

第三章　辛辛那提，西元 1832～1836 年

要是妳在路上帶上喬治的話，那麼妳肯定能夠聽到某種類型的音樂。除此之外，喬治還出了很多力。他與孩子們都會幫忙我們一路上遇到的旅行者卸貨。我跟他說，他正在讓自己的道德影響力彌漫著這片土地。

「我們每個人都很好，大家的精神狀態都不錯。還是讓我告訴妳我們這趟旅程最終所到達的房屋吧！這座鄉間房屋前的景色，與我們在波士頓時期居住的房屋沒有什麼太大的區別。父親坐在我對面的桌子上，正在全神貫注地看著書。凱特正在一張白紙上給瑪麗寫著類似於情書之類的信。湯瑪斯則坐在對面，正在他隨身攜帶的筆記本上寫著日記。貝拉似乎也在記錄著什麼。喬治在等待著一個座位，好讓他在紙張上寫下點什麼內容。至於我，則感覺自己彷彿置身於一大堆兄弟姊妹們當中，有時會出現心不在焉的情況。

我回想起之前充滿樂趣的旅行，為上帝賜給我們這麼好的朋友而心懷感激。我親愛的喬治亞娜，我在今天的很多時候都想起了妳。今天中午，我們在賓夕法尼亞州一間旅店裡停下來。在附近的一個花園裡，我看到了一株金銀花，這株金銀花與我們在北吉爾福德看到的是差不多的。我想要叫喬治過來看看，但是喬治此時已經坐在最舒適的沙發裡，整個中午他都躺在那裡休息。

這天下午，當我們繼續出發時，不知誰先唱起了〈大赦年〉這首聖歌，接著我們每個人都跟著一起唱。我們沿著北吉爾福德的崎嶇道路一邊前進，一邊放聲歌唱，一路上都充滿著我們的歌聲。這些都是非常歡樂的時光！此時，我看到頭頂上是蔚藍的天空，湖水顯得非常美麗，還有高聳的松樹與突兀的岩石。但是，我們都應該抬頭仰望天空中的群星。

親愛的，這樣一片土地我們怎麼能不去熱愛呢？怎麼忍心離開呢？這裡的天空似乎永遠都閃耀著光芒，這裡的生命之水似乎永遠都不會乾枯。我們這趟旅程並不是要找尋所謂的城市，而是要找尋一座可以真正讓我們的心靈安放的城市。每當我產生這樣的念頭時，我就希望能夠休息，在心底裡默念著這些話：「讓我們彼此安慰，彼此提升吧！」

週日晚上。繼母、伊斯特姑姑、喬治與一幫小傢伙都聚集在凱特的房間，我們準備一起歌唱。父親已經前去德威特發表布道演說了。明天，我們預計要前進六十二哩路，在接下來的兩天旅程裡，我們估計就能抵達威靈。到時候，我們便可以乘坐蒸汽船前往辛辛那提了。

喬治・比徹則對這趟旅程有著這樣的評價：

在乘坐馬車翻越高山的時候，我們的馬匹顯得非常疲憊，幾乎筋疲力盡。在過去四天時間裡，我們出發前往威靈的平均速度是 44 哩。這段距離的旅程，要是以郵件馬車的速度去跑的話，估計只需要 48 個小時，但我們卻用了 8 天時間。

來到威靈之後，我們故意等天氣放晴，才準備登船前往辛辛那提。但是，當我們聽到辛辛那提那邊爆發了霍亂的消息後，決定還是留在威靈。在威靈停留的期間，父親發表了 11 次布道演說 —— 幾乎是每天晚上都要發表一場布道演說 —— 對教眾談論著有關泰勒主義對罪惡的胡說八道以及有關最高層次的問題。最讓我感興趣的是，聽到父親談論透過信仰的懺悔去接近上帝的思想。事實證明，父親的布道演說是比較高深的，超越了世俗的一切，因為他們都對此感到非常高興。甚至連學校的老教師都對父親的布道演說感到滿意。在威靈停留了八天之後，我們預定了前往辛辛那提的船票，準備明天早上就出發。

在俄亥俄州的格蘭維爾。我們參加了一場集會，因此不得不拖延了行程。因為辛辛那提的霍亂疫情還沒有解除，所以我們也不趕著前往那裡，於是父親接受了參加集會的邀請。在這週接下來的幾天裡，我們都留在這裡。

我發表了五次布道演說，父親則發表了四次布道演說。每一天，我們的演說都讓聽眾們產生了濃厚的興趣。當我們準備離開這裡的時候，這座小城鎮已經有 45 個人轉而信仰基督教了，還有不少周邊城鎮的居民也信仰了基督教。這裡的民眾都對我們所布道的教義感到震驚，都說他們之前從未以如此簡單明瞭的方式去感知基督教的教義。

雖然他們這些新來者在辛辛那提受到了熱烈的歡迎，神學院方面也做了最大的努力，讓他們在這裡有一種賓至如歸的感覺，不過他們還是感覺自己彷彿是置身於陌生土地上的陌生人。他們對新英格蘭地區的思念與渴盼，可以從斯托夫人在離開哈特福之後，回覆第一封來自哈特福地區的來信時看出來：

我親愛的姊姊（瑪麗）：

哈特福那邊的來信已收到。當我一聽到有妳的來信，我只能用歡欣雀躍這個詞語來表達我內心的興奮之情。我馬上一步三階跑回書房給妳回信。我在回覆信件時的想法，就是按照每個詞語的字面意思去做，而不是等待六個月之後，再潦

第三章 辛辛那提，西元 1832 ～ 1836 年

草地進行回覆。相反，我會安靜地坐下來，正如伍德博士所說的「這個話題讓你深受震撼」的樣子。我希望我今天下午給妳的回信，能夠清楚地告訴妳我的責任。但我發現有必要考慮到喬治的背心問題。因此，我無法給妳回覆很長的信件了，我待會還要繼續縫紉衣服的工作。

妳不知道我們是多麼盼望收到來自哈特福那邊朋友的信件。妳不知道，我每天都會讓人去郵局看看有沒有我的信，每當聽到沒有我的來信時，我的內心都會跌落到谷底。當我再次看到妳寫的信寄到我手上時，我彷彿感覺到了一種只有情人才能帶來的內心悸動。因此，當妳年老了，依然還能像拜倫女士那樣去仰慕查理斯爵士。我希望當妳明白這個事實之後，會讓妳寫更多的信給我。

我們收到妳的來信，這並不是一個什麼祕密。當我們的家庭圈子在茶桌上進行聚會的時候，大家都會知道的。在那個時候，每個人都能感受到別人的思想！正如一位衛理公會教派的人所說的：「我們該怎樣去陶冶情操，讓自己成為更好的人。」整個下午，要是見不到繼母與伊斯特姑姑，這肯定是很糟糕的一件事。不過，每當我想起大家聚在一起談天說地時的那種快樂心情，就會感覺到上帝賜給我的那種超自然的仁慈。

帕爾森女士真是太友善了，她專門給我們送來南瓜餅。在我看來，她有著一張熱情與樂觀的臉龐！還有那些熟悉的字跡！我們真的非常喜歡那些在哈特福的朋友們。我認為，誰都無法否認這樣一個事實。凱特說，愛這個詞語可以從六個層面去進行分析，我肯定在某個時候，這樣的情況肯定會出現。好了，我就暫時跟妳說到這裡了。

到了晚上。我終於修補完喬治那件黑色背心上的窟窿。之後，我依然在縫紉著衣服，坐下來與別人進行交流。妳根本無法想像離開新英格蘭地區，讓我們每個人都變得多愁善感！大家從未像現在這樣對故土那麼地懷念，那麼地想念之前的朋友，那麼地感受到分離的痛苦。

凱薩琳在費城時就已表達出這樣的情感，最終讓她寫成了〈移民的告別〉一文。在表達出自己的情感之後，她感到自己的內心壓力得到了釋放。我在情感方面所出現的症狀則沒有那麼明顯，但我內心的這些想法顯然要更加持久一些。此時，茶鐘響起來了。太糟糕了！我還準備給妳說些有趣的事情呢！現在，我要帶著正在給妳寫的信件離開了！要是他們看到我現在還在寫信給妳，肯定會說我的。

我剛剛度過了一段愉悅的時光。在晚餐吃到一半時，凱薩琳說：「我們所吃的甜點都是在下午的時候剩下來的。」接著，我拿出我收到的信件，說：「看到了沒？這是我收到來自哈特福的信件！」我真希望妳能看到伊斯特姑姑那時臉上的表情。只見她的眼睛睜得圓圓的，繼母那蒼白的臉上突然露出了微笑，父親也露出了微笑。

　　帕瑟森女士談到她在感恩節所面臨的困境時，只是讓大家哈哈一笑。接著，就有一兩個人發出了嘆息聲（我應該有告訴妳，我們每個人都變得多愁善感起來了！）我們的確談論過要遵守感恩節的傳統，但我們也應該從這段文字裡感受到一點什麼。

　　「在這片陌生的土地上，我們該怎樣歌唱主的歌曲呢？」關於妳讚美伊斯特姑姑的內容，我出聲唸了兩次，就像那些剛學會說話的孩子那樣牙牙學語。我想我察覺到姑姑明顯臉紅了，雖然她當時正忙著為詹姆斯分發麵包與黃油，正在慢慢地移動著他的金屬杯。的確，當眾唸出表揚她的話語，這確實是對她謙卑心靈的一次強而有力的震撼，因為這至少會讓她感覺到「天使的完美」而不是「亞當式的完美」（在這裡，我是使用了衛理公會的專業術語）。

　　傑米在昨天開始了他的主日學校課程。學校的負責人問他多大了，傑米回答說：「我今年4歲了。當下雪的時候，我就要5歲了。」我一直想要傑米跟我解釋他這句話的意思，但傑米說：「哦！我之所以這樣說，是因為我想不出該怎樣回答他。」

　　瑪麗談到城市帶來的誘惑，我非常擔心傑米在這方面所面臨的問題，擔心他會培養出不良的人生觀。在昨天還是前天，我們看到他用手臂抱著一頭豬的脖子在走路，顯然他們當時是在和平共處。而在另一天，傑米竟然坐在這頭豬的後背上，並騎著走了一段路程。讓這些動物在大街上走來走去，這已經很過分了。特別是辛辛那提的女士還模仿她姊姊的做法，這實在是讓人反感。

　　我們的家庭醫生是德雷克，他是一位醫術精湛，擁有科學常識與理論的醫生，但他反對當時這座城市的許多醫療用布。德雷克是一個個子很高，身材筆直的人，他的臉似乎總是面無表情的。在他說出要開的處方時，似乎就像在發表一篇關於選舉的演說。某天晚上，他因為有事無法幫凱特看病，於是很有禮貌地寫下了一條包含處方用藥的便簽，上面還有德雷克醫生對比徹小姐的讚美，要求她

第三章　辛辛那提，西元 1832 ～ 1836 年

在晚上九點的時候準時喝一點糖漿。

可以說，我們現在居住的房子是非常糟糕的，生活起居很不方便，這裡的安排都很不好，似乎是一座囊括了所有詛咒的房子。這座房子在建造的時候，就壓根沒有考慮過寒冷的冬季。廚房在房子外面，因此在冬天煮東西的時候就需要走出大門。因此，繼母每次去廚房煮東西時，都要戴上軟帽，穿上寬大外衣。房子有兩個客廳，客廳之間有一扇折門。後面的客廳只有一扇面向陽臺的窗戶，窗戶的下半部分遮擋著陽光的照射。我還沒有跟妳說，我們的房東是一位年老的單身漢，即便他為租客們準備的房間都有一些光線可以照射進來。不過他居住的地方可都是光線最好的。

在辛辛那提生活的早期階段，哈里特的身體狀況變得糟糕起來，加上她的精神一直處於壓抑狀態。儘管如此，她還是不辭勞苦地幫助姊姊凱薩琳建造學校。她們將這所學校稱為西部女子學院，並準備招聘一批教職員。有關這方面的詳細內容，都可以從斯托夫人寫給她的朋友喬治亞娜‧梅的一封信裡看到。在西元 1833 年 5 月的一封信裡，斯托夫人這樣寫道：

今天，主教珀賽爾前來參觀我們的學校，表達了對我們在這裡開辦學校的感激之情。他談到了我所寫的那本有關地理方面的書，感謝我在處理天主教問題上所持的公正立場。當然，主教對我所寫的那本書有所了解，這的確讓我受寵若驚。

我真的希望妳能夠過來看看核桃山丘。這座山丘距離市區只有兩哩路左右，沿途的風景真的太美了，妳可以想像一條「沒有清泉從山丘上流下來」的道路景色。這裡每一種類型的山丘與山谷都很美麗，這裡地形的起伏形成了天鵝絨般的草皮，附近還有很多小樹林與森林，裡面生長著不同種類的植物，形成了一幅田園牧歌式的景色。

妳可以在一天之內連續經過同一條路十多次，依然不會感到無聊，因為這裡地勢的高低起伏與變化，會讓妳移步換景，根本不會讓人有任何沉悶無聊的想法。這裡的許多木材都是山毛櫸，這是一種龐大的樹木。這些美麗又挺拔的樹木就像樹林裡一道青綠色的屏障，似乎能夠為得律阿德斯建造一座宮殿！

此時，凱薩琳正對著我咆哮，問我為什麼這麼晚還沒睡覺。因此，再見了音

樂、月光與妳。我原本還想告訴妳，我今晚所想到的許多有趣的事情，但是都怪我，現在沒時間了，我要先睡覺了。

除了寫作之外，我的全部時間都用於幫忙姊姊凱薩琳創辦我們的新學校，或是消耗在這些工作之後的疲憊與勞累當中了。今天是週日，我要留在家裡，我認為這是驅散疾病與這段時間在我心底滋生的各種不良情感的好方法。現在，我感覺自己的身體狀況不是很好，生活也不像以前那麼有規律。在一半的時間裡，我都覺得自己似乎沒什麼生命力，而在另一半的時間裡，我則感覺自己飽受著病態情感與不合理偏見的困擾。可以說，我的健康狀況很糟糕。

我很高興從妳的來信得知，妳依然還在康乃狄克州 —— 這實在是太好了 ——「哦！要是我有著鴿子的翅膀'」，我肯定會飛過去的。將我的愛意傳遞給瑪麗。我還記得她以前非常柔和的說話方式，經常會對某個夏天住在妳們家的那個孤獨的老爸微笑。正因為想起了她，我才想到要說一些那些對我們不是很友好的人，說一些在我無話可說的時候要說的話。現在，我就處於這樣的狀態。

哈里特再次給她的朋友喬治亞娜・梅寫信：

親愛的喬治亞娜：

我剛剛收到妳的來信，連續讀了三遍。現在，我要對妳的來信進行沉思。妳已經成長為一個優秀的女人。當我置身於這樣一個無法進行思考的地方時，有妳這樣一位朋友進行交流是多麼地幸運啊！思想，帶著強烈情感的思想已經成為我的心頭大患。要是我能夠少點思想，那該多好啊……

我剛剛聽了一班小女孩在背誦故事，跟她們講了一個我隨便想到的仙女故事。當然，我跟她們講的故事都是一個套路的，就是「很久很久以前」之類的。

最近，我閱讀了德斯塔爾女士的《科林》這本書。書中的部分內容以及德斯塔爾女士的品格讓我深感共鳴。但是，美國人的情感無論是多麼強烈或是具有力量，都會變成一種深沉、病態的東西，因為這受到了我們這個社會長期的自我管理制度的嚴格束縛。因此，很多這樣的情感都受到了壓抑，最後只能在心靈深處慢慢積壓，最後將我們的靈魂慢慢地燃燒掉，只剩下燒剩之後的煙灰。

在我看來，我對各個方面的主題與想法的強烈程度都與此相關。我感覺自己的很多思想都在慢慢地凋零，失去了一開始的能量。雖然我現在還很年輕，但我

第三章　辛辛那提，西元 1832 ～ 1836 年

卻沒有了年輕人應有的活力與朝氣。所有充滿熱情的東西，所有關於自然本性的熱情，關於寫作、品格或是虔誠思想的念頭與情感，我都能感受到相當強烈的力度 —— 直到我的心智最後失去了能量，似乎陷入了死氣沉沉的狀態。在一半的時間裡，我都為自己沉浸在這種躁動的空虛狀態而感到高興，想著透過去做一些瑣碎的事情來分散自己的專注力。因為思想只會帶給我痛苦，情感也只會帶給我痛苦。

在西元 1833 ～ 1834 年冬天，年輕的哈里特對自己的心靈躁動感到非常不安。她想盡一切辦法去甩掉這樣的想法。她強迫自己去融入大家的交流，強迫自己去認識更多的人。受到《西部月刊》編輯詹姆斯・霍爾寄來的五十美元的稿費，她決定加入這場寫作的競爭行列當中。

她所創作的故事〈洛特叔叔〉可以說是該月刊當時收到的最優秀的故事，甚至在評選方面獲得所有評委一致的贊同。文學方面的成功，讓她感覺到自己的思想有了全新的方向，讓她對自身的能力有了更加深刻的了解，從而激勵著她投入更多時間到寫作中。

哈里特的文學才華進一步受到了半科倫俱樂部友善會員的激發，他們每隔一週都會在薩繆爾・福特或是德雷克家裡舉行小型的社交聚會。這個俱樂部的起名過程也算是經歷了一番討論，不過這也可以表明宣導成立該俱樂部的人的內心想法。

此人說：「你們都知道在西班牙，哥倫布被稱為科倫。而我現在創辦這個俱樂部給大家帶來的樂趣，可能只有哥倫布發現新大陸那時候的興奮情感一半那麼多。因此，如果科倫發現了新大陸，我們這些創辦俱樂部的人至少也應該被稱為『半科倫』吧？於是，半科倫這個名稱就成為這個俱樂部之後幾年的名稱。

在一些聚會上，大家會閱讀各自創作的一些文章，在其他時候則不會閱讀這些文章。但是，大家都會就一些之前選定好的有趣話題進行討論。俱樂部的成員就有斯托教授（Calvin Ellis Stowe），他當時在這個圈子裡是毫無爭議的聖經方面的權威，還有賈奇・詹姆斯・霍爾，他當時是《西部月刊》的編輯，愛德華・金，還有之後創辦了費城設計學院的皮特斯女士，凱薩琳・比徹、卡羅萊・李・

亨茲（Caroline Lee Hentz）、E.P. 克蘭奇、德雷克醫生、S.P. 查斯還有其他日後在各行各業成為著名人物的人。

在一封寫給梅的信件裡，斯托夫人講述她取悅半科倫俱樂部成員的一些方法：

我當時在想著自己到底接下來該做什麼。我已經寫了一篇文章，準備下週一晚上在山姆叔叔家裡舉辦的社交晚會（也就是半科倫俱樂部舉辦的聚會）上閱讀。我宣稱這是詹森博士所寫的文章。我小心翼翼地按照詹森博士的寫作風格去進行創作，最後用一些普通的英文寫下。現在，既然我提到了這個問題，就有必要跟妳談論一下我在這個圈子裡的一些做法。

我閱讀的第一篇文章是宣稱收到了布特勒主教的來信，我模仿他寫作時的那種憤怒的風格，多使用方括號或是圓括號。我的第二篇諷刺文章是關於語言的現代化利用。我有空會將這篇文章寄給妳，因為一些編輯似乎對這篇文章很感興趣，希望刊登在《西部雜誌》上，現在這篇文章應該已經印刷出來了。這篇文章的作者署名是凱薩琳，因為我當時也不知道該署誰的名字，我從來就沒有想過要用自己的真名去發表文章。

我接下來的一篇文章是諷刺一些成員的，因為他們當時都在嘲笑婚姻生活與老處女、老單身男子。因此，我以模仿的方式寫了一篇關於法律條文式的文章，說社會上的女士在以後都禁止談論這方面的議題。當時還有一些人竟然相信了。雖然我寫的是諷刺文章，但我盡量不去攻擊別人，盡量顯得友好些。

但我在這週寫的一篇文章讓我感到有些焦慮。我不喜歡那些對閱讀比較膚淺且缺乏理性分析的文章。於是，我決定要創作一個系列的信件內容，然後說這些信件都是我的一位朋友所寫的，再將這些信件內容呈現出來。

這週，我寫了這個系列信件的第一封信件 —— 這封信件的內容比較隨意，沒有多少活潑的氣息 —— 主要描述了一個想像中的情形，比如鄉村裡的一座房子，有一位紳士與一位女士，他們分別是霍華德夫婦，是虔誠的教徒，有著一定的文學才華，為人隨和。我在這封信裡加入了一些特別的細節以及暗示，從而讓這封信看上去像一封真正的信件。我希望以這樣的方式在之後所寫的信件裡，讓自己有機會去談論不同的主題以及對不同的品格進行一番討論。

第三章　辛辛那提，西元 1832 ～ 1836 年

我想要在日後就不同類型的主題寫許多文章。此時，只有伊莉莎白表妹知道這回事。薩繆爾舅舅與薩拉·伊里亞德都不知道這麼一回事。

昨天早上，我完成了這封信件，然後用煙熏這封信，好讓這封信看上去有點發黃，然後用手揉這封信，使之看上去比較陳舊，接著我在信封上寫上寄信人的名字與地址，再用紅色墨水在郵件上蓋好郵戳，再封好信件，接著又打開信件。這樣會增強別人相信這封信是真正意義上的信件的機率。我將這封信放入信封裡，聲稱這封信是我偶然得到的，說這封信是某位骨瘦如柴的先生所寫的。

一天早上，我將這封信放在辦公室裡，標明這是一封寄給「薩繆爾·E·福特女士的信件」。然後，我傳話給西斯，說這封信到了，於是她就準備將這封信送給薩姆爾·福特女士。

我的這個小把戲竟然奏效了。山姆叔叔查看了這封信件，接著用權威的口吻說，這肯定是一封真正的信。格林先生（那位閱讀這封信件的先生）則宣稱這肯定是一封來自霍爾夫人的信件，並且透過說出了我故意擦掉的一些名字與日期來證明他的看法。當然，他之所以會有這樣的想法，完全是因為這封信符合他的閱讀品味。

不過，真正讓我感到不安的是伊莉莎白。當她讀完這封信之後，似乎覺得不是很滿意。她認為這封信的內容太過多愁善感了，對事情細節的描述過於詳細 —— 她壓根不知道這些事情的存在。她擔心這封信的內容可能會遭受嚴厲的批評。現在，伊莉莎白擁有了隨機應變能力與敏銳的洞察，正因為如此，她的評價才讓我感到不安。我不習慣遭受別人的批評，我不知道該怎樣去承受別人的批評。

西元 1833 年，斯托夫人第一次接觸到奴隸制的主題。當時，她與西部學院的一名助理老師達頓女士一起從辛辛那提出發，乘坐輪船前往肯塔基州。斯托夫人一路上親眼看到了這樣的事實。她們參觀了一處住宅，這住宅就是後來《湯姆叔叔的小屋》書中沙爾比上校的房子。

此時，年輕的斯托夫人第一次親自接觸了來自南方的黑奴。多年之後，在談到這次的旅程時，達頓女士這樣說：「哈里特當時似乎並沒有特別注意到發生的一切，在大部分時間裡，都是心不在焉地思考著什麼事情，似乎完全沉浸在自己

的思想世界中。當那些黑奴做了一些有趣的事情，比如切開酸豆的時候，她似乎根本就不在意這些情況。不過，在這之後，當我閱讀《湯姆叔叔的小屋》一書時，我才重新回想起當時的情形，原來哈里特在這本書用極為詳盡的細節還原了當時的具體情況。此時，我才明白她當時一直在收集關於這方面的創作素材。」

不過，在這個時期，斯托夫人更感興趣的話題是教育方面的，而不是奴隸制方面的。這可以從她下面這封寫給梅的信件裡看出來，當時梅也是一位老師。在這封信裡，斯托夫人這樣寫道：

我們本應該透過建立模範學校的方式，去改變西部文化荒漠的情況。我們希望成立一個能夠招收五十到六十名學生的年輕女子學校，這是一所專門為年輕女子創辦的學校，然後再創辦一所專門招收男孩子的學校。當時，我們得出的結論是，除非讓女性去從事教育方面的工作，否則教育方面的工作是不可能真正走上正規的。

特別是在關於男孩教育方面更是如此。要想透過道德影響力去管理男孩，這需要教育者具有隨機應變的能力、對男孩心靈想法的理解能力與各種不同的能力。這樣的能力要求是女性教育者所具備的。我之所以這樣說，並不是要貶低男性教育者，而是認為那些具有隨機應變能力、多種才能與智慧的男性，一般都不會全身心地投入到教育行業當中。要是這些男性擁有這樣的能力，他們肯定會選擇成為牧師或是傳教士。

雖然教育行業同樣需要許多男性老師，但是那些單純從事教育行業的男性，會覺得自己沒有充分釋放自己的能力，彷彿海克力士只關心著女人才關心的事情。因此，當這些男性一旦有更好的機會，就會馬上離開教育行業。從勞動分工層面去看，男性所賺取的薪水必須要養家糊口。當然，要是他們選擇創辦學校的話，他們也必須要想辦法維持老師們生活所必需的薪水要求。

還有一點，如果男性掌握了更多知識，他們在傳遞與講解這些知識方面，就不會有那麼強的能力，他們也不會那麼有耐心去教育孩子。一般來說，男性不願意忍受這樣的煎熬，他們不願意去監督那些品格處於形成階段的學生，因為這需要耗費大量的耐心。

我們希望能讓更多人了解這樣的原則，我們希望透過展現女性教師在這方面

第三章　辛辛那提，西元 1832 ～ 1836 年

所能做出的成績去進行證明。妳可以看到，那些具有一流才智的人才是我們所需要的，因為我們必須要面對這個社會對女性存在的偏見，我們必須要透過我們的成功去說服所有人。我們希望那些具有原創精神與工作有條理的人成為老師。妳根本不知道要想在女性中找到這樣的老師是多麼地困難。我們要想招募到這樣的女老師是多麼地不易。

西元 1834 年夏天，年輕的老師與作家哈里特，自從兩年前離開新英格蘭地區之後，第一次回到東部。這次旅程的目的主要是參加她親愛的弟弟亨利‧沃德在安默斯特學院的畢業典禮。這次旅程的行程包括乘坐馬車前往托萊多，然後從托萊多乘坐蒸汽船前往水牛城。這段旅程令她留下了深刻的印象，並在寫給辛辛那提的朋友的信裡提起。在這封信裡，她談到了自己在這趟旅程中所遇到的人：

我遇到了一個身材有點肥胖、臉頰紅潤的史密斯先生，他很聰明，他的名字也可能是鍾斯或是諸如此類的名字。還有一個來自新奧爾良的女孩，她一路上似乎都顯得心不在焉。相比她所穿的衣服而言，她更能說出這世界上最動聽的語言，她的聲音有一種抑揚頓挫的感覺。當然，妳可能會說一些人的臉龐不是那麼好看，會讓妳只選擇看那些好看的人。

接著，就是 B 女士，她是一位獨立、隨和的女士，一天到晚似乎都充滿了活力。可憐的 D 女士在我們晚上停下來的時候說：「哦！親愛的，我認為莉蒂亞肯定會在我們的房間一直瞎鬧到第二天早上，我們中的一個人肯定不能同時睡覺。」

與此形成鮮明對比的是米切爾先生，他是一位具有紳士風度與禮貌的男士，他在一天之內要與女士更換 40 次座位，從而取悅某位女士。是的，他可以在外面騎馬，也可以在室內騎馬 —— 他對於別人的要求總是有求必應的。事實上，我們很難說他這個人有什麼毛病。他會用柔和安靜的方式說話，有時甚至是說話比較慢。他會使用準確與恰當的詞語說話，同時在說話的時候顯得比較謹慎。他的衣著與旅行的裝備都顯得很恰當，似乎認為自己在這個世界上有充裕的時間，可以去做任何他想要做的事情，正如他所說的：「任何毫無必要的興奮之情。」

在大家還沒有熟悉之前，都將他稱為一位「有禮貌的紳士」或是「那位總是體貼別人的紳士」但是，我們的這位朋友的祖籍是愛爾蘭。我看到他在說話的時候喜歡伸出雙手，然後一口氣說上十幾個單詞。

他與那位鍾斯先生談論了有關奴隸制的問題，鍾斯先生的推理方式包括了重複之前他說過的一些話。此人最後認為黑奴都是黑人，然後以此作為一個誰也無法反駁的論據。最後，他們開始對此進行分析歸納，說他們也有可能會成為奴隸那樣的人。因此，他一直滔滔不絕地說，直到我們那位朋友的惻隱之心都被喚醒了。他顯得非常興奮，立即展現出自己的演說能力，並且做出各種手勢來加強自己的論證。他的話語也讓我的內心充滿了義憤。我喜歡看到一位性情安靜之人的激情被別人所喚起。

在同一封信件裡，斯托夫人還談論了她對尼亞加拉大瀑布的印象：

我終於看到了尼亞加拉大瀑布，並且我依然還活著。哦！妳的靈魂在哪裡呢？當然，這沒關係。讓我跟妳說說我的感受吧！如果這樣的感受是可以言說的。我要說，這樣的感受是無法用任何語言去表達的。伊莉莎白，這裡的景象不像我們所能想像的任何景象。我之前也從未想像過能夠看到這樣的大瀑布。

這條瀑布並不像真正的瀑布。我甚至還想過這條瀑布到底是從高處落下來的，還是從低處落下來的。我想過這條瀑布是否在發出震耳欲聾的聲響，還是完全安靜的呢？我也想過這條瀑布是否能夠滿足我內心的期望。當我置身於那樣的情景，我感覺自己的心靈在不斷地旋轉。

在我看來，這是一個全新且陌生的世界。我眼前的這一切都是那麼超脫，就好像上帝的啟示那樣陌生且微弱的形象。當時，我想到了一個偉大的白色王國，瀑布上方還出現了一道彩虹，而呈現在我眼前的這個王國上面還有翡翠綠的顏色。哦！這條美麗的河流彷彿是從月光下升騰起來的，然後在其消失的時候，就像靈魂那樣激底地沉淪了，接著又以充滿精神力量與純粹的方式出現。這道彩虹似乎在慢慢顫抖與消失，最後彷彿像美妙的精神穿越了這條瀑布一樣。哦，它是那麼地充滿了美感，這樣的美感甚至要超越了其自身的偉大。

這就像創造了心智的原始動力：它是如此的偉大，卻隱藏在美感當中，我們只能懷著敬畏的眼神遠遠觀望。不過，這又像死神那樣充滿美感。我們在觀察的整個過程中不會感受到一絲恐懼。我感覺腳下的岩石在劇烈地顫抖，但這給我帶來的不是內心的恐懼，而是一種內心的歡樂。眼前的這一切讓我為之痴狂，我為自己前來這裡感到非常幸福。

第三章　辛辛那提，西元 1832～1836 年

在東部逗留的期間，她被好朋友艾麗莎・泰勒 —— 斯托教授的妻子 —— 她的去世消息深深震撼。泰勒女士是伯內特・泰勒博士 —— 這位東溫莎地區辛辛那提神學院院長 —— 的女兒，她在去世的時候年僅二十五歲，是一位有著美妙聲音的美麗女性。她有著健全的心智與個人魅力，這讓她成為了當時半科倫俱樂部最受歡迎的成員之一。她當時也積極參加了這個俱樂部的許多活動。

泰勒的去世讓斯托教授成了一個舉目無親的鰥夫。他當時所處的孤獨狀況極大地喚起了哈里特的憐憫心，因為她是斯托教授的妻子生前最為親密的朋友。因此，哈里特的憐憫心很容易轉化成為愛意。在經過一段時間的交往之後，哈里特・E・比徹成為了加爾文・E. 斯托教授的妻子。

在婚禮之前，哈里特最後的一個舉動，就是給她少女時期最親密的閨蜜喬治亞娜・梅寫了下面這封信：

西元 1836 年 1 月 6 日

親愛的喬治亞娜：

大約再過半個小時左右，妳的老朋友、同伴、同學與姊妹，就將不再是哈里特・比徹了，而是變成了誰也不知道的人。我親愛的，妳現在也訂婚了，在未來一兩年內應該會面臨著與我一樣的命運。妳想要知道妳到時候應該要有的感受嗎？好吧！我親愛的，在這段時間裡，我的內心一直感到恐懼。上週的每個晚上，當我躺在床上睡覺的時候，我的內心都會被這種難以克服的危機感所壓抑著。但妳也知道，我已經走出了這樣的感覺，現在我沒有什麼特別的感覺。

這場婚禮將是家庭式婚禮。只有我的兄弟姊妹們、我的老同事瑪麗・達頓到場，我們家就有好幾位牧師，因此我們沒必要請其他牧師作為證婚人。姊姊凱薩琳不在這裡，因此她無法親眼看到我成家，離開她多年來的呵護與照顧。就在今天，我的許多朋友與熟人都根本不知道我今天要結婚了。在他們知道之前，我已經結婚了，成為了別人的妻子。

好了。一下子告訴妳這麼多，也實在是為難妳了。與昨天一樣，我現在想起來都覺得非常瘋狂，或者說我沒有什麼特別的感覺。但我在內心深處希望能將自己的真實感受告訴妳。因此，我寫了這封信給妳。好了。斯托過來了，我要停筆了。

請讓我最後一次以我的名字給妳落款。

永遠忠誠於妳的

哈里特·E·比徹

第四章
早期的婚後生活，西元 1836～1840 年

第四章　早期的婚後生活，西元 1836 ～ 1840 年

- ✦ 斯托教授對大眾教育的興趣
- ✦ 斯托教授前往歐洲
- ✦ 辛辛那提爆發的奴隸暴動
- ✦ 斯托夫人的雙胞胎女兒出生了
- ✦ 斯托教授返回美國，前往哥倫布
- ✦ 家庭生活的考驗
- ✦ 幫助一名逃亡的奴隸
- ✦ 在困境時堅持創作
- ✦ 比徹家族的一份聯名聲明書

斯托夫人在婚禮開始半個小時前，給她的朋友喬治亞娜・梅寫的那封信，直到婚禮結束兩個月後才完成。從斯托夫人的書信裡，我們可以看到以下的節選：

從我上次寫那封信給妳到現在，已經過去三週的時間了。我的丈夫與我現在正舒適地坐在壁爐旁，就像一對馴服的家禽那樣。他正在寫信給他的母親，我正在寫信給妳。在我們婚禮的兩天後，我們去了一趟所謂的蜜月旅行。要是這樣的婚禮習俗不需要斯托前去哥倫布地區的話，我們會很樂意順從這樣的習俗。我可以跟妳說，在這個季節，俄亥俄州的道路可不是開玩笑的。不過我們受到了熱情的招待，旅行過程中還是感受到了許多樂趣。

親愛的喬治亞娜，也許妳不能理解，或者說我同樣不能理解的事情，就是我如何能夠以如此平靜的心態，度過這次人生的重大考驗。我親愛的，說實話，我也不知道自己是如何度過的。我是一個心態平和與快樂的女人。我只著眼於眼前，將未來的一切都交給上帝去處理，因為上帝對我一直是非常仁慈的。「不要過分擔憂明天」這一直都是我的座右銘。我內心所感受到的欣慰完全源於上帝。因為在上帝所建造的天國世界裡，我可以感受到無限的樂趣，而眼前世俗的快樂則是那麼地短暫。

親愛的喬治亞娜，我是一個淘氣的女孩。從婚禮到現在，已經過去一個月了。因為我的情感一直處於緊繃的狀態，因此我不願意現在就回去。不過，我很快就能見到你們了。在 5 週之後，斯托與我將會啟程前往新英格蘭地區。他會在

5 月 1 日乘船出發。我會與他一道前往波士頓、紐約與其他地方，最後停留在哈特福。在他離開這邊之後，我的想法就是回到西部。

斯托夫人在信件裡談到丈夫要離開她的內容，其實是指斯托教授要前往歐洲為萊恩神學院購買相關書籍，同時還以俄亥俄州委派的專員身分前往歐洲的公立學校進行調查研究。長期以來，斯托教授就認為，要是西部地區沒有更優秀的高中學校制度，那麼西部地區就不可能存在真正意義上的高等教育。

在西元 1833 年時，斯托教授已是辛辛那提「老師聯盟」的創始人之一，這個機構成立了十年左右，產生了廣泛的影響。其目標就是要推廣普通學校，提高老師的教學標準，為民眾創造接受教育的需求。斯托教授與當時俄亥俄州的許多著名人士一起參與了這樣的運動，其中包括了阿爾伯特·皮克特、德雷克、史密斯·格里姆凱、珀賽爾大主教、A.H. 麥克加菲校長、比徹博士、莉蒂亞·西格尼、卡羅萊·李·亨茨與其他人等。這些人所創造的影響最終延伸到俄亥俄州議會。州議會最後決定委派斯托教授作為專員，去歐洲調查研究那裡的公立學校制度狀況，特別是調查普魯士那裡的學校制度，然後寫出一份調查報告。

西元 1836 年 6 月 8 日，斯托教授乘坐錢普林船長的「蒙特利爾」號輪船，從紐約出發前往倫敦。當斯托教授上了輪船之後，他才打開妻子之前寫給他的一封信。下面是這封信的部分內容：

親愛的，當你打開這封信的時候，你已經離開這片土地了。我無法給你我的關愛、建議與照顧了。因此，你應該按我所說的去保重自己，要注意自己的健康。首先，我希望你到了歐洲之後，能夠做到隨機應變，就像伊莉莎白說的：「正如燧石面對槐藍屬植物」那樣。無論做什何事情，你都要小心翼翼。雖然你沒有帶上那本有趣的《坎伯的安慰》，但你也可以透過回想去重溫一遍那本書的段落，因為這能讓你應對無聊的大海航行。

你還要記住，當你在核桃山丘上逗留的時候，是如何安慰凱特、伊斯特姑姑與你那位女傭人的。但說真的，親愛的，除了回想起以前美好的時光之外，你必須要懷著更多的希望。你就要前去一個全新的世界，我希望你能享受這段旅程。我希望你能從中得到更多的收穫。

第四章　早期的婚後生活，西元 1836 ~ 1840 年

　　你只需要專注於你想要去看到的東西：宏偉壯觀的圖書館、美麗的繪畫與莊嚴的教堂。除此之外，你還可以見到托魯克，讓你心馳神往的阿波羅。親愛的，如果我是一個男人，我真希望能夠跟你一起前往。

　　在她丈夫前往歐洲的這段時間裡，斯托夫人在辛辛那提與她的父親與兄弟們一起生活。她偶爾會創作一些短篇故事、文章或是論文，專門為《西部雜誌》或是《紐約傳教士》供稿。她每天都透過日記信件的方式與丈夫保持著通信，之後這些信件每個月送到她丈夫手上。斯托夫人還幫助弟弟亨利‧沃德，因為亨利‧沃德當時剛剛成為一份期刊的臨時編輯，這是當時辛辛那提這座城市一份發行量較小的報紙。

　　那個時候，奴隸制問題已經成為辛辛那提這座城市一個大家都在討論的問題，而萊恩神學院則成為了廢奴主義運動發展的溫床。在學生中，廢奴運動是由其中一位名叫希歐多爾‧D‧維爾德的學生領導的，他之前透過在南方各地發表演說，籌集到了一定的資金來完成學業。在參加這些廢奴運動的過程中，他深刻地感受到奴隸制的邪惡與恐怖，因此他成為了一名激進的廢奴主義者，成功地說服了幾名南方人在這個問題上的看法。

　　在這些南方人中，就有來自阿拉巴馬州亨茨維爾地區的 J.G. 伯尼。伯尼不僅讓手下的奴隸重獲自由，還與辛辛那提的甘梅利爾‧貝利博士，一起創辦了一份名為《慈善家》的反奴隸制報紙。最後，這份報紙遭到壓制，報社的辦公室遭受一群肯塔基州奴隸主煽動的暴徒打砸。關於這件事，斯托夫人在寫給丈夫的一封信裡這樣寫道：

　　昨天晚上，我花了一些時間草草為亨利的報紙寫了一篇文章　「伯尼的印刷機遭到一群暴徒破壞，很多受人尊重的人都對這樣的暴行視而不見。之所以會出現這樣的無動於衷，完全是因為這些人的偏見所導致的。」

　　我寫了一篇概略性的文章，我希望能用一種前後矛盾的對比手法去寫，將任何違背私人權利的暴行，表現出來的高人一等的態度展現出來。我使用的是一種輕描淡寫的概略寫作方式，希望能夠引起亨利的注意，讓他對這個問題進行深刻且認真的思考。

我認為，亨利對此的看法也是很強烈的。事實上，他的確也寫了一篇言辭強硬的文章，我為亨利所寫的言辭激烈的社論感到驕傲。他寫的這些文章都是有事實依據、實事求是且具有尊嚴的。我認為亨利能夠成為一流的作家。我們的這兩篇文章直到今天才刊登，其中還有查理斯關於音樂方面的文章。可以說，對這份隸屬於我們家族的報紙，我們根本沒有任何消遣的心思。

當我昨晚寫下那篇文章的時候，我只是感覺自己是一個賢妻，在你不在的時候守衛著你所信仰的原則。我希望你能夠看到我是多麼義正詞嚴地談論這件事。亨利也談論了這個問題，並且談到了關於塞米諾族的印第安人問題，給人一種大義凜然的感覺。

斯托夫人接著寫道：

伯尼事件所引發的討論繼續增長。佛蘭克林酒店的負責人也遭到了一些住客的攻擊，這些住客要求將伯尼趕出這間酒店。負責人拒絕了這樣的要求，有十二名住客就立即離開了，F博士也是其中的一員。

透過派發傳單的方式，他們召集了一次大會。這座城市一些最受歡迎的人士也受邀參加這次大會，討論他們是否允許伯尼在這座城市繼續經營這份報紙。格林先生表示，讓他感到無比震驚的是，這座城市很多受人尊重且具有影響力的人竟然站出來說，伯尼這幫人應該離開這座城市。

格林先生也在這群人的邀請之列。但是格林先生告訴那些邀請他的人，他根本不想與這個不符合法律規定的公眾大會有任何瓜葛，也不想與任何暴徒有任何連繫。他完全反對這一類的事情。

我認為，如果事情按照那群人的心願進行下去的話，他們肯定會有一次反響熱烈的大會。

我希望父親此刻在家，前往他的教堂發表布道演說。因為很多教會信徒都不敢站出來明確反對這樣的暴行。

之後又舉行一次會議，由摩根、內維爾與賈奇·布林克等人負責。我不知道還有誰是負責人。賈奇·伯內特當時也在場，同意了那些人的做法。這群暴徒之所以能在這座城市裡出現，完全是因為那些具有理智與常識之人袖手旁觀，時不時默認這些暴徒做出許多違背法律的事情。其中一些人甚至還引述波士頓港口傾倒英

國茶葉事件，為他們的暴行進行正名，說這樣的事情之前也有過光榮的先例。

不過，很多人，也許是大部分的市民都不同意這樣的做法。但我擔心他們的想法不會演變成公開的反對。甚至連 N·賴特的反對聲音也變得比較弱，福爾博士則表示強烈的反對。哈蒙德先生（《公報》的編輯）則以非常具有尊嚴與明智的方式，指責了整個事件。亨利也站出來反對這些暴行。可是，很多報紙要麼對此保持緘默，要麼就站在暴徒那邊。我們應該能在接下來幾天裡看到事件的結果。

在我看來，我可以輕易地發現這個事件會讓很多人轉變為廢奴主義者。因為我的憐憫心完全傾注在伯尼身上。我希望他能夠堅持自己的立場，伸張自己的權利。他的辦公室是防火的，有高牆圍著。我希望他能夠指揮一些武裝人員，看看那些暴徒還能夠玩出什麼花樣來。如果我是個男人，我肯定也會自願保護他的住所，至少會好好地看管他家的一扇窗戶。亨利坐在我的對面，正在創作一篇充滿英勇精神的社論。他讓我告訴你，他正滿懷著鬥志，準備參加這場戰鬥。

斯托夫人在另一封信裡這樣寫道：

在上一封信裡，我跟你說這群暴徒砸了伯尼的印刷機，但那次破壞行為造成的損失並不嚴重。看來，這群暴徒的主要目的是要恐嚇伯尼。這次暴行之後，連很多好人都開始感到恐慌，對廢奴主義運動產生了偏見，壓根忘記了暴徒們的行為要比廢奴主義者的行為更加邪惡。這些好人都紛紛站起來反對伯尼，對暴徒的行為視而不見。N·賴特與賈奇·伯內特就是其中典型的例子。

當騷亂的氛圍到達可能超過控制的範圍之後，大家開始談論革命或是在不需要遵守法律的情況下實現公平的時候，這肯定是沒有任何公平正義可言的。這些人當中的主要人物有摩根、內維爾、朗沃斯、約瑟夫·格拉漢姆與賈奇·布林克。這次會議在下市場街舉行，決定是否允許出版關於廢奴主義的報紙。這座城市很多最受人尊重的公民都受邀出席。

當時這座城市的民眾可以分為四類：那些想要成為造反者與支持暴徒的人；那些想要驅逐伯尼，但希望不用暴力方式去做的人；那些為參加這次會議感到羞恥，能夠預見到最後的結果，卻不敢明確表示反對的人；還有那些站出來堅定反對這些行為的人。

第一類型的人是由內維爾、朗沃斯與格拉漢姆等人領導的。第二類型的人是

由一些不那麼著名的人物領導的。第三類型的人則是由賈奇·伯內特、福斯博士與 N·賴特等人領導的。第四類型的人則是由哈蒙德、曼斯費爾德、S.P. 查斯與賈斯特等人領導的。這些所謂的大會在很多時候都是選舉出一名暴徒，然後成立一個所謂的委員會對伯尼的去留做出決定。有趣的是，諸如約翰舅舅與賈奇·伯內特等人在委員會上的行為是那麼的短視。

除了哈蒙德的《公報》與亨利負責編輯的日報之外，這座城市的其他所有報紙要麼對此事保持沉默，要麼就是公開支持這些「暴民統治」。正如大家所期望的那樣，伯尼拒絕離開。在那天晚上，一群暴徒衝進了他的印刷廠，打爛了他的打字機，還將一些出版印刷的工具都扔到河裡，然後回去繼續破壞他的辦公室。

接著，這群暴徒前往貝利、多納德森與伯尼等人的家裡，但他們要找的人並不在家，因為這三個人事先知道了這些暴徒的想法。這座城市的市長始終在沉默地觀察這件事的走向，最後說出了這樣的話：「孩子們，你們都玩夠了，在你們丟臉之前，快點給我回家去。」

但是，這些「小孩子」卻在這晚接下來的時間與第二天（週日）的大部分時間，都用於繼續拆毀那些絲毫沒有犯錯或是受人尊重的黑人的房子。當時的《公報》也遭到了威脅，亨利所在的日報也在威脅的名單當中。萊恩神學院與水工工程據說也在這群暴徒的攻擊名單裡面。

到了週二早上，這座城市已經陷入了相當程度的恐慌狀態當中。一群志願兵集結起來，他們在晚上巡邏街道，手上握著槍枝，還獲得來自市長授權的法律命令。此時，他們為能夠這樣做感到高興，為能夠最終鎮壓這群暴徒感到高興，即便最後不惜付出流血的代價。

在接下來的一兩天裡，我們不知道到底發生了什麼事，但聽說出現了刀鋒相見的情況。那群暴徒威脅要發動攻擊。我們真的看到亨利每天都攜帶著手槍進行防備。正是因為我們每個人都太具有愛國情感了，因此我們寧願讓每個兄弟都走上前去，捍衛自由與秩序的原則。

不過，此時的形勢已經出現了轉變。這群暴徒在沒有受到之前那些感到恐懼的社區的支援後，開始潛逃回他們的老窩，陷入了沉寂。接著就是前段時間比較高調的哈蒙德也沒有發表什麼評論，只是出版了一篇關於耶穌基督在高山上的布道演說，與俄亥俄州的州憲法與《獨立宣言》，根本沒有對暴徒事件進行任何形

第四章　早期的婚後生活，西元 1836 ～ 1840 年

式的評論。

後來，哈蒙德終於站出來，對這群暴徒興起的過程做了一番簡短扼要的概括，將根源追溯到市場大街的大會上，將舉辦這次大會的前後過程都說清楚，談到大會的負責人應該要承擔與這群暴徒一樣的責任。哈蒙德的這篇文章引發一些人的恐慌，但這「最終遏制了暴徒的行動」。那些一開始就與第一類型人持不同立場的人，也開始感覺到公眾輿論正在慢慢發生轉變。而其他州的媒體報導也開始湧入這座城市，言辭強烈地指責著辛辛那提這座城市出現的這些讓人羞恥的行為。

在其他時候，我認為諸如賈奇·伯內特、格林與約翰舅舅等人，肯定會想辦法從中逃脫出來的，然後人們將會更清楚地認識到，要是對暴徒們的行為視而不見，就必然會造成嚴重的後果。格林與約翰舅舅此時對暴徒的行為表現出極大的憤怒，他們表示不會參加這樣的大會，他們是被別人誘騙參加了這個委員會，希望能夠驅逐伯尼，從而避免暴亂行為進一步蔓延。

我認為，他們至少應該為他們那些優柔寡斷且愚蠢的行為接受合理的懲罰。

斯托夫人這封信件裡透出的語氣似乎表明，雖然她在內心深處是一名反奴隸制的人，但她還不是一名公開自己立場的廢奴主義者。西元 1837 年，斯托夫人在俄亥俄州派特南所寫的一封信，就能表明她當時的想法已經更近一步了。當時她前去那裡看望哥哥威廉。在這封信裡，斯托夫人這樣寫道：

我應該認為這是一種極端的做法，雖然我很高興能夠以更好的方式去解決這個問題。

今天，我讀了伯尼的《慈善家》報紙，廢奴主義運動已成為當下最受人矚目的運動。因此，在報紙上看到這樣的報導也是非常正常的。

在我看來，我們需要一個中間社會。如果不是這樣的話，那麼隨著光線逐漸增強，關於廢奴主義運動團體的過度行為，都將無法阻止那些具有良知與人性的人加入。

我希望發生在辛辛那提的事情，能夠讓每個人都從內心深處對這個問題進行思考。每一個面對奴隸制問題的人，都必然會產生一種去做些什麼事情的難以壓抑的衝動，都想要提出該怎麼辦的問題。

西元 1836 年 9 月 29 日，斯托教授依然在歐洲出差，他的妻子斯托夫人已經生下了一對雙胞胎女兒，分別是艾麗莎與伊莎貝拉。當她的丈夫斯托回到紐約聽到這個好消息之後，堅持要將這兩個女兒分別取名為艾麗莎‧泰勒與哈里特‧比徹。他乘坐角鬥士號輪船從倫敦出發的航程特別漫長。即便是在那個時候的輪船來說，也有點太久了。因為這段航程從西元 1836 年 11 月 19 日，一直持續到西元 1837 年 1 月 20 日。

西元 1837 年夏天，斯托夫人的身體健康欠佳。正因如此，她需要放下許多家庭的憂慮，前往普特南地區她的哥哥威廉‧比徹那裡修養一段時間。當她來到那裡的時候，收到了丈夫的來信。斯托教授在信件裡這樣說：

當然，我們都對之前發生在公民大會上的行為感到憤怒，應該用鄙視的眼光看待那些事情。這些衛理公會教派與奴隸主的聯合，只會讓更多人成為堅定的廢奴主義者。

在同年 12 月，斯托教授前往哥倫布，帶上了耗費他心血的教育改革報告。到達那裡之後，他寫信給妻子斯托夫人說：

今天，我拜訪了州長與許多議員。他們極為熱情地招待了我，他們顯然都對我的這份報告抱著很大的期望。今天，州長直接通知議會，認為我應該在霍奇牧師的教堂發表兩晚演說，時間分別定在明晚與後晚，聽眾分別是州的參眾兩院議員與普通的聽眾。州長（萬斯）將會主持這兩次演說。我非常喜歡這名州長。他是一個身材健壯、內心淳樸的人，就好像腓特烈大帝一樣。顯然，他要比前任州長更加具有天賦。我的這項工作獲得了 500 美元的報酬。

西元 1838 年 1 月 14 日，斯托夫人的第三個孩子亨利‧艾利斯（Henry Ellis）出生了。

正是在這個時候，比徹家族終於出現了久違的重聚。關於這件事，可以從萊曼‧比徹的自傳裡看出來。愛德華之前前往東部，當他返回時，從哈特福帶回了瑪麗（也就是湯瑪斯‧珀金斯女士）。威廉則從俄亥俄州的普特南過來，喬治則從紐約的巴達維亞過來，凱薩琳、哈里特、亨利、查理斯、伊莎貝拉、湯瑪斯與詹姆斯此時已經回到家了。

第四章　早期的婚後生活，西元 1836 ～ 1840 年

　　這是他們多年之後的第一次大重聚。瑪麗之前從未見過詹姆斯，也只是見過湯瑪斯一次。當子孫們都聚在一起的時候，年老的比徹感到非常歡樂，他覺得自己的幸福之杯都快要滿溢了。第二天是週日，老比徹在布道講臺上發表演說。早上，他的兒子愛德華前來聆聽，下午則有威廉前來聆聽，晚上則有喬治過來聆聽。

　　全家再次重聚的溫馨家庭畫面，可以從斯托夫人所寫的內容中看出來。下面這封信是在西元 1838 年 6 月 21 日寫給當時在康乃狄克州紐黑文的喬治亞娜・梅的。這封信的內容如下：

　　親愛的喬治亞娜：

　　只需要想想我有多久沒有寫信給妳了，想想這段時間裡我發生了多大的變化吧 ── 我已經成為三個孩子的母親了！如果我沒有始終記得過去的話，還是讓我談論一下我現在的狀況來表明我的歉意吧！因為從我上次見妳到現在，我感覺自己的身心都非常忙碌。

　　就以今天為例。我可以跟妳說，我從早上天濛濛亮一直忙到夜晚的露水出現為止。首先，我在凌晨四點半的時候起床，心想：「天呀，天怎麼這麼亮了！我必須要下床，在六點鐘之前準備好早餐，然後叫醒米娜。」於是，我立即下床，抓住了一個鉗子，在仍不願意起床的米娜身旁敲著。最後，我允許米娜多睡半個小時。對我來說，這是一段很漫長的時間。

　　緊接著，孩子睡醒了，他們哇哇大哭起來，於是我端了熱騰騰的早餐給他們。此時的我感覺很累，自言自語地說著：「我絕對不能忘記告訴丈夫家裡乾癟的蘋果。」 ── 我覺得自己似乎站著睡著了 ── 「啊！天呀！怎麼米娜還沒起床呢？我怎麼聽不到她的聲音呢？」接著，我感覺自己似乎又睡著了 ──「我在想米娜是否還有足夠多的香皂，我認為到週六的時候，應該還有兩塊香皂。」 ── 接著，我又再次睡醒了。

　　「親愛的，天都亮了！我必須要起床，然後前去看看米娜是否已經吃了早餐。」於是，我馬上跑到窗邊，將米娜搖醒。「我親愛的孩子，妳要乖乖聽話，讓媽媽幫妳穿衣服。」當時，我幫米娜穿的連衣裙剛好穿到一半，米娜的頭就又倒在枕頭上，並且大聲地哭喊，用手緊握著被褥。我卷起袖子，也不跟她講道

理。一把將她的身子抱起來，讓她挺直身子。接著，米娜又一頭扎在床上，我只得再次將她抱起來，同時認真觀察著早餐的情況。當我再次回到米娜的房間，才想起今天是洗刷日子，因此我還有很多家務活要忙。我只能投入更多的時間去清掃，做好一切家務，讓我這三個小淘氣鬼盡可能地都起床。

接下來就是 H 小姐與 E 小姐了 —— 關於她們，瑪麗總是能夠跟妳說很多細節，因為她總是在喋喋不休或是叫喊著，或是聲嘶力竭地唱著什麼，似乎表明自己有不同的品味，此時我則為他們準備好了早餐。吃完早餐後，斯托就要帶著一張購物清單前去集市買東西，孩子們也都洗好了澡，穿好了衣服。

我開始思考著接下來該做什麼。我用剪刀剪下一些布料，然後用尺丈量一下布料的長度，然後剪去不適合的部分。亨利嘟著嘴，趴在地上嚎啕大哭。我一把將她抓起來，然後讓她面向正在玩著針線盒裡面的東西的姊姊。當我轉過身，卻又看到我的第二個淘氣鬼正坐在壁爐旁嚼著煤炭，還一臉燦笑地用手抓著炭灰。外祖母一把抓住了她，然後仁慈地將她抱住，我則可以抽身去做我的工作。

我再次開始了製作衣服的過程，選取了一些布料，再次丈量布料的長度，看看是否合適，然後裁剪一部分的布料，回過頭來看到雙胞胎姊妹在爭吵著什麼。老大用手推開老二，老二則大聲尖叫，這讓旁邊那個更小的老三感到害怕，於是她也跟著加入。我還記得老大是一個淘氣的女孩，馬上就跑到我的臂彎裡，希望我唱一首古老的歌謠來安慰她。

與此同時，老二跟跟蹌蹌地走到了小便桶那裡，要洗她的圍裙。外祖母一把抓住她，將她抱走，將便桶放在她構不到的地方。這時，保姆過來清掃，我只能讓她幫忙照看一下孩子，我則接著完成手頭上的衣服。

請允許我如此詳細地描述這些瑣碎的事情，因為我每天的生活幾乎就是由這些事情組成的。我親愛的，我只是一個比孩子們有著更多思想的苦工而已。至於是什麼思想、反思或是情感，我根本沒有那樣的時間去思考！

現在，我認為自己是一個悲哀而又無趣的人，但我希望自己在這段時間裡能夠變得再次年輕。因為在我看來，很多事情都不能完全遂人心意的。

喬治亞娜，這就是婚姻生活 —— 是的，不過我還是希望過上這樣的生活。因為當我停下手上的工作，有足夠時間去進行思考的時候，就可以分辨出自己的

第四章　早期的婚後生活，西元 1836 ～ 1840 年

頭與腳。我必須要說，我認為自己是一個幸運的女人，有一個好丈夫與這些好孩子！為了這些孩子的健康成長，我寧願犧牲我的安逸、休閒時間或是一些樂趣。他們就像一筆利息不斷翻滾的金錢，價值在不斷地增長。

西元 1839 年，斯托夫人的家庭將一名來自肯塔基州的黑人女孩收為僕人。按照當時俄亥俄州的法律，這個黑人女孩是自由的，因為她是從其他地方帶過來，然後被她的主人留在這裡的。儘管如此，斯托夫人在與他們居住了幾個月之後，還是得到了一些消息，說這個黑人女孩的主人正在這座城市找她。如果這位黑人女孩不夠小心的話，她就有可能被抓到，然後送回南方繼續當奴隸。

斯托教授認為這樣做是厚顏無恥、背信棄義或是縱容一些寡廉鮮恥的不公之舉後，立即下定決心要將這個黑人女孩送到一處安全的地方，直到黑人女孩的主人放棄在這個地方找尋她。因此，斯托教授與他的小舅子亨利・沃德・比徹都帶上手槍，在夜晚乘坐馬車護送這位黑人女孩沿著沒人走的道路，前進了 12 哩路，來到了一個鄉村地區，讓她住在年老的約翰・馮・贊特的家裡，因為贊特是這位黑人女孩的朋友。

正是源於現實生活中的這一幕與個人的經驗，才讓斯托夫人構思了《湯姆叔叔的小屋》一書裡，黑奴從湯姆・洛克與馬斯克家裡逃難的情節。

在這段期間，最有趣與有意思的事情，就是關於斯托夫人努力想要在繁忙的家務中抽出時間，進行文學方面的創作。關於這方面的紀錄，可以從她的一位親密朋友所寫的一封信裡看出來：

我有幸與斯托夫人成為朋友。在一次到她家拜訪的時候，我有機會親眼見證她施展文學才華與將做家務同時結合起來的天才。整個過程是相當有趣的。

我說：「哈里特，過來這邊。」當時我看見她正在照顧著一個孩子，同時還看著兩個剛剛學會走路的孩子。「妳之前答應了《紀念物》雜誌編輯的稿子寫好了沒？妳只剩下一天的時間了，我現在就要這個稿子了。」

「我的朋友，那你想讓我怎麼做，才能給你寫稿子呢？」哈里特回答說：「你至少要等我將家裡打掃乾淨，餵飽孩子們再說吧！」

「關於打掃家裡，妳可以遲一天再掃。至於嬰兒的飲食問題，就我看來，

這是永遠都忙不完的。今天,妳必須要完成這篇文章。費德里克整天坐在艾倫旁邊,說整天忙這忙那的,已經過了一個月還沒有交稿子。他總是拖延交稿子的日期,總是說沒有時間去做。直到我最後出面幫他解決這件事。快點過來寫吧!這不會耽誤妳三個小時的,妳可以寫關於求婚、婚姻、災難或是解說等各個問題。妳只需要在這三個小時內動動腦筋,所能賺到的錢就足以抵得上妳的雙手在接下來一年內所賺到的錢。我親愛的,一頁紙兩美元的稿費,妳可以在十五分鐘內完成一頁紙的內容。過來吧!我親愛的女士,節約才是真正的美德啊!請考慮一下這件事帶給妳的真正好處吧!」

「但是,我親愛的,我手裡抱著一個嬰兒,還有另外兩個淘氣鬼在我旁邊,我在廚房裡還烘烤著食物,肚子裡還有一個孩子需要吃東西。我還要準備下週的家庭清潔。所以你也看得出來,我是沒有辦法去寫的。」

「我可不這樣認為!我覺得,如果一個人的天才不能幫助他度過難關與困境,那麼這樣的天才到底是什麼樣的天才。斯托夫人,過來這裡,發揮妳的智慧完成這篇稿子吧!讓我給妳一些幫助,那麼妳肯定能夠做好這些家務,同時寫完妳的文章。」

「好的,但是這些廚房的家務呢?」

「在這個過程中,我們也能完成這些工作。妳知道妳可以寫任何妳想要寫的東西。妳可以坐在廚房裡面的椅子上,然後發揮妳的寫作天才去做。在妳一邊發揮天才去寫文章的時候,還可以一邊照看米娜。」

斯托夫人聽進去了我的話。十分鐘後,她就坐在椅子上準備寫作。廚房餐桌的一邊擺放著麵粉、擀麵棍與豬油,另一邊則放著雞蛋、豬肉、大豆與其他廚房用具。在她旁邊是一個烤箱加熱的工具。而在她隔壁則是一個皮膚黝黑的孩子,等待著她的命令。

我說:「斯托夫人,過來這裡。妳可以在這張地圖集上面寫。無論妳寫的文字多麼潦草,我都會再撰寫一遍的。」

「好吧!好吧!」斯托夫人露出了愉悅的表情,用順從的口吻說。「米娜,我讓妳做什麼,妳才能做什麼。在我寫文章的這幾分鐘裡,妳不能到處亂跑。墨水瓶在哪裡呢?」

第四章　早期的婚後生活，西元 1836～1840 年

我回答說：「就在茶壺上面。」

米娜咯咯地笑了起來，我們倆看到米娜如此天真無邪的笑容之後，也笑了起來。

我開始詳細檢查之前所寫的文章，想要找尋正確的文章。

我說：「我找到了。這是費德里克坐在艾倫旁邊，看著她那張燦爛的臉龐，說了一些關於守護天使之類的話。妳還記得嗎？」

「是的，我記得。」斯托夫人邊說邊陷入沉思。她正在思考著即將要創作的故事。

「媽媽，我可以將豬肉放在大豆上面嗎？」米娜問道。

「過來這邊。」斯托夫人笑著說。「妳終於明白了該怎麼做了。米娜對此一無所知，要是我不告訴她該怎麼做，她根本不知道要怎麼做。看來我們今天必須要放棄寫作了。」

「不，不。讓我們再嘗試一次吧！妳可以口述這個故事，這對妳來說就跟寫作一樣容易。過來吧！我可以將這個嬰兒抱到搖籃裡，然後與她玩一些遊戲，而妳則可以口述故事，我會幫妳將故事寫下來。現在，妳可以不用寫，妳只需要將艾倫與她情人見面時的情景說出來。妳剛才寫到了因為無法承受內心的傷痛，艾倫用手抱著頭，眼淚從她的指尖上流下來。她整個人都因啜泣而不停地顫抖。我接下來該怎麼寫呢？」

「米娜，將一些牛奶倒在這些珍珠灰裡面。」斯托夫人說道。

「過這裡來吧！」我說，「妳剛才寫到了眼淚從她的指尖上流下來，她整個人都因啜泣而不停地顫抖，我接下來該怎麼寫呢？」

斯托夫人停頓了一下，若有所思地望著窗外。她似乎將專注力都投入到故事的創作當中。「你現在可以接著寫了。」斯托夫人說。接著，她這樣口述：

> 「她的情人與她一道哭泣，他不敢談論對彼此來說都過分神聖的話題。」

「米娜，妳要將麵包屑捲得薄一些。」她用柔和的聲調說話，「米娜，將煤炭放入壁爐裡。」

「這樣吧！」我說，「我叫米娜做好這些事情，妳可以獨自寫一會兒。」

斯托夫人拿起筆，耐心地開始工作。在那時，我所有的廚房知識與技能，足以應對米娜好奇的心靈。當我與米娜玩得正開心時，斯托夫人已經完成了兩頁紙的內容了。」

「妳做得太好了。」我說。當我閱讀斯托夫人所寫的手稿時，說：「現在妳可以帶一下米娜了，妳可以接著口述，我來幫妳寫。」

我從未見過像斯托夫人如此具有文學才華的女性。她也沒有任何怨言地接受了我的要求。

「我準備好了。」我說。「妳剛才寫到了：『那些像我一樣過著那種生活的人，到底經歷了什麼苦難呢？』」

「我應該先放黑麵包還是白麵包進去呢？」米娜問道。

「先放黑麵包。」斯托夫人說。

「那些像我一樣過著那種生活的人，到底經歷了什麼苦難呢？」我說。

斯托夫人將米娜圍裙上的麵粉擦去，然後坐下來思考了一會。接著，她這樣口述：

　　「在我心碎之際，我想要重新站起來。我已經經歷了一個女性所能經歷的一切心碎了，但這樣的想法 —— 哦，亨利！」

「媽媽，我可以把薑放在南瓜上嗎？」米娜問道。

「不行，妳別管這個。」斯托夫人回答說。接著，她繼續說：

　　「我知道自己對孩子們的責任。我知道這樣的時刻遲早會到來。亨利必須要肩負這樣的責任，他們能讓我感受到這個世界上存在的幸福。」

「媽媽，我該怎麼處理這些蛋殼與其他的東西呢？」米娜打斷道。

「將這些東西放在妳身邊的那個提桶裡。」斯托夫人回答說。

「他們能讓我感受到這個世界上存在的幸福。」我說。「接下來該怎麼寫呢？」

斯托夫人繼續口述說：

第四章　早期的婚後生活，西元 1836 ～ 1840 年

> 「你必須帶走他們。也許這就是我們的命運吧！我會隨你而去，但是一個妻子破碎的心在大聲呼喊：『再等一下，再等一下。』」

「媽媽，這些薑餅要放進去多久呢？」米娜問道。

「5 分鐘。」斯托夫人回答說。

「再等一下，再等一下。」我用憂傷的口吻重複著。然後，我們都哈哈大笑起來。

於是，我們還是像之前一樣，一邊煮東西，一邊寫作，一邊看管孩子，還在哈哈大笑。直到我最後完成了自己的目標。斯托夫人寫好了這篇文章，我重新抄寫了一遍，並在第二天送到了編輯手上。

上面這段關於比徹家庭的零碎紀錄，其實可以從他們家族的內部書信往來中經常看到。他們相信給對方寫信，有助於增進家族內部成員的溝通與交流。當書信送到了最後一個需要回信的人時，那麼他也要將這封信送回去給寫這封信的人。除了斯托夫人與珀金斯女士。因為只要她們在信封上面寫上「比徹牧師」的字眼，那就肯定能夠送到這封信想要送到的任何地方。

在這些家族內部的親密信件當中，都寫著比徹家族每個人的名字。雖然這些信件的墨水可能漸漸淡去了，卻依然能讓我們看到。這些信件的郵戳位址往往是康乃狄克州哈特福、紐約州巴達維亞、俄亥俄州的奇利科西、俄亥俄州的贊斯維爾、俄亥俄州的核桃山丘、印第安那州的印弟安納波里斯、伊利諾州的傑克遜維爾與路易斯安那州的新奧爾良。在這些信件當中，斯托夫人占據著自己的位置：

核桃山丘，西元 1839 年 4 月 27 日

親愛的朋友：

我即將要前往哈特福，現在正忙著為出發進行各種準備，因此不能給你寫信了。貝拉，父親說妳可能會與斯托還有我一起前往懷特山。喬治，我們期待著你的到來。再見。

永遠忠誠於你的

哈里特・E・斯托

第五章
貧窮與疾病：西元 1840 ～ 1850 年

第五章　貧窮與疾病：西元 1840 ～ 1850 年

- ✦ 辛辛那提的饑荒
- ✦ 在東部的夏天
- ✦ 文學創作的計畫
- ✦ 搭乘火車的經驗
- ✦ 她的哥哥喬治去世了
- ✦ 疾病與絕望
- ✦ 一趟恢復健康的旅程
- ✦ 前往伯瑞特波羅接受水療法
- ✦ 在神學院遇到的麻煩
- ✦ 辛辛那提爆發的霍亂
- ✦ 她最年幼的兒子夭折了
- ✦ 決定離開西部

西元 1839 年 1 月 7 日。斯托教授在寫給當時住在麻薩諸塞州納提克的母親的一封信裡說：

我認為，您現在住在那裡是正確的，因為俄亥俄河已經有一年時間都沒有船隻經過了，我們現在的生活幾乎處在饑荒狀態，日常的生活必需品都極為匱乏。比方說，辛辛那提這裡的鹽（粗鹽）每蒲式耳的價格是三美元，每磅大米的價格是十八美分，咖啡豆的價格是每磅五十美分，白糖的價格也是每磅五十美分，黃糖的價格是每磅二十美分，糖漿的價格是每加侖一美元，每蒲式耳馬鈴薯的價格是一美元。

在很多時候，我們都吃不到這些東西。不過，麵包與熏肉等食物（麵粉每桶的價格飆升到了六七美元左右，每磅豬肉的價格大約是六到八美分左右）倒是供應充足，我們現在的生活過得還算好。

我們的新家也將會與之前的房子一樣美觀，但他們都說新房子會在今年 7 月完工。我希望在今年夏天的時候去看望您。因為我到時候會前往達特茅斯學院發表優秀畢業生演說。但是，妻子與孩子們是否與我一道前往，現在還沒有決定下來。

在這年夏天，斯托夫人將與丈夫孩子一起前往東部。在她返回東部之前，她前往懷特山旅行了一次。

西元 1840 年 5 月，斯托夫人的第四個孩子出生了，取名叫腓特烈·威廉（Frederick William），這是按照普魯士國王腓特烈國王取的，因為斯托教授對腓特烈國王有著無限的敬意。

斯托夫人曾說過：「親愛的讀者，只要我們的身心還在，就會不斷地前進。因為這個世界最終必然要融合在一起的 —— 無論是偉大的人物或渺小的人物，無論是重要的事情還是瑣碎的事情，都會編織起來，就像哥德式的神殿那樣形成一幅古怪的畫像。我們要以正確的方式去進行認知，否則沒有任何事情是可以忽略不計的，因為人類的靈魂存在著一種可怕的陰影，能讓世間萬物都變得神聖起來。」

當斯托夫人以這樣的方式去寫自傳的時候，我們根本無法分辨出到底哪些會真正影響到一個人的品格。不過，無論什麼時候，簡單地說出簡樸的真理，這始終是最為明智的做法。百合花是在爛泥與腐敗的環境下成長為美麗的花朵。因此，我們也可以認為，人類可以從卑微的環境中奮起，成為充滿力量與美感的存在。

西元 1840 年 12 月，斯托夫人在一封寫給梅的信件裡這樣寫道：

在過去一年的時間裡，我幾乎都沒怎麼寫過東西，只是偶爾拿起筆寫一些無法迴避的禮節性信件。這主要是因為我患上了一種嚴重的神經痛疾病，這種疾病嚴重影響我的視力。在長達兩個月的時間裡，我根本無法去寫作。我只能將精力集中在其他事情上。我甚至無法忍受在自己的房間裡出現的陽光。接著，我親愛的腓特烈出生了。在接下來的兩個月裡，我只能躺在床上。除此之外，我們家每個人都出現了不同程度的疾病情況⋯⋯

我過去一年的歷史，記錄著太多的疾病與苦惱。不過，我也不能將其全部歸類為煩惱的事情。因為，我也遇到了許多可以抵消這些苦痛的有趣事情，我必須要將自己視為一個有福之人。事實上，在過去一年的時間裡，我至少有半年時間都是飽受疾病的困擾，但我的內心始終懷抱著信念，始終得到了大家的友善關愛。我的孩子們都在茁壯成長，正如新英格蘭人所說的：「他們都在健康地成長」。因此，妳可以看到，我所遭受的苦痛，是絕對無法讓我放棄對這個世界的愛意。

西元 1842 年春天，斯托夫人再次前往哈特福，帶上了她六歲的女兒海蒂。在哈特福逗留的期間，她給丈夫寫了一封信，透露了自己的創作計畫以及想法。斯托教授在回信裡這樣說：

第五章　貧窮與疾病：西元 1840 ～ 1850 年

親愛的，妳必須要下定決心成為一名作家。可以說，成為作家，這是屬於妳的命運。妳可以據此來做一番詳細的規劃。妳需要保持健康的身體，同時不斷地提升自己的心智。妳不要太在意自己的性別。妳需要克服一切阻礙自己實現夢想的挫折，讓妳的文學才華噴湧出來。妳可以將自己的思想表達出來，同時保持自己的風格，這才是充滿意義的。身為妳的丈夫，我會為妳的成就感到無比自豪的，我們的孩子也將會為他們的母親感到無比自豪。

今天，我們的寒舍迎來了一位貴客，我有必要跟妳講講這件事。這位貴客就是德洛內男爵閣下，他是普魯士國王陛下派來美國的大使。他表達了對我關於普魯士學校制度這份報告的滿意之情，並且說明了普魯士國王與內閣成員的滿意之情。當然，當我與一位真正意義上的男爵會面的時候，我想要讓其他人也過來見見他。但是，伊斯特姑姑與安娜都不敢出來。不過在男爵閣下離開的時候，她們都想辦法從房間的窗戶一探男爵閣下的風采。

我親愛的妻子，我希望妳能盡快回家。事實上，沒有妳，我真的不知道怎麼活下去。如果我們不是這麼貧窮的話，我肯定會立即過去那邊看妳的。在這個寬廣的世界裡，從來沒有哪個女人像妳這樣如此讓我著迷。

在這個世界上，從沒有哪個女人能像妳這樣擁有如此多的才華，卻沒有自負心理的；從沒有哪個女人像妳這樣擁有如此大的名聲，卻沒有任何的矯揉造作；從沒有哪個女人像妳這樣具有文學才華，卻沒有任何胡言亂語的；從沒有哪個女人像妳這樣有進取心，卻沒有任何炫耀之情的；從沒有哪個女人如此健談，卻從來不指責別人的；從沒有哪個女人像妳這樣甜美，卻又那麼自然的。可以說，妳身上聚集著無限的優點，卻又沒有任何缺點。

當時在哈特福逗留的斯托夫人回覆了這封信：

我看見了創作《福音傳道者》一書的作者詹森，他是一個思想開明的人。可以說，我已經不虛此行了。那位送我《波士頓大雜燴》一書的哈勒二世是誰呢？他能信守對我的承諾嗎？他開出來的報價很慷慨 —— 3 頁文稿 20 美元，這還不算是初稿的價格。他是不是也需要依賴別人呢？如果是的話，這是不是我報出來的最好價格呢？

今年冬天或是明年春天，我應該能從哈珀出版公司那裡賺到一些稿費。出版商羅伯森就說這本書（指斯托夫人創作的《五月花》）將會出版，雖然他們提供給我的報酬很低，不過我還是能夠賺到一些錢。等我寫完第二本書的時候，我肯定要與他們談更好的條件。總的來說，我親愛的丈夫，如果我選擇成為一名作家，我想應該能夠像我認識的所有作家那樣賺到一些錢。即便如此，我還是對自己是否應該成為作家心存疑慮。

我們的孩子現在還小，什麼事情都要依賴我。他們的健康狀況也不是很好，很容易出現興奮或是緊張的情緒，需要母親全神貫注的關愛。難道我能夠將自己的心神投入到文學創作方面，而不感到任何內疚嗎？

有一件事是我必須要指出的。如果我真的要進行文學創作，我必須要有一間屬於自己的房間，有一個安靜的寫作環境。我心目中最理想的就是惠普爾女士的那個房間。我可以將一個火爐放在房間裡，我可以購買一張廉價的地毯，我可以布置一些簡單的家具，讓我可以在相對舒適的環境下進行創作。我只是希望你能答應我，將育兒室房間裡的玻璃門換到我的寫作房間裡，讓我放幾株植物在窗邊。那麼，我肯定會感到非常滿足的。

去年冬天，我就覺得自己需要某個地方可以讓我能夠安靜進行思考與創作，讓我的心靈可以獲得一種滿足感。但我無法做到，因為家裡有很多桌子、衣架以及為孩子們準備的各種洗浴用品，加上家裡的煤煙與煤炭燃燒之後的灰塵，會彌漫在房子的每一個角落，這讓我非常困擾。雖然我努力地適應，卻始終覺得很不舒適。如果我出去客廳進行創作的話，又擔心會影響你的工作。我知道你有時肯定會有一種被打擾的想法。

在今年冬天，我們可以將爐灶放入那個房間，讓暖氣管透過地板進入那個房間。我們可以在爐灶旁邊吃東西，孩子們可以在上面的房間裡洗澡、穿衣服或是玩耍，因為我們也不希望孩子們在待在下面。你可以在客廳的壁爐旁學習，我與我的那些植物則在另一個房間。我可以完成自己的工作以及手頭上需要做好的工作，那麼我肯定會產生一種滿足感，內心會感到非常平和。我希望每天抽出一些固定時間去照顧孩子，然後我可以將孩子們送到溫暖的房間裡玩耍。

斯托教授在回覆這封信的時候說：

第五章　貧窮與疾病：西元 1840～1850 年

那本雜誌（指《紀念物》）還是比較受歡迎的。某天，費什將這本雜誌拿給富爾頓看，然後獲得了 60 人的訂閱。在今年 6 月的時候，他會讓訂閱人數的數字變得更多。他還希望他的一些學生可以幫忙推廣，因為這些學生可以在即將到來的假期這樣去做。

妳可以透過為這本雜誌撰稿的方式，去影響西部地區下一代人的心智。正如我在上一封信裡跟妳說的一樣，在上帝所安排的命運當中，妳註定要成為一名作家，我們又怎麼能違背上帝的意願呢？因此，妳必須要按照這個目標去做出詳細的安排，將妳所能抽出的閒暇時間都用於文學創作。

如果妳能在今天回到家，我肯定會感到高興的。每過一天，我都會覺得妳是我所認識的人當中，最具智慧與最親切的女人（雖然我之前早已知道這點）。

斯托教授對妻子表達出來的真誠讚美得到了回報。他們夫妻之間的相互欣賞與愛意，可以透過斯托夫人在哈特福逗留期間的這封回信看出來。在這封信裡，斯托夫人這樣說：

昨天，我對貝拉說，在收到你的來信之前，我真的不知道自己該怎麼做。可見，你給予我的建議是多麼地重要。有許許多多的話題都是我只想與你進行討論的。如果你此時還不是我親愛的丈夫，我肯定也會瘋狂地愛上你的。

在同一封信裡，斯托夫人這樣評論自己：

我還想談論一下關於自己的事情。你之前經常感到心不在焉或是健忘的情況，最近也經常出現在我身上。這可能是因為我的內心無法忍受巨大的煩惱所帶來的一種反應。現在，我覺得自己承受著巨大的壓力，感覺自己會因為憂愁而陷入黑暗或是煩惱的狀態。我覺得自己的人生似乎沒有什麼可以追求的激情了 —— 唯一讓我充滿激情的就只有我們的孩子了。

當我回到闊別已久的老家後，我感受到了一種神聖的全新責任感。我認為自己可能無法過上長壽的生活。但不管怎樣，這樣的感覺還是在我的心底留下了強烈的印象，那就是我必須要在短時間內完成手頭上的工作。在世人看來，這並不是偉大或是傑出的事情，這只是局限於一個較小的家庭圈子裡，但我認為這才是最為重要的。

從這次東部旅行返回辛辛那提的路上，斯托夫人第一次搭乘火車旅行。她在寫給喬治亞娜・梅的一封信裡，就談論了自己的這一全新經歷：

西元 1842 年 8 月 29 日，巴達維亞

現在，我住在哥哥威廉的家裡，我這段鐵路旅程讓我想起了聖歌裡的這段話：

獅子在咆哮，鼓聲在震天，

一路的震動，危險在隨行。

在火車站內，我可以聽到很多人在大聲說話，一些人在喊叫著，一些人在咒罵著，大家似乎都沒有了秩序或是基本的禮儀，眼前的一切是如此的混亂。我再也不希望見到這樣的場面了。當我幫助一位可憐的近視婦女整理她的行李時，差點被別人踩成了肉醬。因此，你知道，在這趟火車於今早離開羅切斯特的時候，差點就釀成了一次事故。我們在奧爾本車站等了兩個小時，卻看到了一列列火車從我們身邊經過。最後，我們在入夜後才到達羅切斯特。

後來，我們又分別乘坐蒸汽船、運河船與西部的火車出發，但是這些交通工具都沒有準時到達，讓我們等了超過 3 個小時。當我們終於看到輪船靠港，準備走進輪船的時候，卻聽到輪船的汽笛發出了一陣劇烈的聲響，很多人都爭先搶後地想上輪船，很多人在不停地咒罵著，一些人在大聲抗議著。這些人所說的粗野話語是你無法想像的。

當輪船的引擎再次啟動的時候，燃燒的煤炭發出的黑色濃煙就像某個魔鬼那樣籠罩在我們頭上。我認為這些蒸汽與某種溫和的超自然力量存在著連繫，特別是當你在日落之後坐在一個黑暗的座位上，更會有這樣的感想。

最後，直到晚上 12 點的時候，我們才抵達巴達維亞。從此之後，我就臥病在床了。

西元 1842 年冬天，對生活在核桃山丘的這一家人是一個嚴峻的考驗。正如斯托夫人所寫的：「這是一個彌漫著疾病與陰鬱氣氛的季節。」傷寒症在神學院的學生中蔓延開來，院長的家變成了一個臨時醫院，而斯托教授的家人也要去照顧那些生病或是垂死的病人。

第五章　貧窮與疾病：西元 1840 ～ 1850 年

西元 1843 年 6 月 6 日，也就是斯托夫人的第三個女兒喬治亞娜·梅（Georgiana May）出生的幾週前，她收到了一個讓她肝腸寸斷的悲傷消息，這個是與她的家人相關的。她的哥哥喬治·比徹突然去世了。

喬治·比徹是一個有著超乎常人才華與天賦的人，受到教會與教眾們的歡迎。斯托夫人的這一封信就談到了喬治·比徹突然離世的一些事情：

當喬治發現一群鳥正在他的果園搗亂，損害他的莊稼時，他立即拿上一把雙管散彈槍出去。他平時很少使用這把槍，因為他不希望自己的妻子對此感到不安。在他離開家裡沒多久，一位路過的教眾就看到他對著那群小鳥開了一槍。沒過多久，他就聽到了出了人命的消息，看到了一陣濃煙，卻看不到附近的樹木……

半個小時後，家人都聚在早餐桌前準備吃早餐，卻不見他回來，於是就讓僕人叫喬治回來……幾分鐘後，僕人回來了，氣喘吁吁地驚呼道：「哦，比徹先生死了！比徹先生死了！」'沒過多久，一個人過來敲門，與另一位路人將喬治的屍體抬進來。當時的喬治一臉蒼白，臉上有輕微的擦傷，他緊閉著雙眼，看上去彷彿進入了平和的沉睡狀態……

接著，大家就為喬治的葬禮做準備。在下午三點鐘的時候，一切準備都已經妥當了，喬治就被抬出他剛建好的房子，經過他精心培育的花園，來到了這座全新的教堂 —— 這是一座在他監督下完工的教堂……牧師的祈禱與布道結束後，他本人訓練的唱詩班成員就為他歌唱離別的頌歌。大約下午五點鐘左右，送葬列車就出發前往七十哩之外的墓地。晚上，大家會為他舉行一場追思會。

在晚上十點鐘的時候，天空堆積著厚厚的烏雲，最終似乎覆蓋了整個半球，遠處的天邊在響著悶雷，不時還伴隨著閃電。

此時的天氣顯得格外悶熱，夜晚的黑暗、孤獨的道路，提燈與燈籠發出的搖晃燈光，掠過天邊的閃電，轟隆隆的打雷聲，走在陌生道路感受到的恐懼感，生怕燈火被雨水淋溼，這一天發生了悲傷的事情，因為悶熱而哭泣的嬰兒，以及那些哀悼他失去父親的親人們的悲傷，所有這一切彙集起來，喚醒了每個人內心深處最為深沉的悲傷情感，這種情感是那麼的莊嚴與神聖……

最後，就是所有一切最讓人心碎的情感，所有給予我們的愛意都裝入了棺

材，埋在了墳墓裡！無論我們的哥哥為民眾或是朋友做出了多大的貢獻，我們也只能做到如此了！

畢竟，在基督教世界裡，最深層次與最強大的爭論正源於此。要是將耶穌基督以及祂的教誨拿走的話，我們會變成什麼呢？我們會感到多麼地困惑、多麼地痛苦、多麼地悲哀或是多麼地生無可戀！但是，只要我們信仰耶穌基督，即便是最讓我們心碎的事情都能讓我們重新站起來，是的，甚至讓我們獲得最終的勝利！

「你的哥哥將會重生！」耶穌基督說。對於我們這些哭泣逝者的人，他會說：「快樂點吧！因為你們正在分享耶穌基督所感受到的痛苦。當他的榮耀展現出來的時候，你們將會感受到無限的歡樂！」

斯托夫人的第三個女兒出生之後，她就身患疾病，開始了與貧窮的艱巨奮鬥。在西元 1843 年 10 月，斯托夫人這樣寫道：

我們今年所面臨的經濟困境是往年所無法比擬的。即便是我們最樂觀、愉悅的鄰居埃倫也開始感到悲觀。他說，我們今年的薪水最多也只有 600 美元，往年則是 1,200 美元。神學院的那些年輕學生都過著貧窮的生活。可以說，他們在心靈與精神層面上多麼富足，就在經濟層面上多麼匱乏。他們承諾一定會變成更好的人。我們這裡有兩個學生分別是來自愛荷華州與威斯康辛州，其他的神學院都因為資源匱乏，不願意招收他們。那些人對他們說：「我們這裡沒有牧師，你們必須要對我們發表布道演說，因為你們比我們知道更多有關上帝的事情。」

西元 1844 年春天，斯托教授前往東部地區，希望能夠重振處於困境當中的神學院，為維繫神學院的正常運轉籌集資金。當他在東部的時候，收到了斯托夫人下面這封來信：

我患上了疾病，現在只能待在家裡，每天還要過度工作。即便我每天縫紉衣服，一個月下來的工作量也只有平時的一半左右，並且我無法去做其他的工作。

與疾病、貧窮的搏鬥一直持續到這一年以及接下來的一年。當丈夫前往底特律參加牧師大會的時候，斯托夫人寫信給他：

第五章　貧窮與疾病：西元 1840 ～ 1850 年

西元 1845 年 6 月 16 日

親愛的丈夫：

　　今天是陰沉、下雨的一天，外面的道路非常泥濘，讓人感覺很不愉快。我整天都在廚房裡忙著，包括洗碗和做其他家事。可以說，我身為一名家庭主婦，見證了許多家庭生活的陰暗面。但是，我不願意在這樣潮溼的天氣下去探尋這個問題，特別是我們的小女孩還在玩著杯子與大淺盤。因此，我希望能夠享受一下眼前這難得的休閒時光。

　　我現在厭倦了聞到變餿的牛奶、肉類或是任何一切變餿的東西發出的味道。連綿的陰雨天氣讓衣服很潮溼，可以說，現在沒有什麼東西是乾的，所有的一切似乎都發霉了。我覺得自己以後再也不會有什麼食欲了。

　　你的來信是那麼地燦爛與美好，與眼前的這一切形成了鮮明的對比。你總是能給我帶來意想不到的驚喜。至於我的健康，我倒不是非常焦慮，即便我現在的身體狀況不是很好，並且每天都有惡化的趨勢。我感覺不到任何活力、能量、食欲，甚至對食物都有著一種反感的情緒。事實上，我正覺得自己變得超凡起來。當我進行反思的時候，意識到只有當自己充滿活力，才能讓天父感到滿意。

　　因為我現在所處的狀態是那麼讓我感到煩惱與痛苦。我忍受著大腦帶來的可以感知的壓力，正如我在今年冬天所感受到的那種痛苦一樣。這種焦慮所帶來的壓力讓我失去了思考以及去做任何事情的能力。你也知道，如果我這可憐的大腦失去了思考，這個家庭就會失去主心骨。除非我凡事親力親為，否則沒有任何人可以幫我分擔什麼。

　　喬治亞娜的身體現在非常虛弱，精神顯得比較緊張，經常會表現出躁動不安的樣子。無論白天或是晚上，她似乎都需要安娜去照顧她。其他的孩子則像亞當的子女們一樣，都會做出各種荒唐且愚蠢的行為。

　　當人的大腦處於極度疲憊的時候，正如我現在所處的狀況，是很難去思考或是記住什麼事情的。在這樣的情況下，我們該怎麼做呢？相比於我所感到的內心焦慮與不安，平時的疲憊、疾病或是任何勞累根本都算不上什麼。但是，每當我想到上帝的仁慈，知道上帝始終在保佑著我的時候，我的內心就會充盈著快樂與欣慰的情感。

我每天都在祈禱著上帝能夠用烈火將所有的渣滓都消滅掉，最後煉成像真金那樣不怕爐火燒的東西。當我將上帝放在自己的心中時，我相信任何真正的邪惡都無法靠近我，無法摧毀我，我也不會擔心未來可能發生的任何事情，我只需要默默地忍受現在所需要忍受的痛苦。

上帝，無所不能的上帝在我心中，我是篤信無疑的。我相信上帝明白肉體與心靈可能出現不濟的情況，我卻始終都能夠在上帝的精神指引下，去完成上帝的意願。至於接下來這段旅程，我不需要詢問醫生需要怎麼做才能恢復健康，也就是說，我不需要別人告訴我該怎麼去做，我只需要遵循上帝給我的指引。所以，我不覺得自己沒有其他的選擇。如果上帝希望我踏上這段旅程的話，那麼祂肯定會幫助我輕易地找到走在這條道路的方式。我認為，對於上帝來說，金錢是不需要考慮的問題。如果上帝認為這樣做是最適合我的，那麼祂肯定會幫助我的。

這次旅程所需要的資金最後籌集到了。這次旅程顯然會在西元 1845 年夏天開始，分別前往哈特福、納提克與波士頓。不過，斯托夫人並沒有立即從這趟旅程中得到什麼好處。在第二年的春天，醫生認為有必要採取更為激進的治療方法，從而更好地遏制她的病情。在進行了多番的諮詢與通信之後，他們最終決定，斯托夫人應該前往威賽爾霍夫特在佛蒙特州伯瑞特波羅的水療中心去進行治療。

這個時期，斯托夫人在一封時間標明為西元 1846 年 3 月的信件裡這樣寫道：

關於我現在所面臨的各種問題，我的內心沒有任何抱怨，有的只是對上帝仁慈與偉大的讚美。我要感謝上帝賜給我這麼多友善的朋友，他們在我每一次遇到難關的時候總是會伸出援手。在這個冬季的每一天，我總是見到這樣的事實。一些朋友甚至專門過來我家帶給我歡樂，給予我一些力所能及的幫助。因此，我真的不希望再得到什麼了。

我的丈夫已經慢慢成為了一名家庭主夫，學會了更好地照顧孩子。要是你看到他戴著眼鏡，穿著睡衣躺在床上，還要抱著孩子的樣子，你肯定會哈哈大笑的。正如他所說的，他就像一隻老母雞時刻跟著一群鴨子一樣。我這趟治療旅程的費用，由一名沒有署名的朋友透過信件寄過來。這一切都表明了上帝的仁慈與關愛，這反過來，也讓我對上帝的仁慈與偉大充滿了無限的信念。

第五章　貧窮與疾病：西元 1840 ～ 1850 年

在斯托夫人出發幾天後，斯托教授在一封寫給妻子的信件裡這樣說：

收到妳從匹茲堡寄來的那封信，真的讓我感到非常欣慰。當我從蒸汽船下來，回到家的時候，妳已經離開家了。我在郵箱裡發現了一封來自紐約的 G.W. 布林女士寄來的一封信，信封裡面還有一張五十美元的支票，用於幫助我們家裡的病人。我還收到了羅利地區的德福多女士寄來的一封有五十美元支票的信件。除此之外，我還收到了其他人寄來的小額支票。在那個時刻，我感激著上帝帶給我們的恩惠，我的內心充滿了感恩之心。就我所知，這些給我們捐款的人都是我們之前不認識的人。

自從從妳離開家之後，亨利與我就像魯賓遜·克魯素與星期五那樣生活著，這樣的生活方式也讓我們感到非常滿意。

斯托夫人與她的姊姊凱薩琳與瑪麗，一起前往伯瑞特波羅進行水療，當時的凱薩琳與瑪麗同樣遭受著疾病的困擾，因此她們認為接受水療會對恢復健康有幫助。

從西元 1846 年 5 月到西元 1847 年 3 月這段時間裡，斯托夫人都待在伯瑞特波羅接受水療，沒有見到丈夫與孩子們一面。在沉悶無聊的這幾個月裡，她最快樂的時候就是收到家人寄來的信件。

下面這封信是斯托夫人在這段時間所寫的一封信的節選內容，這封信之所以有節選出來的價值，是因為它表現出斯托夫人在這段時期的思想習慣與生活方式。

西元 1846 年 9 月，伯瑞特波羅

親愛的丈夫：

我想過你現在正遭受的各種考驗。我真為你娶了我這樣一位體弱多病的妻子而感到傷心。我擔心自己只會給你帶來各種各樣的阻礙，而無法給你帶來任何意義上的幫助。我每天都極為虔誠地向上帝祈禱，希望我能夠盡快恢復健康，能夠盡快好起來，好讓自己能夠迅速回到你與家人的身邊。

我想過，如果我現在在家的話，那麼我至少可以打掃家裡的環境，可以洗淨馬鈴薯，或是煮飯給你們吃，或是與孩子們聊天。不過，希望身體變得更好的念

頭始終讓我充滿了樂觀的想法。我每天都在進行著單調沉悶的水療，忍受著可怕的沖洗，但我每時每刻都在思念著自己的孩子。他們永遠都不知道我是多麼地愛他們。

你對我們之前所遭遇的種種失敗進行的分析，是非常有道理且符合常識的。現在，我們就面臨著這樣的危機。如果你和我能在五年前就了解到這點，那麼我們3個最大的孩子肯定都能健康長大的。這也是我現在願意抽出這麼多時間，付出這麼多努力想要恢復健康的原因。

哦！要是上帝給予我五年時間的健全心智與健康的身體，我就能夠更好地培養自己的孩子。我充分意識到一個家庭的秩序與條理所具有的重要性。我知道，家庭的和諧與健康發展是任何事情都無法取代的，這是整個家庭的基石，也是我認為的一個必要條件。

我將孩子們的健康成長排在對上帝虔誠的第二位。我每天都為實現這樣的目標而努力。當然，一些人認為保持家庭的秩序與和諧並不是很重要的事情，可是我們必須要認識到，要想做到這點是需要一定智慧的。正如薩繆爾舅舅所說的，正是這樣一種智慧，才是成為一名首相的必要條件……

我認為你在保持健康方面發表的關於基督教的布道演說是非常優秀的，因為你充分考慮到了很多人在信仰基督教過程中，所面臨的這種軟弱或是阻礙的情況，這樣的阻礙可能是源於許多人健康不佳。我希望你能夠對這方面有更加深刻的體會，從而在發表布道演說的時候，給教眾們帶來更加深刻的思考。

這個世界在很多時候都處於一種匆忙的狀態。牧師在思考服務耶穌基督的時候，首先不能為耶穌基督透支四到五年的時間精力，因為這會讓他們在接下來五年的時間裡，無法為耶穌基督服務……

11月18日。「我現在每天所經歷的事情，其強度超過了我之前所做的任何事情。這星期，我在早飯前就去進行波浴，讓所有的海浪與巨浪都朝我身上打來，讓我全身都感受到寒冷的海水，讓我的雙手都在瑟瑟發抖，甚至沒有足夠的力氣穿好衣服。在這之後，我會走上一段路，直到我的身體變得暖和起來。之後，我再回來，帶著很好的食欲吃早飯！可以說，這裡的黑麵包與牛奶真是很好吃，我唯一擔心的就是自己可能吃得太多了！

第五章　貧窮與疾病：西元 1840 ～ 1850 年

　　在上午 11 點的時候，我要進行淋浴，我需要在接下來的兩天時間裡接受這樣的淋浴，之後再保持身體的溫暖。（你在納提克給我的那把雨傘非常有用，好像那把雨傘真的是絲綢做的一樣）在晚餐之後，我會玩九柱戲或是走上一段路，在下午四點鐘時，我會進行坐浴，然後走上一段路，直到下午六點。

　　我非常關心你的健康狀況。請你記住，在吃早餐之前要走上一段路，你不知道這樣做會對你的健康帶來多大的好處。千萬不要長時間坐在悶熱的書房裡，記得要打開窗戶，讓整個房間的通風變得更好一些。要是你整天都待在一個靠燒爐取暖的房間，這肯定會耗乾你的活力，讓你的神經系統變得軟弱。

　　最為重要的是，你要想辦法讓自己過得更加開心一些。你可以前去馬賽博士那裡，到那裡度過一個開心的晚上，你可以前去父親或是艾倫教授的家裡做客。當你感覺自己的內心焦慮時，就要前去其他地方散散心，將這些煩惱都拋在腦後。要是收到你、父親、繼母還有艾倫教授夫婦與 K 女士的來信，我肯定會感到非常高興的。你有空可以與這些人聚集在一起聊天，他們都是有思想的人，你們甚至可以一起跳跳舞。這樣做會給你的健康帶來諸多的好處。如果你能夠與 K 女士以及她那位經常感到焦慮的女兒一起跳舞的話，這樣做的效果肯定會更好一些。

　　願上帝保佑我吧！我不願意因為我而認為你是一個世俗之人，相反你是這個世界最需要的人。我希望你此時此刻與我一起在伯瑞特波羅，一起在這裡的海邊玩耍，一起從山丘上滑下來，或是在月光下一起打雪仗。我會用雪球將你身上的疑病症都全部砸走。我親愛的丈夫，要是你現在生病了，我會馬上就趕回家的。要是我在這裡修養的時候，你卻生病了，那麼我在這裡待著也是毫無意義的。

西元 1847 年 1 月

我親愛的靈魂：

　　我感受到你最為憂鬱的情感，我很遺憾感覺到了這樣的情感。我完全同意你給我發出來的感受，我對此深有感觸。為什麼你就不能豎起兩座墓碑，一座為你準備，一座為我準備呢？

我要將你給我的教誨都變成「一首關於墓碑的詩歌」，凱特會在耶誕節將那位患有疑病症的先生的襪子扔進去，但是那位先生對此嗤之以鼻，並且對妻子發出哼的一聲，不希望我們從中感受到一點樂趣。這首詩歌有著一幅小插圖，還有各式各樣相類似的詩句，上面再用一條長長的黑色絲帶纏繞著。在每個墓碑上都各刻著一首簡單的詩篇，我要將這兩首詩歌都告訴你：

第一首詩歌：

　　　　在死神的王國裡，

　　　　我找了一個不錯的位置，

　　　　發現了這首詩歌。

　　　　在墳墓與棺材裡，

　　　　我發出的叮噹聲，

　　　　卻變成了英文。

第二首詩歌：

　　　　那個感到絞痛的人，

　　　　當他的朋友都頑皮的時候，

　　　　就會過來捏著他的鼻子，

　　　　過來擺弄他的腳趾，

　　　　因此，他們在墓碑與棺材裡，

　　　　只能有一首詩歌。

　　但說真的，我親愛的丈夫，你必須要保持耐心，因為這樣的情況不可能持續到永遠的。你要保持耐心，像忍耐牙痛那樣忍耐，或是像忍耐任何無法避免的痛苦那樣去忍耐。你知道，我們都可以像觀察鏡子那樣感受到軟弱，但是上帝會讓你面臨許多考驗。我知道應該憐憫你，因為在過去三週裡，我同樣忍受著巨大的心靈壓抑所帶來的折磨與痛苦。我感覺到了一種全然的心碎。我想要做的就是回家，然後在家裡死去。對我來說，死亡可以說是一件無比確定的事情，但我認為自己從來都沒有為死亡做好準備。

第五章　貧窮與疾病：西元 1840 ～ 1850 年

　　這次長時間的外出治療在西元 1847 年春天結束了。在這一年 5 月的時候，斯托夫人回到了她在辛辛那提的家，受到了丈夫與孩子們熱烈的歡迎。

　　斯托夫人的第六個孩子薩繆爾・查理斯（Samuel Charles）在西元 1848 年 1 月出生，大約在這個時候，斯托教授的健康出現了嚴重的問題，因此這次輪到他要前往伯瑞特波羅進行一個季度的水療治療。斯托教授在西元 1848 年 6 月出發，這是因為他當時的健康狀況讓他不得不這樣做，並一直在伯瑞特波羅待到了西元 1849 年 9 月。

　　在丈夫這段超過一年的修養時間裡，斯托夫人都留在辛辛那提的家裡照顧 6 個孩子，每天都在竭力地維持這個家庭的日常開支，還要抽出一些閒暇時間去進行寫作。在那個時候，她還要面臨辛辛那提地區所爆發的可怕流行性疾病霍亂，全力避免這次霍亂帶走她那些免疫力差的孩子。無論從哪個方面去看，斯托夫人都像是一位勇敢的女性，擁有著戰勝一切困難的大無畏精神。關於這段時期的經歷，斯托夫人在西元 1849 年 1 月寫給她一位最親密朋友的信件裡這樣說：

　　親愛的喬治亞娜：

　　在我從伯瑞特波羅回來六個月之後，我雙眼的視力一直不是很好，所以我幾乎沒有寫任何文章，我感覺自己的身體狀況處在一種怪異的狀態，因此我也沒有什麼心情去進行寫作。在我的小查理出生之後，我的健康狀況慢慢好轉起來了。但是，我的丈夫卻在這個時候生病了，我當時的內心真是萬分焦慮，每天都為這件事情感到擔心與恐懼，這嚴重損害了我的記憶力以及心智能力。

　　親愛的喬治亞娜，我今年已經三十七歲了！我為自己能夠活到這個年紀感到開心。我想要慢慢變老，看著六個孩子慢慢長大。我希望妳能過來看看我身邊的這些小孩子。他們是我最擔心的人，要是他們離開了我，我會問自己，我到底還剩下什麼呢？他們就是我這一輩子的傑作，我擔心自己會失去這些傑作！

　　西元 1849 年初夏，辛辛那提爆發了霍亂，很快的這場疾病就變成一種傳染性疾病。斯托教授雖然當時人在伯瑞特波羅，但他的內心卻為家人的安全健康憂心忡忡。雖然他當時的健康狀況依然很糟糕，不過他還是決定馬上回家，與家人

一起面對這樣的危險。可是，他的妻子卻不同意他這樣做，正如斯托夫人在下面寫給他的這封信裡所說的。這封信的日期標明是西元 1849 年 6 月 29 日。

親愛的丈夫：

這一週是帶來巨大傷害的一週。霍亂已經在這座城市造成了許多傷亡。很多專門駕駛靈車的司機都忙不過來，因為有太多的屍體需要他們去收，也有很多的普通馬車或是交通工具，都被調用過來搬運那些病死的人。那些掛著喪服的馬車從我們的窗前經過，搬運屍體的人流不斷從我們家外面走過。在很多時候，這樣的場景真是讓人感到無比的煎熬。當然，所有這些事情，不管我們是否親眼見到，都必然會給我們的心靈留下極為悲哀的畫面。

在週二，霍亂已經造成 116 人喪命了。這天晚上，空氣中彌漫著極為壓抑的死亡氣息，就像沉重的鉛那樣牢牢地壓抑著每個人的大腦與靈魂。

至於你要回家的這件事，我是絕對反對的。首先，因為你現在的身體狀況還很糟糕，即便你回來也不會給這個家庭帶來任何幫助。你應該繼續留在伯瑞特波羅地區，呼吸新鮮的空氣，而不是回到這裡呼吸彌漫著疾病氣息的空氣。因為這座城市在目前是非常危險的。對我來說，你與父親都不在這裡面臨這種危險，是讓我心懷感恩的一件事。

還有，我們現在沒有人生病，但是我們是否會感染這種疾病還不得而知。

如果我們有人生病了，那麼我們這些人也不可能是立即死去的。

7 月 1 日

昨天，斯特格先生前去市中心，見到的場景是那麼地恐怖以及讓人感到沮喪。當時的民眾普遍性地都感到恐慌，而且這樣的恐慌情緒正在每一個角落慢慢地蔓延。民眾將一大堆的煤炭都放在十字路口或是公共廣場上燃燒，而那些不幸感染了霍亂的人，則是被限制活動的範圍。那些不幸感染了疾病的人，被稱為是「上帝的手指所做出的懲罰。」

昨天，在這座城市所有牧師的共同建議下，市長發布了命令，要求進行為期一天的齋戒、懺悔與祈禱活動，並在下週二進行。

第五章　貧窮與疾病：西元 1840 ～ 1850 年

7 月 3 日

　　我們現在的身體狀況都很好，努力地保持著冷靜與樂觀的心理狀態。這裡幾乎都沒有什麼醫生了。博文醫生與派克醫生現在都臥病在床，波特醫生與普爾特醫生應該也是如此。現在，這裡的年輕醫生不管白天黑夜都在緊張忙碌地治療病人，根本沒有休息的時間。費什先生這幾天都沒有睡過，一直在看望那些患病與垂死的病人。我們的布朗醫生現在也臥病在床，但我們都下定決心，一定要互相幫助。因為，我們不能讓許多人同時出現患病的情況。

7 月 4 日

　　目前家裡的狀況一切良好。昨天的會議是非常莊嚴而有趣的。現在，我們每個人或多或少都患上了一些疾病，不過都是些沒有什麼危險的疾病。就在昨天，霍亂就奪走了 120 條人命。在今天，我們看到了很多人都追求著盲目的娛樂活動。明天或是大後天，我們可能會看到更多人因此而死亡。我們怎麼能夠習慣這樣的死亡場景呢？

　　就在之前，霍亂在一天之內造成 10 個人死亡，這已經讓很多人的內心都感到無比恐懼了，現在霍亂每天造成的死亡人數超過 100 人，但人們卻已經對此習以為常了。許多先生在與女士聊天的時候，都會引述霍亂造成的死亡人數，還會談論舉行的葬禮次數、霍亂方面的藥物或是霍亂飲食，以及各種形式的漂白粉或是消毒粉之類的話題。顯然，很多平時嚴肅認真之人都將這件事所具有的道德面都拋在腦後了。

7 月 10 日

　　昨天，小查理生病了，不過他的疾病不是很嚴重。要是在其他時候，我肯定不會感到驚慌。不過，現在哪怕我的孩子出現一點症狀，就好比是被宣判了死刑一樣。我可以直白地說，從一開始，我就對小查理能夠恢復健康不抱什麼希望。但我依然認為你現在不應該回來，如果你真的要回來，那麼你之前所取得的效果就將得而復失。你可能會讓自己患上一種致命的疾病。因此，你有責任不在現在這個時候回來。

　　昨天，我將小查理帶到普爾特醫生那裡看病，普爾特醫生用沮喪的口吻跟我說明查理的狀況，這讓我感到非常驚恐。普爾特醫生談到小查理的腦部可能出現了水腫。我回到家之後，內心極度沉重，感到極度悲傷與痛苦，我希望我的丈夫與父親此時此刻能在這裡陪伴著我。

　　今天凌晨一點鐘的時候，斯圖爾特小姐突然打開我的房門，大聲叫喊：「斯托夫人，亨利正在嘔吐！」我馬上從床上趴下來，心都快跳出來了。不過，在幾分鐘之後，亨利的情況得到一些緩解。接著，我將自己的專注力集中在照顧查理上，當時查理正在忍受著劇烈的身體痛苦，他因為發熱而渾身出汗。查理的病情正在慢慢好轉，這顯然是托他脖子上掛的十字架的福。可以說，沒有比在孩子們身上掛一個十字架更好的事情了。安娜與我都用興奮的口吻對彼此說：「那個小傢伙真是命大啊！他會沒事的！」

　　自從我上次寫信給你到現在，我們家已經成為了一個真正意義上的醫院。查理的病情顯然得到了好轉，可是他的身體依然很虛弱，無法走路或是玩耍，他依然感覺到許多痛苦與不快樂。週日，安娜和我像其他人一樣，都累到了，但沒有出現什麼特別的疾病症狀，我們也只能躺在床上休息。我整天躺在床上閱讀我的聖歌詩集，思考著《聖經》裡面的段落。

　　今天，我們參加了可憐的弗蘭克阿姨的葬禮。她是在昨天早晨去世的，前天在洗衣服的時候她就生病了。她是一個善良、誠實且值得信任的老人！她是一個始終追求與渴望著正義的人。

　　昨天早上，我們家那隻可憐的小狗戴西突然一陣抽搐，然後在半個小時內死了。這個可憐的小傢伙！如果我的本性有牠那麼好的話，我的狀況肯定會比現在好許多的。當我們都在為這條可憐的小狗感到傷心的時候，又傳來弗蘭克阿姨奄奄一息的消息。海蒂、艾麗莎、安娜與我在昨天為她穿上了壽衣。今天早上，我為她戴上壽帽。我們剛剛參加她的葬禮回來。

第五章　貧窮與疾病：西元 1840 ～ 1850 年

最後，我親愛的孩子也被病魔之手觸碰到了。我們一整天都在看顧著躺在病床上奄奄一息的小查理，他當時的病情正在逐漸惡化。在上一封信裡，我還曾說過他的病情正慢慢出現好轉，但接下來幾天裡，他的身體狀況依然非常虛弱，不過我們都希望他最終能夠康復。大約在四天前，他感染了霍亂，現在他根本熬不過今天晚上。

鄰居們都過來表達他們的善意。你千萬不要回來，當你回來這裡的時候，這一切肯定都已經結束了。根據醫生的話，這場霍亂會對每一個新感染的人造成致命的打擊。請你一定要堅強一些。當我們責備上帝的時候，千萬不要喪失對上帝的信念。我此時此刻不想再多說些什麼了，但我很快就會繼續給你寫信的。

7 月 26 日

親愛的，最後，這一切都結束了，我們親愛的兒子離開了我們。他現在進入沒有病痛的天國世界。我親愛的小查理 —— 我這個美麗、可愛與親切的孩子，你是那麼地甜美，那麼地可愛，那麼地充滿生命活力、希望與力量 —— 現在卻一臉蒼白，渾身冰冷，被覆蓋在樓下的房間裡。

他來到這個世界上，帶給我的只有無限的歡樂，他是我的驕傲與歡樂的源泉。他的到來讓我避免了許多心碎的時刻。在很多焦慮不安的夜晚，當我將他抱在懷裡的時候，感受著他那雙溫暖的小手，都會感覺到孤獨與悲傷離我遠去。但是，看到他在臨死前所經歷的痛苦，看到他那張懇切的臉龐，而我卻無能為力，無法減輕他所感受到的任何痛苦時，我反而在心底暗地祈禱他能夠快點死去，不願看到他經歷那樣椎心的痛楚。

我寫這封信的時候，感覺到世界上沒有什麼悲傷可以比擬我現在所經歷的悲傷，但在這座城市裡，幾乎每一座房子都經歷著死亡。這種心碎與痛苦在這座城市的每個地方都彌漫著。當這一切都結束的時候，只有上帝才會知道到底是怎麼一回事。

在遭遇了這一切沉重的打擊與多年的考驗以及痛苦之後，他們在西部生活的歲月終於要告一段落了。因為在西元 1849 年 9 月，斯托教授從伯瑞特波羅回來

了。與此同時，他收到緬因州布勞恩斯魏克的鮑登學院發出的教授一職邀請，並準備接受這份邀請。

第六章
重返布勞恩斯魏克，西元
1850 ～ 1852 年

西元 1849 年初冬，斯托夫人在她的一本私人日記裡，記錄了她對宗教主題的一些想法與情感：

有人說，要想對一個人的一生進行真實的記錄，往往需要另一個人來做。也就是說，那些對另一個人進行記錄的人，必須要與此人有著類似的品格或是情感。事實上，當我們在閱讀或是理解一些人物傳記的時候，同樣存在著類似的情況。

政治家或是將軍喜歡閱讀拿破崙（Napoleon Bonaparte）這類人物的傳記，並在閱讀的過程中感到津津有味，而一般人在閱讀這些書籍的時候卻感到味如嚼蠟，將之視為一個無聊的過程。這其中的差異就在於不同人有著不同的閱讀品味，也就是他們對自傳作品所透露出來的精神與心智，有著不同的審美角度。當他們閱讀一些與自己有著類似品格人物的傳記時，他們就會感到內心的共鳴，因為書中的一些內容往往會引發他的思考。但如果一些對此不感興趣的人去閱讀這些書，就根本不會產生這樣的想法。

對於像黎塞留或是馬薩林這樣的人來說，《亨利·馬丁的人生》這樣的傳記是沉悶且無趣的，因為他們之前的人生軌跡或是經歷，從未感受過馬丁那樣的人生與事情，因此要想他們去感受書中有關馬丁的心路歷程，這實在是有點強人所難了。所以，我們也就不難理解這樣一個事實，那就是世人所寫的關於耶穌基督的傳記都是很難為大家所理解的。

「世人根本不了解祂。」可以肯定的是，耶穌基督的人生存在著某些簡樸而壯美的東西，這樣的東西會讓每個人的心智都感到震撼。那些最為堅定的嘲笑者，在對基督教的神廟極盡嘲笑之事後，就會發現當他感受到了耶穌基督的善意與美德時，那種無比的震驚與懺悔。因為耶穌基督展現出來的美德是那麼容易為每個人所接受。

總而言之，耶穌基督的品格是每個人都能觀察到的，但不是每個人都能夠真正感受到的。基督徒有時會陷入盲目的崇拜當中，可是真正試圖去感受耶穌基督的情感，去感受他所感受到的事情的基督徒卻是少之又少。

斯托夫人不會想到，她寫的上面這段話，其實正是她的生活與人類之間關係的恰當描述！每個閱讀過《湯姆叔叔的小屋》一書的讀者，都必然會感受到斯托夫人在這本書裡所流露出來的情感，並且對這種情感產生共鳴！此時的斯托夫人是一個身體羸弱、天性敏感的女人，正在與貧窮進行艱苦的鬥爭，每天邁著沉重的步伐，思考著如何才能養活這麼大的家庭，還要更好地教育自己的孩子不斷成長。

身為一名虔誠的基督徒，她時刻在找尋著一種不屬於這個世界的強大呼喚，忍受著不願意被別人看到的淚水 —— 難道，這就是大眾對創作出《湯姆叔叔的小屋》一書的作者所持有的想法嗎？儘管如此，這可能就是真正的現實。在辛辛那提這座飽受霍亂蹂躪的城市裡，一位母親把因為疾病而死去的孩子抱在懷裡，發出傷心欲絕的哭喊時，所忍受的巨大痛苦是那麼地強烈。

她就是將這樣的情感注入了那本書裡，她所表達出來的情感才會那麼地令人感到揪心，才會感動每一個閱讀這本書的讀者。

所以，我們可以說《湯姆叔叔的小屋》一書，其實就是一位母親將內心的痛苦表達出來的一種吶喊，只是她用極為哀婉且真誠的方式表達。正是因為她釋放出這種深沉的情感，才能將自己內心那些受過傷的愛意所帶來的痛感，全部展現

第六章　重返布勞恩斯魏克，西元 1850 ～ 1852 年

出來。本章的目的就是要表明這點，讓讀者能夠明白斯托夫人當時所處的狀態，她的家庭環境以及她的心碎。

在與疾病進行了長達 17 年的纏鬥之後，在熬過了工作帶來的許多煩惱與阻滯之後，斯托教授深信一點，那就是他必須要對自己負責，也要對整個家庭負責，因此他需要找尋另一份更好的工作。

西元 1850 年 2 月 6 日，斯托教授在一封寫給當時住在麻薩諸塞州納提克的母親的信件裡這樣說：

這個冬天，我的健康狀況並不是很好，我認為自己不應該在這個地方繼續住太久。我在這裡已經完成了許多艱苦的工作，並且表現出極大的自我克制能力。我親眼經歷了神學院經歷的一系列繁瑣官司，感受到了來自教會與民間所帶來的雙重壓力，將原本深陷債務危機的神學院，經營成現在具有足夠經濟實力的團體。我認為自己現在可以離開了。

在去年的 6 月、7 月與 8 月這 3 個月，我家附近方圓 3 哩的範圍內，就有九千多人死於霍亂。去年冬天，在同一個區域，又出現了一萬人患上天花，其中很多人無藥可治，不少人死在山上。我們神學院附近的耶穌會學院也因此而關閉。不過，我們的家庭或是神學院的學生都沒有出現這樣的病例。

我收到了東部地區很多朋友寄來的信件，他們都希望我能夠接受鮑登學院的邀請，並且接受教授職位。我本人也有這樣的想法，但我還沒有做出最後的決定，因為這需要解決棘手的問題。鮑登學院每年答應給我的薪水只有 1,000 美元左右。我要從這筆錢裡拿出一部分去租房子，每年的租金大約為 75 美元到 100 美元左右。不過，神學院的託管人則對我說，若是我能夠留下來的話，每年願意支付 1,500 美元的薪水給我，還有免費的住房待遇，這讓我的薪水差不多達到了 1,800 美元左右。

今天，我收到了紐約市的另一個邀請，他們給予我的年薪待遇是 2,300 美元⋯⋯不過，我已經給鮑登學院回信並向他們提議，如果他們能夠在基本薪水之外給我 500 美元的津貼，那麼我會接受他們的邀請。我認為，鮑登學院肯定會答應這個請求的。如果他們真的答應我的請求，那麼我會在今年春天的 5 月或是 6 月出發。

鮑登學院的邀請之所以對斯托教授特別具有吸引力，是因為斯托教授是從這所學院畢業的，他人生中最快樂的那幾年青春時光，都是在這裡度過的。

這個教授職位是柯林斯女士透過財產捐獻的方式創立的，柯林斯女士是波士頓柏多恩大街教堂的成員。因此，這個職位就以她的名字命名，全稱是「柯林斯自然與宗教學科教授」

對於斯托教授來說，倘若他無法找到一個能夠接替自己的人，他是無法就這樣離開的。因此，斯托夫人只能下定決心，帶著她的 3 個孩子，準備在 4 月分前往東部，在布勞恩斯魏克那裡先建立一個家，斯托教授會在方便的時候，帶著剩下的幾個孩子前去與他們會合。

下面這封信，是斯托夫人在弟弟亨利・沃德・比徹於布魯克林的住所寫的，時間是西元 1850 年 4 月 29 日。這封信的節選內容可以讓我們知道，斯托夫人的這趟旅程還算相當順利，並沒有出現任何差錯。

在星期三四點到五點鐘左右，輪船來到了匹茲堡。賓夕法尼亞州運河的專員開始上船，然後開始驗票，他說我的三個孩子只需要一點五張票就可以了。輪船在早晨五點的時候出發，一路上，我們都感到很舒適。孩子們對於這樣的旅程感到非常興奮，因為壯美的高山景色對他們來說是全新的神奇景色。我們在上午 11 點時到達霍利迪斯堡，在半夜 2 點的時候被叫醒下船，然後乘坐馬車前往傑克鎮。我們在第三天下午 3 點鐘抵達費城。之後，我們再搭乘輪船與鐵路前往紐約。

在蘭開斯特的時候，我們給布魯克林那邊發去電報。當我們在晚上 10 點到 11 點左右抵達紐約時，奧古斯圖斯表弟前來迎接我們，然後將我們送到了布魯克林。從那天凌晨兩點鐘開始，我們一直在搭乘交通工具，因此感到非常疲憊……我很高興我們終於平安抵達了這裡，而孩子們也對這次的旅程感到非常高興，因為他們見到了這個國家最為壯觀的景色……

亨利在這邊的朋友都十分尊敬他，他的年薪已提升到 3,300 美元，並且還配備了一輛價值 600 美元的馬車……這趟旅程，讓我的健康狀況也得到了好轉。因為乘船時，我在運河的水閘上走了很久的路。至於家具方面，我想我們在這方面花費 150 美元就足夠了，這可以讓我們購買必要的家具。之後，等我們的經濟狀

第六章　重返布勞恩斯魏克，西元 1850 ～ 1852 年

況有所好轉，就可以添置更多的家具……

如果我在這方面還有什麼想法的話，我肯定會給予你一些建議的……我的想法就是在布魯克林度過這一週，接下來再前往哈特福，接著再前往波士頓，最後在 5 月或是 6 月的時候前往布勞恩斯魏克。

西元 1850 年 5 月 18 日。我們發現斯托夫人在這一天從波士頓寫了一封信，當時她正住在哥哥愛德華・比徹牧師的家裡。

親愛的丈夫：

我是在週一的時候從哈特福過來這裡的，之後就一直忙著購買家具，並且想辦法將這些家具打包好。

我希望在下週二晚上乘坐巴斯號蒸汽船前往布勞恩斯魏克，我認為晚上乘船會便宜一些。當我抵達布勞恩斯魏克時，這一路的旅費，包括一切的費用，可能在 76 美元左右……還有，我親愛的丈夫，你始終是這麼地友善、周到與善解人意，我希望你能夠明白，在我特別需要休息、安靜的時候，我做了多少有意義的工作。

獨自帶著 3 個孩子、行李與包裹踏上這段旅程，還包括從擁擠的人群中走來走去，找尋搬運行李的馬車，與馬車車夫討價還價，這對我的精力來說是一次嚴峻的考驗，更別說旅途本身所帶來的疲憊感了。

正是在這個時候，由於她在這個時期經歷的一系列困境，才創作出了打動很多基督徒內心的作品《山姆大叔的解放：人間至愛與天國的自律》（*Uncle Sam's emancipation: earthly care, a heavenly discipline, and other sketches*）。

在乘坐輪船前往布勞恩斯魏克的前夕，斯托夫人在寫給賽克斯女士（也就是之前談到的喬治亞娜・梅）的一封信裡這樣說：

今天晚上，當我登上巴斯號蒸汽船時，我需要看管床架、桌子、椅子、床墊等物品，還要想辦法搬運我的行李，然後計算這樣做的花費，我還要打包行李，這一切都讓我感到身心疲憊。我想在地圖上找到布勞恩斯魏克的位置，這裡距離波士頓大約是半天左右的車程。我希望能乘坐蒸汽船在明天上午的時候抵達那裡。我在那裡預訂了一間房子，很多友善的朋友都紛紛伸出援助之手。因此，你

要是有時間的話，就過來看我吧！我們可以在松樹林裡散步一段很長的時間，也可以好好地談談我們離開這個地方之後所經歷的各種事情。

在離開波士頓之前，斯托夫人給當時仍在辛辛那提的丈夫寫信說：

親愛的丈夫：

在接下來的一段時間裡，你可能無法收到我的來信，因此你要全身心地相信我。我從未感到困惑或是絕望。我已經與編輯達成了一些協議，準備透過寫作來賺錢了。

我已經向賴特提出了一些提議。如果他接受我的提議，就會給予你一些稿費。你可以拿著那筆稿費，以備不時之需。如果你沒有用到的話，可以到時候帶回給我。我現在的精神狀態很好，無論面臨多少的困境與挫折，上帝始終都與我同在，永遠不會拋棄我。我知道上帝會這樣做的，因為祂是我的天父，雖然我有時像一個無知或是盲目的小孩，但是他始終都會幫助我的。

無論我經歷多少錯誤或是罪惡，我都相信他。上帝會幫助可憐羞澀的雅各擺脫所有的恐懼與不安情感，甚至會幫助犯下罪孽的亞伯拉罕，幫助仍然不知該何去何從的大衛，幫助因為過分自信而出現墮落的皮特 —— 上帝肯定會幫助我們的，他的雙臂始終會擁抱著我們。因此，我親愛的丈夫，我們永遠都不會墮落的。

西元 1850 年 5 月 29 日，斯托夫人在布勞恩斯魏克寫信說：

在颳了整整一週的東北風之後，孩子們都感到非常無聊與孤獨，現在太陽終於出來了……外面吹著柔和的微風，因此我們的行李應該很快就會從波士頓運送過來。阿帕姆女士竭盡所能地給予我幫助，她耗費了很多時間與精力去幫我做了很多事情，要是沒有她的話，我們在這個陌生的地方肯定會感到極為無助的。阿帕姆女士的家庭非常溫馨，每個家庭成員都是那麼地友好與樂於助人。我從未聽他們說出任何一句刺耳的話或是粗俗的話語。可以說，他們一家是基督教徒的模範之家，也是基督教最美好的範例……

在一封時間標明是西元 1850 年 12 月 17 日寫給她的嫂子喬治·比徹的信件裡，斯托夫人就詳細地描述了她剛到布勞恩斯魏克那個夏天所發生的種種事情。

第六章　重返布勞恩斯魏克，西元 1850 ～ 1852 年

親愛的嫂子：

難道現在真的是大雪已經飄落在地面，耶誕節就要到來，而我卻還沒有寫過信嗎？我最親愛的嫂子，不可能的，我肯定已經寫過信給妳了！我從來都不是那種淘氣任性的人 —— 要是我真的沒有寫信給妳，這絕對是我犯下的一個無心之過 —— 當我像一個守夜人那樣躺在床上，寫下如此美好的信件時，我希望妳能夠盡快收到這封信。因為我只有晚上的時候才稍微空閒一些，白天時我都被各種事情牽著鼻子走！或是從去年春天到現在，飽受疾病的困擾。

當我收到妳的來信，一開始之所以沒有回信，是因為我當時想回一封長信 —— 一封比較完整詳細的信件 —— 但想不到，這麼一拖就是數週甚至數月的時間。之後，我的小查理（Charles Edward）出生了……等等很多事情都讓我沒有時間！薩拉，當我回過頭看的時候，我會對此感到震驚，這不是因為我忘記了任何我應該記得的事情，而是我還記得所有的這些事情。

從我帶著孩子離開辛辛那提，來到這個我不認識的地方直到現在，我感覺自己似乎都沒有怎麼呼吸過，每天都生活在焦慮當中。我的大腦每天都響著鐵路或是蒸汽船發出的轟鳴聲，這讓我感到暈眩。之後，我在波士頓逗留了十天時間，每天都忙著購買家具或是各種裝備。後來，我們在下著毛毛雨、颳著東北風的日子來到布勞恩斯魏克，開始了收拾一間廢舊、潮溼的老房子的艱辛工作。可以說，我每天都是在極度繁忙中度過的。比方說：

> 斯托夫人，我該怎麼擺放這張躺椅，我該用什麼來粉刷後牆？
> 斯托夫人，這些粗糙棉要放在櫃子裡面嗎？
> 斯托夫人，我們沒有足夠的肥皂去清洗窗戶了。
> 斯托夫人，我們該去那裡找肥皂呢？

此時，我只能跑去商店，買回兩塊肥皂。

> 外面有一個人想要見斯托夫人，談論有關水箱的問題。斯托夫人，在您下來之前，請告訴我該怎樣粉刷躺椅後面的牆壁呢？
> 這是一個從倉庫那邊過來的男人，他說這個箱子是給斯托夫人送過來的。這個箱子搬到了斯托夫人的房子裡，您要過來看看嗎？

斯托夫人，您可以過來看看這樣固定角落裡的地毯是否合適？那位裝修工人釘的釘子都很不好看，他該怎麼做呢？家裡的黑色毛線都用完了，我該怎樣才能將花邊的絨絲帶放在沙發的後面呢？斯托夫人，這裡有一個男人帶著幾個提桶與錫器過來，您能先支付一下這個帳單嗎？

斯托夫人，這裡有一封從波士頓那邊寄來的信件，裡面還附帶一張關於裝船費用的帳單。對方想要知道您想怎樣處理那批貨物。如果您告訴我怎麼做，我可以幫您回覆這封信。

斯托夫人，肉販現在站在大門外，難道我們不應該買一些牛排或是其他肉類用來煮晚飯嗎？

應該讓海蒂去商店購買一些黑色毛線嗎？

斯托夫人，這個軟墊要比這個框架長了 1 英寸左右，我們該怎麼做呢？

斯托夫人，這個核桃木做成的床架上的螺絲釘都跑到哪裡去了？

有人帶來了運費的帳單，您能現在支付一些帳單嗎？

斯托夫人，我不明白為什麼要用這麼大的釘子。這樣的釘子會穿過軟墊，直接扎進棉花裡的。

接著，就是我丈夫寄來的一封信，他在信中說自己現在臥病在床，感覺自己沒有任何生命活力，所以千萬不要期望他會很快就過來這邊。他在信中想要知道我現在是否能扛得住，擔心我會就此成為寡婦。他知道我們會因此陷入債務當中，並且以後都很難擺脫這樣的債務。

他想要知道我現在的勇氣程度，認為我應該充滿著樂觀的精神，並警告我要時刻保持小心謹慎。因為要是他去世的話，我肯定要面臨很多重大的選擇，等等之類的話。我讀完了他這封信，馬上將這封信扔進火爐裡，然後繼續忙碌……

我遇到的一些狀況還是非常有趣的，比如：我的廚房裡沒有洗滌槽，或是其他的排水設備，於是我到一間棉花工廠買了兩個他們用來裝油的大木桶，這種桶在布勞恩斯魏克經常用來做水箱。當我將木桶搬運到家門前的時候，我還為自己表現出來的活力而沾沾自喜。最後，我發現，這個房間沒有地窖門，只有廚房那

第六章　重返布勞恩斯魏克，西元 1850 ～ 1852 年

裡有一個出入口，但這個出入口比較狹窄，還要沿著一條長梯子走下去。因此，正如約翰·班楊所說的，我陷入了沉思 —— 如何才能將這個水箱放到地窖裡。

在以前那個騎士時代，我可以請一位騎士幫我將這個水箱搬到下面，但現在卻沒有這樣的可能性。於是這個大木桶就孤零零地放在庭院裡，似乎在嘲笑著我做事之前缺乏深思熟慮。面臨這樣的困境時，我想到新英格蘭地區的誠實修桶匠，我肯定他會將這個大木桶分解為幾個部分，然後沿著樓梯走到地窖，然後再將木桶組裝起來。這位優秀的修桶匠一個下午就完成了，讓我這位土生土長的新英格蘭人感到非常震驚。

後來，當我的丈夫想要打開水泵，盯著那個大木桶看，為這個木桶能夠放在地下室而感到驚訝時，我用溫和的方式告訴他，我將這個木桶拆分為幾個部分，先搬到地下室，然後再組裝起來 —— 正如我一直以來都擅長這樣的事情。當史密斯教授來到地窖，看到這兩個木桶的時候，也忍不住說：「這個世界上真是沒有什麼能難得住一個意志堅定的女人！」

接著，我需要與一名精明的先生進行談判，此人在我家對面開了一間木匠店。這位就是約翰·泰特科姆，我的好朋友，他有著新英格蘭人該有的品格。他是我所租房子的共有人之一，因此也算是房東之一，他與這座城鎮那些地位最高的人都有著不錯的來往。可以說，他是一位有智慧、接受過良好教育的人，喜歡讀書，還是一位有思想的人。

他有著多方面的才藝，除了老本行木匠活之外，他還懂得如何繪畫、鍍金、著色、襯墊、拋光等工序。不過，他是一個喜歡安逸的人，經常會懷抱著這樣的思想，即人類不應該擁有太多物質的財富。於是，他就住在作業間工廠裡，吃著餅乾與鯡魚，每天都用冷水洗澡，並將大部分時間都用於工作、沉思閱讀新出版的刊物，並以此為樂。

在他的商店裡，你可以看到一個工匠檯、鐵錘、鉋子、鋸子、手鑽、光亮漆、燃料、畫框、柵欄柱、稀少的舊磁片，還有他祖先留下來的一兩張繪畫，一個擺滿書籍的書架，還有鯨魚的牙齒，一個等待修理的教堂燈，一位女士的遮陽傘。簡而言之，亨利曾說泰特科姆的商店就像包羅萬象的大海，裡面的有趣玩意數也數不完。

在我搬動家具或是各種裝備的時候，泰特科姆始終都給予我有力的幫助。當

一個螺絲釘鬆了，當需要釘釘子，或是需要修理門鎖，或是固定窗格玻璃，他都會過來幫忙。但是，幫我修理好洗滌槽絕對不是一件容易的事情，我認為只有比較深厚的友情，才能讓他幫我做好這件事。這個洗滌槽在接下來幾週時間裡，處在不穩定的狀態，而我又沒有其他事情可做的時候，我總是會拜訪他那間商店，盡可能地與他成為好朋友。

不知有多少次，當我坐在一張陳舊的搖椅上，開始與別人談論今天發生的各種事情，談論哪裡最近又修建了鐵路，談論州議會最近又通過了什麼法案，或是新一代人所面臨的各種機遇與挑戰，這樣的對話最後都會不知不覺地轉入我的洗滌槽！因為在這個洗滌槽尚未安裝好之前，水泵都無法抽水上來，我們也無法收集到任何乾淨的雨水。

有時，我也實在沒有足夠的勇氣去提出這個話題，我希望與別人談論關於其他方面的話題。有時，我也會前往那間商店與別人談論著許多與此無關的話題，但當我準備回家的時候，關於洗滌槽的問題又會突然從我的腦海裡一閃而過，此時我就會說：

「哦，泰特科姆，我家的那個洗滌槽進展得如何了？」

「哦，是的，夫人，今天下午，我正準備去這條街的其他商店幫妳找尋一些相關的材料。」

「多謝你。如果你能夠盡快幫我弄好洗滌槽，我肯定會萬分感謝你的，因為我們家現在真的很需要這個東西。」

「我認為妳不需要太急，我相信我們目前正在經歷一個乾燥的季節，這個天氣也不大可能會下雨，因此妳現在並不需要水泵。」

這樣的對話從 6 月 1 日一直持續到 7 月 1 日。最後，我的洗滌槽終於完工了，這座新房子也終於有了一個全新的模樣。關於這方面的事情，我與浸信會教堂的執事鄧甯進行了多番的交流。在這段時間，友善的米切爾女士與我做了兩張沙發、一張背桶椅、幾張床罩、一個枕套、枕頭、長枕、床墊等等。我們還一起粉刷了房間，重新粉刷了家具。到底還有什麼事情是我們倆沒有一起去做的呢？

接著，斯托就過來了，此時已經是 7 月 8 日了，過來的還有我的小查理。我真的為自己有藉口可以躺在床上而感到非常高興，因為我實在是太累了，這點我

第六章　重返布勞恩斯魏克，西元 1850 ～ 1852 年

可以向妳保證。我在家裡舒適地過了兩週時間，此時我家的僕人不在這裡了……

在這段時間裡，我將自己所有的閒暇時間都用於跟報社編輯進行交流。我認為自己所寫的文章要比其他人都要多，至少我是這樣認為的。我每天在我們的學校裡教一個小時的書，每天晚上給孩子們閱讀兩個小時的故事。孩子們在學校裡學習英語歷史，我則根據他們學習的進度，給他們閱讀斯科特所寫的關於歷史的小說。今晚，我給孩子們讀完了《阿伯特》這本書，下週準備給他們閱讀《凱尼爾沃斯》一書。即便每天的事情都排得這麼滿，我還是經常會有這樣一種想法，即我現在做的還遠遠不夠。

因為我至少十多次推遲了我想要去做的事情。一次是因為我去找了漁民買鱈魚，一次是去見一個給我帶來一桶蘋果的人，還有一次是去見一個書商，接著去見阿帕姆女士，看了一幅我承諾要向她購買的畫作。接著，我還要抽出時間去照顧孩子。之後，還要走進廚房，為家人做海鮮雜燴濃湯。現在，我感覺自己又是處於這種無所事事的狀態，感覺自己根本沒有提起筆寫任何文字的動力。我真的需要無比強大的意志力才能克服這樣的思想。

我想妳現在可能認為我已經開始創作了，認為我肯定是不會停下來的。事實上，我也的確開始這樣做，但我的精神卻始終處於不斷變換的狀態，因此我必須要遵循很多事情的發展方向。

耶誕節就要到來了，我們這個小家庭也正在為耶誕節做各種準備。每個人都在準備各種小禮物，好在到時候給別人一份神祕的禮物與驚喜。

親愛的，實話跟妳說吧！我現在感到有點疲憊了，我的脖子與後背都感到有些疼痛，我必須要放下筆了，只能寫到這裡了。

妳在今年春天給予我的幫助，是我非常感謝的。至於我為什麼要拖到現在才回信，這也實在讓我感到十分困惑。我一直以為自己已經回信給妳了，直到我發現，原來我一直沒有回信。但是，我親愛的，即便我的心智出現心不在焉的情況或是不安的狀態，我的心卻如星星那樣無比真實。我愛妳，並且經常思念著妳。

今天秋天，我經常會感到悲傷與孤獨，即便是在比較忙碌的時候，這樣一種不同尋常的情感還是困擾著我。可是，我現在遠離了之前的家，離開了父親與繼母，來到了這個陌生的地方。也許，出現這樣一種情感的波動是正常的吧！在那

些悲傷的時刻，我的思想始終都感受到了來自上帝所帶來的祝福，我似乎感覺到上帝正在表達著希望我盡快恢復正常的念頭。

我在這邊認識了許多友善親切的朋友，他們都非常友好地對待我們。布勞恩斯魏克是一個不錯的地方，很適合生活。如果妳在明年夏天前來這邊的話，妳必須要過來我們的新家看看。喬治肯定會願意與我的小孩子一起去釣魚，去看看輪船，或是駕駛帆船去航海，還有諸如此類的事情。

請將我的愛意傳遞給他，告訴他，當他成為畫家之後，記得寄給我一幅畫。

永遠愛妳的

哈里特·斯托

西元 1850 年在美國這個國家的歷史上，是一個值得銘記的年份，即便對於從辛辛那提搬到布勞恩斯魏克的斯托夫人一家來說，也是如此。

《獨立宣言》的簽署者與參加獨立革命戰爭的政治家以及軍人們，都不贊成任何形式奴隸制的存在。事實上，《獨立宣言》的核心原則就已為奴隸制敲響了喪鐘。在這個國家裡，沒有比傑弗遜、華盛頓、漢彌爾頓或是派翠克·亨利等人公開發表的信件，以更加強硬的措辭反對奴隸制的存在。

傑弗遜當時就曾想解決這個問題，但是他發現解決這個問題超越了他的能力。在一番無效的努力之後，他發出了這樣的悲壯話語：「當我一想到上帝是公正的，想到上帝的公正無法在這片土地上踐行的時候，我就為我們這個國家感到顫抖。」顯然，這些話代表了傑弗遜當時感到的絕望。

華盛頓的心願是，維吉尼亞應該通過公共法令，廢除奴隸制。隨著讓所有人獲得自由的前景變得越來越暗淡的時候……他盡自己最大的能力，讓所有奴隸獲得自由。

漢彌爾頓是奴隸解放運動的創始人，這個運動的核心目標就是要廢除紐約州存在的奴隸制。派翠克·亨利在談到奴隸制的時候說：「要是對這個問題進行稍微深入的研究，就會發現這必然會給我們國家的未來蒙上沉重的陰影。」在美國的建國元勛們看來，奴隸制是一種行將就木的制度，因為美國憲法的每一條規定都在逐漸地將奴隸獲得自由，看成是民主逐漸發展的一個不可避免的結果。

第六章　重返布勞恩斯魏克，西元 1850～1852 年

　　如果從經濟層面去看，奴隸的勞動力已經不再那麼具有價值了。「南方各州的經濟正在慢慢凋敝，南方各州的人口也在慢慢遷移到北方各州，因為這裡的工業缺乏足夠的競爭意識。」棉花產業之所以不再有什麼利潤空間，就是因為現在已經有機器可以將棉花與種子分開了。

　　在西元 1793 年之前，南方的奴隸制給南方帶來了豐厚的利潤。但在西元 1793 年，伊萊·惠特尼（Eli Whitney），這位新英格蘭地區的機械師，當時居住在喬治亞州薩凡納地區，發明了軋棉機，或者說能夠將種子與棉花分離出來的機器。「這個機器的發明，立即讓整個國家處於積極的活躍狀態」。這個機器的出現所帶來的影響，在某種程度上是革命性的。特別是當我們考慮到在西元 1793 年的時候，南方各州每年只能生產大約 5,000 到 10,000 捆棉花，但到了西元 1859 年的時候，他們每年大約能夠生產五百萬捆棉花。

　　不過，隨著棉花的價格不斷飆升，奴隸財產的價值也隨之水漲船高。擁護奴隸制的勢力慢慢地壯大，並且不斷地拓展。西元 1818 年到 1821 年間，這首次成為了政治議題中的一個因素，當時達成了所謂的《密蘇里妥協》。按照這個妥協協議，奴隸制不能拓展到北緯 36.3 度。從密蘇里州協議簽訂到西元 1833 年間，奴隸制的發展勢力似乎固定在南方各州，不像之前那樣猖狂了。

　　正是在這一年，英國讓西印度群島附屬國的奴隸全部獲得了人身自由。英國實行的這一政策，讓南方各州的奴隸主深感不安。當時，全美反奴隸制協會在費城開會，公開宣布奴隸制是這個國家的一大罪惡，應該透過立即無條件讓所有奴隸獲得自由去減輕這樣的罪惡。諸如加里森與蘭迪等人開始了這樣的宣傳，因此整個國家很快就陷入了對奴隸制的熱烈討論中。

　　從這個時期開始，奴隸制問題就成為了美國歷史的一個核心問題，也漸漸地分裂著美國的政治。當時仍不屬於美國的佛羅里達州宣布加入美國，加上之後從西班牙殖民者手中購買了德克薩斯州以及與墨西哥之間的戰爭，其實都是親奴隸制的政黨，為了增加影響力與拓展奴隸制的活動範圍所採取的直接行動。

　　西元 1849 年，加利福尼亞州就向聯邦政府表示，加州將會成為一個自由州，不允許任何奴隸的存在。加州的這一舉措遭到了南方奴隸主的強烈反對，因為他

們將這視為對奴隸主權力的一大威脅，認為其他當時沒有奴隸的州也會紛紛宣布為自由州。

　　無論是北方各州還是南方各州，他們都深刻地感覺到奴隸制這個問題有可能會分裂聯邦政府，造成暴力或是流血行動。結果在 11 年之後，這樣的情況真的發生了。為了保存聯邦政府的完整性，避免出現流血衝突的戰爭爆發，亨利‧克萊（Henry Clay）在 1850 年冬天提出了他著名的妥協案。為了安撫北方各州，加州被宣布為自由州，為了安撫南方的奴隸主，則制定了更為嚴格的法律「要求所有人都要防止奴隸從一個州逃到另一個州。」

　　西元 1850 年 3 月 7 日，丹尼爾‧韋伯斯特（Daniel Webster）發表了他那篇臭名昭著的演說。在這篇演說裡，他捍衛了這個妥協案。此時，北方的廢奴主義對此都感到極大的憤怒，其中惠蒂爾所寫的《伊卡博多》最能表達他們的情感：「他的所有榮耀，都隨著他的白髮澈底遠去了，當榮耀失去之後，他這個人其實已經死了。」

　　在整個國家處於一種躁動的政治形勢下，斯托夫人與她的孩子們過著平靜的生活，懷著對未來美好的希望，來到他的哥哥愛德華‧比徹的家裡。愛德華‧比徹一直都是拉夫喬伊的親密朋友與支持者，但拉夫喬伊因為公開出版反奴隸制的報紙而在奧爾頓遭到奴隸主的謀殺。拉夫喬伊遭到謀殺一事，引起民眾對不公平法律的討論與憤慨，甚至在議會上也進行了一番爭論 ── 因為這個不公平的法律不僅讓南方奴隸主有權力可以到北方各州找尋逃跑的奴隸，還可以將他們認為是奴隸的有色人種都宣稱是奴隸，而且還能要求自由州的民眾幫助這些奴隸主去協助逮捕這些奴隸。

　　斯托夫人在波士頓居住期間，經常聽到的話題就是有關這個法律的事情。當她回到布勞恩斯魏克之後，她的心靈都充斥著憤怒的火焰，因為她知道，奴隸主的勢力已經讓那些無辜與清白的民眾都成為了幫凶。

　　在《逃奴追緝法》通過之後，在布勞恩斯魏克生活的斯托夫人，收到了愛德華‧比徹夫人與其他朋友寄來的許多信件，他們在信件中描述了執行這個可怕的法律所帶來的一些不可避免的心碎畫面。相比於農村而言，更多抓捕逃跑奴隸

的行為發生在城市。在波士頓這座被稱為自由發源地的城市，為許多逃跑奴隸敞開了大門，也為抓捕奴隸的奴隸主敞開了大門。這個法律所引發的人倫悲劇與痛苦，是任何人都無法用筆去描述的。

很多家庭被迫出現了分別，一些黑奴躲在閣樓或是地窖裡，一些黑奴逃到了碼頭，登上輪船前往歐洲。還有一些黑奴逃到了加拿大。一位可憐的黑人原本陶器商人做得很不錯，家人都過著不錯的生活，當他發現自己當年的主人正在尋找他的時候，就在半夜赤腳前往加拿大，因為他不敢乘坐公共交通運輸工具。在這段旅程中，他的雙腳都被凍壞了，最後不得不進行截肢手術。

愛德華・比徹夫人在一封寫給斯托夫人兒子的信件裡，就談到了這段時期發生的事情：

自從拉夫喬伊遭到謀殺之後，我就產生了反奴隸制的想法。因為拉夫喬伊只是出版了反對奴隸制的報紙就遭到了謀殺，這簡直是無法接受的。當時，我們家就在伊利諾州。這些可怕的事情目前也發生在波士頓，因此波士頓民眾也表示強烈反對。我一直在想，我能夠做些什麼呢？我本人雖然做不了什麼事，但我知道有一個人可以做一些事情。於是，我寫了好幾封信給你的母親，告訴她執行《逃奴追緝法》所帶來的許多讓人極度心碎的畫面。

我還清楚地記得我在其中一封信裡是這樣說的：「海蒂，如果我能像妳那樣拿起筆來將這段歷史說出來的話，我會馬上寫點東西，讓整個國家都知道奴隸制是一件多麼邪惡與可怕的事情……」當我們生活在波士頓的時候，你的母親經常會過來拜訪我們……《湯姆叔叔的小屋》一書裡的許多人物，都是你的母親在你舅舅愛德華的書房裡寫的，然後你母親對著我們閱讀她所寫的手稿。

斯托夫人的一位家人還清楚地記得，當他們收到這封信之後，在客廳裡，斯托夫人大聲地對著聚集過來的家人閱讀這封信，當她讀到：「我會寫一些東西，讓整個國家都知道奴隸制是一件多麼邪惡與可怕的事情」時，斯托夫人立即從椅子上站起來，用手將信件緊緊地握住，臉上露出了一副讓她的孩子們都難以忘記的表情，然後說：「如果我還活著的話，我肯定要寫點東西出來！」

這就是斯托夫人創作《湯姆叔叔的小屋》一書的根源。凱恩斯教授就在他著

名的作品《奴隸的力量》一書裡這樣寫道：「《逃奴追緝法》對於奴隸的力量來說是一個巨大的損失，因為這個法律所誕生的第一個成果就是斯托夫人所創作的《湯姆叔叔的小屋》。」

不過斯托夫人想要創作一本書，讓整個國家都知道奴隸制是一件多麼邪惡與可怕的事情，這個念頭並沒有立即執行。在西元 1850 年 12 月，斯托夫人這樣寫道：

告訴凱蒂姊姊，我感謝她寄來的信件，我會回覆她的。只要孩子們晚上安然入睡，我就不需要做什麼，那麼我肯定會抽出時間去寫作的。只要我還活著，我肯定會就此寫點東西出來。

除了愛德華之外，波士頓地區的民眾對那部法律的執行持什麼態度？波士頓地區的牧師又是持什麼立場呢？

對我來說，這簡直是無法想像與無法理解的痛苦！要是奴隸制帶來的所有罪惡與痛苦都能沉入大海的話，我願意與這樣的罪惡一起沉沒。我希望父親能夠過來波士頓，就《逃奴追緝法》發表布道演說。因為他曾經就奴隸交易發表過慷慨激昂的演說，當時我還是一個生活在利奇菲爾德的小女孩。那時，我坐在一張長凳上大聲地啜泣，賈奇·里維斯女士坐在另一邊。在那個晚上，我希望馬丁·路德（Martin Luther）能夠出現。

西元 1850 年 12 月 22 日，斯托夫人給當時仍在辛辛那提的丈夫寫信說：

耶誕節到了，但我們每個人都沒有什麼心思過耶誕節。如果你想要了解家裡發生的一些事情，就可以寫一篇〈新年故事〉，我已經將這樣的故事寄給了《紐約傳教士》。我很抱歉，在匆忙的工作後忘記將這篇文章寄給你了。

斯托夫人為《國民時代》所寫的稿子是一篇幽默文章，名為〈學生的鄉村奇遇記〉。事實上，她的這篇文章是以斯托教授在辛辛那提農業系讀書時發生的事情為原型的。

西元 1850 年 12 月 29 日

我們這裡的天氣狀況非常糟糕，我還記得小時候生活在利奇菲爾德時，就曾遇到過這樣的暴風雪。父親與母親當時前往沃倫，差點在飄飛的大雪中迷路了。

第六章　重返布勞恩斯魏克，西元 1850～1852 年

週日晚上，我都是在看著窗外度過的，始終無法入睡。窗外的風呼呼地咆哮著，房子就像我們小時候在利奇菲爾德居住時的房子一樣，在不斷搖晃。天氣實在是非常寒冷，孩子們在吃飯時都要戴上手套、穿上襪子，防止雙手與雙腳凍著。

我們家的密封火爐只能讓地板變得溫暖一些 —— 當你將火爐用高一些，你的頭部會感覺暖和一些，但你的雙腳會發抖。如果我坐在客廳壁爐前面，那麼我的後背就會冷得發抖。如果我坐在床上，想要寫點東西的時候，我的頭部會感覺到疼痛，雙腳會感到無比冰冷。

我正在為《國民時代》雜誌寫一篇文章，內容是關於被釋放的黑奴能夠獨立自主，過上自己的生活。你能夠幫我打聽一下，韋利·沃特森為贖回他的朋友花費了多少錢，還有你在辛辛那提所能找到的相關事例或是證據嗎？

當我感到頭痛或是感覺自己生病的時候，正如我今天的感覺一樣，那麼整座房子都沒有一個地方是我願意坐下來的，我也無法躺下來打個盹，因為天氣實在太冷了。

我的頭頂就是教育孩子們的房間，隔壁的房間是吃飯的地方，女生們在那裡每天都要練習兩個小時。如果我鎖上大門，躺在床上睡覺的話，不用 15 分鐘，外面肯定會有人搖動著門閂……毋庸置疑，我的腦海裡始終都記得，我們家這一年的花費大約是 200 美元，但這也超過了我們一年所能賺到的錢。我們現在也只能勉強地熬過這段時期。可是我不希望自己以後都像今年這樣過得這麼辛苦。

要是透過寫作的話，我一年可以賺到 400 美元左右，但我不願意全身心這樣做。因為當我在教育孩子、照顧孩子或是購買必需的生活用品、修理衣服、縫補襪子之後，我已經感到非常疲憊了，根本沒有足夠的精力去進行寫作。

西元 1851 年 1 月 12 日，斯托夫人再次給當時仍在辛辛那提的斯托教授寫信：

自從我們離開辛辛那提來到這裡，上帝為我們伸出了友善之手，時刻指引著我們前進的道路。我們一起經歷了多少的困難與挫折！雖然我們不知道該以怎樣的方式繼續維持生活，不過我們隨遇而安，不斷克服了前進路上的各種困難，不斷解決了面臨的各種經濟困難局面。

我對於自己的寫作計畫感到有些沮喪，我認為《國民時代》的編輯已經收到了其他撰稿人足夠多的稿子，因此來年可能不需要我繼續投稿了。不過，這位編輯寄了400美元給我，並且還說了很多友善的話語。我們這一年的開支大約會在1700美元左右，我希望能夠將我們全家的支出降低到1,300美元左右。

2月的時候，斯托夫人前往布勞恩斯魏克的大學教堂參加聖餐禮。突然間，她感覺到自己眼前出現了一幅不斷延伸出來的畫面，她感覺自己看到了湯姆叔叔就在她眼前死去的場景。這樣的畫面是如此地強烈，讓她極力克制自己不去大聲哭出來。

她立即動身回家，拿起筆在白紙上寫下自己所看到的一切，這一切就像一陣猛烈的旋風颳入了她的腦海。在家人都聚集在一起的時候，她將自己所寫的內容讀出來。她的兩個兒子，此時的年齡分別是10歲與12歲，在聽完之後都忍不住哇哇地哭了起來。其中一個孩子一邊抽泣一邊說：「啊，媽媽！奴隸制真是這個世界上最殘忍的事情！」

從此，湯姆叔叔的形象就開始在世界各地流傳。正如我們一開始說的，這讓我們的內心深處，產生了一種自然而然的悲傷與痛苦的情感，讓人難以抑制。

25年之後，斯托夫人在一封寫給孩子的信件裡，談起自己在那個時期的生活狀態：「我還清楚地記得那個冬天，那時你還是一個孩子，我當時正在創作《湯姆叔叔的小屋》一書，我的內心因為我們的國家對奴隸們所犯下的殘忍罪惡而感到悲憤難平，祈禱上帝能夠讓我做一些事情，讓我內心的聲音能夠為所有人聽到。我還清楚地記得在很多個夜晚，當你靠在我的身邊睡覺時，都在默默地哭泣。此時，我想到了許多奴隸母親的孩子們，正在與他們的母親分別的場景。」

隔年的4月分，《湯姆叔叔的小屋》的第一個章節才完成，斯托夫人就寄給了當時總部設在華盛頓的《民族時代》。

7月，斯托夫人寫信給費德里克·道格拉斯。在這封信裡，斯托夫人將自己創作《湯姆叔叔的小屋》一書的前因後果都清楚地說出來了。

第六章　重返布勞恩斯魏克，西元 1850 ～ 1852 年

西元 1851 年 7 月 9 日，布勞恩斯魏克

尊敬的費德里克·道格拉斯先生：

你可能在閱讀《民族時代》的社論上，已經注意到了我在這份報紙上所寫的《湯姆叔叔的小屋：卑賤者的生活》的連載內容。

在我創作這個故事的過程中，很多場景都聚焦在棉花種植園裡。因此，我很希望能夠從你這樣一位之前曾在那裡工作過的人獲得一些資訊。我想到你所認識的人當中，可能會有一些人能夠為我提供有用的資訊。我手頭上有一份由南方種植園主所寫的一封信，裡面詳細地介紹了他所見到的許多奴隸主虐待奴隸的犯罪手法。當然，這只是他的一面之詞，我希望能夠從另一個角度獲得不同的觀點。

我希望能夠透過文字描繪出一幅圖畫，讓所有人都能夠相信這幅畫裡面的每一個細節。諸如亨利·比布等人，如果他生活在這個國家，可能會提供一些對我有用的資訊。你或許會認識其他有過類似經歷的人。我會在這封信裡附加一系列的問題，若是你願意給我一些幫助的話，可以回答這些問題。

在過去幾週裡，我收到了寄來的信件，我非常認真地閱讀你的來信，希望表達我對你的感謝。當我不需要每天為撰稿忙碌的時候，我會抽出時間給你專門回信表達感謝的。我很遺憾注意到你對兩個問題所持的看法 —— 就是教會與非洲殖民問題……更讓我感到遺憾的是，因為我認為你當然有理由在這些議題上表達自己的觀點，但如果可以的話，我希望能夠修正一下你在這兩個問題上所持的觀點。

首先，你說教會是「親奴隸制」的。從某種意義上來看，事實可能的確如此。美國各個教派的教會若是以一個整體去看的話，就包括了這個國家最為優秀與最具良知的人。我並不是說教會只有這些人，也不是說沒有其他的渣滓。但如果我們對這個國家那些具有原則與道義精神的人進行一番調查，就會發現他們之中絕大多數的人，都是隸屬於基督教的不同教派。

這個事實讓教會在這個國家的許多事務上，都具有相當重要的發言權。很多教會成員與牧師都是正直且有智慧的人，他們有足夠的能力去解決當代所面臨的許多重要的道德問題。無論是什麼樣的道德邪惡，只要教會能夠聯合起來，都必然能夠消除這樣的邪惡。

從這個層面去看，教會的無所作為的確是應該為奴隸制的存在背負責任。巴爾內斯博士就曾在他關於奴隸制的書籍的結尾處，用簡短的語言說：「如果不是教會的勢力在支撐著奴隸制，那麼任何其他支持奴隸制的勢力，都不可能讓奴隸制存在哪怕一個小時。」

在很多人看來，教會擁有足夠強大的勢力，可以終結奴隸制這種邪惡的存在，但教會卻不選擇這樣做。從這個意義上來說，教會是親奴隸制的。可是，教會對於酗酒、廢除安息日或是其他的罪惡一樣具有相同的力量。顯然，如果教會的道德力量是嚴格按照《新約聖經》的教條去做的話，那麼所有這些罪惡，包括奴隸制都將會被終結。

但我想請教你，你是否認為這樣的說法能夠代表整個國家的基督教會，是否可以說這個國家的所有教會都是支持酗酒、支持廢除安息日或是其他一些與高等的道德情感不相符的事情呢？若是你能夠列舉出這個國家目前那些著名的廢奴主義者名單，我認為你會發現其中絕大多數人都是教會成員 —— 當然，一些最具影響力與最能幹的人都是牧師。

我是一位牧師的女兒，也是一位牧師的妻子，我的六個兄弟都在教會裡工作（其中一個兄弟已經去了天國）。我當然知道牧師在這個問題上所持的觀點。當密蘇里問題在 1820 年被提出來的時候，我還是一個孩子。我記憶中最深刻的一個印象，就是我的父親在教會裡就此發表的相關布道演說與祈禱，他在演說中對那些可憐的奴隸所遭受的虐待行為感到非常憤慨。我記得父親的演說，讓教會裡那些飽經風霜的老農民都流下了淚水。

我還記得，父親在我們家的晨禱與晚禱中為「那些遭受壓迫與可憐的非洲兄弟們」祈禱，虔誠地希望他的願望能夠實現。他的祈禱充滿了強烈的情感，在我的心靈世界裡留下了難以磨滅的印象，讓我從小就成了一個反對奴隸制的人。

我的每一個兄弟都是反對奴隸制的先鋒。我的一個兄弟還是遭到南方奴隸主謀殺的拉夫喬伊的知心朋友與好兄弟。至於我本人與我的丈夫，我們在過去 17 年裡都生活在一個允許奴隸制存在的州的隔壁，我們從未屈服於《逃奴追緝法》這部法律所帶來的壓力，總是盡我們最大的能力去幫助那些逃出來的奴隸。我還將那些獲得自由的奴隸的孩子，帶到我們所開辦的家庭學校，讓他們與我們的孩子一起進行學習。

第六章　重返布勞恩斯魏克，西元 1850 ～ 1852 年

　　這一切都是我們從教會與祭壇上所接受到的影響，讓我們有如此強大的精神信念與動力去這樣做。要是將所有反對《逃奴追緝法》這部法律的布道演說或是文章收集起來，你將會發現，反對這部法律的人，要遠遠比支持這部法律的人多太多，其中還有很多持最強烈反對意見的人，還沒有公開發表他們反對這部法律的布道演說。我的丈夫每週都會與十三位牧師討論這方面的問題，其中只有三名牧師選擇認可或是遵守這部法律，其餘的十名牧師都表示強烈的反對。

　　畢竟，我親愛的同胞，你們受到壓迫的兄弟們的希望與力量正是源於教會 —— 在於每個人都將自己的心靈與上帝的心靈融為一體，「上帝會寬恕那些遭受苦難的人，他們所流下來的鮮血絕對不會白費的。」雖然這個世界的所有一切似乎都在與你們的種族進行對抗，但是耶穌基督卻始終站在你們這邊，他沒有忘記自己的教會，無論教會在這個過程中走了多少彎路或是犯下了多少錯誤。

　　我曾以絕望的雙眼審視著一切，但我從上帝身上看到的只有希望，沒有任何關於絕望的東西。這種運動必然會發展成為一種純粹的宗教運動。真正的光明肯定會照耀在教會上，真正的情感肯定會被喚醒。無論南方還是北方的基督徒，都必須要放棄各自的爭執或是偏見，共同站出來旗幟鮮明地反對奴隸制的存在。只有這樣，我們廢除奴隸制的工作才能完成。

　　斯托夫人的這封信，讓我們對她在創作《湯姆叔叔的小屋》一書裡所表達出來的道德與宗教情感，留下了深刻的印象。斯托夫人在這本書表明，我們有必要修正之前的觀點，讓每一位讀者都從內心深處認識到奴隸制的可怕之處，而不是憑藉理性的思維去看待這個問題。

　　這本書可以說是斯托夫人內心情感的一次大迸發，也是她在置身於黑暗當中所發出來的吶喊與疾呼。在這之前，從來沒有哪位作家會像她這樣不會考慮一本書的寫作風格或是所謂的文采，因為當一個母親不得不衝到大街上，向路人大聲呼喊，希望別人能夠拯救她那位仍被困在燃燒房子裡的孩子時，所謂的寫作風格或是文采都已經變得無足輕重了。

　　幾年之後，斯托夫人在談到當年創作這本書的時候這樣說：「這個故事表明了，永生不滅的耶穌基督是始終充滿生命力的，始終都在給予我們每個人前進的指引。祂就像一位母親，給予窮苦與卑賤之人愛意。在這個世界上，也只有耶穌

基督會彎下腰，牽起這些人的雙手。

在這個世界上，還有比美國的奴隸地位更加卑賤、更加受人鄙視的存在嗎？美國的法律否定了奴隸作為一個人存在的基本權利，或是在很大程度上將奴隸看成不如人的存在——只是將奴隸看成是一種事物，或是屬於另一個人的財產。法律禁止奴隸去學習與寫作，禁止他們擁有任何屬於自己的財產，禁止他們簽訂合同，甚至禁止他們形成法定的婚姻關係。

這就讓一位黑人男性失去了他對妻子以及他的子女的所有權利。他對此無能為力，他沒有任何財產，也無法擁有任何東西，因為他的一切都是屬於主人的財產。但即便如此，耶穌基督還是願意去接近這些奴隸，安慰他們的內心，告訴他們說：「千萬不要感到恐懼，千萬不要在意別人的鄙視，因為我就是你們的兄弟。不要感到恐懼，我一定會給你們救贖。我已經呼喚了你們的名字，你們就是屬於我的。」

《湯姆叔叔的小屋》其實是一本屬於宗教層面上的書。斯托夫人將福音書裡面的基本原則都用於討論奴隸制這個問題。這本書宣揚了《獨立宣言》的基本精神，正是這樣的精神讓傑弗遜、華盛頓、漢彌爾頓與派翠克・亨利成為了堅定的反奴隸制分子。這些語言不是以哲學家的晦澀語言說出來的，而是以一系列的圖片形式展現出來的。斯托夫人透過圖片式的文字，直接深入到每一位讀者的心靈與道德感知世界裡。

《湯姆叔叔的小屋》廣受歡迎，讓《逃奴追緝法》的執行與落實變得不可能。因為這本書喚醒了公眾對奴隸制的反感。公眾不再像之前那樣用抽象的眼光去看待奴隸制問題，而是深刻地明白了奴隸制是這個世界上最為邪惡的存在。正如我們之前所說的，斯托夫人的這本書透過圖片式的文字喚醒了讀者的想像力。人們就像孩子，能夠更好地理解圖片，從中感受到更多的觸動。這就好比有人匆匆忙忙地跑到你的飯廳，此時你正在吃早餐。他大聲地說：「這實在是一次太可怕的火車事故了，40 人死傷，還有 6 個人被大火活活燒死。」

「哦，這實在是太讓人震驚、太恐怖了！」你會驚訝地說，但你依然會淡定地吃著麵包卷，喝著咖啡。但是假設你親眼目睹了這場災難性的火車事故，親眼

看到了那些被活活燒死之人的屍體，親眼聽到了那些傷患發出的慘叫聲，那麼你肯定會因為無法忍受眼前這樣的慘痛畫面而當場暈過去。

　　因此，斯托夫人的《湯姆叔叔的小屋》就好比奴隸主手上那條抽打在奴隸身上的鞭子，讓遭受折磨的奴隸發出的慘叫聲迴盪在這片大地的每一個房子裡，直到人類的心靈再也無法忍受這樣的慘叫，勇敢地站出來明確地表示反對！

第七章
《湯姆叔叔的小屋》，西元 1852 年

第七章　《湯姆叔叔的小屋》，西元 1852 年

- ✦ 《湯姆叔叔的小屋》以連載的方式，刊登在《民族時代》報紙上
- ✦ 出版商希望以書籍的形式出版這本書
- ✦ 這本書會取得成功嗎？
- ✦ 這本書的銷量空前的好
- ✦ 各種祝賀的信件
- ✦ 來自國外名流的親切問候
- ✦ 斯托夫人給卡萊爾伯爵的一封信
- ✦ 沙夫茨伯里伯爵與斯托夫人的信件往來
- ✦ 斯托夫人與亞瑟·赫爾普斯之間的信件往來

1851 年，斯托夫人開始在《民族時代》這份報紙上連載這個偉大的故事，當時宣布要連載 3 個月左右，但直到 1852 年 4 月 1 日才結束。當時，這份報紙的編輯都認為，這應該只是一個只有十幾個章節的普通故事而已，不過斯托夫人一旦開始了創作，就根本無法控制自己洶湧的寫作靈感，這就好比密西西比河在河水暴漲的時候四處漫溢一樣。

斯托夫人的這個故事激發了很多人的閱讀興趣，因此讀者不斷要求繼續連載，各方都給予了正面評價與鼓勵。最為重要的是，斯托夫人相信自己肩負著一個神聖的使命，認為自己必須要圓滿地完成這個使命。正是這樣的使命感驅使著她不斷地拓展這個故事，直到這個原本看似平淡無奇的故事變成了一本聞名世界的偉大傑作。

正如斯托夫人後來重複說的：「我無法控制這個故事的長度，這個故事是自然而然從我的筆下流淌下來的。」或是「難道我真的是《湯姆叔叔的小屋》一書的作者嗎？不是的，這本書是上帝所寫的，我只是上帝手中的一個卑微工具。所有的一切讚美都應該歸於上帝」。

雖然《民族時代》這份報紙早已停刊，但是這份報紙在那個時代卻具有重要的文學地位。其上印有甘梅利爾·貝利（Gamaliel Bailey）的名字，他擔任這份報紙的編輯，而約翰·格林利夫則是通訊編輯。騷夫沃斯女士就在她的專欄裡第一次嘗試了文學方面的創作，而愛麗絲、菲比·格雷、格蕾絲·格林伍德以及其

他著名作家也與斯托夫人一起，出現在這份報紙 1851 年的撰稿者名單當中。

在完成《湯姆叔叔的小屋》一書之前，斯托夫人就已經遠遠勝過她的同輩作家了。她的作品受到了當時很多嚴苛評論家的欣賞，認為是這份報紙文學方面最具力量的作品。她也成為了當時美國作家當中的佼佼者。

在完成了《湯姆叔叔的小屋》一書之後，斯托夫人寫下了下面這段文字，希望能夠吸引更多年輕讀者閱讀這本書。在這個系列連載結束的時候，斯托夫人這樣寫道：

《湯姆叔叔的小屋》一書的作者現在必須要結束這本書了，因為她得去見許多從未謀面的人，但正是這些素未謀面之人給予的支持與鼓勵，才讓我最終完成了這本書。

一想到每週有趣的家庭聚會，就讓我的心靈充滿了樂趣，因此我必須要說聲道別才能離開。

特別是很多可愛的孩子們，他們都懷著巨大的愛意去閱讀這個故事。親愛的孩子們，你們很快就會成為男人與女人，我希望你們從這個故事裡明白一個道理，那就是始終都要憐憫和尊重那些貧苦與遭受壓迫之人。當你們長大之後，一定要盡可能地展現出你們的憐憫之心。如果可以的話，絕對不要讓一個膚色與你不一樣的孩子被拒絕在校園外，或是因為他的膚色問題而對他懷著鄙視或是輕蔑的態度。請你們要記住小艾娃做出的積極榜樣，試著像她那樣對待所有人。當你們長大之後，我希望所有因為膚色問題而造成的愚蠢偏見，或是違背基督教精神的錯誤都能澈底消失。

我親愛的孩子們，再見了！我們會再次相聚的。

在斯托夫人完成這個故事之後，《民族時代》的一位編輯這樣寫道：「斯托夫人終於完成了這部偉大的作品。我們無法想到美國有哪一位作家，能夠寫出如此激勵人心與情感深刻的書。」

斯托夫人為這份報紙所寫的連載故事，獲得了三百美元的稿費。與此同時，這個連載故事的成功，也吸引了一位波士頓出版商約翰‧P‧朱厄特（John Jewett）的注意，他立即向斯托夫人提出建議，希望能夠以書籍的形式出版這本書。

第七章　《湯姆叔叔的小屋》，西元 1852 年

他向斯托夫婦提出給予他們出版後一半的利潤，前提是他們要與他分擔出版的費用。這個建議遭到了斯托教授的拒絕，斯托教授表示，他們當時的生活非常拮据，根本無法承擔如此巨大的風險。最後，他們達成了協議，斯托夫人可以得到所有銷售額百分之十的版稅。

斯托夫人根本沒有期望從這本書的銷售中獲得任何經濟方面的回報，因為這可以說是她出版的第一本書。可以肯定的是，她在西元 1832 年曾經準備為一位西部出版商創作過一本地理學方面的書籍，10 年之後，哈帕聯合兄弟出版了她的《五月花》（*The Mayflower*）。但是，這兩本書都沒有給她帶來任何經濟層面上的報酬，因此她從來沒有將自己創作的文學作品，視為是一門可以賺錢的事業。

正因為有這樣的想法，斯托夫人在看了全新的合約之後說：「直到一週之後，我才知道斯托與出版商達成的協議。事實上，我根本不在乎這個協定的內容。我對於討價還價根本沒有任何興趣。」

這個出版協議是在西元 1852 年 3 月 13 日簽訂的。根據《民族時代》的安排，出版這本書只能在完成了整個連載之後才能進行。因此，這本書的初版 5000 本就在當月的 20 號發行了。

當我們回頭看斯托夫人的出版商所做的第一份半年一次的報告裡，就會發現斯托夫人在這本書出版的前幾天，花費「56 美分購買了這本書」，這是《湯姆叔叔的小屋》一書以書籍形式出版前印出來的第一本書。在出版前的 5 天，斯托夫人購買了一本關於賀拉斯·曼的演說書。在談到她人生的這個關鍵時期，斯托夫人說：

在將這本書的最後校樣稿子送出去之後，我獨自坐下來，閱讀著賀拉斯·曼關於呼籲年輕男女的演說稿子，接著我看到了他談論有關維吉尼亞州亞歷山大的布萊恩希爾地區的奴隸倉庫問題 —— 他在演說中痛斥這種現象的存在，但他的呼籲似乎沒有什麼反響。所有其他的呼籲似乎都石沉大海了。

看來，這一切都沒有什麼希望，沒有人願意聆聽這樣的聲音，沒有人願意閱讀這樣的故事，也沒有人表示任何同情。這是一個可怕的體制，只能讓那些遭受壓迫的奴隸逃到自由州，或是最後只能逃到加拿大。

她的內心充斥著這樣的憂慮感，她決定盡一個女性所能做的一切，那就是希望向英國那邊尋求支援，希望他們能夠幫助美國實現這個事業，避免英國不再讓加拿大成為黑奴們逃難的天堂。出於這個想法，她立即寫信給阿爾貝特王子、阿蓋爾公爵、卡萊爾伯爵、沙夫茨伯里伯爵、麥考利、狄更斯與其他她知道對反奴隸制感興趣的人。她將這些信件寄出去的時候，還隨信附帶了她剛印好的《湯姆叔叔的小屋》一書。

　　在做了她所能做的事情之後，她只能將一切都交給上帝了。她淡然地將精力轉移到了其他事情上。

　　與此同時，斯托夫人之前擔心這本書是否會受歡迎的顧慮，很快就消失了。3000 本書在第一天內就售罄，第二版在接下來的一週裡發行，第三版 4 月 1 日發行，在一年之內，進行了 120 次再版，大約售出了 30 萬本。幾乎是在一天之內，之前那位過著窮苦日子的教授妻子，一下子成為了世界各地民眾談論的焦點人物，她所散發出來的善意影響力，傳遍世界每一個遙遠的角落。

　　斯托夫人成為了一名公眾人物。她的每一個舉動都成為人們關注的焦點，她所說的每一句話都會被別人引用。過去多年與貧窮搏鬥的生活終於結束了。在努力去幫助受壓迫奴隸的過程中，她同時也幫助了自己。在這本書出版後短短的 4 個月時間裡，她就得到了 10,000 美元的版稅。

　　此時，關於這本傑作的信件像雪片般飛來，很多人來信表達他們不同的觀點。斯托夫人一輩子的朋友說過下面一段話，就是我們所要引用的：

　　昨天晚上，我一直在看《湯姆叔叔的小屋》一書，看到了凌晨一點鐘。我無法將這本書放下，正如我無法眼睜睜地看著一個孩子就那樣死去。當我將書闔上，躺在枕頭上的一個小時裡，我忍不住歇斯底里地啜泣。我想我之前是一個激底的廢奴主義者，妳的書喚醒我內心無比強大的憤怒情感，與極為深厚的憐憫之心。在這之前，我從未對廢奴問題有如此強烈的感受。

　　詩人朗費羅在一封寫給斯托夫人的信件裡這樣說：

　　我真誠地祝賀您創作的《湯姆叔叔的小屋》一書所取得的成功，以及產生的影響力。這是文學史上一次偉大的勝利，更別說這本書本身所具有的巨大道德感染力。

第七章 《湯姆叔叔的小屋》，西元 1852 年

請將我的問候傳遞給斯托教授。

忠誠於您的

亨利・W・朗費羅

惠蒂爾在一封寫給加里森的信件裡這樣寫道：

哈里特・比徹・斯托夫人創作了一本多麼傑出的作品啊！真的要感謝《逃奴追緝法》的通過！要是沒有這部法律的話，那麼有關奴隸制的問題，肯定不會像現在這樣為民眾所關注與討論。正是這部法律才催生了《湯姆叔叔的小屋》一書。

加里森在寫給斯托夫人的一封信裡這樣寫道：

我認為，反奴隸制的作品所具有的價值，與其遭到的譴責聲音是成正比的。現在，所有捍衛奴隸制的人都不理我了，紛紛站出來譴責妳。這就是《湯姆叔叔的小屋》一書所具價值的最佳體現。

惠蒂爾在給斯托夫人的一封信裡這樣寫道：

真的無比感謝妳所創作的這本永垂不朽的書籍！我的年輕朋友瑪麗・歐文（《民族時代》的編輯）之前寫信給我說，她將妳這本書的內容讀給二十個年輕女士聽，其中就包括路易斯安那州一位奴隸主的女兒。她們都一致表示，你在書中所描述的內容是千真萬確的。

湯瑪斯・溫特沃斯・希金森（Thomas Wentworth Higginson）在給斯托夫人的一封信裡這樣寫道：

妳所創作的《湯姆叔叔的小屋》可以說是當代最具影響力的小說，也是反奴隸制最強大的號角，這可以說是文學與道德層面上的雙重勝利！可以說，妳的這本書在美國歷史上是前所未有的！

在這本書出版幾天之後，斯托夫人在波士頓給當時仍在布勞恩斯魏克的丈夫寫信說：

自從我來到這裡之後，就感覺一直處在風暴的中心。我發現這本書賣得很好，朱厄特也在不斷加緊再版方面的工作。他已經前往華盛頓，與國會重要的參

議員進行交流，其中包括北方的議員與南方的議員。西沃德告訴他，這是這個時代最偉大的一本書。西沃德與薩姆納議員都和他一起向南方各州的議員推薦這本書，建議他們每個人都去讀讀。

毋庸置疑，在這些讚美與表揚的信件當中，也有很多帶有威脅與侮辱意味的信件，比如哈利或是勒格雷等人寄來的信件。

關於這些帶有威脅與侮辱意味的信件，斯托夫人這樣說：「寫這些信件的人以一種很有趣的方式，將褻瀆神明、殘忍以及猥褻都融合起來了，他們所說的話語，只能用約翰・班楊在亞波倫的演說中所說的：「他們就像一條惡龍那樣說話。」

《民族時代》的一位通訊編輯這樣寫道：「《湯姆叔叔的小屋》一書遭到了那些趨炎附勢的牧師譴責，那些牧師將這本書貶斥為一本俗氣的書。難道你們不應該站出來進行捍衛，並且擊退這些充滿謾罵的指責嗎？」

該報紙的一名編輯回應說：「看來，我們很快就要出面去捍衛莎士比亞的名聲了。」

南方一些人幾次都想要嘗試寫一些書去反駁《湯姆叔叔的小屋》一書所傳遞出來的事實，希望展現出奴隸制這個問題中一些更為光明的部分。但是，他們這些努力全部宣告失敗了，他們所出版的書也根本沒有人去閱讀。他們中的一個人就是查爾斯頓的一位牧師，他在一封私人信件裡這樣寫道：

我在《南方出版》上閱讀了伊斯特曼女士所寫的《菲利斯阿姨的小屋》一書，上面還有編輯的評論。我對這本書沒有任何可以評論的，因為這本書就是那樣。那位編輯可能不願意將自己的名字告訴公眾，因為他也知道這本書所說的根本就是胡說八道。如果這兩個專欄就是伊斯特曼女士這本書的定性代表，那麼我為她想要成為作家的努力感到遺憾。

此時，斯托夫人開始收到了來自英國那些著名人士的回信，這些人在回信中無一例外地讚美了斯托夫人所寫的這部偉大作品。阿爾伯特王子透過他的私人祕書，表達了他對斯托夫人寄來書籍的感謝，承諾一定會閱讀這本書。英國那邊的許多文人與政治家也紛紛寄來了信件。卡萊爾伯爵在回信裡這樣寫道：

第七章　《湯姆叔叔的小屋》，西元 1852 年

　　我要向全能的上帝表達最為深沉的感謝，正是全能的上帝讓妳創作出了這樣一本偉大的作品。我真的感覺到，正是在上帝的旨意下，這本書的面世絕對不會就這樣沉入大海的，必然會掀起一場波瀾。

　　一直以來，我都認為奴隸制是這個世界上面臨的重要問題之一，這包括了所有讓人激動的英雄主義以及最讓人感動的內容。簡而言之，解決奴隸制問題，是我們當下最迫切需要解決的問題。很多政黨只顧著黨派利益，很多對此漠不關心的人袖手旁觀，表現了身為觀眾的冷漠心態。

　　但是，這些人現在都開始放棄之前那些自負的要求，能夠更加清楚地看到妳所揭示的問題。因此，我很高興看到像妳這樣的作家能夠創作這樣的作品，喚醒世人沉睡的思想，打破任何形式的奴隸制交易與任何形式的奴隸制存在。

　　在收到這封信之後，斯托夫人也回了信。下面就將斯托夫人回覆的部分內容節選下來：

　　尊敬的伯爵：

　　收到您的來信，我感到無比榮幸。您在信件裡讚美我為人類事業所做出的一些卑微貢獻，更是讓我受寵若驚。奴隸制這個問題是非常嚴重與可怕的 —— 我所創作的這本書能夠取得成功，是我之前無法想像到的。我不會將創作這本書的功勞歸功於自己，只能將這視為全能上帝所創作的一本書。我只是遵照上帝的指引，成為表達上帝旨意的一個卑微工具而已。

　　我很高興看到任何抹黑這本書的人，因為這本書就是為了那些沉默與無助的人寫的！我為這本書在英國所受到的歡迎感到驚訝，因為我看到了英國的民意，對我們國家所產生的影響力與日俱增。只有一個土生土長的美國人，才能真正明白兩國民眾在血統、精神與宗教層面上的紐帶，奴隸制這樣的邪惡存在，必然會受到兩國民眾的一致反感。

　　在自由州的民眾感到恐懼與退縮的時候，那麼奴隸制對我們每個人的良知與道德情感的破壞是巨大的。任何人都能說出許多方式，包括奴隸貿易與政治鬥爭方面的關係。這個國家的自由州，每時每刻都受到要與南方蓄奴各州串通的誘惑。要是我們對奴隸制這種可怕的存在習以為常，這將是非常可怕的事情。要是我們每天都認為在陽光下，奴隸制是合理的存在，或是對此習以為常，以冷漠的

口吻談論這個問題，那麼這才是最為可怕的。

　　比方說，現在北方一些州的報紙，竟然公開刊登出售一位美麗且具有智慧的黑人女性作為奴隸的廣告，這實在讓人感到無比震驚。現在，我本人就在教育兩個黑人女孩，她們的行為與禮儀是每個母親都應該感到驕傲的，她們就是在新奧爾良的奴隸交易市場上獲救的。

　　我會在這封信裡附帶一本小冊子，講述這些女孩的家庭之前所經歷的事情。這本小冊子裡面的內容將會更加充分地展現這些事實。這本小冊子並不是公開出版的檔案，只是用來幫助我籌集金錢去幫助這些奴隸。現在，我希望這本小冊子能在英國公開發行。

　　雖然，這些事情在自由州都是眾所周知的事情，還有其他比這些更加惡劣的事情時有發生，但是很多人的道德感卻出現了嚴重的麻木狀態。許多牧師都知道這樣的事實，卻沒有以任何方式去宣揚奴隸制的邪惡，或是在布道講臺上公開為奴隸們進行祈禱。他們與那些為了爭取選票而寧願讓奴隸制擴展地盤，或是永久持續下去的政客們沆瀣一氣。

　　今年，我國的主要政黨都一致投票，決定將所有關於奴隸制的問題都壓下去。在兩個主要政黨裡，很多人都是親眼目睹了奴隸交易的事實，因此他們中沒有哪個人，是沒有見證過奴隸制所帶來的邪惡。這些人竟然還聯合起來，一致在國會裡通過了《逃奴追緝法》，可是他們卻在私下場合說奴隸制是讓人憎惡的，他們說之所以支持這部法律在國會通過，是因為他們沒有其他的選擇。

　　這種表裡不一的行為所帶來的道德影響，這種親眼目睹了殘酷事實，卻對此習以為常的做法所產生的道德影響，在我看來，是奴隸制問題中最讓人感到可怕與震驚的部分。當我看到大西洋對岸的英國民眾，要比國內的民眾更加喜歡這本書，更加願意揭露這個醜惡的存在，這實在更加讓我感到悲哀。

　　當我每天目睹這樣的事實，處理這些細節的時候，總是會感到心力交瘁。當我知道奴隸主對贖身奴隸的漫天要價，知道奴隸市場上的男人、女人或是孩子都是有價碼的時候，我感覺自己對這種可怕的邪惡已經習以為常了。

　　如果偉大、睿智且強大的英國民眾能夠完全了解這個主題，那麼他們必然能夠在這個問題上給予我們極大的幫助。我們應該擁有的一致思想，那就是不要受

第七章 《湯姆叔叔的小屋》，西元 1852 年

到成千上萬讓我們感到麻木或是悲觀的思想影響，抵制一切讓我們放棄抗爭的誘惑。讓我們在奴隸制這個問題上，所展現出來的道德情感充滿著健康的活力，這能讓我們原先那種沉睡的潛能迸發出活力。

正是因為這個理由，當我看到像您這樣的重要人物，去關注這個問題的時候，我感到非常欣慰。我感受到一股強烈的情感，似乎耶穌基督在親口跟我說，為了我的緣故，千萬不要放棄這項事業。伯爵閣下，您根本不知道，您的發聲會帶來多大的影響力！

伯爵閣下，請允許我隨信寄給你兩份關於目前奴隸制抗爭的檔案，這些都是為廢除奴隸制奔走呼號的兩名重要的演說家所寫的。

現在，我正準備為《湯姆叔叔的小屋》一書增加一些額外的資料。我將會進一步證實，我在這本書裡所談到的事實以及資料，特別是關於蓄奴各州有關奴隸方面的法律，還有蓄奴各州的法庭紀錄。這些法律檔案都是任何人無法否認的。我希望伯爵閣下能夠認真閱讀這些資料。可以說，沒有比蓄奴各州的法庭所做出的判決更加讓人髮指的了。我相信，這些資料很快就會寄到英國那邊的。

對英國來說，關注美國國內的奴隸制情況絕對不是毫無關係的，我在兩國民眾當中都看到了同一種強烈的情感，那就是要永久性地廢除一切奴隸制。這是一場英語系民族所要進行的戰鬥。

我看到自己在南卡羅萊納州的朋友，已經給《弗雷澤》雜誌寄去了一篇文章，這篇文章是關於《湯姆叔叔的小屋》一書的評論。現在，倫敦《泰晤士報》上的文章也正在抓緊刊印，準備發行小冊子，預計將會發行上千本，題目為《英國人對《湯姆叔叔的小屋》一書的看法》。如果我沒有記錯的話，這將會扭轉英國民眾在這個問題上所持的看法，讓他們忘記《湯姆叔叔的小屋》一書留給他們的印象。

當這本書出版之後，似乎收到了很多人的喝采。我收到了很多政黨發來的讓人意想不到的讚美，還有一些人給予的支援。我對此感到非常驚訝，因為我知道，奴隸制這個話題所牽涉的範圍是非常廣的。

當這本書的銷售量達到十萬冊之後，倫敦《泰晤士報》才開始引領民眾的想法。沒過多久，所有的報紙都像事先預謀好了一樣，全部發表攻擊這本書的文章。還有一些一開始發表讚美這本書的報紙，現在也轉而發表一些貶損的文章。

一些重要的宗教報紙，比如著名的《紐約觀察者》就刊登文章，譴責我的這本書是違反基督教、違反福音書的，甚至說這是我進行個人誹謗的證據。這些報紙採取這種人身攻擊的報導方式，很明顯就是希望將公眾的注意力，從奴隸制這個主題中轉移出來。

所有這一切都是有意義的，但我認為這些人做的太遲了。我想不出他們為什麼不早點出來攻擊，這一切都是因為上帝希望奴隸制這個問題，能夠為所有人去認知。因此，那些攻擊我的人竟然還等了那麼久，觀望著這本書在政治層面上所帶來的影響之後，才發表自己的看法，而他們其實一開始就應該預計到這樣的結果的。因此，這實在是有點讓人感到奇怪。但是，他們不應該對此感到奇怪，因為他們現在明白了，我們要做的就是要將奴隸制連根拔起，徹底剷除。

我認為，到目前為止，這本書所產生的影響有以下幾點：第一，就是削弱了那些極端的廢奴主義者所感受到的痛苦情感。第二，讓很多人消除了之前對廢奴主義者們所持的成見。第三，讓那些自由的有色人種感受到自尊、希望與自信。第四：讓整個國家的民眾都對黑人產生一種善意的情感。

正如伯爵閣下所說的，為了這項自由事業，很多人都採取了一些極端的方式去做，而且他們都是一些「本意良好的人」，這實在是讓人感到遺憾。我對這些人犯下的錯誤感到遺憾，因為他們都是具有高尚心靈的人。

「但是，任何形式的壓迫，都會讓一個明智的人變得瘋狂。」他們在人性被憤怒的情感激發之後所說的一些話或是所做的一些事情，反而讓很多原本對此持憐憫態度的人失去了憐憫之心，讓很多人不願意真正加入這項事業當中。因此，當我們想到許多本意是為這項神聖事業出力的人，就因為他們說的一些荒唐話或是做了一些極端的事情，反而讓這些自由事業出現了停滯狀態，這實在讓人感到悲哀。

我要坦誠一點，我早就預料到了那些極端的廢奴主義者會對我發動攻擊，正如我勇於說出一些不允許說出來的話「自由」。事實上，那些最極端的廢奴主義者，往往會與那些最冷漠無情的保守主義者聯合起來、因此，他們一開始竟然讚美我寫的這本書，真的是讓我感到無比錯愕。

我之所以寫這麼長的一封信給您，是因為我極希望英國一些有思想的重要人物知道我們所持的立場。現在，奴隸制問題可以說是考驗一個文明世界的標

第七章 《湯姆叔叔的小屋》，西元 1852 年

準 —— 也是對整個基督教世界的一個考驗。我感覺到上帝的旨意已經是非常明顯的，就是必須要創造一個沒有奴隸制的世界！我衷心感謝您對這項自由事業的無限支持。

哈里特・比徹・斯托

在這年 12 月，沙夫茨伯里伯爵給斯托夫人寫了下面一封信：

親愛的女士：

也許，妳之前從未聽說過我這樣一個人。但是，不管妳之前是否熟悉我的名字，或是妳是否第一次聽說我的名字，我都忍不住要向妳表達最深厚的感激之情。當我閱讀妳所創作的《湯姆叔叔的小屋》一書之後，我感覺到全能的上帝激發了我內心無限的激情。

在這個世界上，只有最為虔誠的基督徒，才能創作出這樣傑出的作品。您的這本書必然震驚整個世界，必然將奴隸制殘暴與邪惡的一面，揭露給世界上的每一個人，讓奴隸制這個像撒旦一樣的魔鬼，從這個世界上永遠消失。

斯托夫人在回信裡這樣說：

西元 1853 年 1 月 6 日，安多弗

親愛的沙夫茨伯里伯爵：

收到您的簡短來信，讓我感到非常欣慰，覺得受到了鼓勵。雖然我現在的身體狀況比較虛弱，有時會受到一些悲傷思想的困擾，但您的來信還是讓我的精神為之一振。

得知在大西洋對岸的英國，還有人與我們有著相同的感受，一樣在找尋著耶穌基督簡樸的告誡，依然虔誠地祈禱耶穌基督的最終降臨，這實在是讓我感到無比欣慰。

我的爵士，在回信給您之前，我就已經讀了您寫給英國女性的那封信，之後還讀了薩瑟蘭公爵夫人的那篇充滿高尚精神的文章，我忍不住會想，這場運動正是始於像你們這樣的人，你們收到了上帝精神的指引，如此虔誠與仁慈地推廣這項自由事業，你們的做法是完全忠於上帝的旨意，必然能夠在這個世界上帶來極大的善意。

我很悲傷地看到，無論在英國或是美國，還有很多人根本無法理解基督教的真正意義，無法真正感受到，促使廢奴運動蓬勃發展背後所帶來的精神含義。還有一些粗俗之人居然還對此表達強烈的反對，我之前從未想過在英國或是美國的報紙上會看到這樣的文章。

當我創作《湯姆叔叔的小屋》一書時，我的想法是非常簡單的，完全是出於對耶穌基督的愛意。要說是什麼動力促使我去創作這本書，我認為正是耶穌基督的精神與教義驅使我這樣做。我對南方各州民眾有著真誠的敬意，對他們所經受的考驗表示同情，也對他們身上具有的優秀品質持欣賞態度。因此，我覺得在創作這本書的時候，必須要以公正的態度去看待這一切。

當時，我認為這本書的出發點是如此的具有善意，在很多方面都是如此的貼近事實，應該允許在南方各州出版的。因為正如夏娃柔和的聲音與聖克雷爾的慷慨大度，肯定會允許這本不存在任何誹謗或是不公的書籍在南方出版。

一開始，這本書似乎受到了各方的喝采，南方各州也沒有譴責這本書，北方的民眾則表現出一致的讚美與喝采，根本沒有出現任何譴責的聲音。各方都對這本書表達讚美，實在出乎我的意料。但是，當這本書的銷量越來越多，讀者越來越多，逐漸深入南方各州的時候，南方蓄奴州開始認為這本書會對每一個閱讀的人產生重要的影響，因此他們便採取行動了。

他們發行了許多小冊子或是透過報紙，迅速對我發動攻擊，當然也有一些北方的報紙或是宗教團體發表了譴責的言論 —— 他們將我的這本書說成是違背基督教精神或是充斥著異教徒精神的書，等等之類的話語。他們之所以做出這樣的反撲舉動，完全是因為他們知道，這本書所描述的內容正是他們所害怕的 —— 在南方蓄奴州喚醒民眾的良知，擔心這會讓黑奴獲得解放與自由。

現在，南方各州的政治領袖或是資本家們最害怕的，就是廢奴主義情緒的不斷洶湧。因此，南方蓄奴各州動用的包括私刑在內的一切暴力手段，壓制一切與廢奴相關的任何討論或是憐憫之情。在南方各州，奴隸制問題不允許進行討論，那些勇於銷售《湯姆叔叔的小屋》或是任何關於廢奴方面的小冊子的人，都會遭到罰款或是監禁。

因此，我的這本書在南方一些地方遭到了禁令，正如《聖經》在義大利遭受的待遇一樣。南方各州的書店不允許銷售這本書，很多人都透過報紙上一些諷刺

第七章　《湯姆叔叔的小屋》，西元 1852 年

漫畫知道這本書與我本人，或是讀過這本書被篡改之後的部分內容。

今年冬天，我的一位住在喬治亞州的表妹說，南方各州的民眾對我本人懷著強烈的偏見，因此她都不敢在信封上寫上我的名字。還有一些善良與優秀的人問她，我是否能夠被北方各州的上流社會所接受。

在這樣的情況下，最讓人感到遺憾的，是《紐約觀察者》這份老牌的宗教報紙所做出的行為。這份報紙在南方各州的發行量很大，竟然以寡廉鮮恥的方式攻擊這本書與我本人，甚至還慫恿南方其他一些報紙聯合起來，譴責我與我的這本書。

他們紛紛使用基督教的人物或是耶穌基督的神聖名字，來蒙蔽南方各州的民眾，強化他們對我以及我這本書的偏見，這實在是一件讓人感到最為悲哀的事情。當然，所有的這些事情都無法影響到我平時的生活，因為我本人有著一個幸福快樂的家庭與一群友好的朋友。

我只是想不到他們可以做到如此恬不知恥，居然詆毀耶穌基督的名聲，對南方很多內心高尚之人進行誹謗與詆毀。事實上，如果他們能以平和或是冷靜的方式進行一番討論，讓大眾去評判的話，也許能夠取得最好的反擊效果。

但是，我的爵士，我上面所說的這些事實，只能表明我們所談到的這個問題，牽涉到的利益是多麼地廣泛。可以說，美國的所有福祉都與這個問題息息相關。如果我可以對英國一些報紙做出的諷刺或是挖苦報導進行評論的話，他們的做法其實就是助紂為虐，與邪惡的一邊為伍了。

我相信英國那些高尚與優雅的女士可能會勇敢地站出來，表達她們在這個問題上的鮮明看法，不會受到接下來支援奴隸制的報紙所報導的內容影響。在這個問題上，英國給予了我們許多幫助，我們需要像英國這樣無私公正的國家展現出來的活力，去刺激我們麻木與遲鈍的公眾情感。

這本書所引發的輿論情感不僅在英國，就是在義大利、德國與法國也一樣是非常高漲的，雖然這個問題的最終後果是需要美國人去承擔的。事實上，我們已經習慣了這種可怕的邪惡，我們需要世界各國的公眾輿論去幫助我們解決這個問題。

現在，我正在寫一本名叫《湯姆叔叔的小屋題解》（*A Key to Uncle Tom's Cabin*）一書。這本書將會以毋庸置疑的方式，將我在《湯姆叔叔的小屋》一書裡

所提到的所有內容進行事實的佐證。這本書三分之一的內容，都是從南方各州做出的司法判決紀錄或是實施的成文法。

我的爵士，這是一個讓人感到無比恐怖的故事 —— 我可以發自內心地說，我是用自己的生命之血在寫這本書，因為我需要上帝的幫助。我收集了這些詳細的證據，希望英國民眾都能關注這些事實。南方各州會對此百般抵賴或是視而不見。如果他們說我這本書的內容是虛構的，那麼他們要談論的事實到底是什麼呢？但無論怎樣，上帝的旨意是無論如何都要說出來的，我只是在這個過程中扮演了不受歡迎的角色。

在接下來的 4 月，我的丈夫與我本人將會乘坐輪船前往英國，這次航行是受到格拉斯哥的女士與紳士們組成的廢奴社團的邀請，前去那邊與朋友們交換相關意見。

英國民眾在很多方面都給予我們許多幫助。英國民眾在一些方面做出的相關努力，也許對於改變我國民眾的情感與習慣來說是更有效的。但我始終堅信，英國民眾在這方面能夠給予我們許多幫助。

我的爵士，在這場由英語系的基督徒發起的廢奴運動當中，很多人都錯誤地將之視為兩國出現分裂的徵兆。但這根本不是事實，反而是恰恰相反，這是英國民眾對我國展現出來的友誼，是最純粹與最好的證據。我衷心希望每一個參加這項運動的人，都要毫無畏懼，堅持到底。

因為即便要經歷千辛萬苦，耶穌基督都會站在我們這邊的，他肯定會幫助我們取得最終的勝利，我們所追求的事業一定能夠取得最終的成功，這一切不是「因為我們的武力，也不是我們的力量，而是因為遵循了上帝的精神。」

來自一位虔誠基督徒的問候

哈里特・比徹・斯托

斯托夫人還收到了來自亞瑟・赫爾普斯的來信，並收到了赫爾普斯隨信寄來他寫的一篇關於《湯姆叔叔的小屋》一書的評論，這篇評論文章發表在《弗雷澤》雜誌上。在這封信裡，赫爾普斯反對斯托夫人在《湯姆叔叔的小屋》一書裡，將英國的受薪階級與美國的奴隸進行對比。在回信裡，斯托夫人回答了赫爾普斯的評論與抱怨：

第七章 《湯姆叔叔的小屋》，西元 1852 年

親愛的亞瑟‧赫爾普斯先生：

我非常感謝你在來信中表達出自己的善意觀點。不過，我要說，我認為在你看來，我的這本書並沒有忠實地表達出自己的想法。當我談到英語系國家的時候，的確是將這視為一個國家。你會發現，在一位具有智慧的南方人的口中，肯定能夠聽到關於這本書的戲劇化部分。

對一個心智正常的人來說，他們肯定會說聖克雷爾所說的話，就是關於這個問題最好的回答。我所知道的是，這些事實在不斷被重申，也就是說，南方的勞工階級在很多層面上，特別是在體力勞動層面上，要比英國的受薪階級有著更好的待遇。

但是，請你注意，這是南方蓄奴州的奴隸主採取的慣用方式 —— 除非負負得正，否則他們是無法為此正名的。

在很多人看來，將南方各州的奴隸狀況與英國的貧窮階層進行對比，是具有可比性的。我們之所以會做出這樣的判斷，是基於國會或其他檔案上的資料歸結出來的，還有諸如《倫敦勞工與倫敦窮人》這些檔案所進行的描述，這些檔案在我國也是廣為流傳的。

不過，我們這些自由的黨派所進行的描述，其實是不可靠的。因為，美國的奴隸與英國的貧窮階層之間的差別是巨大的。在美國，奴隸在法律層面上是不被視為一個真正意義上的人，因此他甚至沒有存在的權利。但在英國，即便是最卑微的人都受到了法律的保護，即便在理論上是如此，並在某種程度上也是如此。

在英國，即使是血統高貴的王子，也不能在襲擊了最卑微的貧民之後，逃脫法律的懲罰，至少在法律層面上是如此。但在美國，任何人都可以襲擊他所遇到的奴隸，只要奴隸的主人選擇漠視這種情況，那麼奴隸簡直就是叫天天不應，叫地地不靈。

我認為，就人性本身而言，英國與美國之間其實沒有什麼差別。在這兩個國家裡，當某一個階層掌握了權力與財富之後，透過一些制度建設，必然會給低下階層的民眾帶來痛苦，因為這些民眾也不願意就這樣失去財富與權利。他們不願意承認這是他們應該承擔的義務。

在世界上任何地方，我們都可以見到這樣的情況。這並不是專屬於英國人的本性或是美國人的本性，而是全人類的本性。我們看到英國民眾為了公民權利進行了一步步的抗爭，正如美國民眾一樣，在一步步地反對奴隸主對這個國家所施加的不良影響。

兩國在某些方面存在著相同的禁止法令，比如法律禁止僱傭童工，不允許他們在工廠每天工作十八個小時，正如我們現在反奴隸制運動所遭到的一些阻礙一樣。

還有，無論在英國或是美國，總會有一些階層的權利會受到我們稱之為公民權利的損害。我認為，英國在這方面的堅定支持者要比美國更多一些。我認為，英國有更多地位較高的高尚之人是普通民眾的朋友，願意為推動人類進步的事業做出貢獻，甚至願意犧牲自己的部分利益，這顯然要比美國一些願意放棄自身利益的奴隸主更加高尚，雖然奴隸主階層中根本就沒有這樣高尚的人。

對於英語系國家中存在的許多弊端與不足，我也不存在任何的偏見，正如我經常在美國所看到的情況一樣，這實在讓我感到遺憾。可以說，英國與美國都存在著一些野蠻時期所留下來的野蠻行為，但兩國都應該拋棄這些毫無意義的偏見。

就我本人而言，我為自己的英國血統感到驕傲。雖然我從不認為英國的國民性是毫無瑕疵的，也知道許多制度與安排都是需要進行修正與提升的，可是我的內心始終都為英國是世界上最強大、最偉大與最優秀的國家而感到自豪。難道英國與美國不是同一種血統、同一種語言、創造同一種文學，而且是最為輝煌的文學嗎？難道米爾頓（John Milton）、莎士比亞（William Shakespeare）以及過去所有偉大與睿智的人物，不是我們兩國民眾都熟悉的嗎？難道世界上還有其他任何國家，有我們兩國之間擁有如此多的相似性嗎？如果這些都是事實，你就能明白我的想法。

永遠尊重您的

哈里特‧比徹‧斯托

第八章
第一次歐洲之旅，西元 1853 年

第八章 第一次歐洲之旅，西元 1853 年

在《湯姆叔叔的小屋》一書出版沒多久後，斯托夫人就前去弟弟亨利·比徹在布魯克林的家。在這裡停留的期間，她對艾德蒙森這位來自華盛頓的奴隸家庭的遭遇，產生了強烈的興趣。艾米麗與瑪麗是保羅·艾德蒙森（自由的黑人）與米莉·艾德蒙森（奴隸）的兩個女兒，她們都想要逃脫奴隸主的束縛，卻在新奧爾良的奴隸市場被賣給了一位奴隸主。

當她們躺在亞歷山大的監獄裡，等待著被送往南方的時候，她們心碎的父親決心前往北方，懇求熱愛自由的民眾幫忙籌錢，贖回他兩個女兒的自由。那位奴隸主提出的價格是兩千兩百五十美元，但這筆鉅款並沒有嚇到這位勇敢的父親。他滿懷信念地踏上了這段旅程，始終相信自己能夠籌到這筆錢。

在抵達紐約之後，他前去廢奴辦公室，講述了自己的痛苦故事。他需要的這筆錢數目太大了，具有敲詐勒索的意味，即便是對這個問題懷著最大熱情的人也會感到心灰意冷。後來，這位年老的父親在別人的引薦下，來找亨利·沃德·比徹，尋求他的幫忙。然後，他來到了亨利·比徹在布魯克林的牧師房子前。但他因為之前的多次失望，擔心再次出現令人失望的結果，因此他猶豫著到底要不要按下門鈴。最後，他坐在階梯前，忍不住地流眼淚。

後來，比徹發現了他，知道了他的故事，並承諾會盡自己最大的努力幫忙。當天晚上，普利茅斯教堂有一個盛大的集會。亨利就將這位年老的黑人帶去。斯托夫人的弟弟在集會上，代表那兩名被賣為奴隸的女孩，發表了一篇動人的演說，激發了在場民眾的極大憤慨與同情心。他們當場就籌到了兩千兩百五十美元。這位年老的黑人父親簡直不敢相信，這一切竟然真的實現了，拿著這筆贖回他兩個女兒自由身的錢，他的雙手顫顫發抖。

這件事發生在西元 1848 年下半年。斯托夫人直到 1851 年才第一次認識那兩位獲得自由的黑人女孩，她主動提出要幫忙教育這兩個黑人女孩。從那時起，她就承擔了這兩名黑人女孩在學校裡讀書的一切費用，直到其中一個女孩在西元 1853 年去世。

在西元 1852 年春天的這次紐約之行裡，她見到了這兩名黑人女孩的母親米莉・艾德蒙森，她來到北方是希望拯救兩個當時被賣為奴隸的孩子，其中一個是女孩，另一個則是男孩，他們都落入了奴隸交易商的手中。

他們需要籌到一千兩百美元的贖金。這兩個孩子的父親透過辛勤的工作，籌到了一百美元，最後一場嚴重的疾病讓他不得不停止了工作。在一番祈禱與許多考慮之後，他那位虛弱的年老妻子某天對他說：「保羅，我要親自前往紐約，看看是否能夠籌到一些錢。」

她的丈夫對此提出反對意見，認為她現在的身體實在是太虛弱了，因此她這次出行肯定不會有什麼好結果，還說北方民眾已經厭倦了繼續為奴隸贖身，從而讓他們獲得自由。但是，這位堅強勇敢的女性沒有理會丈夫的反對，而是懷著堅定的目標出發了。

在到達紐約之後，她找到了比徹牧師的家，有幸發現了斯托夫人。現在，這位黑人女性的麻煩終於要結束了，因為斯托夫人是一位為受到壓迫黑人出聲的代表人物，因此她將這位黑人母親的事情當成是自己的事情，向她保證她的孩子一定能夠獲得自由。斯托夫人立即開始了籌款的事宜。最後，她籌到的錢不僅能夠贖回米莉孩子們的自由，而且還讓這位年老的奴隸母親獲得了自由。

第八章　第一次歐洲之旅，西元 1853 年

在 5 月 29 日，斯托夫人給當時居住在布勞恩斯魏克的丈夫的一封信裡這樣說：

艾德蒙森這兩個女兒的母親現在年事已高，身體狀況也不是很好，目前就居住在紐約。當我創作《湯姆叔叔的小屋》一書的時候，根本沒有意識到在現實生活中，基督教的精神依然能夠在奴隸制這種極為邪惡的制度下，得到最大化的體現。但是，當我看到這位母親時，我意識到她身上的那種極為虔誠的基督教精神。

在這之前，我從來沒有意識到自己會有這樣的感想，直到我看到她用那雙悲傷與忍耐的雙眼看著我的時候。她跟我說了她過去的經歷，懇求我給予她一些幫助。她說話時臉上那雙充滿著耐心而悲傷的眼睛，可以說是我這輩子最難以忘懷的。

「好吧！」當她說完自己的故事之後，我說：「妳可以放心，妳和妳的孩子都會獲得自由的。如果我不能幫妳籌到這一筆錢贖身的話，我也會自己出錢的。」當她聽到我的話之後，說出：「我的孩子，願主保佑妳！」的時候，臉上的表情是多麼地甜美。

我最近收到來自珍妮·林德（Jenny Lind）的一封信，她的名字與她丈夫的名字都在我的認捐名單裡。他們夫婦捐出了 100 美元。另一位名為鮑文的男性以他妻子的名義捐出了 100 美元。我也同樣以自己的名義捐出了 100 美元。一位女士給了我 25 美元，斯陀爾斯女士向我承諾捐款 50 美元。

米莉與我明天準備前去亨利與科克斯牧師的教堂。米莉到時候將會講述自己的故事。我已經給目前住在紐黑文的培根與達頓寫了信，希望她們能夠召集女士參與的類似集會。我希望在波士頓舉辦一場集會，在波特蘭舉辦一次集會。我認為，無論對捐錢者還是受贈者來說，這都是一件好事。

不過，我一直都希望能夠收到你從紐黑文寄來的信件，因為我聽說你目前在那裡。真正讓我的內心感到滿足與快樂的，並不是名聲或是別人的任何讚美。我似乎從未像現在這樣需要別人給予的愛意。我希望收到你的來信，聽到你說你是多麼地愛我。

親愛的，如果這次的努力影響了我回家的行程，或是消耗了我一些精力，請你千萬不要有任何抱怨之詞。當我看到這些有著基督教精神的可憐之人，在一邊

流血一邊耐心等待，同時內心還懷著寬容態度的時候，我感覺到一種神聖的呼喚，希望自己能夠去幫助這些無助之人。相比於這位可能失去孩子的母親而言，我的家人只是在短時間內見不到我。我必須要想盡一切辦法幫她與她的女兒獲得自由。

6月2日，紐黑文

我接手的這位黑人女性的事情進展得非常順利。我明天就要前去與這個地區的許多女性進行會面。我在布魯克林籌集到了四百多美元來自個人的捐款。明天參加聚會的女性要是在認捐名單上簽字的話，那麼我們可能還能籌集到兩百多美元。

在離開紐約之前，斯托夫人就給了米莉‧艾德蒙森一張支票，支票上的錢足以讓她贖回自己的自由以及她兩個孩子的自由。之後，斯托夫人滿心愉悅地送她回家了。這筆錢都是她努力籌集到的，當然很多熱心慷慨的捐款者也付出了巨大的努力。在一封時間標明為西元 1852 年 7 月寫給她丈夫的信件裡，斯托夫人這樣說：

我收到了 A‧勞倫斯女士寄來的一封信，裡面有她捐給艾德蒙森的 20 美元的金幣。伊莎貝拉女士也寄來了 20 美元，因此我們現在籌到的錢，已經剛好超過了贖回她們自由所需要的錢了。

在斯托夫人的這次紐約之行裡，她認識了許多新朋友，同時為自己創作的《湯姆叔叔的小屋》所獲得的讚美與祝賀之詞感到受寵若驚。在這段時間裡，最讓斯托夫人感到愉快的事情，就是接受珍妮‧林德（戈爾德施密特）的書信式採訪。在一封寫給丈夫的信件裡，斯托夫人這樣說：

好吧！我們都聽說過珍妮‧林德。能夠與她成為朋友就像是一個美夢成真了，她是那麼地優雅與美麗。她有著好看的臉龐，行為舉止都充滿了一種詩意。她有著孩子般的純真思想，展現出像森林女神的那種詩意效果，給人一種空靈、柔和與優雅的感覺。

我們購買了一等座。你認為我們是怎麼買到這些票的？當霍華德早上去買票的時候，戈爾德施密特先生告訴他，要想買到比較好的票是不可能的事情，因為

第八章　第一次歐洲之旅，西元 1853 年

這些比較好的票已經賣完了。霍華德說他為斯托夫人感到非常遺憾，因為她真的急著前往英國與珍妮‧林德會面。戈爾德施密特先生大聲地說：「斯托夫人！就是那位創作出《湯姆叔叔的小屋》一書的作者？如果真是她的話，那麼不管在什麼情況下，她都應該獲得一等票。」

說完之後，戈爾德施密特先生拿起帽子走了出去，沒過多久就返回來了，從房間裡拿出了兩張最好的船票，裡面還有一個他妻子親手寫給我的信件。霍華德先生說，要是在平時，他肯定會以 20 美元的價格賣出這兩張票的。

今天，我給珍妮‧林德寄去了一封感謝信，並且隨信寄去了我的那本書。我對即將要見到珍妮‧林德感到興奮，因為她是一個非常高尚的人。

珍妮‧林德在收到斯托夫人寄來的信件之後，在回信裡這樣說：

親愛的女士：

請允許我對妳親切的來信表達深沉的謝意，我真的為自己收到妳的來信感到非常高興。

妳肯定已經意識到，妳所創作的《湯姆叔叔的小屋》一書，在每個人心中都留下了深刻的印象，激發了每個人對人類生存尊嚴的關注。雖然我的英語水準不是很好，無法說出對妳這本傑作的任何評論，但我必須要感謝妳這本書帶給我的心靈震撼與感悟。

親愛的女士，請原諒我，我寫這封信給妳的時候是比較輕鬆的。不過我真的希望能有機會親自與妳面談，表達我對妳的敬意。我認為在妳創作《湯姆叔叔的小屋》一書之後，必然會產生重要的變革。

因為民眾透過這本書，對於奴隸制已經有了深刻的認知。即便妳以後再也不創作任何書籍，妳依然會被讀者們視為一位具有良知與道德的人，就彷彿妳變成了造物主的雙手，就關乎黑人同胞們最重要的福祉問題進行了極為深刻的討論與揭露。我親愛的女士，願上帝保佑妳與妳的家人。當然，上帝的雙手將始終照顧著妳。

親愛的女士，請原諒我的英文水準不是很好，以及我在這封信裡表現出來的隨意。請相信我，這就是我的真心話。

永遠尊敬您的

珍妮・戈爾德施密特・林德

當斯托夫人代表艾德蒙森女士向珍妮・林德發出募捐請求的時候，林德在回信裡說：

親愛的斯托夫人：

我懷著濃厚的興趣，讀完了妳所談到的那位生活在華盛頓的黑人家庭的狀況。我與我的丈夫都懷著謙卑之心，希望能夠將我們卑微的名字列入認捐名單裡面。

時間真的很緊迫，我感到非常非常遺憾，我沒有機會見到妳，只能以這樣的方式向妳告別了。我希望在以後的日子裡，妳能夠親眼見證這項偉大事業所取得的進步，希望妳能夠繼續以高尚的姿態去為這項事業奮鬥。在此，我要向妳致以最高的敬意。

珍妮・戈爾德施密特

當斯托夫人不在家的時候，她的丈夫收到了來自麻薩諸塞州安多弗神學院聖經文學教授一職的邀請，斯托教授接受了這個邀請。

關於即將要離開布勞恩斯魏克以及她在那裡的朋友，斯托夫人這樣寫道：

就我而言，如果我必須離開布勞恩斯魏克的話，我寧願現在馬上就離開。因為相比於最後依依不捨地離開，我願意選擇現在這種馬上離開。我認為，再也找不到像在布勞恩斯魏克這裡更好的人了。

因為斯托教授的工作，需要他整個夏天都留在布勞恩斯魏克，還需要前往辛辛那提，因此斯托夫人就繼續留在安多弗，負責物色他們要找尋的房子。最後，斯托夫人找到了一間房子，這間房子就是所謂的舊石作坊，位在大路西側，在之前的一兩年時間裡，曾被查理斯・門羅與喬納森・愛德華茲當成是神學講臺。

在斯托夫人的認真監督與明智的花錢方式下，這座房子在 11 月 1 日前被改造成一座充滿魅力的住所，她將這個住所稱為「小屋」。之後，這裡成為全國許多文學愛好者進行交流的一個中心。在這之後的多年裡，斯托夫人與丈夫斯托教授在這裡，會見了許多來自世界各地的廢奴主義者，一起為這項偉大的事業出力。

第八章　第一次歐洲之旅，西元 1853 年

對斯托夫人來說，耗費整個夏天去準備新屋，與進行文學創作一樣，都是讓她覺得非常有趣的事情。7 月的時候，斯托夫人在一封寫給丈夫的信件裡說：

我之前根本沒有想到這個地方是如此的美麗。我們這座新屋周圍的景色都非常美麗。這裡的年輕人都是有禮貌的紳士，也非常隨和，每個人都有著基督教的精神。

德克斯特先生、他的妻子以及他的姊妹們都是非常有趣的人。昨晚，我們一起騎馬，沿著蓬普湖邊散步。這裡實在是一個非常美麗的地方！這裡擁有布勞恩斯魏克所擁有的一切，還靠近大海 —— 當然，這與布勞恩斯魏克相比是一個很大的區別。

昨天，我們整個上午都在外面描摹榆樹。可以說，這裡的樹木真是美不勝收。上週，我們去派克教授家裡做客 —— 這是一次非常愉快的做客感受。今天我們準備一起前往薩勒姆海灘釣魚，之後再煮海鮮雜燴濃湯。這裡的一切實在太好了，讓我不敢相信這一切都是真實的。在這個美麗的地方，我們可以購買一匹馬到處散步。這裡還居住著許多隨和友善的人，每個人都似乎非常喜歡你，非常會照顧你的感受。

面對上帝賜予的這一切，我簡直有點不敢相信，但我知道這一切都是無比堅定與真實的。上帝知道這對我們來說是最好的，上帝的祝福沒有夾雜著任何的悲傷情愫。我無法向你描述自己的靈魂經常感受到的充滿愛意與歡樂的情感。我覺得自己非常幸福 —— 感覺自己得到上帝的祝福！

這年夏天，斯托夫人的主要文學創作，就是為《紐約獨立報》與《民族時代》的撰稿做準備，同時還為之後要創作的書收集資料。斯托夫人創作的《奧爾島的珍珠》（*The Pearl of Orr's Island: A Story of the Coast of Maine*）一書，之後以連載的方式刊登在《紐約獨立報》上。此時的她，已經開始構思這本書的創作了。斯托夫人的這個想法，可以從她在 7 月 29 日所寫的一封信裡看出來：

安多弗真是一個美麗的地方！這裡有太多可以散步的地方了！昨晚，我們一群人去攀登展望山，走了一段非常美妙的路。自從我來到這裡之後，我們每天都會歌唱聖歌。當我們爬到山頂時，我們會歌唱著〈當我可以清晰地讀出我的頭銜〉一切都是這麼地開心。

我每天的時間似乎都不夠用，感覺每天都有很多事情要做，但是，我所構思的關於緬因州的故事還沒有動筆。不過，我每天都在思考這個故事，只是我需要一些真實的事例來充填我的構思輪廓。

　　有一個人名叫「老約拿」，是名「釣魚老師」，他是一個身體結實、自力更生的漁民與農民。在他年輕的時候，曾經乘船環遊世界各地，有過偉大的夢想。老年時，他參加了祈禱集會，閱讀《傳教士先驅報》。在他那個棕黃色的水手箱子裡，還存放著許多錢。他有著善良的心靈，同時有著堅韌的意志以及鋼鐵般的肌肉。

　　我必須要再次前往奧爾島，再次見見他。現在，我正為《民族時代》撰寫有關緬因州以及那裡景色的文章，我認為這篇文章要勝過我為《紐約獨立報》所寫的那篇文章。在那篇文章裡，我描述了朗費羅居住地的景色。在下一次，我會寫一篇關於霍桑以及他所住地方環境的文章。

　　今天，朱厄特女士寄給我《阿拉巴馬莊園主》這份報紙發表的一篇攻擊我的野蠻文章。這篇文章的部分內容說：「說這是妄圖攻擊世界上最完美制度的陰謀詭計，可能會顯得比較合理，但卻無法隱藏這本書作者的邪惡用心（也許，她根本沒有意識到這點）。那位創作這本書的女性要麼是一個內心邪惡的人，要麼是一個非常極端的人。因為我們相信，任何敵人都不可能打擾她平時所過的安靜家庭生活，任何發生在南方的事情，都不可能像她在《湯姆叔叔的小屋》一書裡所宣揚的那樣邪惡！誰能夠想像像她那樣邪惡的女人，是怎麼可以信口雌黃，並且還贏得大家的喝采呢？這實在是讓人感到悲哀。」

　　最後，斯托夫人的家裡裝修好了，從布勞恩斯魏克搬到這裡的旅程也開始了。他們一家人最後在安多弗的新家舒適地住了下來。不過，斯托夫人在冬天的寫作計畫，卻因為當時所處的環境而有所改變。她沒有繼續寫著之前她認為有趣的緬因州故事，而是認為有必要回應南方蓄奴州對她身為《湯姆叔叔的小屋》一書作者所做出的野蠻與惡毒的攻擊。

　　因此，她希望能夠出版一本書，用無法反駁的可信資料去回應這些攻擊。當時，南方的許多報紙說她的這本書代表著無知以及惡意，充斥著數不清的謬誤。為了反駁，斯托夫人不得不寫了一本《湯姆叔叔的小屋題解》。在這本書裡，斯托夫人引用了所能找到的可信資料。在這年冬天的時候，斯托夫人這樣寫道：

第八章 第一次歐洲之旅，西元 1853 年

現在，我真的不得不這樣做。我正準備寫《湯姆叔叔的小屋題解》一書。這本書將會包括那本書內容裡提到的各種原始事實、資料以及檔案。這也是一本比較有趣與感人的書，可以與湯姆叔叔的可讀性相比。現在，我希望你們能夠將我所寫的內容，與你們從奴隸主口中聽到的話進行比對，你們將會發現《湯姆叔叔的小屋題解》一書，要比《湯姆叔叔的小屋》表達出更加強烈的情感。

關於《湯姆叔叔的小屋題解》一書，斯托夫人在看到薩瑟蘭公爵夫人發表了一篇代表英國女性給美國女性的演說稿子之後，寫了這樣一封信給她：

這本書是由我親眼看到的事實，或是我雙手能夠觸摸到的事實、檔案與資料所構成的。這些事實、檔案與資料，能夠證明目前發生在我國的可怕與邪惡行為。我是帶著靈魂的煎熬、淚水和祈禱寫下這本書的，度過了無數個不眠之夜，以及身心疲憊的白天之後才完成的。透過這本書，我懷著沉重的心情去作證，正如一個人在莊重的誓言後，揭發了他最親近之人所犯下的罪惡一樣。

因此，我不得不站出來，揭露目前發生在我國的邪惡行徑，讓世界各國民眾都能看到。人性發出來的大度聲音，可能會讓我早已萎縮的活力重新迸發，所有基督徒都會為我們祈禱。而這種關於我們國家的恥辱、恐怖與愛意，加上對耶穌基督的愛意，最終會帶給我們無限的力量，消除這一可怕的邪惡存在。

感謝您始終站在被壓迫者這一邊。

哈里特・比徹・斯托

斯托夫人這種耗費腦力與心力的創作，直到西元 1853 年 4 月 1 日才完成。當時，她收到了蘇格蘭格拉斯哥廢奴協會的邀請。於是，斯托夫人就與丈夫以及弟弟查理斯・比徹一起出發前往英國。

與此同時，《湯姆叔叔的小屋》一書在國外的銷量是前所未有的，甚至成為了一種現象。倫敦一位著名的出版商桑普森・洛就寫了下面一篇文章，我們可以看看他的這篇有趣文章

《湯姆叔叔的小屋》一書在倫敦的第一版，是出版商亨利・維特利澤在西元 1852 年 4 月發行的，每本書的定價是 16 便士，出版的印刷量為 7000 本。當時，維特利澤收到了美國那邊寄來的一本書，這是他透過一位在波士頓的朋友購買

的，之後就藉由蒸汽船寄到英國讓他可以馬上閱讀。在讀完這本書之後，他將這本書給了已故的大衛·柏格先生閱讀，柏格先生是以生意精明與充滿進取心而聞名的出版商。他花費了整晚時間閱讀這本書，並且進行了思考。在第二天早上，當他將書還給維特利澤的時候，拒絕以五英鎊的合理價格出版這本書。

維特利澤立即將這本書交給一位他熟悉的出版商朋友，並且透過克拉克聯合出版公司的名義親自帶來。最後，出版的 7,000 本書賣完了，接著就是不斷地加印。維特利澤先生將他對這本書的興趣，傳遞給印刷商與書商經紀人，這些人與比頓先生一起，立即準備大規模地發行這本書。

由於讀者對這本書的需求量實在太大，因此也創造了極大的需求。最後，他們才發現，原來每個書商都可以自由地印刷出版這本書。這也開啟了一個廉價文學作品的全新時代。在 16 便士一本書的價格之後，1 先令一本書的價格出現了，之後就變成了 6 便士一本書的價格。

從西元 1852 年的 4 月到 12 月，一共有 12 個不同的版本面世。在這本書面世的一年之內，一共有 18 家倫敦出版公司參與出版這本書，最後總共加印了 40 次，版本有插圖版的，每本是 15 便士，也有 10 便士與 7 便士的版本，甚至還有其他更加低廉的版本。

在對這些版本進行詳細的分析與既有事實的考慮，我相信這本書在英國以及英國殖民地的總銷量超過了 150 萬本（截止西元 1878 年）。

克拉克聯合出版公司在西元 1852 年 10 月也發表了一篇類似的公告，證實了這個事實：

在這年 4 月分時，美國版本的《湯姆叔叔的小屋》一書出版後，很快地就在 4 月底送到了出版商柏格的手上。這是已故的主教門出版公司的吉爾平給他的。在吉爾平先生拒絕出版後，柏格先生就將這本書推薦給亨利·維特利澤先生。維特利澤先生最後買下了版權。不過，在出版之前，他們有一個晚上可以進行最終的決定。於是，維特利澤就將這本書帶回家裡閱讀，另一本書則由布夫里大街的印刷商索爾茲伯里帶回家閱讀。

索爾茲伯里先生在第二天早上給出的一份報告這樣說，（我們引用他當時所寫的文字）：「我讀這本書一直讀到凌晨 4 點鐘。這本書強烈激發著我的閱讀興

第八章　第一次歐洲之旅，西元 1853 年

趣，在某種時刻讓我發笑，但在下一個時刻卻讓我哭泣。我認為這可能是因為我天性比較敏感，而不是因為作者的故事所導致的。於是，我希望讓我的妻子去讀讀看（因為我的妻子是一個相當堅強的女人）。接下來，我叫醒了妻子，閱讀了幾個章節的內容給她聽。結果，我發現這本書的故事情節讓她整個晚上都睡不著。她時而大笑，時而哭泣。我便下定決心，這肯定是一本值得出版的書，並且是一本必然能夠賺到錢的書。」

維特利澤先生的觀點與索爾茲伯里的觀點不謀而合，他們都希望能夠立即出版這本書。在這本書出版的一週之內，印好的 7,000 本書就售罄了。期間，雖然我們做了許多推廣，但在 6 月中旬之前，似乎都沒有什麼動靜。6 月中旬之後，這本書的銷量開始直線上升，在 7 月分的時候，以每週 1,000 本的速度銷售。8 月時，讀者對這本書的需求量更多了，並一直持續到了 20 日。這樣的銷售數字實在讓人感到震驚。現在，我們大約雇傭了 400 個人專門從事這本書的印刷與出版工作，還有 17 名印刷工人日夜加班來做。他們大約印刷了 150,000 本書。直到現在，這本書的銷量仍未有任何減弱的趨勢。

西元 1852 年 8 月，斯托夫人的這本書在美國遭遇了戲劇化的待遇。在沒有她的同意或是知會之下，很多出版商都出版了這本書。在這一年的 9 月，我們發現倫敦的兩家戲院已經將這個故事改編成戲劇，分別在維多利亞皇家戲院與國家大戲院上演。西元 1853 年，斯托教授這樣寫道：

《湯姆叔叔的小屋》已經被改編成戲劇，在紐約的國家大戲院上演，並且上演的時間持續了整個夏天，取得了空前的成功。大家在每個晚上都前去觀看這齣戲劇，似乎沒有什麼能夠影響民眾對此的熱潮。民眾所展現出來的熱情在波士頓博物館那裡也得到了充分的展現。《波士頓先鋒報》也在不斷地報導這些新聞。《觀察者報》與《商務報》等報紙也對這樣的事實感到震驚。他們不知道應該說些什麼，或是應該做些什麼。

與此同時，斯托夫人的《湯姆叔叔的小屋》一書，在英國那邊依然非常暢銷，並且發行了由克魯克香克所描繪的插圖版本。這個版本得到了艾利胡・巴里特與卡萊爾伯爵等人的推薦。之後，這本書開始風靡整個歐洲大陸，相繼出現了

法國版本的《湯姆叔叔的小屋》，這本書是由貝洛克女士翻譯的，由巴黎的卡朋特出版商出版。斯托夫人曾在這本書的歐洲版本裡這樣寫道：

《湯姆叔叔的小屋》一書歐洲版本的前言

我授權在歐洲發行這本書的時候，內心只有一個想法，那就是人類的愛意要超過每個人對國家的愛意。

所有基督教國家的民眾都有著相同的理念，都對上帝的神祕旨意懷著一種敬畏的態度，他們相信人類與上帝之間連繫的紐帶，是透過耶穌基督的人性得到維繫的。因為只有這樣，才能讓人類的存在具有某種神聖性可言。在耶穌基督的真正信仰者看來，那些踐踏卑微同胞之人的行為，不僅是不人道的而且是褻瀆神明的做法，而奴隸制則是最不人道且最褻瀆神明的一種形式。

有人說，這本書裡面所描述的內容以及事實都是誇大其詞的！哦，事實上，我真希望自己寫的只是一本虛構的小說，那該多好啊！要是這本書真的只是小說，而不是血淋淋地發生在現實生活中的話，那該多好啊！但是，這本書並不是真正意義上的小說，因為成千上萬內心正在滴血的奴隸就是最好的證明。每一個在南方蓄奴州的人，都可以證實這一切是真實存在與真實發生的，即便是奴隸主本人也無法對此進行任何否認，因為他們每天就做著虐待與摧殘奴隸的行為。

既然事實就是這樣，我們必須要出於對上帝的敬畏，將奴隸們的呼喊與憤怒表達出來，這是一種沒有親身經歷過這些慘痛事實的人，所無法感受到的真正痛苦。我希望這本書能夠讓更多人了解他們所經歷的一切！

有人說，在對待有可能讓目前的美國處於分裂狀態的奴隸制問題上，我們不應該懷著完全絕望的心態，而應該懷著莊重的希望與信心　　我們對奴隸制這種魔鬼制度的指控，必然是源於耶穌在拿撒勒這一出生地發出來的。目前，關於奴隸制所引發的分裂或是震撼，有可能會讓這個崇高的國家出現分裂。

可是，這樣一種認為廢除奴隸制，就會引發美國出現分裂或是內亂的想法是非常荒謬的。因為無論從哪方面去看，美國都是踐行人人平等與博愛精神這一原則的典範。在美國這片土地上，法國人、德國人、義大利人、瑞典人與愛爾蘭人都可以相互融合，彼此擁有著平等的權利。所有來自其他國家的移民，皆能充分展現出民族特點，都能在自由的法律面前獲得平等的權利。

第八章　第一次歐洲之旅，西元 1853 年

在美國，一切事情都朝著自由化與人性化的方面發展，並且不斷地提升民眾的道德水準。正因為如此，我們目前與奴隸制的這場抗爭，才會每年越發嚴峻，雙方的矛盾也越發尖銳。

人類進步的潮流必定會越走越寬，最後將所有國家發出的能量都融會起來。即便這樣的潮流會遇到障礙，但是那些中世紀殘存下來的無知、殘忍或是壓迫的行為，必然會在翻滾的潮流下被淹沒，最終讓我們可以輕易地掃蕩這樣的障礙，一往無前。

在一開始的時候，奴隸制在聯邦各州裡迅速蔓延。社會的不斷進步，已經讓北方各州廢除了奴隸制，擺脫了奴隸制對人性的桎梏與枷鎖。在肯塔基州、田納西州、維吉尼亞州以及馬里蘭州，這些州在不同的歷史時期都出現了反對奴隸制的強大運動 —— 這樣的運動可以透過每個自由州的相互聯合得到增強，同時這樣的運動不斷地消除民眾的無知，耗費了巨大的資源讓這片土地重新煥發出活力。

不用多久，這些州將會從自我封閉中解放出來。如果這些州沒有增加更多的奴隸人數，那麼解決奴隸人口的問題將會變得容易一些，剩下的問題就是採取強制手段來釋放奴隸。

談到這裡，我們就說到了這場鬥爭的關鍵點。除非蓄奴州的地域範圍不再擴展，否則就會有更多的奴隸在鞭子下死去。如果蓄奴州的地域範圍不斷擴展，那麼奴隸制就有可能在這片土地上根深蒂固。在這些問題上，各個政黨進行了激烈的鬥爭與策略轉變。每過一年，關於奴隸制問題的鬥爭就會變得更加尖銳與不可調和。

關於美國的這場內鬥，世界上沒有比歐洲對此更加感興趣的了。每一個歐洲人在這個問題上，都有自己的看法與判斷。

因此，如果其他國家那些受到壓迫的人想要前往美國，獲得一個永恆自由的避風港，那麼他們就要做好充分的準備，他們必須身體力行地反對任何形式的奴隸制，因為那些被人奴役的人，本身就永遠不可能獲得真正的自由。

科蘇特曾說過一句非常有哲理的話：「在任何一個國家裡，如果自由是一種特權，而非一種普遍性的原則，那麼這個國家是不可能真正自由的。」

斯托夫人的這篇前言，大約在《湯姆叔叔的小屋》一書的 20 個版本裡得到傳播。要是按照不同國家的字母順序排列的話，這些國家分別是：亞美尼亞、波西米亞、丹麥、荷蘭、芬蘭、佛蘭德、德國、匈牙利、伊利里亞、義大利、波蘭、葡萄牙、羅馬尼亞、當代希臘、俄國、塞維亞、西班牙、瓦拉幾亞與威爾斯。

在德國，斯托夫人的《湯姆叔叔的小屋》一書，獲得一份主流文學期刊的高度評價：「美國的廢奴運動主義者應該給《湯姆叔叔的小屋》一書作者戴上一頂皇冠，因為沒有比哈里特·比徹‥斯托夫人在這本書發出更加強大的聲音與吶喊的人了。我們必須要承認，在德國、英國與法國的當代浪漫文學裡，都找不到任何一本可以與之相媲美的傑作。相比於這本書裡表現出廢奴理念的文字，這本書對自然真理的深刻觀察，展現出來的深刻思想以及藝術層面上的毫無瑕疵，都是讓人嘆為觀止的。就連喬治·桑所寫的《斯皮里迪恩》與《柯洛迪》與之相比都顯得不真實或是矯揉造作。狄更斯的作品與之相比，則顯得過分忠實地描述倫敦人的生活，格局不夠宏大。布林沃的作品與之相比，則顯得比較狂熱與自我意識太過強烈。可以說，斯托夫人的這本書是新世界對舊世界發出的一次警告。」

喬治·桑女士在閱讀了《湯姆叔叔的小屋》一書之後，也用讚美的口吻表揚了斯托夫人：「斯托夫人的這本書充滿了本能的力量。正是出於這樣原因，她在創作這本書的時候，似乎沒有流露出自己的才智。難道她沒有才智嗎？什麼是才智呢？毫無疑問，相比於天才來說，才智什麼都不是，簡直不值一提。但是，斯托夫人有天才嗎？她擁有一種能夠感受到天才需要什麼的天才 —— 這是一種善意的天才，這不是那些文人所擁有的天才，而是只有聖人才擁有的天才。」

查爾斯·索姆奈在華盛頓的國會給斯托教授寫了一封信：

我所聽到的評價與閱讀的新聞，都是關於斯托夫人所做出的偉大壯舉。喬治·桑的那篇文章，可以說是對斯托夫人最為中肯的評價。可以說，斯托夫人就是我們當代活著的天才。要是斯托夫人現在前往歐洲訪問的話，她肯定會被視為勝利者的。

住在埃弗斯利的牧師查爾斯·金斯萊（Charles Kingsley）寫了這樣一封信

第八章 第一次歐洲之旅，西元 1853 年

給斯托夫人：

　　我真的非常感謝妳寄來的充滿善意的信件。我為妳的書在英國這邊受到的歡迎與喝采而感到高興。妳肯定會得到更多人的讚美與崇拜，因為妳值得擁有這一切，並且應該要承受這一切。我肯定妳之前一路上一定已經遭受過太多的苦難，經歷了太多的痛苦。因此，妳不可能被現在妳所經歷的這些愚蠢或是誠實的崇拜所擾亂。

　　當我們見面的時候，我有很多話要跟妳說。妳也將會發現妳的這本書給很多人帶來震撼與鼓舞。

永遠忠誠於你的

查爾斯·金斯萊

　　西元 1853 年 3 月 28 日。斯托教授將下面一封信遞給安多弗神學院的審查委員會：

　　這個學期，我無法出席這次審查委員會。我認為有必要說說我缺席的原因。去年冬天時，我的健康狀況不是很好。斯托夫人也生病了，並且感到精神疲憊。現在，我們受到了英國方面的邀請，可以免費往返大西洋。

　　斯托教授所談到的這次邀請，是英國那些為解放黑奴運動出力的朋友們發出的。斯托教授夫婦很高興地接受了邀請。沒過多久，他們就乘船出發了。

　　在接下來的一個月裡，斯托夫人收到了身在倫敦的佛倫女士的一封信，詢問有關她目前的身體狀況、家庭情況以及她創作《湯姆叔叔的小屋》一書的背景。

　　斯托夫人的回信也是很具有代表性的，即便信件的內容與上文提到的內容有些重複，也有必要引述如下：

西元 1853 年 2 月 16 日，安多弗

親愛的佛倫女士：

　　收到妳的來信之後，我便馬上回覆妳的信件。對我來說，能夠與妳長期地信件交流，這讓我感到非常榮幸。在我的孩子們還小的時候，我就經常用妳為孩子們創作的詩歌來哄他們。

有時，我常常會想，在那個時候我就應該寫信給妳了，讓妳知道妳的詩歌給我的孩子們帶來的樂趣，我有多麼地感謝。

　　因此，妳想要知道我是一位怎樣的女性！如果這是妳的來信想要詢問的，那麼我可以免費地告訴妳！首先，我是一個個子不高的女性 —— 年齡大約在四十歲左右，目前的身體狀況彷彿一撮鼻煙那樣一吹就散。我感覺自己已經過了人生最美好的年華了，看上去就像一件有點用舊的物件。

　　我在 25 歲的時候結婚，嫁給了一位精通希臘語、希伯來語、拉丁語和阿拉伯語的人，除此之外，他對其他事情一無所知。我在當家庭主婦的時候，我們家廚房的全部瓷器用品只花了 11 美元，這樣的情況持續了兩年多。直到我弟弟結婚了，帶著他的妻子過來我家做客。那個時候，我才發現我們家沒有碗碟或是茶杯來招呼我的弟弟與弟媳。因此，我認為最好還是買一套茶具之類的東西，結果這花了 10 美元左右。我想，這就是我婚後最初幾年的全部廚房用品了。

　　雖然那時候的物質生活條件很差，我在另一方面卻感到非常富足。

　　我有兩個頭髮捲曲的雙胞胎女兒。之後，我的孩子越來越多，最後成為了七個孩子的母親，我最美麗與最可愛的一個孩子，現在埋葬在我過去辛辛那提的家附近。正是在他的病床前與他的墳墓前，我深刻地感受到了那些可憐的奴隸母親，在她們被迫要與孩子們分離時那種撕心裂肺的感受。

　　喪子之痛帶給我的悲傷是無法衡量的，我只能向上帝祈禱，希望上帝賜給我的苦痛絕對不是毫無緣由的。兒子的去世所帶來的傷痛，在我看來是這個世界上最殘忍的痛苦，我感覺自己永遠都無法從中走出來，除非我那顆破碎的心，能夠讓我去幫助別人做出一些好事……

　　我之所以提到這些事，是因為我經常感覺到這些事在《湯姆叔叔的小屋》裡得到了展現。這本書裡很多讓人覺得可怕的場景或是痛苦的悲傷，都可以從我失去兒子的那個夏天裡找到根源。我認為，我現在已經走出了那段悲傷的時光，只是我的內心始終為那些奴隸母親不得不與她們的孩子分開，而充滿了憐憫之心。

　　之後幾年，在與貧窮和疾病的痛苦掙扎裡，我的其他孩子慢慢長大了。可以說，育兒室與廚房是我每天工作的主要場所。我的一些朋友也對我的遭遇產生了憐憫之心，希望我能夠透過文學創作來賺取一些金錢，幫助這個家庭。當我用這

第八章　第一次歐洲之旅，西元 1853 年

樣的方式賺到了第一筆稿費後，我買了一張羽毛褥墊。雖然我嫁給了一個收入不高的丈夫，並且沒有任何天資可言，但我的丈夫卻有著一個藏書量豐富的藏書室，是一個充滿知識的地方，因此我們認為舒適的床與枕頭，應該是最好的投資。

在這之後，我發現自己可能開竅了。因此，當我需要一張全新的地毯或是枕墊時，特別是在年關的時候，我家裡的帳戶就會像可憐的朵拉那樣「始終沒有更多錢了」。於是，我經常會對我忠誠的朋友與分享我悲喜的安娜說：「現在，如果妳能夠幫忙照顧嬰兒一天，並做一天的家務，那麼我就可以寫出一篇文章，然後我們就能擺脫這種沒錢的困境了。」

就這樣，我慢慢成為了一名作家 —— 一開始，我的收入很少，這點我可以向妳保證。我還義正詞嚴地向朋友提出抗議，希望不要將我的名字放在我寫的文章下面，因為我不想要獲得什麼名聲。如果妳見過有關我的木刻畫，那麼妳會發現我有一個很長的鼻子，我希望妳能注意到這點。在我忠誠的 5000 名讀者與出版商的要求下，我不得不勉為其難，擺出一副違背我日常模樣的樣子。我還要跟妳說說我在西部地區的生活，這樣妳就比其他的英國女性能更好地了解這本書。

當時，我住在距離辛辛那提市區兩哩之外的鄉村地區，每天都要做一些家務，除此之外沒有其他方面的工作可做。那麼對於當時可憐的我而言，除了寫作之外，還能做什麼呢？

要不是有我那位始終陪伴著我的朋友安娜，這位內心高尚的英國女孩 —— 她來到美國的時候一無所有 —— 的陪伴，讓我感受到了無限的溫暖，否則我肯定無法度過當時要面對的各種不確定事情或是繁忙的家務。因此，妳可以想像，當我們神學院的財產被分為各個部分的時候，我們可以以低價來租賃，還有其他一些貧窮的家庭也住在我們家附近。這樣的話，我們可以有時幫助別人做一些家務，或是別人幫我做一些家務。

大約有十幾戶獲得自由的奴隸家庭就生活在附近，每當我在生活中遇到了什麼緊急情況，他們都會過來幫忙。如果任何人希望黑人看上去比較好看的話，那就讓他們像我這樣身體變得虛弱，還要有兩三個孩子要照顧，這樣的工作絕對不是一個人能夠忙完的。此時，妳會發現這些黑人的幫助是多麼地重要，而他們又是多麼地善良與熱情。

如果他們能夠看到我那位年老的阿姨弗蘭克，看到她那張誠實、率直的黑色臉龐，看到她那條又長又強壯的手臂，那個結實的胸膛，那麼她必然會發出爽朗的笑聲，肯定願意出合理的價錢請他們來做僕人，因為他們都懂得欣賞黑人所具有的美感。

　　我的廚師，那位可憐的伊莉莎·布克 —— 當她知道自己的名字竟然已經傳到了英國的時候，該是多麼地驚訝啊 —— 她的生活就是一個獲得自由的奴隸的典型生活，她為人隨和，熱愛生活，始終將我這個卑微的住所及閣廊稱為「宮殿」，似乎這裡就像一個有七百多人工作的種植園。

　　伊莉莎之前在維吉尼亞的種植園裡過著悲慘的生活。在她年輕的時候，是一個非常美麗的黑白混血兒，她的聲音非常甜美，她的舉止是那麼地優雅與隨和。她從小就在一個不錯的家庭裡生活，希望日後成為一名保姆或是女裁縫師。當她的家庭遭到侵犯後，她突然被賣到了路易斯安那州的種植園裡。她經常毫無預兆地跟我說，她曾被迫墮胎，看到她那個尚未成形的嬰兒在尖叫。

　　伊莉莎跟我講述了許多發生在路易斯安那州種植園的事情，她經常會在晚上偷偷照顧其他被打得遍體鱗傷的奴隸。之後，她被賣到肯塔基州，她最後的主人是她孩子的父親。在說到這些事情的時候，她始終表現得那麼平靜與含蓄，這給我留下了極為深刻的印象。她將那位主人稱為自己的丈夫。直到她與我生活了幾年之後，我才知道她還有這樣的故事。

　　我永遠都忘不了自己當時感覺對她有多麼地虧欠。當我聽到她用謙卑的口吻道歉說：「斯托夫人，女性奴隸無法自救。」的時候，我的內心是多麼地震撼。她生了兩個美麗的混血女孩，她們都有著美麗的頭髮與大大的眼睛，我經常在家裡連同她們教育我的孩子。這段經歷讓我之後不斷接受奴隸的孩子到我家來。我甚至可以說，這些黑人孩子與我的孩子在家裡到處玩耍。不過，我覺得這封信寫得有點太長了。

　　妳問我創作這本書在美國獲得了多少報酬？我的大半生都是在貧窮中度過的，也預料到自己的後半生也將會在貧窮中度過，因為透過寫書賺錢的念頭從未出現在我的腦海裡，我之所以寫書，是因為我無法控制的情感與衝動。因此，當我的這本書在銷售 3 個月之後，獲得了 10,000 美金時，我真的是喜出望外。

　　我認為這本書還會給我帶來一些收入。博斯沃思先生在英國的克拉克聯合出

第八章　第一次歐洲之旅，西元 1853 年

版公司與本特利先生，都對在倫敦出版這本書有興趣。我對此感到很高興。我為他們所提供的價值感到高興，也為這本書受到民眾的歡迎感到高興。我認為讀者應該更加關注這本書裡所涉及到的關於奴隸制的問題。

我已經受邀前往蘇格蘭，也許會在那裡以及英國度過整個夏天。

在我的內心裡，希望能夠在北方一些州建立一所師範學校，專門在美國與加拿大培養黑人女教師。我非常希望世人能夠透過這本書，去感知到黑人這一種族的善意。我從這本書所獲得的利益，要遠遠少於出版商從中獲得的利益，無論是在美國或是英國都是如此。但我願意將自己所得版稅的大部分收入都用在這方面。我深信，無論是美國或是英國的出版商肯定會與我聯合起來，因為沒有比解放黑人奴隸與提升自由之人的道德感更加重要的事情了。

現在，我正準備創作一本書，這本書的內容也許與《湯姆叔叔的小屋》一書有些類似。這本書將會有《湯姆叔叔的小屋》一書裡提到的許多內容的事實根據，還有很多南方蓄奴州的審判紀錄和司法紀錄，還有現在生活在南方各州的一些人的證言。這本書的內容將能夠證實《湯姆叔叔的小屋》一書每一個情節的真實性。

我必須要坦誠一點，直到我為了寫這本書，開始對這些事實進行審查的時候，才意識到自己是在將頭伸出去打探深淵。南方許多蓄奴州的法庭紀錄與司法判決簡直讓我難以置信，每當我想到此，都會感到無比的憤怒。在我看來，這本書應該能夠喚醒讀者們的靈魂，讓他們為改變這樣的現狀去做一些事情。

在寫這些本書的時候，我的內心也忍受著煎熬。可以說，我在寫這本書的時候，都能感覺到自己的心靈在滴血。在創作《湯姆叔叔的小屋》一書時，我有很多時候都感覺自己的健康狀況會澈底變得糟糕。但我每天都在虔誠地向上帝祈禱，希望能讓我度過這樣的難關，賜給我完成作品的力量。

我真的難以想像，這種恐怖與夢魘般的醜惡竟然出現在我所生活的國家裡！這就像一塊沉重的鉛那樣壓在我的心頭上，讓我的生活都籠罩在悲傷的陰影當中。當我像我的兄弟們那樣，對這個問題有更多的了解，就感覺到我必須要將這樣的恐怖寫出來。這就好比一個人出於正義的驅動，在法庭上指證自己家人所犯下的罪惡一樣。在很多時候，我都想過自己肯定要死了，但我向上帝祈禱，我一定要活到這個醜惡制度終結的時候。在五月時，我應該就會抵達倫敦，我到時候

能見到妳嗎？

　　現在，很多人都希望見到我，這實在讓我感到非常驚訝，彷彿置身於夢境當中。現在，我忍不住會想，他們到底是否會認為，上帝竟然選擇「我這樣一個孱弱的人去寫這本書」。

　　如果我能夠熬到春天，我希望可以前去拜謁莎士比亞的墳墓和米爾頓在桑樹下的墳墓，好好地看看我祖先的這片偉大土地 —— 偉大而古老的英國！希望那一天能夠早日到來！

永遠尊重您的

哈里特・比徹・斯托

第九章
陽光的回憶，西元 1853 年

第九章　陽光的回憶，西元 1853 年

- ✦ 渡過大西洋
- ✦ 抵達英國
- ✦ 在利物浦收到了宴會邀請
- ✦ 在蘇格蘭受到的歡迎
- ✦ 在格拉斯哥的茶話會
- ✦ 愛丁堡民眾表現出的熱情好客
- ✦ 亞伯丁
- ✦ 鄧迪與伯明罕
- ✦ 約瑟夫·斯特奇
- ✦ 艾利胡·巴里特
- ✦ 前往倫敦
- ✦ 市長閣下舉行的晚宴
- ✦ 查爾斯·狄更斯與他的夫人

斯托夫人和她的丈夫與弟弟，開始了這次前往英國與蘇格蘭的旅程。之後，她與弟弟一起遊歷了歐洲許多地方，這趟旅程給他們留下了非常美好的印象。可以說，斯托夫人在這趟旅程中所受到的款待和禮遇，讓她感到非常驚訝，這著實超過了她的想像。

幸運的是，關於這趟難忘旅程的經歷，斯托夫人透過信件的方式記錄下來了。因此，我們能夠對斯托夫人在這趟旅程中的所見所聞，有一個比較直接的了解。在這些信件裡，斯托夫人記錄了許多有趣新奇的事情，有些則是一些讓她感到略微尷尬的事情。在這趟旅程開始的時候，她寫了下面這樣一封信：

西元 1853 年 4 月 11 日，利物浦

親愛的孩子：

首先，你們肯定想聽我講一下有關這次旅程所發生的事情。我親愛的孩子，我可以向你們保證，乘坐輪船前往歐洲的過程，絕對不是我要談論的主要內容。

如果你們想要乘坐輪船前去歐洲，我得事先警告你們，千萬不要想著在輪船上還可以做一些充滿娛樂趣味性的事情。在輪船起航之後，盡量不要離開你們的

艙房。當輪船在大海的航行趨於平穩的寶貴時間裡，你要乖乖地待在你的艙房裡，這樣做完全是為自身的安全考慮。

你們要盡可能地聽從船員們的吩咐與安排。在輪船出發的半個小時裡，你們會產生一種讓人絕望的感覺，就像一隻蚱蜢那樣在狹窄的艙房內跳來跳去。如果你們的行李有裝著什麼東西的話，那麼這些東西將會伴隨著你們這次漫長的旅程。

我們乘坐的輪船是「一帆風順」號輪船，這艘輪船被許多人一致稱為「給乘客帶來極大優越感的輪船」或是「給客人帶來美妙感受的輪船」。不過，這艘輪船在出發後，卻在很多時候都在左右晃動，似乎在做著很不規則與不勻稱的運動，讓我覺得自己似乎像躺在搖籃裡睡覺。當然，我對於可憐的孩子們的遭遇其實是非常同情的，因為他們在很多時候被放在搖籃裡左右地搖晃。難怪這個世界上有那麼多愚蠢的人，也許他們就是在小時候躺搖籃時被搖壞了腦子。

我們在週日早上靠岸，這裡的海關官員是非常具有紳士風度的人。他們會走上船，將我們的行李拿出來，然後進行迅速的檢查。在很多情況下，他們都只是迅速打開行李箱，然後馬上關上行李箱，整個檢查的流程就算結束了。整個檢查的過程沒有超過兩個小時。

在我們向一些朋友詢問附近哪裡的酒店是最近的時候，我們發現了克羅珀的兒子正在客艙那裡等著我們一行人，然後將我們帶到他們舒適的住所。在行李與包裹檢查完之後很短的時間內，我們就向之前承載我們渡過大西洋的輪船告別了，然後登上了一艘很小的蒸汽船，前往這座城市的中心。

這條默西河如果不是這麼骯髒與這麼多淤泥的話，肯定會是非常美麗的。當我們乘坐蒸汽船前往利物浦的時候，我對眼前的景色產生了一種強烈的哀婉情感。

「到底是什麼讓這條河流有這麼多淤泥呢？」

「哦！」一位旁人說：「難道你不知道仁慈的能量，是不會受到任何限制的嗎？」

在這之前，我就有機會與英國那邊的朋友們交流。讓我感到驚訝的是，我發現一群人在碼頭上等待著，我們通過了一條很多人在走的小道，走到了碼頭上。有許多人似乎都為見到我們感到非常高興。

第九章　陽光的回憶，西元 1853 年

當我上了出租馬車之後，周圍更是聚集了很多我不認識的人。他們都非常安靜地站著，用非常友善地眼神看著我們，目光卻又是那麼地堅定。前方有些東西似乎阻擋著馬車繼續向前，因此我們在前進方面遭遇了一些耽擱。

最後，我們的馬車終於前進了，帶著我們朝向利物浦的市區行進了一兩哩路，最後沿著一條鵝卵石道路，來到了一座美麗的寓所，這裡靠近默西河的岸邊。這裡的景色讓我大開眼界，簡直像天堂一樣，將我之前在海上顛簸旅程的疲憊感一掃而空。從這之後，我就對這些美麗而熟悉的景色產生了一種好感，因為這樣的景色在英國這邊是如此的普遍，但對我們卻是如此的新穎與美好。

在經過短時間的休息與更換衣服之後，我們很快就坐在晚餐桌前。吃晚飯時，我們朋友的嫂子從另一個門走出來，說了幾句歡迎我們到來的話語，然後邀請我們在第二天早上與他們共進早餐。

第二天早上，我們起得很晚，匆忙換好衣服後，想起昨晚與招待我們的主人的哥哥，約好了一起吃早餐。主人的哥哥也住在這裡，我們只需要步行就可以到達。

之前，我對於英國人所說的共進早餐根本沒有任何概念，因此我毫無準備地前去了，只是認為我會與我這位朋友的家人一起共進早餐。讓我感到驚訝的是，我發現大約有三四十人已經到那裡了，許多女士都戴著軟帽，似乎她們剛剛去完教堂禮拜回來。不過，我在那一刻感到的短暫尷尬想法，很快就被我們身邊朋友的友善話語以及真誠的招待所驅散。

在這天晚上，我們出發前往利物浦，參加一些朋友舉辦的廢除奴隸制的聚會。當我要離開的時候，招待我們的女主人說，這裡的僕人都想要見見我。於是，我就走進化妝室，滿足他們的心願。

第二天，我們離開了利物浦。很多朋友陪伴著我們走到馬車前，一位身體孱弱的紳士，還送來了一束美麗的花與一封感人的信件。這位紳士雖然長期臥病在床，但他覺得有必要透過這樣的方式表達他對我的敬意。我們在離開利物浦的時候，內心仍然為這裡的人們表現出來的愛意與美德而悸動。最後，我們向這些友好的朋友告別，登上了火車，來到了一個舒適的臥車車廂。

「親愛的。」斯托說，「6 個新英格蘭人竟然坐在一輛火車上，卻沒有一個英

國人告訴我們任何關於他們這個國家的事情，這就像 6 位年老的女士在其他人的家裡每天喝茶來度日一樣。」

我們對過去的廢墟或是古老的房子始終都懷著積極樂觀的心態。斯托教授的雙眼始終在觀察著沿途的美麗景色，不讓我們每個人睡覺，以免錯過了這些美麗的景色。一開始，斯托在他的那邊看，然後就朝著我們這邊的車窗看，接著提醒我們注意每一個美麗的景色。如果他被任命為這個國家的地理測量專家，那麼他肯定會對這份工作充滿熱情，並且非常忠誠地完成這項工作。我開始認為，我們絕對有必要請一位英國的導遊，來讓我們更好地領略這個國家的美好。

最後，我們終於抵達了蘇格蘭。當太陽慢慢地往西邊下沉的時候，我們的脈搏跳動的速度卻在不斷上升。我們終於看到了索爾威灣，談論著雷德古特利特。最後，太陽完全在西邊沉下去，夜晚終於降臨了。蘇格蘭的民謠、蘇格蘭的韻律、蘇格蘭的文學，在過去很長一段時間都占據著統治地位。我們會歌唱《友誼天長地久》、《蘇格蘭戰歌》或是《邦尼頓》等民歌，又會歌唱《鄧迪》、《埃爾金》或是《殉道者》等歌曲。

「大家要好好保重啊！」斯托說，「千萬不要興奮過頭了！」

「啊！」我說，「這簡直是一輩子才會出現一次的事情，讓我們充分地享受此時此刻的美好感受吧！因為我們永遠都不可能再有第一次來到蘇格蘭時的感受了！」

當我們處在熱情的最高點時，有幾輛馬車停在洛克比。此時外面已經完全昏暗下來，但我們很快就意識到這裡來了很多人，大家都在窗外注視著。我聽到某些人用濃重的蘇格蘭口音提到了我的名字，這讓我產生了莫名的興奮感。我走到窗前，發現窗外有許多男人、女人還有孩子，他們都伸出雙手，然後異口同聲地說：「歡迎來到蘇格蘭！」

接著，他們相互介紹，彼此握手。我透過一些奇怪的方式知道了他們是什麼人，甚至知道了一個名叫小 G 的人，他們還以為這個人是我的兒子呢！當我原本就對這個古老的國家充滿強烈情感的時候，還發現這裡的民眾對我們是如此的熱情，這樣的感覺實在是太美好了。我永遠都不會忘記他們說出「歡迎你們來到蘇格蘭」或是「晚安」時的那種興奮感。

第九章　陽光的回憶，西元 1853 年

　　在這之後，我們在接下來的逗留地也受到了類似的歡迎。可是我沒有走到窗前揮舞毛巾，而是揮舞著手帕向他們示意問好，或是做一些讓我後來想起來感到尷尬的事情，但這是因為我可能還對這裡的風俗不夠了解所導致的。最後，我發現蘇格蘭與我們簡直都要融為一體了。這些內心善良、民風淳樸的人竟然會在晚上都過來看望我們，我想不出還有哪個地方的人是如此的友好。不過，我認為，他們與我們本來就是同一個種族，同一個血統的。

　　在格拉斯哥的時候，很多朋友都在火車站月臺等待著我們的到來。我們見證了許多友善的臉龐與熱情的款待。一群人站在路的兩旁，我們則坐在馬車上，路人發出熱烈的歡迎聲音，這讓我的內心在不斷地悸動，彷彿這就代表著蘇格蘭的生命力。

　　在馬車行進的途中，我向馬車外面望去，看到了阿蓋爾大街上一盞明亮的燈。當我發現自己來到一個溫暖舒適的客廳時，才發現此時已經過了午夜 12 點，還見到了很多我永遠不會忘記的友善朋友。沒過多久，我們就進入溫馨舒適的房間裡，然後在蘇格蘭這片土地上第一次入睡。

　　第二天早上，我起來的時候依然感到睏意十足，手腳疲憊。即便是蘇格蘭的早餐社交活動所具有的魅力，也無法恢復我的精神。

　　我們的朋友與主人是巴里·帕頓先生。我認為正是在他的建議下，我們一行人才受邀來到這裡，參加這一次重要的公共聚會。

　　在早晨之後，參觀的旅程開始了。首先，主人的一位朋友與 3 個美麗的孩子一起出發，其中最年幼的一個孩子手裡拿著裝幀精美的簽名紀念冊，裡面還收集著蘇格蘭海岸美麗的海藻標本，這些海藻的標本真是非常生動美麗。

　　對我來說，這次旅程就像一個讓我感到無比困惑的夢境，因為這給我一種朦朧或是不知所措的感覺。另外還有太多信件寄給我，弟弟查理斯從早上九點一直忙到下午兩點，就是在不斷閱讀這些信件，然後用最簡短有禮的方式回信。這些信件都是各個階層的人寄過來的，有的地位很高，有的地位很卑微，有的是窮人，有的是富人。

　　這些人的寫信風格也是五花八門，有的是以詩歌的方式寫信，有的則是以散文的方式，還有的就是開門見山，直接表達出自己的想法，還有一些人則透過信

件表達想要邀請我們的意願。還有一些人在信件裡給予我們一些建議與箴言，另有一些人提出了一些要求或是質疑，也有一些人隨信寄來了一些書籍、花束或是水果。

之後，就是來自佩斯利、格林諾克、鄧迪、亞伯丁、愛丁堡與貝爾法斯特等地朋友的盛情招待與歡迎。我們與很多人成為朋友，受到了來自各方的邀請，去了很多地方，在許多不同的地方逗留。其中，一位友善且受人尊重的牧師與他美麗的女兒，邀請我們前往他在克萊德河美麗河邊的安靜寓所裡度過一個晚上。

面對來自各方的盛情招待與濃厚的善意，我該怎麼回報呢？事實上，我根本沒有足夠的時間對每個人產生感激的心理。這裡的人後來對我說，這樣的招待方式肯定會讓我感到極為厭煩。以我而言，我是從來沒有產生過這樣的想法，只是有時會讓我有一種難以言喻的悲傷感覺。

在這天下午，我與市長大人一起乘坐馬車前去參觀大教堂。市長大人聽命於英國的市長公爵。他的頭銜和官職在兩個國家都只有一年的任期，當然也可以連選連任。

當我看到通往教堂的道路被一大群人堵住的時候，我才意識到這些人都是想要過來看我的。我忍不住說：「他們到底要看什麼呢？是在風中不斷搖擺的蘆葦嗎？」事實上，我那個時候已經非常疲憊了，我覺得自己簡直沒有足夠的力氣可以參觀這座教堂。

第二天早上，我感覺自己生病了，需要一位醫生，因此無法前去見任何人，或是回覆任何信件。這一天，我大部分時間都躺在床上休息，但在晚上的時候，我必須要起床，因為我之前已經答應了與兩千多人一起參加茶話會。我們的朋友沃德洛夫婦過來接我們。斯托與我一起走上馬車，和他們一起出發。我們的馬車最後停在了茶話會舉辦的地方。

我隱約記得，當我們出門的時候，有很多人聚集在這棟房子前面。最後，我與沃德洛夫人一起走進化妝間，和許多友善的人一一握手寒暄。接著，我們穿過一個畫廊，那裡有一些座位是專門為我們保留的，這些座位直接面向著聽眾。我們的朋友巴里·帕頓負責主持這次聚會。沃德洛夫人與我坐在一起，在我們身邊的是很多友善的朋友，其中主要是來自不同教會的牧師，還有格拉斯哥廢除奴隸制協會的許多重要的先生與女士，還有一些其他人。

第九章　陽光的回憶，西元 1853 年

我說過這是一次茶話會，但這裡的安排卻跟我之前在美國見到的任何茶話會都不一樣。這裡有很多狹長的桌子一直延伸到大廳的盡頭，每個人都有著各自的座位。這些桌子上面擺放著茶杯、茶托、蛋糕、餅乾等東西。當時間一到，服務生就會過來端茶。總之，這些安排非常有條理，時間也非常精確，因此最後所有人似乎都是同時拿起茶杯喝茶的，也不會給任何人帶來不便或是困擾。

在這個大廳裡，不時傳來一些人低聲說話的聲音，也有人們互碰茶杯與茶匙發出的叮噹聲，而臺上的人則同時在發表自己的觀點。在我看來，這似乎是一種古怪的做法，因為我忍不住想著，究竟是一個多大的茶壺所裝的水，才能夠同時滿足兩千多人一起喝茶呢？

事實上，正如哈吉·巴巴所說的，我認為他們已經做出了「世界最大茶壺」來煮茶水。我不禁想著，如果我們過去的祖國蘇格蘭，能夠煮出可以讓兩千人同時喝的茶水，並且只用一個茶壺的話，這其實也是我們這些新英格蘭人喜歡的做法。

我們在畫廊大廳裡度過了一段有趣的社交時光，我們的茶桌是橫放的，我們在所有人的注視下喝茶。當我說我們的時候，我是說一群牧師以及他們的妻子，還有廢除奴隸制協會的許多紳士與先生。除了這些人之外，還有我在上面已經提到的一些人。這些人似乎都非常享受這個過程。

在茶話會之後，他們一起歌唱了古代版本的第七十二首聖歌裡的部分內容。

4 月 17 日

今天，我們一群人乘坐一艘小型蒸汽船，準備沿著克萊德河出發。這是一次充滿樂趣與插曲的旅程。在這趟旅程裡，我們參觀了卡德羅斯城堡的廢墟，這裡據說是羅伯特·布魯斯（Robert Bruce）最後去世的地方。現在，我們已經接近博斯尼斯的美麗土地了，這是一個滿地綠草，到處都是天鵝絨的半島，在廣闊的水域裡突兀而起。

來到這個島上之後，在別人的邀請下，我認識了一位肩膀寬闊的蘇格蘭農民，他的身高大約有六尺二英寸。這位農民表示見到我感到很榮幸，說他讀過我的書，專門走了六哩路前來這裡看我。當然，他如此坦誠與率真的話語讓我的內心非常感動。但是，當我走上前，將我的雙手放在他那雙猶如棕櫚樹一般的手掌

時，我感覺自己就像蚱蜢那樣渺小。我詢問了他是誰，他說自己是阿蓋爾公爵的農民。我心想，如果公爵所有的農民都是他這個樣子的話，那麼他肯定是一個明辨是非的人。

我們離開羅斯尼斯島之後，並沒有乘坐蒸汽船返航，而是乘坐馬車，一直沿著河流的兩岸回來。在我們的馬車上，有斯托、我，還有羅布森先生與安德森女士。大約在這個時候，我開始明白了「女士」與「夫人」之間的細微區別。後來，每當我在這方面出現口誤時，我都會主動表示歉意。安德森女士哈哈大笑起來，說她會原諒我在這方面的口誤。安德森女士真是一位非常友善與大度的蘇格蘭女性，我們在一起聊得非常開心。

當馬車不斷前行的時候，我們發現我們過來這裡的消息已經傳遍了附近的村莊。有許多人走出來到自家門前，向我們鞠躬或是露出微笑，或是向我們揮舞著手帕。沿途因為有一些人要前來送花，因此馬車停下來好幾次。我還記得有一次，一群年輕的女孩走到馬車前，帶來了兩個我見過最美麗的孩子，他們的小手上捧著鮮花。

在海倫斯堡的村莊裡，我們稍事停留，拜訪了貝爾夫人，她是發明蒸汽船的貝爾先生的遺孀。貝爾先生在這個國家所做出的發明，幾乎與富爾頓（Robert Fulton）在美國發明蒸汽船的時間是差不多的。貝爾夫人走到馬車前與我們交談。她是一位非常值得尊重的女性，雖然她當時年事已高了。他們為我們準備了午餐，有許多人過來與我們見面。但我們的朋友說，沒有足夠的時間讓我們繼續停留。

在這之後，我們又乘坐馬車沿著幾個村莊不斷前進，每到一處都受到了熱烈的歡迎。讓我感到開心的是，前來歡迎我們的，主要並不是那些文人、富人或是有地位的人，而是那些普通淳樸的民眾。屠夫從豬肉攤走出來，麵包師傅從麵包店裡走出來，磨坊工人不顧臉上的麵粉也走了出來。還有很多端莊的年輕母親手裡抱著孩子也走了出來，他們都在微笑著向我們鞠躬，表達問候。每個人臉上都露出極為友好的表情，似乎他們知道我們很高興見到這些表情。

當我們停下來更換馬匹時，我為了更好地欣賞這裡的鄉村景色，於是選擇步行走路。一位誠實的地主與他的妻子似乎對此感到失望。不過，他們繼續乘坐馬車，前來見我們。我和他們分別握手，友好地寒暄。

第九章　陽光的回憶，西元 1853 年

我們看到了幾位牧師，他們都是專門過來見我們的。我還記得有特地停下車，一一與他們握手，並且認識了一個最為溫馨的家庭。在這個家庭裡，有一位頭髮灰白的父親與母親，還有極為英俊的兒子和美麗的女兒，他們看上去都是那麼的友善與美好。我很高興接受他們的邀請，讓我們可以住在他們家。

對我來說，這一天所經歷的事情簡直是前所未有的震撼。首先，我欣賞這些村莊的美麗景色，知道這裡的民眾都是熱愛讀書的人。我看到了這些人是如此的熱情與好客，知道了我所創作的書，竟然能夠引起各個階層民眾的強烈共鳴。

當然，很多人似乎都會受到這種方式感染。如果上帝能夠給予任何人這樣一種能力，正如我希望祂肯定會給予許多人這樣的能力一樣。那麼小說創作所帶來的能量是既有善意功能，也有邪惡功能的，因此這是我們必須要認真思考與仔細權衡的一件事。在我們這個時代，任何人都無法忽視寫作所帶來的巨大影響。

你們也可以猜到，當我們回到家之後，感到非常疲憊。你們肯定也不會覺得驚訝，因為在第二天的時候，我感覺自己更願意躺在床上，而不願意出去外面了。

兩天後，我們離開了格拉斯哥，在離別時受到了民眾熱烈的歡送，這讓我的內心非常感動，希望能夠有機會再次回到這個地方。當我們來到火車站，準備乘坐火車前往愛丁堡時，再次來了很多人過來歡送我們。我們從格拉斯哥到愛丁堡，這兩個小時的車程是非常愉快的。當火車最終停在林利斯哥火車站的時候，這個火車站的名稱，讓我們感覺自己彷彿置身於夢境當中。

當我們抵達愛丁堡火車站，火車最後停下來時，許多早已在火車站等候的人紛紛靠攏過來歡迎我們。愛丁堡的市長大人在火車門打開後就走上前來迎接，然後將我們介紹給這座城市的地方行政長官與愛丁堡反對奴隸制協會的成員。

我們這些朋友所穿的土褐色衣服以及所戴的純白色軟帽形成了鮮明的對比，這在一群人當中行走的時候顯得特別顯眼，這就好比一群白鴿在黑暗的雲層裡穿行一樣。斯托與我以及我們之後的女主人維格漢姆夫人一起走進市長大人的馬車，然後我們就出發了，人們依然在發出歡呼聲與歡迎聲。這樣的場景真的讓我覺得無限的感動。

當我們經過斯科特的紀念碑時，我的內心產生了一種難以壓抑的感受。在這

些高尚行為的人當中，他度過了一個多麼輝煌燦爛的人生啊！在這個世間的所有美感當中，藝術是多麼短暫的事物啊！之前那些為愛丁堡這座城市帶來濃厚文學氛圍與光明希望的人，現在都去哪裡了？在這個小小的地方卻能讓這麼多人過著美好的生活，享受著文學帶來的樂趣。

我們一直沿著愛丁堡的大街穿行，經過了城堡、大學、霍利魯德、醫院還有眾多主要街道，道路兩旁的人群都在發出歡呼聲，不斷地問候我們。一些男孩似乎固執地要跟著我們的馬車前進，這讓我感到非常有趣。

「看吧！」一位男孩說，「車上那個女人就是她！快來看！」

好幾位雕刻師在描繪我的肖像時，都出現了不同的版本。可以說，這是他們自娛自樂的行為。當然，他們描繪出來的肖像都是有些類似的，因此我認為這些雕刻師最終是沒有什麼錯的。當然，我認為自己在那一天明白了文學創作所帶來的意義，那就是讓這些遭受壓迫的人或是階層，有機會透過這樣的方式去表達自己的聲音 —— 我認為每當自己想到這些孩子的時候，就會感覺自己是一個受到上帝眷顧的人！

最後，馬車駛入了一條鋪滿砂礫的庭院。我們在一個覆蓋著綠色常青藤的門廊上下車，有一種再次回到家裡的感覺。

你們完全不需要為我擔心，因為我可以保證，如果我是一個古老的賽富勒瓷器的話，我肯定也不會像現在這樣的小心翼翼。這裡的每個人都是那麼地細心周到，當他們見到我們的時候，總是顯得那麼興奮，有很多要說的話。儘管如此，我還是要花一些時間去布置我的房間與床鋪，我並沒有叫這裡的僕人幫我。

明天晚上將會有一場盛大的茶話會，到時候我該怎麼度過這個茶話會的時間，這對我來說是一個很大的問題。

當我們來到愛丁堡後，發現寄給我們的信件數量簡直多的驚人，甚至要比我們在格拉斯哥收到的信件還多。在那些寄信人當中，有一些你們肯定會感興趣的人，我可以列舉出一些名人的來信，他們分別是薩瑟蘭公爵夫人與卡萊爾伯爵，他們都在信中表達了等我們抵達倫敦之後，希望能與我們會面。除此之外，我們還收到了來自金斯萊牧師以及其夫人的友善來信。我希望到時候能在他們的教區長管區裡，和他們度過美好的時光。

第九章　陽光的回憶，西元 1853 年

　　至於別人安排好的許多社交活動，我都是處於一種愉悅的預設狀態，表現得非常順從，就像一頭被馴服的獅子，時刻被馴養員控制著。每當我需要去做些什麼事情的時候，我總是盡可能地做出恰當的舉止。正如楊格博所說的，即便是天使面對這樣的情形，也會做出類似的行為。

4 月 26 日

　　昨晚，我參加了一次社交聚會。舉辦社交聚會的大廳前面裝飾著美麗的瓷器，我們與市長大人一起乘坐他的馬車前來。我們首先來到了化妝間，和眾多先生、女士一一握手問候。當我們走出來的時候，發現很多人發出歡呼聲、鼓掌聲，還有一些人用腳踩地發出奇怪的聲音。但是，這裡的每個人看上去都是那麼地友善與高興，整個聚會彌漫著愉悅以及美好的氛圍，讓我在短時間內就感覺自己彷彿在家裡一樣。之後，我認為這些歡呼聲與鼓掌聲，都是蘇格蘭民眾對美國人發出的聲音，是對我們這兩個國家表現出來的友好情誼的一種認可。

　　接下來就是便士捐款大會，一個寬大的銀色托盤裡裝著 1000 塊金幣，這個盤子在每個人面前都顯得那麼的鮮豔。這是當時在場的人主動提出的要求，每個人只需要捐獻出最小面額的錢，即便是比較貧窮的人也可以參與其中。

　　反對奴隸制委員會在愛丁堡與格拉斯哥，都見證了許多窮人捐出他們卑微的收入，表達他們對這項偉大事業的支持。該委員會的工作人員在一個小村莊裡發現一位雙目失明的婦女，就說：「現在，我們終於找到一位對廢奴事業不感興趣的人，因為她無法閱讀那本書。」

　　「你說的對，我是沒有閱讀過那本書。」那位年老的女士說，「雖然我無法閱讀，可是我的兒子卻讀給我聽了一遍，我也攢下了一些錢要捐給這個事業。」

　　當我看到那些窮人也踴躍地捐錢支持廢奴事業，這讓我非常感動。因為這些窮人即使自己也過著貧窮的生活，他們也依然心繫這項偉大的事業，他們表現出來的慷慨大度超越了那些富人表現出來的情懷。我也不會為他們從自身原本就不多的積蓄裡拿出一些錢感到傷心，因為我知道即便他們只是捐出一分錢，這也代表著他們的心意，對於那些仍在遭受煎熬的黑奴們來說，也是一種巨大的幫助與祝福。

在其他的集會上，我們在演說人說完之後，就離開了會場。當然，我整晚都沒有睡覺，因此第二天我感覺自己非常疲憊。

我們從愛丁堡出發，乘坐馬車前往亞伯丁。我非常享受這段旅程，因為我覺得這段旅程的風光，要比之前我們沿途所看到的一切風景都要更加美好。這裡的鄉村景色是如此地狂野與獨一無二。在下午的時候，我們見到了德國的大海。海面吹拂過來的自由與清爽的空氣，讓我們的精神為之一振，心裡想著原來這就是真正的德國大海，越過這片海域便是挪威了。在一天的航程裡，我們就能領略到這種奇怪而又無比浪漫的魅力。

下午四五點的時候，我們正在跨越迪伊海峽，已經可以看到亞伯丁了。此時，我的精神處於非常亢奮的狀態，沿途都是極為美麗的景色，還有來自海面吹拂過來的清新空氣。我們還可以從這裡看到遠處美麗的城市景色，彷彿這座城市就是從海灣與輪船之上突兀而起的一樣 —— 這一切都讓我的內心充滿了愉悅。當一個人處於這種愉悅的精神狀態時，就會對自己所見到的任何事物感到非常高興。我們的心靈也對很多朋友的熱情問候給予友善的回應，這些朋友此時已經在火車站那裡等待著我們了。

市長大人將我們領到他的馬車上，與我們一起前行。在前進途中，市長大人向我們介紹了這座美麗城鎮的許多美麗景點。在所有的景點當中，有一條跨越迪伊海峽古老大橋，這條大橋特別吸引我們的注意力。最後，我們來到了克魯克香克（George Cruikshank）的家裡，他是我們的一位朋友，此時正等著我們的到來。克魯克香克非常熱情地招待我們，當我們走進他的房子裡，發現一頓熱騰騰的晚飯已經擺放在餐桌上時，我們不得不匆忙地吃完晚飯，因為我們被告知一場集會馬上就要在大廳裡舉行了。

接著，我們來到了集會舉辦的大廳，發現走廊裡擠滿了人。最後，我們好不容易才走到講臺上。不知道是不是因為這裡大海的空氣具有某種提神的作用，還是因為這個場景帶給我的震撼，或是兩者兼有吧！我們懷著巨大的熱情享受這次集會所帶來的快樂。

我在講臺上被許多年輕貌美的女性簇擁著，其中一位女性將一束美麗的鮮花遞給我。我一直珍藏著這束花，雖然這束花已經乾掉了，但依然放在我的紀念冊裡。有一張點心桌前面，擺放著許多美麗的鮮花與藝術品。之後，有人告訴我，

第九章　陽光的回憶，西元 1853 年

是一位年輕女士擺放的。其中一樣東西特別引起我的注意力，這是一組荷花放在一面鏡子前，這讓它們看上去像是生長在水中一樣。

一些人發表了熱情洋溢的演說，一些演說者還將聽眾的熱情與他們對美國的熱愛結合起來，然後煽動起民眾對美國奴隸制的強烈反感情緒。

他們將民眾捐獻的錢都放在一個繡花錢包裡。在與眾人一一握手之後，我們回到了家，坐在晚餐桌前聊天，接著才上床睡覺。第二天早上 —— 因為我們在亞伯丁停留的時間不能超過中午 —— 因此，我們的朋友，包括市長大人與建築師萊斯利先生都在早餐之後，立即帶著我們前去那個地方。

下午兩點時，我們從亞伯丁出發，許多朋友都前來送行，我們只能依依不捨地與這些友善的朋友道別。

我們在斯通黑文火車站停留了一陣子，和這裡參加集會的人交換一些問候。之後，我們在沿途的一些火車站上也做同樣的事。我們在沿途遇到了很多友善的人，聽到了很多動聽的聲音，這給我們留下了非常美好的印象。

當我們來到鄧迪時，發現等待著我們的又是一次非常熱烈的歡迎儀式。我們與市長大人湯瑪斯一起走上馬車，前往他的住所。此時，有一個聚會已經開始，正等著我們的到來。

這天晚上的聚會是在一個很大的教堂裡舉行，教堂來了很多人，與之前的多次聚會差不多。當他們一起唱聖歌的時候，我希望他們能夠歌唱一下鄧迪，但他們沒有這樣做。因此，我認為在蘇格蘭這個地方或是在其他地方，這種典型的國民旋律可能會慢慢地被現代的歌謠所取代。

我們在第二天下午兩點鐘乘坐馬車離開鄧迪，再次返回愛丁堡。因為那天晚上，我們要參加在愛丁堡工人協會舉辦的另一次集會。我們收到了許多來自工人們的信件，這其中包括鄧迪與格拉斯哥地區的工人寄來的信件，他們都希望能參加在這些城市舉辦的集會。可以說，要是我們有充裕的時間和精力的話，肯定會一一滿足他們的要求。

隔天，我們還要拜訪一些人，其中一次拜訪是受到德魯蒙德女士的邀請，前去參觀景點，可是因為時間有限，所以最後取消了。在上午的時候，斯托與我前去拜訪蓋恩斯伯勒公爵與夫人。雖然蓋恩斯伯勒夫人屬於女王陛下的家人，但她

現在居住在愛丁堡，而女王陛下則居住在奧斯本。因此，我希望此次約定不會包括什麼繁重的責任。蓋恩斯伯勒公爵是巴普蒂斯特·W·諾埃爾牧師最年長的哥哥。

在一個下著雨，天空彌漫著霧氣的早晨，我們離開了這個美好的住所，與愛丁堡許多友善的朋友道別。這裡的每個人都非常周到體貼地照顧我的時間與精力。當然，你肯定知道，我當時已經是筋疲力盡了。因此，我們離開愛丁堡時，心裡已經做好了準備，要面對接下來某些未知的事情。

接下來的兩三天裡，我們都是在安靜的情況下度過的。我還記得你經常會在埃文河畔的斯特拉特福舉辦布道演說，因此我建議我們前去那裡。不過，斯特拉特福不在鐵路沿線上，所以我們只能接受當時最迫切的邀請。邀請我們的人是約瑟夫·斯特奇，他是伯明罕人。於是，我們接受了他的邀請，為了避免其他人也發出邀請，我們了一封信給他，告訴他不要告訴別人我們已經抵達了這裡。

大約在晚上的時候，我們乘坐的火車抵達了伯明罕火車站。在我們走下火車之前，有人說：「斯特奇先生應該在這裡等我們的，但他不認識我們，我們也不認識他，這該怎麼辦呢？」C堅持說，他可以透過直覺找到斯特奇先生。於是，我們抵達火車站後，就叫他去嘗試一下。

可以肯定的是，在幾分鐘內，他就選中了一位一臉愉悅的中年紳士，此人帶著一頂寬邊帽子。C詢問他是不是斯特奇先生，結果證實了他所說的「直覺是一種更加重要能力」的觀點。沒過多久，我們這位新朋友與我們就登上一輛馬車，迅速前往他在埃奇巴斯頓的住所。可以說，沒有其他人知道我們的行蹤。你無法想像，當我們感覺自己成功地做到這點之後，感到多麼的興奮。

當晚，在我們喝茶時，艾利胡·巴里特過來了。這是我第一次見到他本人。雖然我之前從我們在愛丁堡的朋友那裡，聽到了許多有關他的消息。巴里特是一個中年人，身材高瘦，面容和善，有一雙藍色的眼睛，給人一種很有修養的感覺，他的行為舉止也充滿了紳士風度。

我對這位「學識淵博的鐵匠」之前的印象，似乎要比眼前的他更加莊重或是老成。艾利胡·巴里特這幾年都在英國與歐洲生活，他的許多言論在一些基督徒們看來是值得懷疑的，因為他的觀點比較好戰。按照他的觀點，刀劍是解決爭議最為直接的辦法。很多基督徒都認為，要是遵循他的觀點，那麼這個世界將會變得非常混亂。

第九章　陽光的回憶，西元 1853 年

　　我們整晚都在談論著許多與廢奴主義運動相關的話題。斯特奇先生表示，他相信我們必須要採取更加有力的手段，透過鼓勵那些自由的奴隸參與其中，才能取得更好的成效。從克拉克森那個時代開始，這個問題就或多或少會出現在英國那些廢奴主義者的腦海裡。

　　我應該說，斯特奇先生與他的家人，多年來一直都在抵制奴隸們所製造的任何商品。我認為，要是每個人都能抵制奴隸生產製造的商品，大家也依然能夠過上相對富足的生活。斯特奇先生特別強調了這個問題，表現出他對這個問題一貫的堅定態度。

　　第二天早上，當我們坐下來吃早餐時，我們的朋友端來了一碟草莓，那是我見過最大最好看的。考慮到當時是四月下旬，因此能夠吃到這些可口的食物，已經是一種非常奢侈的享受了。

　　在離開之前，我們答應要和伯明罕地區的一些朋友見面，這其中就包括伯明罕廢奴協會的成員。這個廢奴協會的歷史非常悠久，可以追溯到克拉克森與威爾伯福斯那個時代。這裡客廳的窗戶都是面向地面的，受邀的人不僅擠滿了房間，還有許多人都站在窗戶外面的草地上。在這些友好的人當中，有一位退役的海軍將領，他是一位友善的老紳士，懷著非常濃厚的興趣來到了這裡。

　　這群朋友陪伴著我們來到火車站。艾利胡·巴里特與我們一起乘坐火車前往伯明罕，我們一路上都感到非常愉悅，享受這趟前往倫敦的旅程。在晚上的時候，我們終於抵達了倫敦。

　　在倫敦的火車站上，我們發現賓尼與謝爾曼兩位先生在馬車旁邊等著我們。C 與謝爾曼同乘一輛馬車，斯托與我則乘坐另一輛馬車。我們很快就到了一座名為玫瑰村莊的美麗住所。關於富豪思這個地方，我之後還會講更多事情的。

　　賓尼夫人非常熱情地招待我們，在我們走進房子之後，賓尼夫人對我說：「哦！很高興你們終於來了！因為我們今晚都準備前往市長大人那裡參加聚會，你們也可以前去啊！」因此，雖然我當時感到非常疲憊，但我還是要匆忙地換好衣服，參加這次社交聚會。當賓尼夫婦與其他人都準備好了之後，馬車夫用鞭子抽打著馬匹過來等候我們。接著，我們就乘坐馬車出發了。

抵達後，我們發現那裡有很多人。我很榮幸地坐在市長夫人旁邊的座位上，這個座位是專門留給尊貴客人坐的。

　　一位穿著黑天鵝絨、留著幹練髮型的紳士從人群中走過來，坐在我旁邊。他自我介紹說，自己是首席男爵波洛克。他對我說，他剛剛讀到了《湯姆叔叔的小屋題解》一書的法律部分內容，特別對拉芬法官提出了自己的觀點，談到了國家與曼恩這個案例的判決，說這些內容給他留下了深刻的印象。

　　晚宴從 9 點鐘持續到 10 點鐘左右。我們走進一個寬敞明亮的大廳，餐桌已經擺好了。

　　坐在我對面的正是狄更斯。這是我第一次親眼見到他，因此我對他竟然是一個如此年輕的人感到非常驚訝。賈斯提斯·塔爾福德先生就是《約恩》一書的作者，他也和妻子一起前來。塔爾福德夫人穿著簡單的黑色連衣裙，除了掛著一條金鏈之外，沒有其他的裝飾。

　　在晚上 11 點到 12 點之間，我們都從餐桌旁站起來 —— 我們這些女士都去了客廳，我則被介紹給狄更斯和其他幾位女士。狄更斯夫人是典型的英國女性，她身材高姚、體型健碩，膚色顯得非常健康，給人一種坦率、愉悅和穩重的感覺。一位朋友對我低聲說，她與她的丈夫一樣，都是一個善於觀察以及幽默感很強的人。

　　沒過多久，幾位先生來到客廳，我與狄更斯先生進行了短暫的友好交流。他們都是非常優秀的人，因此我總是希望能夠認識更多這樣的人。

　　在一番交流之後，我們開始談論著離開的事情。市長閣下準備要前往下議院，其他人則還有其他的社交活動要參加。

　　「過來吧！讓我們一起去下議院看看。」我們的一位朋友說，「要在那邊住下來也可以。」「好的，」我回答說，「前提是我明天還有另一個軀體才行。」

　　要是一個人能夠不斷更換衣服，擁有充沛的精力，從一個地方前往另一個地方，那該多好啊！但是，我們並不習慣倫敦人這種將黑夜當成白天的生活方式，所以已經是非常疲憊了。因此，我要向你們說聲晚安了。

第十章
大西洋這邊的歐洲大陸，西元 1853 年

第十章　大西洋這邊的歐洲大陸，西元 1853 年

- ✦　卡萊爾伯爵
- ✦　亞瑟・赫爾普斯
- ✦　阿蓋爾公爵與公爵夫人
- ✦　馬丁・法誇爾・塔珀
- ✦　在斯塔福德的一次記憶深刻的會議
- ✦　麥考利與迪恩・米爾曼
- ✦　溫莎城堡
- ✦　斯托教授返回美國
- ✦　斯托夫人在歐洲
- ✦　斯托夫人對巴黎的印象
- ✦　斯托夫人前往瑞士與德國
- ✦　回到英國
- ✦　啟程回國

親愛的：

今天早上，佛倫女士前來拜訪，我們聊了一陣子。佛倫女士住在倫敦西區，我現在住在富豪思，可以說與她相隔一大個倫敦城。我在這裡收到了許多女士的來信。今天晚上，我們準備與卡萊爾伯爵共進晚餐，除了我們幾個人之外，不會有其他人。因為卡萊爾伯爵表示，在安靜的氣氛下進行交流，是他所能想到最為周到的事情了。

卡萊爾伯爵是美國人民的偉大朋友，他的姊姊薩瑟蘭公爵夫人也是。可以說，他是為數不多親自到過美國旅行，並以真正讚美的精神去評價我們國家的人。

我們在晚上 7 點鐘的時候抵達，晚餐大約在 8 點到 9 點鐘開始。我們被引到與入口大廳相近的前廳，然後走到附近的房間，見到了卡萊爾伯爵。這個房間給人一種愉悅溫馨的社交氣氛，煤炭和蠟燭發出的火光，讓整個房間都充滿生氣。

我們一行人之前都沒有親眼見過卡萊爾伯爵，但我們所受到的周到禮遇與真誠的對待，消除了我們一開始出現的尷尬心理。沒過多久，我們都坐了下來，一位僕人進來說薩瑟蘭公爵夫人來了，卡萊爾伯爵將我介紹給薩瑟蘭公爵夫人。

薩瑟蘭公爵夫人是一位個子很高，非常優雅的人，行為舉止都顯露出高貴的氣息。她的容貌端莊，一頭金色的頭髮，厚厚的嘴唇可以說明她有著純正的撒克遜血統。

在場唯一一個不屬於卡萊爾伯爵家族圈子的人，是我之前在美國時就經常通信的人，他是亞瑟·赫爾普斯。不知怎的，可能是因為之前與他通信所留下的感覺，我覺得他應該是一個年事已高且受人尊重的聖人，就像年老的隱士那樣在山洞裡沉思人生類型的人。因此，當我發現赫爾普斯居然是一位大約只有 25 歲的年輕人，跟其他人一樣都享受著笑話的時候，我感到非常吃驚。

在大家吃完晚餐之後，對話的主題轉向了緬因州法律。在英國這邊，這部法律被視為立法歷史上一個不同尋常的現象，許多先生都非常好奇地詢問與之相關的事情。

在幾位先生加入我們的對話之後，阿蓋爾公爵與夫人、布蘭泰爾爵士與夫人也過來了。這兩位女士都是薩瑟蘭公爵夫人的女兒。阿蓋爾公爵夫人是一位身材瘦削，面容姣好的人，有著一頭淡黃色的頭髮和一雙藍色的眼睛，其形象與《蒙托羅斯的傳說》一書裡的阿諾賴爾形象非常相似。布蘭泰爾女士則比較高，顯得比較豐滿，看上去充滿了活力。布蘭泰爾爵士可能有著斯圖亞特皇室貴族的血統，是一個身形挺拔的年輕人，舉止非常優雅。

至於阿蓋爾公爵，我們在蘇格蘭的時候，就聽到了他的農民對他的描述。我發現這些農民的描述是非常準確的。阿蓋爾公爵身材高瘦，有著英俊的臉龐，一雙藍色的眼睛，每一個舉動都散發出能量與活力。他的才華和辦事能力，讓他在年輕時就進入了英國政府的內閣。

卡萊爾伯爵不僅在政治領域有所成就，還是一位卓有成就的作家，已經就長老會主義創作了一部作品，對蘇格蘭從宗教改革以來的教會歷史，進行了詳細的闡述。可以說，要完成這樣一部作品，需要作者具有很強的文學與歷史功底，還需要作者具有自由寬容的精神。

卡萊爾伯爵詢問了我們國家許多著名的人物，特別談到關於愛默生（Ralph Waldo Emerson）、朗費羅（Henry Wadsworth Longfellow）與霍桑等人。還有，普萊斯考特似乎在這裡也非常受歡迎。此時，我才感覺到，我們的國民不像英國這些知識份子這樣重視本國的文人，反而還看不起這些文人所創造出來的價值。

第十章　大西洋這邊的歐洲大陸，西元 1853 年

在接下來的一個晚上，我們跟在丁格爾半島的老朋友愛德華·克羅珀夫婦一起共進晚餐，當時克羅珀夫婦剛好在倫敦停留一段時間。我們很高興再次見到他們，也為收到利物浦那邊的朋友的一些消息感到高興。克羅珀夫人的父親登曼爵士雖然在外面修養了一段時間，但健康狀況依然沒有起色，此時已經返回了英國。

吃晚餐時，有人介紹我們認識哈瑟頓公爵與夫人。哈瑟頓夫人是一位具有深厚教養和智慧的女性，對於當代的一切進步主義運動都非常感興趣。我從跟她的交流中獲得了許多有用的資訊。一起共進晚餐的，還有查理斯爵士與特里威廉夫人。查理斯爵士當時在財政部任職，特里威廉夫人則是麥考來的妹妹。

晚上又來了一群人，其中就有艾瑪·坎貝爾女士，她是阿蓋爾公爵的妹妹，也是坎特伯雷大主教的女兒。她熱情地邀請我前去參觀她在倫敦朗伯斯區的家。在場的還有亞瑟·赫爾普斯先生，還有其他我沒有必要說出名字的人。

5 月 7 日

今天晚上，我們家來了很多拜訪者，許多人來來去去，其中包括了馬丁·法誇爾·塔珀（Martin Farquhar Tupper），他是一位個子不高，但有著英俊面容的人，為人比較幽默樂觀。還有瑪麗·亨伊特，她也是一位樂觀、理智且友善的人，就像我們在火爐旁一起讀書的親切朋友那樣 —— 在我們第一次見面的時候，她就贏得了我們的愛意與好感。

很多人在見到我之後一般都會說，我並沒有他們想像中的那麼難看。我也可以向你保證，當我見到了許多商店櫥窗上都放著我的名字時，我能夠感受到英國與蘇格蘭民眾給予我的無限愛意，這讓我這個「醜陋的女人」內心感到無比溫暖。我認為，倫敦博物館裡面的獅身人面像才是他們真正該收藏的東西。我也準備收集這些畫像，帶回家給你看。這些畫像的類型也是多種多樣的，就像是愛爾蘭的路標，能夠告訴你哪一條路是行不通的。

在這晚的應酬結束之前，我已經與很多人交流過，感到非常的疲憊。我覺得自己已經沒有多餘的精力了。在明天十一點鐘的時候，我還要前往斯塔福德大廳參加一個集會。至於那場集會上會有什麼樣的場面，我也不知道，但我現在還是先不去想明天可能會發生的事情，當下最要緊的就是先睡上一覺。

親愛的 C：

　　為了完成我之前對你的承諾，我會將自己所記得的細節內容都告訴你，將發生在斯塔福德大廳裡舉行集會的每個細節都告訴你。在大約十一點的時候，我們來到了一條拱形車行道前面，這個大廳的外觀看上去不是很豪華。

　　當公爵夫人出現時，我認為她白天看上去要比晚上更美麗。她像之前那樣非常熱情地迎接我們，我們被介紹給了薩瑟蘭公爵。他是一位身材高瘦的人，臉型不是很大，一頭淺棕色的頭髮，一雙淡藍色的眼睛，給人一種充滿尊嚴與柔和的氣質。

　　首先進入大廳裡的人是這些家庭成員，包括了阿蓋爾公爵與夫人，布蘭泰爾爵士與夫人，斯塔福德侯爵與侯爵夫人，還有艾瑪·坎貝爾女士。接著就是沙夫茨伯里爵士與他美麗的夫人，公爵夫人的父親與母親，帕默斯頓爵士與夫人。帕莫斯頓爵士是一位個子中等的人，有著一雙黑色的眼睛，黑色的頭髮中夾雜著幾條白髮。他的每個舉止似乎都顯得比較靈敏，充滿了活力。簡而言之，他的形象和我對他在公眾領域生涯裡的表現是非常吻合的。

　　對於一位多年前就已經知道大名，但卻從未謀面的人來說，當你第一次見到他的時候，總是會產生一種奇妙且不可思議的感覺。在與帕默斯頓爵士交流的時候，我只能記得父親當年與斯托在火爐旁閱讀他寄來的信件時，那種欣喜若狂的情形。到場的人還包括約翰·羅素爵士、格拉斯通先生與格蘭維爾爵士。我們認為格蘭維爾爵士的外貌與詩人朗費羅可以說是驚人的相似。

　　在午餐後，大家都上樓梯，前去畫廊欣賞畫作。我們踏上寬闊的樓梯走到大廳，來到了據說是整個歐洲氣勢最為恢弘的畫廊。此時，大家都開始聚集在畫廊裡面，很快地整個房間就都擠滿了人。我還記得，自己被介紹給很多人，但我也忘記了當時的很多人。我還記得惠特利大主教當時也在那裡，還有惠特利夫人與惠特利小姐。麥考利與他的兩個妹妹都在那裡。詩人兼歷史學家密爾曼也在現場，牛津地區的主教，希瓦利埃·本生與夫人以及其他很多名流也在現場。

　　當我們一群人都聚在一起的時候，沙夫茨伯里爵士代表英國的女士，閱讀了一篇簡短而熱烈的演說詞，表達他們對我們的真誠歡迎。

第十章　大西洋這邊的歐洲大陸，西元 1853 年

　　無論從哪個方面去看，在斯塔福德大廳舉辦的集會，都是讓人印象最為深刻的。對我來說，這次集會的安排是非常得體與讓人滿意的。我絕對沒有將這樣的禮遇視為對我個人的一種榮譽，我只是將這樣的禮遇，視為英國女性對我們這個時代一項最偉大的事業的一種支持，對個人自由是屬於宗教領域一種自由理念的強烈支持。

　　在這個場合下，薩瑟蘭公爵夫人將一條用黃金做成的金手鏈送給了斯托夫人，這條金手鏈的形狀與奴隸們的鎖鏈非常類似，金手鏈上刻著這些文字：「我們相信這條代表著枷鎖的紀念品很快就會被打碎！」金手鏈的兩邊都刻著英國殖民地地區，廢除奴隸交易與奴隸制的時間。在收到這條金手鏈的多年之後，斯托夫人在這條金手鏈上刻下這些文字：「美國的憲法修正案已經宣布永久地廢除奴隸制。」

　　斯托夫人在 5 月 9 日繼續這篇有趣的日記：

　　親愛的 E：

　　我的這封信是專門寫給你的，因為我知道，我在這封信裡所談到的人物或是遇到的事情，肯定會讓你充滿了興趣。

　　你在晚上閱讀的一些書籍的作者，比如麥考利、西德尼·史密斯與密爾曼等名字，對你來說肯定已經是非常熟悉的了。你絕對會希望能與我一起前來這裡，因為我昨天早上就與查理斯·特里威廉爵士一起共進早餐。我認為特里威廉夫人就是麥考利的妹妹。

　　我們大約在上午 11 點來到西邦爾梯田這邊，發現很多人已經來到了客廳。我之前已經見過麥考利，但是坐在他與迪恩·米爾曼中間，我必須要承認，自己還是會時不時感到有些尷尬，因為我希望聆聽他們同時說出的一些話。不過，這就像你用雙手同時彈奏鋼琴，我也可以很自在地與他們交流。

　　在這次早餐會上，也有其他一些著名人物。我沒有機會聆聽他們的對話，因為他們距離我所在的地方比較遠。其中就有格萊內格爾爵士，他是目前擔任孟買總督的羅伯特·格蘭特爵士的弟弟，他之前創作的一些優秀詩篇，讓他在美國家喻戶曉。他最著名的一句詩歌是：

「當雲層慢慢聚攏起來，我可以看得更清楚。」

這句詩正是出自他的手筆。

歷史學家哈勒姆也在現場，我認為當時在場的其他名人是我所不認識的。在這之後的一兩天裡，我始終在找尋著一些比較著名，但我卻不認識的人。

到了 5 月 18 日，斯托夫人在寫給姊姊瑪麗的一封信裡這樣說：

親愛的瑪麗：

我可以將我們這次倫敦生活所經歷的尷尬，和許多刺激我們好奇心與欲望的事情進行比較，只是目前的生活，就像我們小時候在感恩節時感受到的那種困惑一樣。就像埃奇沃思女士那位具有哲學思維的小弗蘭克，我們不得不將所需物品的清單列出來，然後就會有很多著名人士帶著我們去見識這些東西。在一個天氣晴朗的日子裡，我們前去參觀溫莎地區，大家都非常享受這次旅程。

不過，這次旅行是比較匆忙的。大約在上午 11 點的時候，我們已經到達了城堡外面那些古老的石砌階梯上。我們首先穿過莊嚴的建築，這個地方主要吸引我興趣的是這裡的宴會廳，這些宴會廳裡面裝飾著范戴克的畫作。在離開宴會廳之後，我們排成縱隊前去欣賞一些私人房間。這些公共場所是隨時都向公眾開放的，可是那些私人房間卻是只能在女王陛下不在的時候，或是得到特別的允許，才能對別人開放。我們也是在薩瑟蘭公爵夫人的幫助下，才獲得了這樣的機會。

一走進前廳走廊，第一個吸引我目光的東西，是一輛適合嬰兒乘坐的柳條馬車，這輛馬車就擺在一個角落裡。這樣的馬車應該是之前一代所有母親都非常熟悉的。還有一些歷史上大家都熟悉的人物雕像。房間裡有整齊的簾幕與綠色的美利奴絲綢軟墊，這些都不是屬於皇家用品，而是屬於女性用品。我懷著濃厚的興趣對這些小物品進行了一番沉思。

接著，我們前去白鹿酒店一起共進晚餐，當年莎士比亞就是在這間酒店，慶祝自己完成了《溫莎的風流婦人》（*The Merry Wives of Windsor*）戲劇，並在這裡度過了一段非常愉悅的時光。在晚餐之後，我們又到外面愉悅地兜風旅行去了。

我們想去參觀格雷寫下《墓園挽歌》一詩的那間教堂，想要過去那裡親眼看看到底是什麼景象。斯托在這之前就告訴我們，他知道該怎麼去，向我們保證他

第十章　大西洋這邊的歐洲大陸，西元 1853 年

知道那間教堂的具體位置。於是，在與馬車夫溝通一番之後，我們最終停在了一間與我們想像中完全不一樣的教堂前面。

最後，我們認為應該就是這間教堂，因為教堂旁邊有著被青苔覆蓋的榆樹，還有最古老的紫杉樹以及一座覆蓋著常青藤的小亭子，這一切看上去都是那麼的完美。我們靠在古老的柵欄前，不斷地重複著《墓園挽歌》這首詩歌，這顯然是我們在這個地方所能說出最好的話語了。

想像一下，當我們回到倫敦後，別人對我們說，我們根本沒有去到正確的那間教堂時，我們是多麼的懊悔啊！那位早年在錯誤教堂哭泣的斯托，並不是最感到失望的人。不過，他與我們一樣都學會自我安慰，認為這樣的情感只要是真誠的就行了，只是倘若在正確的地方釋放出恰當的情感，那肯定是最為美好的。

在我們從溫莎回來之後的那天晚上，我們與我們友善的朋友格尼夫婦一起度過。第二天早上，我們一行人前去拜訪科蘇特先生。我們在倫敦郊區一間不起眼的房子裡見到了他。此時，我不禁想起美國很多編輯都喜歡在文章裡嘲諷科蘇特先生過著奢侈的生活，要是他們親眼過來看看科蘇特先生過著簡樸清貧的生活，他們便會認為自己是大錯特錯了。科蘇特懷著愉悅的心情與我們交談，他的英語很好，雖然不時會摻雜著一些外國語言。當我們離別的時候，他親切地拉著我的手，說：「我的孩子，願上帝保佑妳！」

我對之後發生的一切事情感到非常遺憾。在這一週，《時代》雜誌的文章在英國這邊傳播，說斯托夫人正在做一條全新的連衣裙！這篇文章的作者提出質疑，說斯托夫人是否意識到她的這套連衣裙是由誰做成的。文章還附帶了一封由裁縫學徒寫來的一封信，說這套連衣裙是由倫敦地區那些地位最低、過著悲慘生活的白人奴隸做的，還說這些白人奴隸的生活狀況要比美國莊園裡的黑奴更加糟糕。

此時，我對此根本是一無所知，只是將自己的一些絲綢交給一位朋友，然後等這位朋友請人幫忙做好。當時，這位朋友找了一位看上去受人尊重的女性去做這套連衣裙，沒想到竟然出現了這樣的結果！

既然這篇文章已經刊登出來，我也收到了許多人寄來的詢問信件，其中大部分信件都是來自國內的，希望我能夠出面澄清，說我絕對不能支持英國那邊存在白人奴隸的狀況，說我應該運用自己的才華，去反對一切形式的壓迫行為。

難道這些人不知道我在緬因州生活的時候，是過著多麼簡樸的生活嗎？我們生活圈子裡唯一一個裁縫師，是一位充滿智慧、為人高尚且受過良好教育的女性，她認為每個人都應該是平等的，認為平等對待每個人會給自己帶來雙重樂趣 —— 可以說，每次與她交流都是非常友善的 —— 我要說，要是他們真的知道這些，他們就會明白我在這件事情上是多麼的無辜。我只是希望友善的人過來丈量我的身材，從而做一套絲綢女裝，然後帶回家。我從來沒有想到這位女裁縫竟然是這個集團的頭目。

斯托夫人寫了一封信給她的丈夫，因為斯托當時有事在身，已經提前返回了美國。這封信是這樣說的：

5 月 22 日

今天，我們前去聆聽坎特伯雷大主教代表貧民兒童免費學校發表的一篇布道演說。在聽到瑪麗．艾德蒙森的死訊後，我的腦海裡充斥著悲傷。

5 月 30 日

從我上次寫信給你之後的第二天，就是格林菲爾德女士舉辦的音樂會，我送去了祝賀的卡片。你可以看到他們總是如此高規格地接待你這位可憐的妻子！真是有點意思啊！這裡的名流都到齊了，我坐在卡萊爾伯爵的身旁。

演出結束後，伯爵夫人邀請哈瑟頓女士與我，一起前去參觀斯塔福德的房子，並一起喝茶。無論是對喝茶還是對伯爵夫人，我都懷著友好的善意，因此我答應了。可以說，我們度過了一段非常美好的時光。在場的人還有阿蓋爾公爵夫人、卡洛琳．卡尼貝夫人、哈瑟頓夫人以及我本人。我們一起品嘗醇香的茶水，還吃了美味的奶油、葡萄與杏子，還吃了一些義大利麵包。

當我們準備離開的時候，伯爵夫人一把拉住了我，藉口說找我有事要說，將我帶到另一個房間裡。然後，她走到我身邊，用手臂扶著我，她那張高貴的臉龐充滿了情感。

「哦！斯托夫人，我已經讀到《湯姆叔叔的小屋題解》的最後一個章節了。」阿蓋爾大聲地朗讀給我聽。我非常肯定地說：「妳絕對會取得成功，上帝也絕對會保佑妳的！」

第十章　大西洋這邊的歐洲大陸，西元 1853 年

我還記得當時自己說，非常感謝她給予的愛意以及祝福，告訴她英國女性的想法與她的想法是一致的，還有美國很多女性也有這樣的想法。她的雙眼看上去洋溢著光芒，似乎受到了無限的鼓舞。要是此時有人從我們背後看到她的表情，肯定會覺得她此時是滿懷深情的，似乎在不停地說：「你們一定會成功的，你們一定會成功的！我相信你們會成功的，我也會為你們祈禱的。」

於是，我們相互吻別，表示一定要延續這段深厚的友情與對彼此的忠誠 —— 我就這樣離開了。

今天，我與沙夫茨伯里爵士一起前往聖保羅大教堂，前去探望那裡的孤兒。在這之後，我們與迪恩·米爾曼一起共進午餐。

5 月 31 日

我們與 R 小姐在牛津梯田地區一起共進午餐。在場的其他著名人物包括拜倫女士。我之前已經與她進行過非常有趣的對話。我敢說，之前在美國出版的任何關於拜倫夫人的畫像，都沒有真正地將她的氣質與美貌展現出來。

拜倫夫人是一位身材高瘦、非常優雅的人，她整個人的容貌、衣著與氣質結合起來，給人一種非常尊貴、柔和、純潔卻又強大的感覺。到目前為止，在我與其他人的交流中，還沒有哪個人能像拜倫夫人這樣，雖然她只是就英國當前的宗教狀況寥寥地說了幾句話，卻已經深深地印在我的腦海裡了 —— 她的話語所具有的思想深度是很少見的。

根據之前的約定，在我們離開這裡，前往巴黎之前，我都會繼續寫信給你，告訴你我在這邊所遇到的事情。

我們牢記你的建議，那就是要盡快前往歐洲其他地方。查理斯在一兩天前寫給當時在巴黎的 C 夫人的一封信裡就表示，希望能夠提前安排好私人住所，絕對不能讓其他人事先知道我們已經去到了那裡。

C 夫人在回覆的信件裡，敦促我們前去她的家，並且承諾會提供一個安靜舒適的休息地方給我們。因此，自從你離開這裡之後，我們幾乎每天都在許多社交活動中跳來跳去，忙個不停。在你離開的那天晚上，我們就收到了薩利小教堂那裡的許多女性送來的墨水瓶。

還有一個非常美麗的銀製工藝品，大約是 18 英寸長，上面還有一組銀製人物的雕像，代表著宗教的含義。這些銀製人物雕像的手上還拿著《聖經》，賜予奴隸自由。那位奴隸的雕像也可以說是大師的傑作，他身子站立著，手上緊握著，看著天空，有一位白人正在解開他的腳鐐。但是，最美妙的還是幾個美麗的孩子遞上來的一支金筆，其中一個孩子還發表了一篇非常美好的演說。我叫這些小孩走上前來，讓他們站在我身旁，與他們交談了幾分鐘。這就是我所做的一切事情。

　　明天，我們就要出發了，準備以安靜的方式離開這裡，前往巴黎，接著前往瑞士。我們會參觀那裡最美麗的峽谷。正如《聖經》上所說的：「這會讓我們好好地安睡。」。

6 月 4 日，巴黎

　　我們終於抵達了巴黎，來到這個最為友善的家庭。整個早上，我在外面參觀了許多商店、大街與林蔭大道，親身領悟巴黎民眾的真實生活。當一個人在這座城市裡有令人愉悅的房子可以居住，或是有友善的朋友可以依靠時，就會感覺這座喧囂、充滿活力與優雅的城市，是世界上最具魅力的一座城市，我們在這樣一座最具魅力的城市，竟然還有一個最友善的住所。

　　我希望孩子們能夠過來看看杜勒麗宮，欣賞裡面的雕像與噴泉，看看這裡的男人、女性與孩子們都坐在樹底下乘涼，在那裡閒聊，或是大聲唱著什麼，或是編織著棉布，還有一些孩子在附近玩著鐵環遊戲、打球，這一切都充滿了生命力。在這裡的很多商店，我們都能看到年輕美麗的女性！他們會說，我是售貨員，可以幫你什麼嗎？簡而言之，我決定感受一下法國人的幽默感，於是我選擇穿上那些玫瑰顏色的衣服。

6 月 13 日

　　今天早上，我們前去貝洛克的畫室，貝洛克準備為我畫肖像。他用純真的法語提出的第一個問題，就是讓我坐定，或是擺一個姿勢。最後，我們一致決定，我要看著鏡子裡面的其他畫作，這就讓我的目光看上去似乎在看著遠方。貝洛克表示，卡朋特曾說我始終都給人一種觀察者的氣質 —— 始終都在觀察著任何事

第十章 大西洋這邊的歐洲大陸，西元 1853 年

物。因此，貝洛克希望能夠在我的肖像裡，突出「我身為觀察者的形象」，但這樣的觀察卻不是處於一種好奇心。

沒過多久，卡朋特先生過來了。他開始讚美《湯姆叔叔的小屋》一書，說這本書讓奴隸制問題的討論取得了空前成功。在他過去三十五年身為書商的人生裡，還從未見過一本如此暢銷的書。他說，這本書超過了當代其他所有的小說。一開始，他表示自己不願意閱讀這本書，因為他的閱讀品味一般都是閱讀一兩個世紀前那些大師的傑作。「就像貝洛克在繪畫時一樣。」我戲謔地說。最後，他發現自己的朋友貝洛克，這位充滿智慧的人也在閱讀這本書，於是他也開始閱讀這本書了。

「什麼？你也在閱讀這本書？」卡朋特問。

「啊，是的！」貝洛克回答說，「別再讚美這本書了，我可以說，從來沒有一本書像這本書這樣。這本傑作超過了我們所有的作品，而且還拉開了很大的距離。」

貝洛克說這本書之所以如此偉大，是因為這本書裡面表現出來的忠誠信念要比其他書更加強烈。我們將很多華麗的辭藻都捨去了，將一些異教徒、基督徒與藝術的內容都融合起來了。

6 月 22 日

再見了，巴黎！我們準備出發前往索恩河畔的薩隆！在與友善的朋友深情地道別之後，上午十一點時，我們乘坐舒適的馬車出發，經過了最為寬敞的道路，來到了勃艮第，然後在晚上九點抵達薩隆。

6 月 23 日

從早晨 5 點鐘開始，我們窗戶下面的碼頭上就響起了一陣喧囂聲音，河面上出現了三艘蒸汽船，形狀就像是我們昨晚吃的麵包卷。人們可能會認為伊卡博多·克萊恩會跨越其中一艘蒸汽船，然後雙腳踩在水面上。這些蒸汽船的速度肯定很快。「燕子號」蒸汽船將會在 5 點鐘啟程，另一艘蒸汽船則會在六點鐘啟程，我們則要在 9 點鐘啟程。

當我們抵達這裡的時候，出現了難以用言語去描述的混亂局面。在我們的蒸汽船靠近碼頭的時候，有一個人開始用吊索準備將行李放在一塊平滑的木板上搬上岸。有 300 個人在對物品進行分類，而且根本沒有任何的檢查。這裡的行李搬運工用肩膀抬著沉重的貨物，他們都是一起將四五個用繩索捆綁起來的行李箱背起來，然後氣勢驚人地離開亞特蘭提斯號蒸汽船。其中有一些帽盒、硬紙盒或是旅行袋掉了出來。「是我的、是我的！」老人、年輕人、士兵、商店主人或是修道士都紛紛大聲說，大家都時摩肩接踵，彼此互不相讓。

7 月 25 日

我們從里昂出發前往日內瓦。這是我第一次搭乘「勤奮號」驛站馬車，因此我們特別留意這些馬車與其他馬車的不同之處。之前，我一直認為「勤奮號'是左右搖晃、行進速度緩慢到難以用言語描述的馬車，就像蝸牛在陸地上那樣行走。但事實讓我大吃一驚，這是一輛馬力十足，充滿前進動力的龐大馬車，擁有火車的速度，並且非常平穩。

在經過碎石路的時候，我們依然能以很快的速度前進。在經過山丘的時候，我們依然還能讓三匹馬並駕齊驅，一共六匹馬一起前進。我們彷彿是在一種毫無顧忌的狀態下穿越了許多小城鎮，彷彿就像一陣旋風，颳過了鋪滿鵝卵石的街道，最後再次回到平實寬敞的道路。在我們還來不及認真思考這個事實之前，就早已離開了里昂，並多次更換馬匹了。這一切似乎是在一瞬間完成的，我們只聽到馬匹在嘶叫，用雙蹄在跺地，之後我們又開始前進。在我們意識到發生什麼事情之前，更換馬匹的工作已經完成了。

夜幕漸漸降臨，突然颳起了一陣風，一場風暴似乎正在侏羅山脈那邊慢慢聚集著能量。當我們經過籠罩在迷霧當中的鐵青色王國的時候，大雨肯定已經打在柏林地區的窗格玻璃上了。這大晚上，我們一直在往日內瓦趕路，最後停在了梅薩山格利。我聽到有人詢問是不是貝薩女士的時候，毫無猶豫地用法語回答說：「是的，先生，正是我。」雖然，這個名字聽上去不大像是我的名字。半個小時之後，我們已經住在法齊先生的住所裡面了。

他們一行人從日內瓦出發，前往瑞士的阿爾卑斯山脈，並在那裡度過幾週時間。在這段時間裡，查理斯·比徹在侏羅山脈腳下一間小酒店裡寫下這樣的文字：

第十章　大西洋這邊的歐洲大陸，西元 1853 年

　　住在這附近的人們知道哈里特來了之後，都顯得非常友善與熱情，為能夠親眼見到她感到非常高興。這樣的場景跟我們當初在蘇格蘭時受到的熱情招待沒有什麼區別。我們必須要保持堅定不移的態度，才能避免哈里特不會受寵若驚，無論在巴黎或是在日內瓦，我們對民眾表現出來的熱情與友善都回以相同的敬意。對我們來說，這可是極為重要的事情。

　　與那些遠離塵世的高山民眾們聊天後，給了我們內心很大的震撼。這裡友善的女主人，甚至就連年輕的女僕們，她們都圍聚在哈里特身旁，表達她們對奴隸制問題的強烈興趣。她們都看了《湯姆叔叔的小屋》一書，閱讀這本書顯然給她們平時單調沉悶的生活，帶來了很多樂趣與談論的話題。因為她們都說：「斯托夫人，求求妳再寫一本這樣的小說吧！記得，我們這邊的冬天實在太漫長了。」

　　在返回日內瓦後，他們參觀了西庸古堡。斯托夫人在描述這座城堡裡的地牢時這樣寫道：

　　拱形地下室的許多柱子上都刻著一些人的名字。我認為這應該是類似於博瓦德柱子。柱子上面的人名包括拜倫、亨特、席勒以及其他許多著名的人物。當我們從地下室裡走出來的時候，我們的女嚮導突然想到了什麼。她向我們這行人提出了一兩個問題，然後強烈要求我將自己的名字刻在上面。於是，查理就在一塊比較鬆軟的毛石上刻下了我的名字，說這是為了讓後人看到。那位女嚮導似乎無法壓抑自己的熱情，不停地握著我的手，然後表示自己讀過《湯姆叔叔的小屋》一書。說這本書寫得實在是太好了，但這本書裡面的許多內容讀著感覺太殘忍了。

7 月 18 日，星期一

　　今天天色陰沉。我們將行李都搬上一輛輕便馬車，然後坐在馬車上，向我們在這邊的朋友道別，返回日內瓦。這樣的離別場景著實讓我的內心充滿遺憾的情感。在經過集市時，我們購買了一籃子的漿果和水果，以寬慰我們內心的失落。我們在洛桑吃晚餐，接著參觀當地的大教堂與畫廊，這些都是充滿藝術氣息的地方。我們這晚在門敦這個地方睡覺。

7 月 19 日，星期二

我們乘坐馬車從佩恩出發，前往弗立堡，最後停在了縈林格·霍夫這個地方，這裡有許多最具浪漫氣息的旅館。

7 月 20 日，星期三

我們沒有看到獅子，而是看到了伯恩地區的黑熊。我們乘坐輕便馬車，出發前往圖恩湖。我們在湖邊的某個地方吃飯，然後前往茵特拉臣，最後在美麗的夕陽即將要沉沒在西山之前抵達了這裡。

我們穿越了溫格阿爾卑斯地區，前往格林德瓦。我們可以看到少女峰就在我們的正前方 —— 山峰上那長年覆蓋的冰川是那麼地純白與柔和，在陽光的照射下發出耀眼的美麗。可以說，這座山峰要比朗峰更加具有美感。這天晚上，我們在格林德瓦住宿。

查理斯·比徹在從羅森勞伊出發的旅程中，寫下了這樣的文字：

7 月 22 日，星期五

我們從格林德瓦出發前往梅林根，來到了著名的斯西科山峰的頂部，H 與 W 在這裡研究植物，而我則呼呼大睡。之後，我們乘坐馬車從山上下來，最後抵達羅森勞伊。我可以說，吃一頓可口的晚餐要比欣賞這裡的冰川更加有意思。因此，當 H 與 W 前去欣賞冰川的時候，我則回到旅館，聽到了他們發出的大聲尖叫與呼喊聲。

當時，我正在旅館的咖啡廳裡寫下這些日記，其他的旅行者也在那裡吃晚飯或是喝著飲料。我看到 H 在外面綠色的月光下，走到一個顏色有點像翡翠綠的冰洞前面。誰也不知道她到底哪來的這麼多能量，難道她不會感到疲憊嗎？她到底是如何遠離我們，然後獨自一人前去那麼高又陡峭的地方。

哈里特的這種做法，讓那位誠實的導遊金霍爾茨大為不解，因為他只想要保護她的安全，卻不知道該怎麼做。哈里特此時來到一塊碎冰前的頂端，下面的冰川是那麼地陡峭與深不可測。哈里特竟然在那裡坐了下來，接著又躺在那裡 —— 當然，她不可能是在那裡睡覺，可能只是精神陷入了一種恍惚的狀態。W

第十章　大西洋這邊的歐洲大陸，西元 1853 年

與我已經準備好去叫她回來。我們大聲叫喊著她，聲音卻被冰川下面響亮的流水聲所淹沒。於是，我們找到了那位導遊，他走下來，顯得一臉懵懂。

哈里特最後聽到了導遊的聲音，開始站起身來，接著用一隻手指著遠處的山峰，另一隻手則指著冰川下面那個如刀鋒般鋒利的冰岩。這樣的場景讓我想起以賽亞那幅莊嚴的畫像：「因為我的寶劍正在天國沐浴。」哈里特指著那些鋒利的冰岩石，那些岩石都布滿了缺口，就像一根長矛那樣鋒利。顯然，哈里特已經沉迷在自己的世界裡了，認為自己能夠想起這些因為地震或是風暴所誕生的怪獸的名字。但在那樣的場景下，她無法說出這些名稱或是對此有任何想法，只能默默地欣賞那一片壯美的景色，並將這樣的景色長久地保存在心底。

在遊歷了德國、比利時與荷蘭之後，他們一行人 8 月底的時候返回了巴黎。斯托夫人在巴黎期間這樣寫道：

現在，我坐在貝洛克家一間舒適小房間的沙發上。今天非常炎熱，可是這些巴黎人的房子似乎都有一種能夠保持清涼的特性。法國的住宅非常有特色，從外觀看上去是很美觀的。我喜歡他們透過安裝深窗格的四方院的形式，將街道的喧囂隔離開來，保持室內的安靜。

貝洛克夫人是瑪利亞·埃奇沃思（Maria Edgeworth）的翻譯。在埃奇沃思的要求下，她們倆通信交流了許多年，現在已經積攢了她寄來的許多信件。在我看來，她翻譯的《湯姆叔叔的小屋》一書的法文版本是非常忠於原著的，具有原著的神韻。當我閱讀法文版的《湯姆叔叔的小屋》時，我非常享受其中，在閱讀過程中根本沒有意識到這本書的原作者就是我。

斯托夫人接下來寫的一封信，是在從倫敦準備返回美國的途中寫的。當時她正準備登上柯林斯蒸汽船。在這封信裡，斯托夫人這樣寫道：

8 月 28 日

我們收到家裡最新寄來的一些信件，這改變了我們的行程計畫。我們認為有必要迅速趕上下一班返回美國的蒸汽船，如果能夠趕上，我們就可以提前回去。大家現在都非常忙亂。因為我們還要為阿姨、表弟表妹以及一些朋友購買這邊的

土特產。我們曾在巴黎皇家宮殿購買一些複製品，還買了一些青銅製品、花瓶、小雕像、棒棒糖以及其他的玩具 —— 我們都可以在巴黎買到這些東西。因為我們都要為美國的朋友們帶回一些禮物。

C 說過，我們真的是非常急著要渡過英吉利海峽。我們在 L 位於倫敦的家裡度過了幾天的時光。

9 月 1 日，我們抵達約克，接著參觀了聖瑪麗大修道院充滿美感的廢墟，還參觀了這裡壯觀的大教堂。我們在參觀的過程中，天空一直下著雨。第二天，天空還在下雨，於是我們乘坐馬車前往霍華德火車站。9 月 7 日，登上了「柯林斯號」蒸汽船。

卡萊爾夫人以非常熱情的方式歡迎我們。我們得知，要是我們在約克火車站故意隱瞞我們的名字，我們將會收到她送來的一封信。不過，因為我們安全地抵達了這裡，因此關係也不大。

我們的朋友談論了許多關於薩姆納與普萊斯考特等人的事情，他們兩人之前也曾來過這裡。還有我國前駐英國大使勞倫斯先生，也在回國前來過這裡。在度過非常愉快的一天之後，我們依依不捨地離開了這些友善的人，離開了我們在英國這邊親密的朋友。

晚上 9 點的時候，我們坐在 E·布萊恩斯先生在里茲的美麗房子的壁爐旁。第二天，這座房子裡來了很多人，許多里茲人都過來歡迎我們的到來。

週二，我們與里茲這些友善的朋友道別，很快地再次來到了美麗的「丁格爾」地區，這是我們一開始抵達英國和準備離開英國的最後一站。

來自貝爾法斯特與愛爾蘭的一個代表團過來拜訪我，送給我一個美麗的沼澤橡樹木頭做成的小箱子，這個小箱子的邊線鑲嵌著花奴圖像，還雕刻著一些國家的象徵符號，裡面還包括支援那些為反抗壓迫這一偉大事業奮鬥的人所寫的話語。

他們宣讀了一份非常大度的演說，談到我們美國人應該從愛爾蘭的奴隸解放原則中學習一些經驗，因為英倫三島在我國具有強大的影響力。要是時間和精力允許的話，我肯定要前去愛爾蘭，再次參觀蘇格蘭，再多看看英格蘭。但是，很多事情都不是一個人能做主的。現在，我們到了離別的時刻，大家都相互交換了最後的道別話語。

第十章　大西洋這邊的歐洲大陸，西元 1853 年

　　我就像一個即將要離開家的孩子那樣感到悲傷。我離開了友善、強大而古老的英國海岸，離開了我們真正的祖國。

第十一章
回到美國，西元 1853～1856 年

第十一章　回到美國，西元 1853～1856 年

- ✦ 反蓄奴制運動
- ✦ 給格拉斯哥女性的一封信
- ✦ 美國的動盪時期
- ✦ 向美國女性發出的呼籲
- ✦ 與威廉‧勞埃德‧加里森的通信
- ✦ 創作《德雷德：陰暗大沼地的故事》
- ✦ 喬治亞娜‧梅的告別信件
- ✦ 第二次前往歐洲的旅程

　　西元 1853 年秋天，斯托夫人從歐洲之旅回到美國後，就立即全心投入反對奴隸制的奮鬥當中。她將大部分時間都用於在美國各地發放英國的捐款，這些都是她在歐洲旅行期間，許多反對奴隸制的民眾交付給她，讓她去推動反對奴隸制運動的。有了這筆錢之後，她幫助解救了很多遭遇到特別痛苦的奴隸，幫助他們成為自由人。

　　無論哪個地方需要反奴隸制演說，她都會積極地參與其中，幫助成立與發行反對奴隸制的出版物出版，成立與幫助建立了許多學校，讓黑人能夠學會如何在獲得自由之後自力更生。她還安排了許多公眾集會，準備了許多要在這些場合下發表的演說。她與世界各地的許多人保持著通信聯繫。她在西元 1853 年至 1856 年間，收到的信件與所寄信件的收信人名單簡直無法統計。儘管她每天都要將大部份精力投入到反對奴隸制的事業當中，但她沒有忽視子女的教育，也沒有放鬆在文學創作方面的力度。

　　在結束這次歐洲之旅後，她在歐洲見聞的經歷以日記的形式出版了，書名為《陽光的回憶》（*Sunny Memories of Foreign Lands*）。斯托夫人還修正與拓展了她在西元 1843 年由哈珀聯合出版公司出版的那本名叫《五月花》的書。西元 1855 年，菲力浦斯與桑普森聯合出版公司重新出版了這本書，之後由約翰‧朱厄特聯合出版公司出版，最後由倫敦桑普森‧洛聯合出版公司出版。

　　回到美國沒多久，斯托夫人對蘇格蘭那邊的朋友充滿了感激之情。雖然她在蘇格蘭旅行的時候，因為身體虛弱，無法公開發表感謝的演說，但她在回到美國後，寫了下面這封公開的感謝信：

給格拉斯哥反奴隸制協會所有女士的信件：

親愛的朋友們：

我有很多話要跟妳們說，我希望能夠以個人的方式表達自己的想法，因此我現在有必要透過這封信將自己的心裡話說出來。

我一直擔心，妳們可能會認為，我在格拉斯哥與妳們的短暫交流中，沒有取得滿意的結果。

在那個時候，我接受了妳們熱情的邀請，當時的健康狀況還可以，因此我覺得自己可以享受與妳們交流所帶來的樂趣，可以按照妳們所希望的那樣融入妳們的社交圈裡。

當我需要兌現自己答應妳們的承諾時，妳們也知道，我因為身體疾病的問題只能臥病在床，因為前一年冬天我為《湯姆叔叔的小屋題解》耗盡了心力。

在世界的每個角落，《湯姆叔叔的小屋》這個故事，喚醒了民眾對美國奴隸遭遇的極大同情心，因此在世界的每個角落裡，民眾都強烈反對這樣一種邪惡的制度。很多人宣稱這本書只是一本虛構的浪漫小說，我也被國內很多機構誹謗與攻擊過。我知道如果我放棄自己的立場，那麼這本書所喚起關於奴隸們的同情心就會逐漸消失，所有事情就真的會被人們視為一時激起的激情或是興奮之情了。

當我準備出發的時候，根本不知道自己會在英國與蘇格蘭獲得那麼友善的待遇。我想過要與眾多英國或是蘇格蘭的朋友進行友善與真誠的交流，但絕對沒有想到能夠認識這麼多友善與熱情的人。可以說，這根本是我之前所無法想像的。

透過妳們的協會，我受邀前往妳們的國家，因此我在英國和蘇格蘭那邊所結識的朋友，都要歸功於妳們的邀請。

首先，妳們腦海裡肯定會出現許多問題，其中一個問題就是英國最近興起的關於反奴隸制的浪潮，是否會對美國的反奴隸制運動帶來神祕積極的影響呢？

英國最近興起的反奴隸制浪潮所帶來的第一個結果，正如很多人所期望的那樣，造成了巨大的影響。可以說，諸多充滿惡意或是黨派偏見的報紙都在傳播那些錯誤、邪惡或是惡意的報導，如果說世界上還有哪種形式的邪惡，能以更加謬誤的方式歪曲我們的話，那麼我們似乎正在面對這樣的攻擊。

在這個問題上，人民的聲音，包括英國以及蘇格蘭許多高貴之人所持的立

場，都被那些充滿惡意的報紙視為是一種強烈的敵意。不過，妳們發出的聲音卻是極為重要的。要是沒有妳們的聲援，這肯定會嚴重貶低我國的聲譽。特別來說，這種聲援的價值會從反奴隸制事業的事實中得到展現，即這個國家很多反對奴隸制協會的領袖，都遭到了一些報紙的惡意攻擊，這些報紙希望能夠誹謗與中傷這些人的品格以及他們所持的立場。

讓奴隸制在世界範圍內失去道德的正當性，這是非常重要的。這樣的觀念會對整個國家的年輕人或是大部分的心靈留下深刻的印象。正如凱西烏斯·M·克雷在斯特福德大廳說的那樣：「這反過來會讓反奴隸制運動變得流行起來。」

關於美國反奴隸制的現狀，我認為從幾個方面來看，目前的狀況是前所未有地讓人激動。讓人感到激動的其中一個原因，就是關於奴隸制的話題已經成為公眾日常談論的重要話題。我們多年來一直努力希望將這個問題提上公眾討論的議程，都沒有成功，現在卻成功地做到了這點。

《湯姆叔叔的小屋題解》是在《湯姆叔叔的小屋》一書之後，對南方蓄奴州實行的奴隸制，又一次強力地鞭撻。那本書裡的每一個事實或是每一句話都是有證據的，我已經學會了用事實去反駁每一次的誹謗與中傷。

《北美評論》這本期刊之前都沒有就奴隸制問題進行過什麼討論，現在專門就《湯姆叔叔的小屋》一書進行評論，雖然他們對這本書的評價很低，說這只是一本虛構的小說，但他們對這本書龐大的銷量以及取得的成功，所歸結出來的原因，卻是這本書真實地描寫了南方的奴隸制。

他們還說，奴隸制的存在是讓人感到憎惡的，除非奴隸主能夠喚醒自身的良知，廢除動產所有權的原則，否則他們是無法在全世界所有文明國家的鄙視與憤怒之下繼續維繫的。當奴隸主們最好的朋友和支持者都這樣說他們的時候，他們還有什麼話可說呢？

我很遺憾地說，基督教運動在這個問題上，沒有盡到自己的責任以及道德義務。一些宗教團體已經推動了相關的運動，關於這方面我不便詳細說明。但是，許多公開宣稱信仰上帝的基督教會，是在世界輿論的推動下，被動地參與其中，而不是在這個過程中扮演主要的推動角色。

這個國家的黑人從各個方面上都在慢慢地提升。我應該讓費德里克·道格拉

斯先生，寄給妳們有關最近舉辦的黑人大會的相關消息。這肯定對讓每個人加深這方面的了解有好處。我希望妳們能夠在英國的報紙上看到相關的消息。現在，是時候終止對黑人這個不幸種族的誹謗了，我們應該看到，儘管黑人種族在社會與政治領域內遭受著各種壓迫，但他們正在慢慢形成自己的文明。在我看來，他們與所有其他種族的人一樣，都在不斷地進步。

願上帝指引我們，願我們正義的事業得到更多的支持，讓我們全心全意地捍衛上帝的榮耀與人類的福祉。

非常感謝您們的

哈里特‧比徹‧斯托

在堪薩斯州與內布拉斯加州爆發動亂的時期（西元 1853～1854 年），斯托夫人與北方的廢奴主義者們都深刻感受到，奴隸制已經成為這個國家歷史上面臨的一個極其嚴峻的危機。她始終與查爾斯‧索姆奈（Charles Sumner）以及那個時代著名的政治人物保持通信，時刻了解有關這次抗爭的每個細節。在這個時候，她寫了一篇向美國女性呼籲的文章，並讓這篇文章得到大範圍的傳播：

上帝的旨意讓我們這個國家陷入了一場史無前例的危機當中。

現在，我國立法機構所面臨的一個重要問題，是關乎我們國家當前與未來利益的問題，這不僅關乎我們自己，還關乎我們的孩子和孫子以及很多尚未出生的人。我們國家做出怎樣的選擇，必然會影響到全世界自由與基督教的聲響。

關於奴隸制所帶來的痛苦、不平等以及慘無人道，我們不需要多說什麼。我們每個人在面對這個問題的時候，都應該只有一種聲音與一種觀點。我不認為每一個輕撫自己孩子，將孩子抱在胸前的母親，會覺得黑人的孩子從一出生就應該成為奴隸。倘若真是這樣的話，任何母親寧願親手掐死自己的孩子，也不願自己的孩子生而為奴。

我也不認為我們國家會有完全喪失基督教信仰的母親，覺得可以傷害鄰居的孩子，可是絕對不能容忍別人傷害自己的孩子，這樣的行為是正當合理的。我不認為美國有哪一位妻子會認為自己的丈夫應該像商品那樣被出售，然後一輩子在沒有任何薪水或是權利的情況下做牛做馬的情況是合理的。我不認為美國有哪一

位丈夫會認為自己的妻子按照法律的規定，屬於另一個男人的財產這樣的事情是合法的。

我不認為美國的任何父親與母親，會認為他們被法律禁止不能送自己的孩子去讀書是正確的。我不認為美國有哪一位哥哥會認為自己的妹妹只是一種商品，而根本沒有任何法律的保護去維護自身的榮譽的做法是正確的。

上述我們每一個美國人都不會認同的觀念或是行為，卻恰好是奴隸制這種邪惡制度的本質。我們這樣說，絕對不是對奴隸制的侮辱，而是對法律本身的一種侮辱。美國任何一名女性在面臨這樣的問題時，都不會認為奴隸制是一種合理的存在。

雖然我們的心靈為這種嚴重的錯誤在滴血，但還有很多事情在束縛著我們的雙手，混淆我們的視聽，或是讓我們保持緘默。我們被告知，談論南方蓄奴州的奴隸制問題，是對這些州權利的侵犯。我們聽說過很多承諾或是協定，在很多情況下也感受到這種自然流露的情感，卻始終無動於衷。

不過，現在到了我們終於要將奴隸制問題搬到檯面上去討論，並且想辦法去加以解決的時候了。

我們現在面臨的問題是，邪惡的奴隸制是繼續在已有實行奴隸制的南方各州存在，還是允許奴隸制延伸到美國其他自由州呢？我們應該讓奴隸制所帶來的邪惡與痛苦延伸到北方自由公平的土地上嗎？

事實上，這根本不是什麼問題！我們最不該提出這樣的問題或是有這樣的預想。要是這場廢奴主義運動最後歸於沉寂，或是北方各州預設南方各州對協議的侵犯，那麼我們就有可能採取進一步的行動，那就是在自由州也實行蓄奴制的合法化。

按照雷蒙案例裡的判決，最高法院可能會宣布，在北方各州的奴隸交易與奴隸財產是符合法律的。要是這樣的法律通過了，那麼不用四年的時間，我們就能在紐約市的奴隸倉庫裡看到奴隸交易，而南方各州也會宣布要廢除密蘇里協議。

北方自由州的女性們！我們面臨的問題並不是我們要抗議這片土地上存在的奴隸制，而是我們是否願意讓自由州也變成奴隸州，並且堂而皇之地在聯邦政府下存在？要是美國政府的全部權力都落入奴隸主手上呢？要是聯邦政府的每個州

都實行合法的奴隸制呢？這可能就是我們現在要面臨的最為迫切的問題與可能面臨的後果。這也是我們現在所面臨最為嚴峻的危機。

現在，請妳們捫心自問，我們這些美國女性該怎麼做呢？

哦，自由州的女性們！妳們勇敢的母親在我國的獨立戰爭期間是怎麼做的？難道在那個時代，自由的精神不是每個女性心中最為強烈的衝動情感嗎？

關於奴隸制這個問題上，女性在每個社區所能發揮出來的積極或是負面的影響力是最為明顯的。在廢除奴隸交易的問題震撼整個英國的時候，英國的女性要比英國的其他人，在維護人性的尊嚴方面起到了更大的作用。

英國的女性拒絕購買任何由奴隸生產製造的糖。大約有七萬戶家庭拒絕使用糖，從而證明她們對奴隸制度下生產糖的憎惡之情。在那個時候，女性們總是不厭其煩地、挨家挨戶地發放，關於廢除奴隸制的相關書籍與小冊子，用堅定的信念和口吻向成千上萬個家庭表明，她們對奴隸制的深惡痛絕。

英國的女性還以信件交流的方式，一起進行祈禱與勞動。她們向英國政府請願，讓來自英國各個地區的女性都聯合起來，在請願書上簽名。

美國的女性同胞們要勇敢地站起來！我們不知道世界上其他人正用一種多麼期望的目光看著我們，希望我們能夠勇敢地站出來，為普世價值的人性尊嚴與平等去抗爭與奮鬥。

當我在英國的時候，雖然我公開聲明籌集廢奴運動的經費並不是我的主要目的，但是我最後在英國民眾的熱情歡迎與鼓舞之下，懷著巨大的熱情投身到這項偉大的事業裡。真正關心我國廢除奴隸制運動的人，並不是只有那些上層的貴族人士，還有很多過著貧窮生活的普通男女，他們都從自己微薄的薪水中拿出一部分錢寄給我們，希望能夠讓更多奴隸獲得自由。

這種積極的廢奴運動熱情並不單純局限於英國，我在法國、瑞士和德國，也同樣感受到了這種強大的熱情。為什麼其他國家的民眾，會帶著如此強烈的興趣審視著我們國家呢？這難道不是因為古老大陸上的民眾，正用著期望的眼光看著美國這個在新大陸上的國家，希望這個由上帝的選民組成的國家，能夠推動人類的自由與自由的宗教信仰嗎？

世界各國的民眾都一致希望，美國能夠採取正確的方式去改正這一邪惡的制

第十一章　回到美國，西元 1853 ～ 1856 年

度。那些在歐洲為了公民自由與宗教自由不斷抗爭與奮鬥的人，都在以悲傷的口吻低聲地說著「奴隸制」這個詞語，似乎他們在指著一位受人尊敬的朋友所犯下的錯誤。他們簡直不敢相信美國一些報紙上，竟然刊登著奴隸交易的廣告，其中包括男性奴隸、女性奴隸還有這些奴隸的子女們，就像牲畜那樣被隨意地買賣。

當他們讀到南方蓄奴州所制定的法律，以及這些州的法庭所做出的判決時，簡直不敢相信自己的眼睛，無法相信如此荒誕與邪惡的東西，居然還存在於這個世界上。那些宣揚專制主義的人則拿著美國的這些報紙，對著他們說：「你們看看這個所謂的自由共和國也是這樣的！」他們對此的回答是：「美國絕對不是一個只有一半人獲得自由的國家，美國肯定會澈底地消除奴隸制的存在。」

當歐洲幾乎每個文明國家都在認真關注著美國的奴隸制，並且對此表示強烈反對的時候，難道美國的民眾能夠對此無動於衷、毫無作為嗎？難道美國的妻子、母親和姐妹們能夠在面對這樣嚴峻的危機時，依然保持以前的淡定與隨和嗎？

在這個嚴峻的時刻，每一個美國女性的首要責任，就是要對奴隸制問題有全面深入的了解，然後充分發揮自身的影響力去做正義的事情。接著，她們應該聯合起來，向我們的聯邦議會提出聯名請願書。她們能夠將這個重要議題的許多關鍵資訊傳遞到左鄰右舍。她們可以聘請廢奴主義演說家，向其他懵懂的民眾深入地闡述這個問題。她們可以傳播國會裡那些廢奴主義的議員所發表的演說，以別的方式讓其他人對我們國家所面臨的嚴峻考驗有深入的了解。

除此之外，我們還非常有必要將這個議題視為祈禱時的重要主題。現在，世界範圍內追求自由的力量與專制的力量已經開始產生衝突了。我們這些基督徒，深信先知的教導，知道最後實現正義的主，必然會在正義實現之前，帶來一些可怕的震撼或是顛覆性的影響。在面臨這場危機的時候，所有相信祈禱的基督徒，都應該臣服於全能全知的上帝面前，這是多麼地重要啊！

自由原則與專制原則產生這樣的衝突，必然會導致分裂或是給一些人帶來痛苦，這是讓人悲傷的，但也是無法避免的結果。正是這樣的責任，才成為我們所面臨的這場危機，最重要的一個特點。我們正在衝突爆發的前夜，這場衝突，或者說戰爭考驗著每個人的靈魂，會讓我們整個聯邦的兄弟情誼遭受最嚴峻的考驗，也會讓我們的聯邦變得更加團結。

因此，讓我們祈禱北方與南方這場關於原則的戰爭，不會變成單純的分裂衝突，最後演變成武力對抗的戰爭。讓我們發自內心地向有能力遏制人類憤怒的上帝祈禱，希望上帝能夠以正確的方式，讓我們對這個國家具有的罪惡承擔恰當的後果。

　　南方許多州有很多高尚之人，並沒有參與那些政黨領袖的陰謀詭計，他們的尊嚴感與正義感也和我們北方人是一樣強烈的。當我們想要堅定地推動正義事業的時候，讓我們明白一點，一個真正的女性應該要避免使用言辭尖刻的話語去對待別人，記得奴隸主跟奴隸都是我們的兄弟，上帝的法則要求我們像愛自己那樣去愛他們。

　　為了我們親愛的孩子，為了我們這個大家熱愛的國家，為了全世界追求自由的憤怒呼聲，讓美國每一個女性都站出來履行自己的使命吧！

　　與此同時，斯托夫人積極與威廉·勞埃德·加里森（William Lloyd Garrison）通信，她的很多信件內容，都出現在加里森創辦的《解放者》的專欄上。西元 1853 年底，斯托夫人在一封寫給加里森的信件裡這樣寫道：

　　關於你，你的報紙以及你在的黨派，我必須要坦誠自己是處於一種尷尬的境地。我完全認同你所持的許多立場。關於你所持的其他觀點，我認為是錯誤的，必然會損害自由的實現以及人性的進步。儘管如此，我相信你和那些與你有相同觀點的人，都是誠實且具有良知的。我所擔心的是，你的報紙所發表的評論，會讓可憐的湯姆叔叔失去他的《聖經》，無法給予他任何東西。

　　加里森在回信裡這樣寫道：

　　我不知道為什麼很多人要將湯姆叔叔失去他的《聖經》歸罪於《解放者》。我知道沒有哪一位作家會在創作中，希望湯姆失去這樣的精神支柱，或是讓湯姆失去任何可以感到寬慰的東西。湯姆應該過上怎樣的生活，這應該由湯姆自己去決定，對於妳我都是一樣的。

　　但是我們都不會接受任何強加給我們的不當評論，我們只會真誠接受基於理智、真理以及永恆正義的原則所提出的事實。關於這些報導的真實性或是道德性，每個人都可以做出自己的評價。因為若是站在新教徒的角度去看，是絕對不允許教皇出現任何錯誤的。

第十一章　回到美國，西元 1853 ～ 1856 年

在整個基督教世界裡，信徒們都相信妳這本書所具有的宗教含義。與此同時，所有的基督徒也能夠感受到其中真實的教導。可以肯定的是，妳無法讓我背棄自己的良知。妳又怎麼能夠證明，自己在創作這本書的時候，沒有受到教育或是傳統方面一些觀念的影響，從而讓妳沒有完全保存這本書的尊嚴呢？

事實上，在我看來，妳顯然在精神方面、所感受到的恐懼或是悲傷情感方面，都沒有表現出足夠的自由，因為妳發現自己所理解的《聖經》精神遭到了《解放者》的駁斥，否則為什麼妳會對此感到不滿呢？那些擁有正義的人是不會畏懼任何指責的。

斯托夫人在回覆這封信的時候寫道：

我沒有立即回覆你之前寄來的那封信，是因為我不想在毫無準備的情況下，就這個重要的議題發表自己的看法，我必須要對這個議題進行恰當的思考與反思。當一個議題涉及到真理的問題，我們就應該表現得更加小心謹慎與自我懷疑，對於求證的過程表現出耐心。

在我沒有充分證據的情況下，我是絕對不會攻擊一個異教徒所持的信仰，因為對於異教徒來說，他們有所信仰也比他們沒有信仰來得更好。我注意到派克牧師在一篇布道演說裡，引用了《聖經》有關影響方面的內容。派克認為基督教體現了一種絕對與完美的宗教，沒有比基督教更好的宗教，可以確保我們獲得當下或是永恆的幸福，因此我們必須要順從《聖經》裡記錄的一些宗教規則與先例。派克還積極地傳播他的這篇布道演說，他認為自己身為一名基督教牧師，有責任將這些思想灌輸給異教徒或是奴隸。

他關於《聖經》所提出的這些想法與觀點，給人這樣一種看法，那就是如果任何人認為某些人的行為，是在削弱《聖經》在社區裡信徒們眼中的地位時，那麼他至少應該以一種謹慎與虔誠的精神去做，並且懷著謙卑與祈禱的心去做。

我之所以反對《解放者》處理這些問題的方式，是因為你們的報導體現出來的總體精神和內容方向，在我看來是剛好與此相反的。如果你的報紙只是在一些自律性較高或是接受過高等教育的人的圈子裡流傳，倒也不會造成什麼不良的影響，因為這些讀者都有足夠的辨別能力去區分真理跟謬誤，知道如何找尋證據或是如何滿足你所提出的質疑。

但是，你的大名與仁慈的名聲，讓你的報紙在許多貧窮與卑賤之人那裡大量傳播。他們根本沒有任何途徑去調查或是缺乏必要的推理能力。在他們看來，《聖經》就是一本能給他們帶來極大好處的書籍，能夠給他們以及他們的家庭帶來祝福的書籍。可是，你的報紙內容的總體傾向，卻是要削弱他們對《聖經》的尊敬和敬意，同時沒有給他們提供任何的替代品。

關於《聖經》的最後結果，我無懼任何這方面的討論。我只是對這些深受你們報紙影響的貧窮與卑賤之人感到遺憾，因為我認為你們的報導削弱了他們的信仰，讓他們反而無法像之前那樣，感受到現實與永恆的幸福。

我知道，關於《聖經》裡面證據的討論以及其真實性的論證，或是關於所有神學的討論都將會越來越多，我很高興看到這樣的情況。但我認為，正如所有對真理的成功探尋一樣，這必須要以一種冷靜、深思熟慮或是謙卑的精神去做，而不是用武斷的定論、匆忙的概括或是充滿激情的口號去做。

雖然你在這個問題上與我存在著觀點上的分歧，不過我還是要感謝你所表現出來的優秀品質，我相信你是一個誠實與真誠的人。在閱讀了派克的演說之後，我對他這個人也增添了幾分尊敬和敬意。

派克在演說裡所得出的結論，對我來說，就意味著信仰的死亡與真正意義上的絕望，這點我必須要承認。要是我真的像他那樣看待《聖經》與耶穌基督的話，那麼我肯定是這個世界上最悲慘的生物，因為我無法去熱愛上帝，我無法從上帝身上找到任何愛意。倘若真是那樣的話，我寧願自己不要來到這個世界上。

至於你，我親愛的朋友，你必須要認為我對你的坦誠，就是我對你的尊嚴與高尚品質充滿信任的最好證明。倘若不是因為我相信你「具有高尚的精神」，我壓根不會這麼勞心費力地回覆這封信。如果我在這封信裡說的什麼話，誤解了你的意思或是對你不公，請你務必要真誠地告知我。

你真誠的朋友

哈里特・比徹・斯托

除了他們之間的這些信件往來之外，下面這段信件的節選出自斯托夫人寄給加里森的一封信，這封信的內容，表明他們對勞動的定義存在著不同的看法，表明了斯托夫人在透過寫作反對奴隸制之外，還想為自由事業做出自己的努力：

第十一章　回到美國，西元 1853 ～ 1856 年

西元 1854 年 2 月 18 日，麻薩諸塞州安多弗

親愛的朋友：

我真誠地為你在紐約的演說取得圓滿的成功感到高興。我越來越期望所有仇恨奴隸制的人能夠聯合起來，即便他們不是實質性地聯合起來，也要在事實層面上達成一致 —— 做到求同存異。

我們的領域是在教會方面，雖然我們之前在應該怎麼做或是應該有怎麼樣的目標方面，存在著不同的看法，但我的哥哥愛德華·比徹已經寫了一篇布道演說，這篇演說的內容，涉及到教會的道德情感正在慢慢消失的根源問題。當這篇文章準備好印刷之後，我會迅速印出來，然後將複印本送到這個國家的每一位牧師手上。

我們的演說活動，因為堪薩斯州與內布拉斯加州問題的緊迫性而造成了一些壓力。不過，在我們開始演說旅程之後，愛德華就全身心地投入到前往各地拜訪、交換意見，以及希望能夠在短時間內給公眾一個答覆。我們正在努力地喚醒教會對這個問題的熱情。

培根博士的文章散發出高貴的氣息，我相信你肯定也會這樣認為。他的這篇文章已經送到國會的每一位議會手上。柯爾克博士的布道演說也是非常優秀的，他的教會也非常支持他在這篇演說裡所持的立場。現在，我的好朋友，你應該會認為，教會所能產生的作用要遠遠超乎你的想像。

儘管教會還存在著許多不如人意的地方，但是我們希望人們能夠看到教會所產生的作用，我始終相信，你熱愛這項偉大的事業肯定要勝過熱愛自己。如果現在你手上有任何需要金錢來推動的正義事業，請讓我知道。上帝在這方面賜給了我一些能量，即使我的身體依然非常孱弱，無法做到更多。

感謝你勇敢投身到正義事業當中。

哈里特·比徹·斯托

雖然為雜誌、報紙撰寫文章，給斯托夫人造成了巨大的壓力，但她還是在西元 1854 至 1855 年間寫了不少文章。在這個時期，她已經開始構思對《湯姆叔叔的小屋》進行補充說明的書了。在準備《湯姆叔叔的小屋題解》的過程中，她收集到很多全新的資料。

因此，在西元 1855 年與 1856 年春的這個階段，她騰出了足夠的時間將收集到的資料中許多沒用到的素材，拿去創作《德雷德：陰暗大沼地的故事》這本小說。在這本書英國版本的前言裡，斯托夫人這樣寫道：

　　筆者創作這本書的目的，是為了向讀者展現奴隸制對整個社會所造成的影響，表明即便對於那些最擁護奴隸制的人，奴隸制的存在也會帶來諸多的弊端。在這本書裡，我展現南方蓄奴州在經濟方面的各個領域裡，出現了讓人痛苦與倒退的傾向，表明奴隸制讓很多原本富裕的家庭陷入了貧窮的狀態，讓土地變得貧瘠，讓各個階層的人都出現墮落腐化的情況，無論是貴族階層、專制的莊園主還是受到壓迫與貧窮的白人，都是如此。這一切都是因為奴隸制勞動力的存在。

　　本書的另一個目的，是要展現出奴隸制的存在，會讓基督教出現腐敗與墮落。這樣的腐敗與墮落，正在慢慢地降低南方與北方基督教會的道德標準，他們做出的許多行為，要比很多百科全書編撰者都更加缺乏信仰。

　　斯托夫人創作的《德雷德：陰暗大沼地的故事》一書，是從納特・特恩納於西元 1831 年，在維吉尼亞州東部發起的黑人起義運動中得到靈感。在這場起義運動中，其中的一個主要參與者就叫德雷克。在斯托夫人創作《德雷德：陰暗大沼地的故事》一書的過程中，她的女兒曾記錄了一件與此相關的趣事。

　　在一個悶熱的夏天晚上，天空下起了一陣狂暴的雷雨，不時伴隨著閃電與隆隆的轟鳴聲。每當閃電過去之後，天空就會下著滂沱大雨。

　　當時，斯托夫人兩個年幼的女兒都因為恐懼而顫顫發抖，紛紛沿著樓梯走到母親的房間。在進入母親的房間時，她們發現母親正安靜地躺在床上，沒有睡覺，只是靜靜地觀察著窗外的暴風雨，天邊的陰影非常濃密。

　　斯托夫人對見到自己的兩個女兒沒有感到意外，並說自己對此一點都不感到恐懼，反而對觀看暴風雨的來臨充滿了興趣。「我即將要創作的一本小說裡，有一段描述暴風雨的段落，因此我需要對此進行認真的觀察，看看是否需要做出什麼修正。」

　　我們的讀者在閱讀這本書的時候，肯定會對斯托夫人是如何對記憶中的暴風雨，進行如此詳細逼真的描述感到不可思議。關於暴風雨片段的描述，可以在

第十一章　回到美國，西元 1853～1856 年

《德雷德：陰暗大沼地的故事》一書的第 24 章裡找到。

這一天都非常悶熱，現在已經是午夜一兩點了。此時，窗外的暴風雨正在遠處的天邊慢慢積累能量，不時發出沉悶的雷聲。突然，一陣低沉卻讓人發抖的嘆息聲，像鬼魅似的穿過了森林，在松樹的樹梢上發出一陣詭異的聲音，接著閃電像銳利的箭頭那樣射入樹林，彷彿這是好戰的天使發出的弓箭一樣。一團厚厚的烏雲遮蔽了月亮，接著就是一陣劈里啪啦的雨點聲音。

在那個時候，真正給斯托夫人的女兒留下深刻印象的是，她們的母親始終表現得那麼冷靜，認真專注地研究著暴風雨。斯托夫人一直留意著天空的變化，希望能夠找到自己之前描述的內容存在錯誤的地方。

關於斯托夫人創作的全新小說，查爾斯·索姆奈在參議院裡寫信給斯托夫人說：

親愛的斯托夫人：

我欣喜地從妳那位優秀的姊姊那裡得知，妳正在忙著創作一本關於奴隸制的新小說。我認為這本小說會對我們國家當前面臨的問題，產生重要的影響，它可以幫助我們更好地解決在堪薩斯州面臨的問題，還能在下一次的總統大選裡澈底推翻奴隸寡頭政治。在這場抗爭裡，我們需要妳的幫助。

永遠真誠的

查爾斯·索姆奈

在完成第二本關於奴隸制的偉大小說之後，西元 1856 年初夏，斯托夫人決定再次前往歐洲，尋求她迫切需要的休息。她認為自己之所以有必要這樣做，是因為要商量這本書在英國那邊的版權問題。在她的上一本書《湯姆叔叔的小屋》出版時，她未能很好地處理這個問題。

在乘船離開美國前往歐洲之前，斯托夫人收到了她終生好友喬治亞娜·梅寄來的一封感人信件。這是她們長達三十多年的信件交流中的最後一封信，因此斯托夫人始終小心珍藏著這封信：

西元 1856 年 7 月 26 日，格羅頓角海洋房子

親愛的海蒂（斯托夫人的暱稱）：

現在，妳即將要出發了，因此我無法乘船去妳家與妳面談了。但在妳出發之前，我還是要祝福妳一路順風。其實我很早就想寫信給妳了，不過最近的健康狀況一直都不是很好，所以才會拖到今天。

看來，在我親眼見到妳之前，我是不放心讓妳就這樣出發的，因為我的未來處於一種完全不確定的狀態。不過，有一件事是非常確定的：無論我們兩人中，誰第一個前往天國見到天父，我們都可以肯定彼此會歡迎對方的。這並不是充滿詩意的詩歌，而是我們兩人在再次見面時可能要面臨的事實。

但我的這封信，絕對沒有充滿著什麼病態或是恐怖的內容。我之前曾見過上帝一面，我知道上帝肯定會站在湯姆叔叔與托蒲賽這一邊，在妳死後必然會出現奴隸制違反法律，需要遭受法律懲罰的情況。因此，妳的孩子可能會有機會見到那一天的來臨。

海蒂，我為妳完成了這本書感到非常高興。這是妳為上帝與這一代人所創作的另一本傑作。我很高興妳現在依然好好的，妳未來的人生也會越來越美好的。妳為自由事業而奔走呼號，將奴隸制帶給世人的痛苦淋漓盡致地展現出來了。

也許，在某一天，我的健康狀況會完全康復，重新獲得自由，但我對這樣的前景並不樂觀。只是，我完全相信「上帝正在天國凝視著我，將會帶給人民公平與正義」。即便「靈魂與軀體」讓我「動彈不得」，但我依然嚮往。我從來就不會「懷疑屬於自己的命運」。

如果我以後再也無法寫信給妳，這就當作是我給妳的臨別話語吧！

永遠忠誠於妳的

喬治亞娜

斯托夫人第二次歐洲之旅的其他隨行人員，包括她的丈夫、她最大的兩個女兒以及她的兒子亨利，還有她的姊姊瑪麗（此時已經是珀金斯夫人了）。這是一次愉悅的夏日旅程，整個旅途沒有出現任何意外，安全抵達了英國。

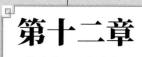

第十二章
《德雷德：陰暗大沼地的故事》，西元 1856 年

第十二章　《德雷德：陰暗大沼地的故事》，西元 1856 年

　　大約在西元 1856 年八月中旬，斯托夫人一行人平安抵達英國。她與丈夫在倫敦待了幾天，完成了出版《德雷德：陰暗大沼地的故事》一書相關的版權問題，讓桑普森‧洛聯合出版公司出版這本書。斯托教授因為美國那邊還有急事要處理，因此他只能立即返航，但卻被耽擱了一陣子。斯托教授在 8 月 29 日寫給在美國的一位朋友的信件裡，我們可以看出來：

　　親愛的朋友：

　　週三，我就完成了在倫敦這邊的事宜，準備前往利物浦搭乘明天返程的蒸汽船，結果卻發現每一個港口的蒸汽船都被人訂滿了，要到 10 月 3 日才有空位。因此，我們在昨天回到了這裡。在下個週四，我將會乘坐紐約號蒸汽船從這個港口出發。

　　我們受到了特別的邀請，前去參觀因弗雷里城堡，見到了阿蓋爾公爵。昨天，我們還與女王陛下進行了極為愉悅的談話。這絕對不是在大廳裡的正式會面，只是在我準備搭乘火車前往蘇格蘭的火車站上，偶然見到女王陛下的。

　　女王陛下似乎對會見我的妻子非常感興趣，表示之所以願意接見我，是因為我妻子的緣故。女王陛下向我們介紹了艾伯特親王（Albert, Prince Consort），他向我的妻子與我本人優雅地鞠了兩個躬，而四位皇室孩子則睜著他們大大的藍色眼睛，看著《湯姆叔叔的小屋》一書的女作者。

　　格雷上校將我妻子遞上去的一本新書《德雷德：陰暗大沼地的故事》遞給女

王陛下。女王陛下親自翻了一下，然後將另一本書遞給艾伯特親王。他們很快就開始閱讀起來。女王陛下的健康狀況非常良好，舉止非常優雅。

在九月的最後一週，我應該會在納提克。願上帝保佑你們。

C‧E‧斯托

在丈夫離開英國，回到美國之後，斯托夫人、她的兒子亨利、她兩個最年長的女兒以及她的姊姊瑪麗，接受了阿蓋爾公爵的邀請，前去拜訪蘇格蘭高地。關於這次旅行的具體情況，我們可以從斯托夫人寫給斯托教授的信件裡看到：

西元 1856 年 9 月 6 日，因弗雷里城堡

親愛的丈夫：

來到這個美麗的地方已經有一週的時間了，我們非常享受這裡湛藍的天空與美麗的景色，還有這裡的民眾表現出來的好客以及熱情。我們是從洛克‧加爾乘坐馬車前往因弗雷里的，這趟旅程大約耗費兩個小時，沿途的景色非常美麗。

我們都坐在馬車外面的座位上，馬車夫約翰就像那些懷特山的導遊一樣，是一位喜歡歌曲、故事與當地傳統的人。他會說蘇格蘭語和蓋爾語，懷著極大的熱情唱著一些民謠與歌曲。瑪麗以及女兒們在洛克‧菲尼海邊的聖凱薩琳小屋裡停留，我與亨利則乘坐蒸汽船前往因弗雷里城堡。我們在那裡看到公爵夫人已經在馬車上等我們了，在場的還有艾瑪‧坎貝爾夫人……

我們在這一天大致上經歷的事情如下：我們在早晨八點半起床。大約在九點半的時候，我們都聚集在餐廳，此時僕人站在大廳的一邊排成一列，還有專門為客人和來賓準備的座位。

公爵與夫人帶著九個孩子一起過來，他們都是非常美麗的孩子，大家坐在了一起。公爵讀了《聖經》裡面的一段內容，然後讀了一段祈禱，之後希望上帝賜福。

在這之後，早餐開始了 —— 這是一頓非常可口又讓人愉悅的早餐。吃完早餐後，我們一起去外面散步或是乘坐馬車去參觀，或是前去釣魚，一直玩到午餐時間。吃完午餐後，我們繼續乘坐馬車遊玩或是做其他有趣的事情。總而言之，在晚上七點半之前，大家都可以做自己喜歡做的事情。七點半是晚餐開始的時

第十二章 《德雷德：陰暗大沼地的故事》，西元 1856 年

間。在吃完晚餐之後，我們還會喝點咖啡或是茶。

第二天早上，公爵帶著我去參觀他的鎳黃銅煤礦。這一段路程比較長，但我們可以欣賞路上美麗的景色，談論與文學、宗教、道德或是戒酒相關的任何話題。關於戒酒這個問題，我認為公爵顯然表現出一種疑惑或是不確定的態度，認為當下的社會輿論似乎做得不夠，認為自己有必要去做些什麼。

如果《德雷德：陰暗大沼地的故事》在美國那邊的銷量不錯，那麼這本書在英國這邊的銷量也不會差到哪裡去，那麼我們接下來的一切都會非常順利。這本書在英國十分暢銷，以至於格拉斯哥地區的很多商店櫥窗都貼著這樣的海報標語：

> 「為了避免讀者朋友們失望，本店還沒有《德雷德：陰暗大沼地的
> 故事》一書。」

每個人似乎都急切地想要閱讀這本書，這本書的銷量前景應該是很不錯的。

當我在每個日夜創作這本書的時候，我都在不斷地祈禱，上帝顯然是聆聽到了我的祈禱，賜予了超過我所尋求的物質財富。因此，我感覺自己有必要「以更加輕鬆的姿態走路」，然後在心底不斷地提出這個問題，即上帝給予我們這些物質財富的本意到底是什麼呢？

每天，我都為公爵與公爵夫人展現出來的人格魅力所折服，他們都是心靈簡樸、坦誠、自然且充滿情感的人，而且還是非常虔誠與具有常識的人。要是撇開地位或是頭銜去看的話，他們肯定是最有趣、最高尚的人了。當我跟公爵說你在安多弗布道演說時所採取的一些策略，公爵發自內心地哈哈大笑了起來。儘管如此，我認為他是一位真誠且虔誠的基督徒。

美國的政治局勢成為了大家每天都關心的話題。美國國會最近的一系列舉動也是我們經常談論的話題。每個早上，大家都會從報紙上了解到最新的細節。

說到這裡，我必須要停筆了，因為現在已經很晚了，我們明天一早還要早起出發，離開這裡。準備前往斯塔法島、愛奧娜島、格蘭克島，最後乘船通過卡利多尼安運河，抵達鄧羅賓城堡。在那裡，很多有趣的人都聚集在薩瑟蘭公爵夫人的身邊。

永遠真誠的

哈里特‧比徹‧斯托

在抵達鄧羅賓城堡之後，斯托夫人的一個女兒寫信給父親時這樣說：

我們在因弗雷里度過了五天最愉悅的時光。對於你無法與我們一起前來這裡，我們真的感到非常遺憾。我們從因弗雷里出發前往奧本，在那裡欣賞了幾天的風景，最後通過卡利多尼安運河抵達印威內斯。抵達印威內斯後，讓我們感到無比驚訝的是，我們發現當地的酒店早已經預留了我們的房間。

第二天早上，我們乘坐馬車出發前往鄧羅賓城堡，這裡距離印威內斯大約有五十九哩路。在隸屬於公爵財產的邊界處，我們看到了一輛豪華舒適的馬車正等著我們。在我們坐上馬車走了沒多遠的時候，馬車夫對我們說，公爵夫人會出來迎接我們。

當我們抬頭看著遠處的道路時，發現一輛豪華馬車正朝我們駛來。這是一輛由四匹馬拉的大馬車，外面有穿著制服的馬車夫，還有一些隨從。這些隨從騎馬走在馬車的前面來清路。公爵夫人見到母親後，似乎非常高興，然後將母親拉到了她的馬車，接著馬車就飛奔著朝城堡前進。我們乘坐的馬車緊緊地跟在後面。

在鄧羅賓城堡的時候，斯托夫人收到了她的朋友拜倫夫人寄來的一封信：

西元 1856 年 9 月 10 日，倫敦

親愛的斯托夫人：

妳的新書是屬於那種「小天國」類型的書，肯定會給讀者帶來強大的道德力量 —— 也許，這樣的道德力量不是以祕密的方式呈現出來的。我可以想像，這本書中透露出來的這種強大力量，必然會產生即時與可以感知的影響。不過，那些不學無術的宗教教授，他們一定會強烈反對，妳在書中嚴厲指責他們的這種偶像崇拜行為。這些人與其他人一樣，都有著一種僵化的階級情感。

對於年輕人以及那些不怎麼反應自身信仰的人來說，妳的這本書也許能給他們強大的思想震撼，讓他們看到精神的食糧是如何變質的。從某種層面上來說，來自天國的精神食糧與麵包師烘焙的麵包，都是一樣容易變質的。

第十二章 《德雷德：陰暗大沼地的故事》，西元 1856 年

我感覺單純熟讀這本書是不足夠的，而應該直接感受這本書所表現出來的明喻。如果說我從拜倫爵士身上聽到了什麼真理的話，那就是真正具有生命的小說，只存在於那些包含著真理事實的小說裡，妳所創作的這本書必然是具有長久生命力的……

現在，我比以前都更加確定一點，我是多麼重視與妳之間的交流。

祝願妳的家人一切安好。

永遠忠誠於妳的

Ａ·Ｔ·諾爾·拜倫

在鄧羅賓的舒適住所裡，斯托夫人寫了下面這封信給丈夫：

西元 1856 年 9 月 15 日，鄧羅賓城堡

親愛的丈夫：

這裡的一切就像發生在仙境故事裡一樣，這個地方實在是太美麗了！這裡的一切簡直是建築與詩意浪漫的完美結合，而且還給人一種家的溫暖。這裡的民眾也是非常友好與熱情的。英國的內閣部長拉布謝爾先生也過來這裡，他的夫人瑪麗女士也在這裡 —— 我非常喜歡他們。

金斯萊的弟弟是一位非常具有幽默感的人。明天，埃爾斯米爾爵士估計也會過來這裡。我希望你此時此刻也能在這裡，因為我敢保證你肯定會喜歡這個地方。這裡的生活是如此的恬靜，這裡的民眾是如此的真誠與友好。在這裡，你要比在倫敦生活時，更能感受到這裡民眾的內心想法。

薩瑟蘭莊園就像一座美麗的花園。我們在弗雷恩鎮逗留了一段時間，之後繼續前進四哩路抵達了薩瑟蘭郡。當我們抵達那裡的時候，發現一群非常友善與柔和的民眾已經聚集在馬車附近，在我們的馬車駛過去時，人群發出三聲歡呼聲。這樣的禮遇超過我的想像，看來他們對我在書中表達的思想還是非常認同的。

《德雷德：陰暗大沼地的故事》這本書在英國的銷量非常好。出版商洛說，儘管他加足馬力去印刷這本書，但是市面上的書籍仍然無法滿足讀者的需求量。在兩週的時間裡，他已經賣出了超過五萬本書，在接下來的時間裡也許還會賣出更多書。

我收到了許多的信件，有一些是私人信件，有些則是列印寄來的信件。所以，我面臨的一個大問題，就是不知道這些信件的作者究竟是誰。我很高興地看到，這裡的民眾都過著比較富足的生活。我看到公爵將自己的精力與時間都投入到莊園的打理上，希望能夠提高莊園的整體收入。我還看到了公爵與公爵夫人無論到哪裡，都受到這裡民眾的愛戴。

　　我看到他們以最為友善、虔誠與真誠的方式對待這裡的每個人。很多寄信給我的人都承認公爵所具有的善意，但同時譴責這個體制，懇求我能夠親自觀察這個體制存在的弊端。我也確實對此進行了一番深入的觀察，我認為相比於蘇格蘭的其他地方，薩瑟蘭郡簡直可以堪比一座美麗的莊園。我看到了許多穿著整潔衣服的民眾，看到了這裡的土地充滿生機，這裡的孩子都十分健康活潑，還有美觀的學校，等等。

　　亨利受邀前去參加主人的晚宴，他在晚宴上說的一些笑話讓大家都哈哈大笑。自從亨利過來這裡之後，他在所有這樣的場合都表現得非常得體。

　　昨晚，公爵夫人向我展示了她得到的《德雷德：陰暗大沼地的故事》（*Dred: A Tale of the Great Dismal Swamp*）一書，她在這本書裡，將震撼思想或是她認為最有趣的內容劃了出來。我懇求她給我看一下，然後我會將內容發給你看看。今天早上吃早餐的時候，公爵夫人對我說：「女王陛下曾說，當她一得到這本書，馬上就開始閱讀了，然後沉浸在裡面的故事情節裡不能自拔。」

　　公爵夫人還購買了羅威爾的詩歌集，然後懇求我為她將最好的詩歌劃出來。如果你見到羅威爾，記得告訴他，我們都在閱讀他的詩歌集。總的來說，公爵夫人是我見過最具高尚品質的人，她是那種傳統卻又真誠的英國女性，與她交流彷彿就是在閱讀著歷史。她是那麼地高尚、那麼地有勇氣、那麼地溫柔與那麼地熱情。每天聆聽她所做的祈禱，的確給我帶來一些幫助。她都是在所有僕人與客人面前這樣做的，她的優雅舉止讓人產生一種莊重以及高尚的情感。

9 月 25 日，星期四早上

　　因為要離開鄧羅賓城堡，因此我們不得不在早上五點半起床。對於我這樣在凌晨一點還沒有入睡的人來說，這的確是有點難度的。我們發現早餐早就已經為

第十二章　《德雷德：陰暗大沼地的故事》，西元 1856 年

我們準備好，在我們吃完早餐之前，公爵夫人走了進來。

我們離別的場景讓我印象深刻。首先是公爵的那輛豪華駟馬馬車，瑪麗、公爵與我三個人乘坐，接著是一輛輕便馬車讓艾麗莎和海蒂乘坐，最後則是我們所雇傭的那輛馬車，亨利坐在這輛馬車上，車上還有我們的行李以及傑克遜先生（公爵的祕書）。這裡的園丁送給我們每人一束新鮮的花朵，之後我們就像老朋友那樣依依不捨地告別。我們真的非常愛他們，相信他們也非常愛我們。

公爵一直送我們到多爾納赫，在那裡向我們展示埋葬了他祖先的那座大教堂，墓地上有一座公爵父親的雕像，這與附近最高山峰的一座雕像非常類似。

我們還參觀了這裡的監獄，裡面只關著兩個犯人，還參觀了古老的城堡。在這裡的時候，公爵向我們告別了。我們乘坐渡船，繼續這趟行程。在印威內斯度過了一個糟糕的晚上之後，我們發現這座小鎮的民眾都在參加一些蘇格蘭的特色活動，因此我們到酒店的時候已經都沒有房間了。在雨中度過了一段疲憊的旅程後，我們在週五晚上抵達了亞伯丁。

明天，我們將會前往愛丁堡，我希望能在那裡收到你的來信。我上次收到洛的來信，知道他已經賣出了六萬本《德雷德：陰暗大沼地的故事》，並且這本書的銷量還在持續上升。我還不清楚這本書在美國那邊的銷量。當然，有很多評論家指責這本書存在的各種不足，或是對這本書發出質疑的聲音，但總的來說，這本書還是取得了成功。

正如《時代》雜誌所說的，雖然這本書遭遇了一些非議，但依然是一本傑作。如果《時代》雜誌肯定我們能在下一次總統大選獲勝的話，那麼《德雷德：陰暗大沼地的故事》一書的銷量，肯定會繼續上升。可是只要存在著這樣的不確定性，這本書就必然會受到一些讚揚與一些批評，這是很正常的。

在 10 月分的時候，亨利‧斯托回到美國，前往達特茅斯學院就讀，而斯托夫人一行人則繼續朝著英國南部出發。我們可以從斯托夫人的下面這封信裡看出來：

親愛的丈夫：

亨利將會告訴你我們的這次旅程。現在，我沒有多少時間詳細跟你講一些旅程中遇到的細節。當我再次收到你的來信時，感到非常欣喜，內心充滿了寬慰與感恩之心。首先，我要感謝上帝讓你恢復了健康與活力，接著，我還要感謝你寄來了一封如此美好和充滿力量的長信。

我希望亨利在回到美國後，會下定決心在大學成為一位更好的學生。很少有年輕人能夠像他這樣經歷這些旅程，或是結交到如此多重要的朋友。

在亞伯丁時，我寄出了上一封信。之後，我們離開了亞伯丁，懷著無限的愉悅參觀愛丁堡。昨天，我們來到了紐卡斯爾。昨晚，我們參加了在德爾漢姆大教堂舉辦的宗教儀式。在這之後，我們來到約克，將亨利送到利物浦搭乘輪船回國。

我也透過亨利之手給你帶回了一些信件。在短短的四週時間裡，《德雷德：陰暗大沼地的故事》一書在英國的銷量已經超過了十萬本！在取得了這樣的成績之後，誰還會在意那些評論家們說什麼呢？至少目前看來，這本書在英國取得了圓滿的成功。

這本書遭到了來自文學界與宗教界一些人士的嚴厲攻擊。《記錄者報》宣稱這本書充斥著大量的宗教內容。《雅典娜報》則用尖刻的評論諷刺這本書。《愛丁堡報》則指責這本書的作者對她所描述的社會一無所知。儘管這本書受到了如此之多的非議，但銷量還是節節上升，每個人都在閱讀這本書。出版商洛對我說，他對於這本書能夠達到 125,000 本的銷量充滿了自信。許多讀者都喜歡這本書勝過《湯姆叔叔的小屋》，這顯然證明了這本書是成功的。

我交代亨利帶給你的日記，你可能在下週就能讀到了。在這些日記內容裡，你將會知道我與女王陛下是多麼地親近，與女王陛下的公爵與夫人們形成了良好的關係，還聽到了女王陛下關於《德雷德：陰暗大沼地的故事》一書的評價。女王陛下表示，她喜歡這本書超過《湯姆叔叔的小屋》，還詢問了一些有關你的情況以及其他事情。

我永遠都是深愛著你的妻子。

哈里特・比徹・斯托

第十二章　《德雷德：陰暗大沼地的故事》，西元 1856 年

在離開約克郡之後，斯托夫人一行人在卡爾頓管區逗留了一兩天時間，這裡就在舍伍德森林附近，他們非常享受在這裡的野餐活動。他們正是從這裡出發，途徑沃爾維克與牛津前往倫敦的。關於這趟旅程，斯托夫人在一封寫給兒子亨利的信件裡這樣說：

第二天早上，我們準備將一些東西寄去倫敦，G 先生向我們保證，他會立即將這些東西以及他自己的一些東西寄去倫敦，然後倫敦那邊的人肯定會等著我們的到來。從一方面來說，這對我們來說是有好處的，因為我們不需要耗費心思去找尋他們。畢竟我從未見過像英國這樣，如此複雜與讓人困惑的鐵路網。

當我們定好行程後，就準備出發前往沃爾維克。去到那裡之後，我們被告知火車可能已經出發了。無論怎樣，我們只能到火車站的另一邊去等待。你可能很自然地認為，我們除了走到另一邊之外，沒有其他辦法。是的，你想的沒錯。我們只能走上樓梯，然後穿過一些管狀的橋梁，最後沿著一排梯子往下走。

當我們到達那裡的時候，保全人員說這列火車即將要出發，但是售票處已經關閉了。我們努力地敲著售票處的窗口，但無人應答。保全人員說：「你們肯定非常急著趕路吧！」我說：「那當然了，而且我們還買不到火車票。」

最後，這位保全人員用拳頭狠狠地敲打售票窗口，叫醒了裡面那位正在睡覺的售票員。結果，我們終於在千鈞一髮之際買到了火車票，上了火車，沒想到竟然還等待了 10 分鐘之後火車才出發。在來到沃爾維克後，我們度過了一段非常愉悅的時光。在參觀那裡的景點後，我們乘車前往牛津。

第二天，我們準備前去牛津。你根本無法想像牛津這個地方，你完全可以將這個地方稱為一所大學！這是一座城市大學！這裡有許多的博物館、學院、大廳、球場、公園、演講廳等建築。在全部 24 所學院裡，我們只能看到其中的三所。不過，我們已經見到了足夠多的地方，要想一一了解這個地方，至少要一週的時間。之後，我們離開了這個地方，在當天晚上 11 點左右抵達了倫敦。

當時的倫敦正下著毛毛細雨，正如我們一開始離開這裡的時候也是下著小雨。但是，我們發現了一個舒適的小客廳，裡面放著深紅色的紙張，旁邊還有一個燒著煤炭的壁爐，餐桌上擺放著豐盛的晚餐。洛夫人正在等著我們。這實在太好了！

我們預計行李今天會送到。今天，我們前去桑普森·洛的出版公司參觀，發現這裡到處都有紅色封面的《德雷德：陰暗大沼地的故事》一書。

在回到倫敦後，斯托夫人收到了拜倫女士寄來的信件：

西元 1856 年 10 月 15 日，牛津屋

親愛的斯托夫人：

報紙上說妳已經返回倫敦了。雖然我現在身體比較虛弱，但我已經迫不及待地想要見到妳了。因為我希望在某個問題上尋求妳的建議。我知道堪薩斯州的黑奴所經歷的痛苦，這不僅極大地激發了我的憐憫心，而且還希望能夠有所表示。我希望能夠捐一些錢。

不過，我想要知道利用這筆錢的最好方式以及安全性。我假定妳會同意這個想法，因此希望妳能告訴我該怎麼做。也許妳可以幫我把要捐獻的 50 美元帶回去。我現在的住所距離里士滿大約 2 哩。我一直非常關注妳這次的行程。妳的那本書在英國的銷量還在不斷上升，大家已經開始理解妳的用心良苦了。

永遠忠誠於妳的朋友

A·T·諾爾·拜倫

斯托夫人在收到這封信之後，馬上回了信：

肯特鎮格羅弗梯田，西元 1856 年 10 月 16 日

親愛的拜倫夫人：

再次看到妳親筆寫來的信件讓我感到非常高興！要是我能夠親眼見到妳的話，這肯定會讓我感到更加高興。我一直盼望著能夠見到妳，我有很多話要對妳說，我有很多問題要問妳，我需要一個能夠與我有思想共鳴的人一起進行交流。

我親愛的朋友，感謝妳對堪薩斯州那些可憐黑奴的同情心。願上帝保佑妳！當妳決定這樣做的時候，就已經與我站在了同一邊。也許，妳可以分享一下那些「根本不知道自己在做什麼事的人」，所做出的一些錯誤的事情。親愛的朋友，我可以向妳保證，對於那些不斷攻擊我的言論，我絕對不是充耳不聞的。

妳可以將這筆錢寄給我的出版商，請相信我。

第十二章 《德雷德：陰暗大沼地的故事》，西元 1856 年

永遠忠誠於妳的

哈里特・比徹・斯托

在寫完寄給拜倫夫人的這封信後，斯托夫人就在寫給丈夫的一封信裡，談論了她們當時所處的環境以及接下來的計畫：

10 月 16 日，星期五

這裡實在是太混亂了。我們的行李還沒有寄到，也沒有人知道到底是出了什麼事情。我們只能跑到火車站去詢問，但沒有任何回音，行李還是沒有送到。現在，我們已經沒有半件乾淨的衣服了，有的只是旅途中穿過的已經有褶皺的衣服。

瑪麗・拉布謝爾女士之前寫信給我說，她的馬車下午會在斯勞火車站等我們，我們必須在下午兩點的時候出發。我們該怎麼辦呢？幸運的是，我沒有將所有的衣服都帶到鄧羅賓。因此，在一行人當中，只有我一個人還有一件乾淨的衣服可以穿。我們只能出去外面買衣領與手帕。在下午兩點的時候，我們得準時抵達火車站。

斯托克公園。我獨自一人來到這裡，我們的行李還是杳無音信。G 先生已經來到倫敦，他坦誠說自己錯過了幾班準點的火車送過來。簡而言之，G 先生就是我們經常說的那種做事馬虎敷衍的人，但是他的敷衍讓每個人都笑不出來。就是因為他的敷衍，認為這並不是一件重要的事情，我們才要面臨這樣的困境，需要解決如此麻煩的問題。

我獨自一人來到了斯勞火車站，發現瑪麗夫人的馬車正在等候。我們一起乘坐馬車經過一座到處有野鹿的公園，這些野鹿都非常溫順地站在那裡，看著我們的馬車經過。瑪麗夫人的房子是義大利式的建築風格，屋頂是圓頂狀的，有寬闊的陽臺，周圍還有一些石欄杆。

瑪麗夫人在門口迎接我，她對我們遭遇的麻煩似乎非常關心。我們經過一間舒適的套房來到客廳，此時茶桌上已經備好了茶水。

在喝完茶之後，瑪麗夫人帶著我前去我入住的房間。這個房間給人一種賓至如歸的感覺，環境很安靜，非常舒適，他們這樣的安排實在是太貼心了。房間裡

壁爐的火焰正在燃燒，還有一張傾向一邊的扶手椅，房間的一邊還有一張沙發，上面有一張沙發式的桌子，可以在上面寫字。

瑪麗夫人的小女兒在房間的桌子上，擺放著一個銀色的盤子，裡面種著一盤溫室苔蘚。房間洗手間的馬桶上都配有馬桶墊，旁邊的花瓶裡還有鮮花。我坐在面對著壁爐的舒適扶手椅上，內心忍不住想，為了將這個房間布置得如此溫馨舒適，主人肯定是費盡了心思。

接著，一位女僕過來問我是否需要熱水 —— 或是需要什麼東西 —— 很快地就到了晚餐時間。我下去客廳，見到拉布謝爾先生，我們一起前去吃晚餐。這次晚餐的參與者不像鄧羅賓那裡有那麼多人，但依然是非常豐盛的。來的人並不多，只有幾位與拉布謝爾家族相關的女士過來一起用餐。

第二天早上，達弗林勛爵與阿爾弗雷德·佩吉特勛爵，這兩位女王陛下的親人，都從溫莎地區乘坐馬車前來這裡與我們共進午餐。他們帶來了一些世界局勢的最新消息。

你還記得在某個晚上，薩瑟蘭公爵夫人讀了一封達弗林勛爵寄來的信件給我們聽，裡面就描述了她兒子所有的豐功偉績，說他曾與拿破崙王子在斯匹次貝根島一起划遊艇，當拿破崙王子與其他人都決定放棄，準備回去的時候，他卻依然前進，最後發現了一個全新的小島的事情？好吧！這其實是同一個人。他是一個身材高瘦的人，絕對不是你所想像的那樣會具有勇敢心靈的人 —— 但他卻是一位充滿活力與健談的人。

阿爾弗雷德勛爵也是一位非常友善親和的人。

瑪麗夫人懇求達弗林勛爵留下來，在午餐後和我們一起乘坐馬車前去克利夫登，這裡有公爵夫人的別墅。我們在這裡看到了在鄧羅賓拍攝的一些照片。這座別墅裡的房間所具有的美感與散發出來的優雅，是我在英國其他地方沒見過的。

我們回來後，我的第一個想法就是，瑪麗表妹和其他女孩是否已經回來了。正在我們為晚宴穿衣化妝時，她們出現了。與此同時，女王陛下已經來到了溫莎城堡，在當晚與瑪麗夫人以及她的丈夫一起共進晚餐。當然，類似這樣的邀請我們只能前往。

由於他們只邀請了四到五人前去晚宴，他們只能前去赴約，讓我們一行人自

第十二章　《德雷德：陰暗大沼地的故事》，西元 1856 年

己吃晚餐。瑪麗夫人穿著非常漂亮的荷葉邊絲綢連衣裙，連衣裙上還鑲嵌著玫瑰，看上去非常優雅。拉布謝爾先生穿著馬褲，馬褲的膝蓋與卸扣上都鑲嵌著鑽石，看上去閃閃發亮。

在我們離開客廳後沒多久，他們就回來了。因為女王陛下都是在晚上 11 點鐘休息的，尊貴的女王陛下是絕對不會熬夜的。

第二天，瑪麗夫人對我說，女王陛下跟她談論的話題都是關於《德雷德：陰暗大沼地的故事》這本書的，表示相比於《湯姆叔叔的小屋》，她更喜歡《德雷德：陰暗大沼地的故事》這本書，說自己對書中的妮娜這個人物非常感興趣，對妮娜在書中的去世感到非常不滿，也對書中的湯姆·戈登沒有遭到什麼報應表達了憤怒的情感。女王陛下還詢問了你父親的情況還有其他家人的情況。女王陛下似乎對你比較了解。

第二天早上，我們與達弗林勛爵一起共進早餐。達弗林公爵是我在英國見過的最有趣的一位年輕人，有著真正的思想以及高尚的情感，學識非常淵博。他幾乎閱讀了美國當代所有的文學作品，非常欣賞霍桑、愛倫坡與朗費羅等人的作品。不過，我發現他並沒有足夠重視羅威爾這位作家。

達弗林勛爵表示，他的母親在他成年時寫給他一首詩歌，他則為父母建造了一座高樓，並將這首詩歌刻在一個銅牌上。亨利，我也推薦你這樣做。你要自己成為一個有成就的人，始終記得母親的教誨。

今天早上，埃爾金勛爵的女兒奧古斯塔·布魯斯女士前來拜訪，她是肯特公爵夫人的一位侍女，也是一位非常優秀與通情達理的女性，對奴隸制有著強烈的反感情緒。

吃過午餐之後，我們乘坐馬車前往伊頓，來到了市長大人的房子，在我們乘坐馬車穿過溫莎時，馬車夫突然停下來對我們說：「夫人，女王陛下過來這裡了。」我們的馬車都停下了，讓女王的皇家馬車隊經過。我看到了女王在馬車上向我優雅地點頭。

在馬車離開火車站之前，瑪麗夫人一直和我們留在馬車裡面。在我們即將要離開的時候，她遞給我們一束美麗的鮮花。可以說，這是讓我感到最為愉悅的旅行之一。

接下來，大家在英國進行了一系列非常有趣的旅行，其中包括前去拜訪查爾斯·金斯萊一家，斯托夫人一行人穿越英吉利海峽，在巴黎逗留了幾個月的時間，只是為了更好地學習法語。在法國首都巴黎的時候，斯托夫人給當時住在安多弗的丈夫斯托寫的一封信裡這樣說：

西元 1856 年 11 月 7 日，巴黎

親愛的丈夫：

10 月 28 日，也就是你上一封信寄來的時候，我當時正在查爾斯·金斯萊的家裡做客。瑪麗與我在天色完全暗下來之後，依然坐在一輛出租馬車上，朝著我們之前從未謀面的查爾斯·金斯萊的家裡前進，這樣的感覺真是有點奇怪。

馬車在黑夜的崎嶇道路上行進了很長一段路，我的心總是在怦怦地跳個不停，最後，我們來到了庭院。我們敲了門，在門口處見到一個說話有點結巴的男人，他問：「請問您是斯托夫人嗎？」我們做了肯定回答。於是，我們被引入一間寬敞溫馨的客廳，客廳被煤炭燃燒的火焰所點亮。裡面擺放著舒適的椅子、沙發、牆壁上掛著圖畫，書桌上放著雕像與書籍，還有其他一些零散的物件。查爾斯·金斯萊的夫人是一位真正的西班牙美人。

我們在接下來的三天裡經常進行交流與旅行。我想金斯萊最後也感到有些疲憊了，我們也是如此。金斯萊是一位神經有些敏感且容易興奮的人，在說話的時候，經常會點頭、搖頭，或是聳著肩膀，伸開手臂或是雙手做出各種動作，不過他說話時的猶豫不決，又讓他這樣變得有些困難。

關於金斯萊的神學觀點，我以後有時間會跟你詳細說的。當時的金斯萊正面臨著一種巨大的壓力。他的著作《時代的訓誡》（*Sermons for the Times*）一書裡面的觀點，與愛德華的那本書有著不同的角度與思想，和約翰·福斯特的觀點比較類似，雖然他的觀點要比福斯特的觀點更為樂觀一些。

當我給金斯萊說一些有關父親的故事時，他很多時候都會哈哈大笑，似乎很高興聽到有關父親的消息。不過，我沒有想到的是，他是一位虔誠的基督教徒，堅持認為英國的教會，是每個人都應該依靠的最堅固與最寬闊的平臺，為此他寫了 39 篇關於這方面的文章。我告訴他，你認為這些文章都是這方面思想最好的總結。我的話讓他感到非常高興。

第十二章　《德雷德：陰暗大沼地的故事》，西元 1856 年

今晚，我收到了你的來信。我現在的住址是巴里的克里希大街第十九號，你以後一段時間給我的信件都可以寫這個地址。

昨晚 11 點時，我們抵達了巴黎，之後乘坐馬車前往克里希大街的第十九號。不過，當我來到這裡後，無論是按門鈴或是用力敲門都沒有人回答。結果，我們在絕望時，想起了之前一些酒店推銷員扔進馬車上的名片，發現一間有英文和法文標注的酒店。於是，我們乘坐馬車前往那裡，最後住在一間舒適的房間裡。我們在凌晨兩點鐘的時候才入睡。

第二天早上，我派一名信使去找尋鮑林女士，才發現我們弄錯了門牌號碼，我們應該前往的第 19 號，是隔壁的那扇門。於是，我們乘坐馬車前往。最後，我們終於來到了鮑林女士的住所，這裡有一個寬敞的客廳，還有為我們準備的兩間客房。

這個家庭有 21 人，其中絕大多數人和我們一樣，都是過來這裡學習法語的。其中一位女士是身材頎長、面容秀美的年輕英國女士，她是杜蘭特小姐，是一位女雕刻家，正與特里克提男爵一起學習。她將我帶到了特里克提男爵的工作室，男爵立即對杜蘭特小姐說，應該讓我坐下來。我說我會的，但我是來上法語課的。「哦！」男爵微笑著說，「妳坐下來之後，我們會給妳上法語課的。」所以，我明天早上就要去上法語課了。

與往常一樣，我之前那些不好看的畫像給我帶來了一些好處，很多人在見到我之後都鬆了一口氣，認為我的行為舉止更加優雅。金斯萊也對他的妻子說，他在見到我之後鬆了一口氣，因為美麗從來都不是我的優勢，因此能夠得到別人的讚美我也很開心。

在我們離開倫敦之前，亞瑟·赫爾普斯先生前來拜訪我們，我們進行了非常愉悅的交流。他與金斯萊以及其他所有優秀的人，都對目前發生在美國的事情充滿了焦慮。他們對此真的有著很深的感受，比大多數美國人更能清楚地看到我們國家正在面臨的危險。

週六晚上

我認為我已經拖太久沒回信給你了。事實上，在過去十天裡，我一直在這裡，有三天的時間因為神經痛而躺在床上，有時則因為牙痛或是脊椎疼痛躺在床

上。剩下的幾天，我每天都要一動不動地坐著，讓他們幫我們做半身雕像。

我們與雕刻家特里克提男爵一起共進晚餐，他有一位英國妻子，還有一個與我們女兒年齡相仿的女兒。總的來說，在巴黎的生活要比在英國的生活更加簡單與自然。他們會用盤子端上一塊蛋糕或是一杯茶給你，大家都是用一種非常隨和的社交方式去做的 —— 當茶壺在火焰下發出噗哧噗哧的聲響時，茶館的兒子與女兒愉快地忙著泡茶。

喝完茶之後，特里克提男爵向我們展示了福音書的一份手稿影本，這是他母親寫的，這曾幫助他度過會讓健康變得糟糕的季節。特里克提男爵用非常細膩的方式將母親塑造成雕像。我無法描繪這些雕像人物所具有的美感、優雅、細膩或是散發出來的虔誠情感。可以說，特里克提男爵是我見過最有才華的人之一。

在過去一週裡，我們有 3 個晚上去拜訪朋友或是與朋友們見面，比如在摩爾女士、蘭齊爾女士與貝洛克女士她們的家裡做客。巴黎這邊的沙龍都是不正式的社交聚會，沒有什麼甜點，也沒有什麼胡言亂語。有的只是你所能見到的最讓人愉悅、最貼心與最友善的聚會。

請將我的親吻獻給小查理。如果他能夠親眼看到我在杜伊勒里宮與香榭麗舍大道所看到的景象，他肯定會很興奮的。整個巴黎彷彿就是一個室外的陀螺在不斷地轉動，但在室內的人卻是那麼地沉穩、安靜與清醒。

11 月 30 日

在週日的晚上，或是巴黎的每個週日，都會讓我想起你曾對我說的話：「願上帝保佑妳！他們發出的噪音，甚至連魔鬼都沒有片刻的沉思時間。」這裡的人將多餘的工作或是生活中一些有趣的事情，都放到了週末去做。

你可以看到那些洗衣女工在週日的時候，帶著一張爽朗與幽默的臉龐出來玩耍，你根本不知道她為什麼要這樣做。你的軟帽、寬大外衣、鞋子以及任何其他東西，都在週日早上放回了家裡。之後大家似乎都要前往教堂，你會在林蔭大道上看到許多人跳舞或是用腳尖旋轉，這樣的景象肯定會讓你感到驚豔的。

今天，我們前去大教堂聆聽格蘭德·皮埃爾先生的演說。我聽的不是很懂，我的法語聽力現在還不是很好。我只能聽到這篇演說的主題是「仁愛」，演說者

第十二章　《德雷德：陰暗大沼地的故事》，西元 1856 年

的演說非常流暢，舉止非常優雅，態度非常認真，聽眾也都非常專注認真。

　　昨晚，我們再次來到特里克提男爵的家，大家前去慶祝他們的大女兒布蘭切爾的生日。布蘭切爾是一個 19 歲的可愛女生。還有一些優雅的女性專門趕了八十多哩路前來這裡見我，她們對我的法語說得不是很好一事感到很有趣，但她們給了我很多鼓勵。我相信自己最後能夠學好法語的。對我來說，用法語和法國人對話，已經變得越來越容易了。

　　在場有三位法國紳士剛好讀過英文版本的《德雷德：陰暗大沼地的故事》，他們在見到我的時候都顯得非常興奮。我與他們談論的問題深度甚至讓我感到吃驚。在《西大世界月刊》上有一篇關於《德雷德：陰暗大沼地的故事》一書的評論，還有這本書裡面的一大段節選，我認為這篇評論是以一種欣賞與贊成的態度來寫的。

　　總的說來，法國的評論家似乎要比英國那邊的評論家，更能夠欣賞我在書中所表達出來的一些微妙情感。我對派克教授對此有什麼評價感到非常好奇。在《出版報》上也有一篇關於《德雷德：陰暗大沼地的故事》一書的評論，同樣是持讚美態度的。

　　這些評論者似乎都要比美國的民眾，更能看清楚美國奴隸制所帶來的危害。如果美國的牧師與基督徒，能夠從這些強詞奪理的詭辯裡掙脫出來，那麼他們對於自己所持的這種搖擺不定的態度，會感到多麼地不可思議與自我鄙視啊！

　　每隔一週，我們都會前去摩爾女士的家做客，在她家認識了許多有趣的人。埃爾金女士現在不參加這些社交活動，因為她中風癱瘓了，但她依然在家裡，像往常那樣接待很多朋友。在清新的空氣下坐在輪椅上接待朋友，這成了她的一大愛好。

　　我必須要說，巴黎這裡的生活對我們來說要更合理一些。在拜訪參觀的時候，我們不需要講究那麼多的社交禮節，也很少坐下來吃飯。這裡的人在社交活動的時候不喜歡吃東西。他們往往是喝一杯茶或是吃一塊小點心就足夠了 ── 如此簡單的做法，就足以打破社交場合的陌生感。

　　讓我感到驚訝的是，這裡大部分的人依然還在談論著《湯姆叔叔的小屋》。他們對這本書的印象，就與這本書剛出版時似乎沒有什麼區別，依然是那麼地深

刻。我經常聽到他們說，這本書重新喚起了法國的貧窮階層對福音的信仰，並說這本書所起到的作用，要比所有的宗教書籍更有用。

這本書已經在巴黎的貧窮人居住地非常流行了，沒有人知道他們是如何透過這本書去信仰耶穌基督的。我親愛的丈夫，這難道不是一種美好的祝福嗎？難道這不是沒有白費我耗費心血去創作那本書嗎？

某個晚上，我前去格蘭德‧皮埃爾先生家做客，他家的客廳裡來了很多人，每個人都像在英國或是蘇格蘭時的那些民眾那樣，急切地想要見到我。哦！如果波士頓的基督徒，能看到這裡的基督徒看待奴隸制的態度就好了，他們對美國民眾對奴隸制表現出來的冷漠態度，感到震驚與不可思議，對於美國的教會在這方面發揮的微薄力量感到無法理解！

大約在晚上十一點的時候，我們一起唱了一首聖歌，接著格蘭德‧皮埃爾先生發表了一篇演說。他在演說裡以最為親切與真誠的方式評價我。接著我們一起聚集起來為美國祈禱，因為他們認為美國是新教的希望。接著，大家才陸續走出皮埃爾的家，彼此握手道別。

在日期標注為 12 月 28 日的日記裡，珀金斯先生這樣寫道：

在週日晚上，我們與雅各‧阿伯特夫婦一起前往巴黎榮軍院。我認為我從未對任何事情有如此大的興趣和感觸。大約有三四千名年老或是殘疾的士兵，住在這座美麗且舒適的家。

我們前去進行主日崇拜。教堂非常寬敞明亮，描繪戰鬥情景的圖畫掛在牆壁上。其中一些畫作可能歷史太悠久，都被蟲蛀了。這次主日崇拜的儀式盡可能地模仿戰鬥之前的儀式。鼓聲敲起來，大家紛紛聚在一起，普通的士兵排成一列，然後在指揮官的指揮下站在教堂中央。所有這些儀式都受到鼓聲的節奏指引。只有一位牧師得到了任命，其他的士兵都站在他身邊保護他。軍樂隊奏出的音樂真的非常雄壯大氣。

下午的時候，我前去瑪德琳晚禱，那裡的音樂則更加細膩一些。他們在教堂兩端有兩個出色的管風琴。一個人歌唱著〈真摯來臨〉這首歌，伴奏的則是管風琴，之後很多男聲開始唱詩歌，然後其他樂器也紛紛演奏起來。總的來說，效果聽上去非常和諧悅耳。

第十二章 《德雷德：陰暗大沼地的故事》，西元 1856 年

我始終認為，在我們家鄉的許多小教堂裡，管風琴發出的樂音實在太響亮了，讓我的耳朵有點發麻，但在這個寬敞的大教堂裡，效果聽上去則完全不同。這裡的音樂就像海浪那樣翻滾著，雖然雄渾卻很柔和。我感覺這肯定是來自另一個世界發出的聲音。

晚上的時候，本生夫婦前來拜訪。他是希瓦利埃·本生的兒子，本生的妻子則是伊莉莎白·福萊的侄女 —— 他們都是具有智慧與友善的人。

在一封日期標明為 1 月 25 日的信件裡，斯托夫人在巴黎寫了下面這封信：

這是一個寫給查理的故事。生活在聖安東尼近郊的孩子們都是貧窮的孩子，他們的母親每天都會給他們一點點錢去買東西吃。當他們聽到我要前去那裡的學校，都將自己一半的晚餐錢捐出來，希望我能夠用這些錢去拯救那些可憐的奴隸。現在，我得到了五法郎的錢，我會替他們捐出五美元。我希望在這些金幣上面挖一個洞，然後將這錢做成一條項鍊，掛在查理的脖子上，作為一枚勳章。

我剛剛完成了在一所天主教寄宿學校的活動，準備動身前往羅馬。

我們預計會在 2 月 1 日出發，我在羅馬的住址應該是瑪格麗塔的巴塞洛夫 108 號。

第十三章
故地重遊，西元 1856 年

第十三章　故地重遊，西元 1856 年

在離開巴黎之後，斯托夫人與表妹以及珀金斯夫人，懷著悠閒的心情前往法國南部旅行，之後再從這裡出發前往義大利。她們沿途經過了亞眠、里昂與馬賽等城市。在馬賽的港口，她們乘坐蒸汽船前往熱那亞、利弗諾與奇維塔韋基亞等地方。她們在蒸汽船的最後一個晚上遇到了事故。她們後來還歷經了一些麻煩才抵達羅馬，斯托夫人在日記裡這樣寫道：

> 大約在晚上 11 點，當我在船艙裡安靜地躺著睡覺時，我被一陣刺耳的摩擦聲給吵醒了，接著就是船身的抖動，整艘蒸汽船似乎都在劇烈地晃動。接著，就是船上的乘客發出的驚呼聲，大家紛紛跑到甲板上，那個場景是非常混亂與狼狽的。我也迅速走到房門，看到很多人都在一邊走一邊穿上衣服，一臉疑惑地走向通往甲板的階梯。我叫醒了瑪麗，沉默地收拾著東西。

> 之後，我們迅速走到了上層的甲板上。直到一個小時之後，才稍微知道到底發生了什麼事情。最後，我們得到的消息是，可能需要換搭另一艘船。這艘蒸汽船似乎無法再繼續前行，但我們沒有向彼此說出這個事實。

> 事實上，當時人群表現出的安靜與沉默是很多人都沒有見過的。要是我對這艘船的駕駛員有一定信心的話，那麼我肯定會感覺好一些，可是我根本沒有這樣的信心，因此我只是不安地坐著。假如我們當時知道前不久有一艘船就在地中海的海域沉沒，這樣的事故肯定會加劇我們內心的恐懼心理。

因為一次千載難逢的機遇，一位軍官與他的妻子和孩子都上了我們的船，而他們原本乘坐的船隻則發生了事故。船長與船員當時都在船艙裡，沒有人看著海面上的狀況，要不是這位軍官大聲通知船長，要求停下這艘船的話，我們這艘船必然會以極快的速度撞上去，導致船隻下沉。

最後，我們的船隻轉向了一邊，而剛才的震動正是源於漿輪發出的聲音。在經歷了兩個小時這樣的插曲後，我們的輪船試著要繼續啟動，並且前進了一段距離，接著又發生一次碰撞，漿輪澈底失靈了。

你可以肯定，我們整個晚上都沒怎麼睡覺，因為面對這樣的情況，誰也沒有心思去睡覺。可以說，當我們想到以後可能再也沒機會見到我們心愛的人，那種心情真的是一種難以描述的悲傷感覺。在那個時刻，沒有人知道別人究竟在想些什麼，但大家也知道每個人在想些什麼。

就在不久前，一艘前往拿坡里的船隻在地中海沉沒，船上的許多女性都以這種可怕的方式失去了生命。這樣的撞擊讓輪船的煙囪直接倒下來，因此船上的乘客無法逃到甲板上，最後都在船艙裡被海水活活淹死了。

我們這艘船就像一個瘸了一條腿的人在蹣跚前行，直到第二天 11 點，當我們抵達奇維塔韋基亞這個地方時，已經比原先的抵達時間遲了兩個小時。此時，我們一行人，也就是瑪麗與我還有來自費城的愛迪生先生以及他的兒子阿爾弗雷德，一起乘坐馬車前往羅馬，但是這輛馬車卻給我們帶來許多麻煩，因為這輛馬車看上去就像在暴雨中浸泡了許久一樣。

大約在晚上八點的時候，我們的馬車獨自走在一條寂靜的小路上，一個車輪掉下去了。大家走下馬車，馬車夫則安靜地站在一邊，觀察著到底發生了什麼事。我們一行人沒有人會說義大利語，他們也不會說法語，不過馬車夫最後還是成功地表達了自己的意思，他的意思是說，我們要出五法郎，去請一個人來修理車輪。我們答應了這五法郎的要求，他鬆開一匹馬，然後騎著這匹馬前進了。

瑪麗和我在黑暗的荒涼小路上來回走動，不時地提醒彼此，我們來到了這片充滿悠久歷史的土地上，然後為我們這次月光下的孤獨旅程而自嘲。沒過多久，我們的馬車夫回來了。我覺得無法以更好的方式證明這些義大利人的誠實守信了。

第十三章　故地重遊，西元 1856 年

接著就是另一場商量。他們將一塊腐朽的木頭放在車輪下面，希望將馬車撬動開來。幸運的是，這塊腐朽的木頭如我們所期望的那樣，並沒有被折斷，之後我們將輪子安裝好了。接著，我們又冒出了一個新想法。這個輪子能夠堅持多久呢？顯然，馬車夫並沒有往這方面想太多，因為他們既沒有帶來錘子與釘子，也沒有帶來修理輪子的任何工具。

因此，他們只是先看了看輪子，再看了一下對面的那個輪子，然後再看著我們。這位馬車夫拿出一把很小的手鑽，用這把手鑽將之前的車輪楔子弄出去，再將一塊新的車輪楔子放進去。接著，他們從柵欄那裡取出一些釘子，但是這些釘子根本不適合車輪。於是，他們又派人前去拿一些釘子過來。

當我們在等待的時候，來自「勤奮號」上的乘客也陸續乘坐馬車前往羅馬，他們紛紛從我們身邊經過。他們乘坐的馬車還有很多空位，其中一輛馬車上的乘客看到我們所處的困境，想要讓馬車夫停下來，可是馬車夫不聽他們的意見，依然繼續前進，說如果有任何人想要幫助我們的話，那麼他就會讓這些人自己走路前去羅馬。

接下來發生了更加有趣的事情。天空竟然下起了雨，瑪麗和我認為，既然輪子已經安裝好了，我們應該回到馬車上。我們認為，馬車不可能在一時半會就修理好的。最後，馬車夫帶著釘子回來了，他顯得非常愉悅，從後面的方向朝著我們大喊。最後，我們的馬車幸運地修好了，我們才勉強可以繼續前進。

我絕對不會忘記，每到一個驛站，我們就要更換馬匹與馬車夫。我們必須要和馬車夫就需要更多的車錢討價還價，因為他們索要的費用超過了原先預定的費用。馬車旁邊還有一些衣衫襤褸、頭髮蓬亂，有著黑色眼睛的人在搗亂，他們說話的每個詞語都是以「給錢」結尾的，他們不斷地騷擾我們，直到我們最後同意支付比預期中更多的錢，才順利地擺脫了他們。

在通向羅馬的大門口處，一位官員在看了我們的護照後，冷漠地對馬車夫說，如果他願意支付五法郎的話，那麼他就不會為難我們。但是，如果我們不支付這筆錢，那他就會一直檢查我們的行李直到天亮。這位官員如此坦率直接索要賄賂的做法，讓我們只能照做。在凌晨兩點的時候，我們終於來到了羅馬，此時已經是西元 1857 年 2 月 9 日，天空下著毛毛細雨。

我們乘坐馬車前往英格特勒酒店 —— 不過，這間酒店的所有客房都住滿了

人 —— 於是，我們只好又繼續找了四到五家酒店，最後，我們那個不聽話的車輪再次掉落，大家只能在大街上走路了。此時，大約有十來個身材瘦削、蓬頭垢面的「乞丐」自稱是搬運工，在等待著旅行者的到來。他們走到了我們身旁，迅速地過來幫我們搬行李，並且喋喋不休地說著什麼。

瑪麗與我站在雨中，品嘗到了在義大利的第一個教訓。我們真的想要說些什麼，但是他們總是在不停地說著一些我們根本聽不懂的話。最後，馬車夫終於找到一位能夠說一兩句法語的人，讓瑪麗、阿爾弗雷德跟我看著行李，他則與那些會說一點法語的人前去找尋住所。我之前聽到很多人談論，他們對羅馬的第一印象都是非常美好的，我必須要承認，我們對羅馬的第一印象是很糟糕的。

接著，有一位年輕人走過來，用英語跟我們交談。這實在是太好了！我們差點就要熱烈地擁抱他。我們懇求他當我們的導遊，幫我們叫另一輛馬車，他照做了。此時，我們幸運地找到了一輛剛好經過的馬車，瑪麗與我將我們的行李箱以及所有的包裹都放在馬車上，至少可以避免被雨水淋溼。

我們在馬車上坐著的時候，之前那位馬車夫不時地回來，告訴我們他找不到任何可以住的地方。我說：「難道我們只能在大街上睡一晚嗎？」讓整件事顯得更加怪異的是，我們在羅馬這邊有很多好朋友，他們都願意接待我們的。我們開始為晚上住哪裡發愁。又有誰知道我們此時所陷入的困境呢？

阿爾弗雷德表示，他之前看到一些新聞，說義大利這邊旅館裡的床都安裝著陷阱門 —— 就是那些讓人一躺下去，會馬上關閉的床，最後讓人活活窒息而死。當這位馬車夫最後說找到了可以住的地方時，我們都懷著忐忑不安的心情跟著他一起走了。

我們在一條骯髒的石路上下了馬車，聞到了貓屎、洋蔥散發出來的潮溼與陰冷的味道。我們走在石頭砌成的階梯上，最後進入了兩間看起來比較乾淨的房間，我們終於可以躺著睡覺了。

但是，那一群「乞丐」始終跟著我們 —— 這些都是一群黑色頭髮，黑色眉毛、衣衫襤褸以及好動的傢伙。他們堅持說我們應該付給他們大約20法郎的錢，或者說 4 美元，就因為他們幫我們將行李搬運了 20 步左右的距離！來自費城的那位先生，果斷地拒絕了他們的無理要求，這讓這群乞丐又喋喋不休地吵鬧著，脾氣也開始變得躁動起來，不斷地說出「要錢」或是「給錢」的話。

第十三章　故地重遊，西元 1856 年

我們說：「為了擺脫這些傢伙，還是給錢吧！」最後，我們討價還價到了 10 法郎，但他們依然在吵鬧，而且還想要進入我們休息的房間。最後，我們用盡全力大聲吼道：「沒錢，快點滾！」他們才稍稍後退。當我們在整理行李的時候，他們才離開。

我們女主人是一位身材矮小的法國女人，她熱情地招待了我們。我認真地檢查了房間，看看有沒有可怕的陷阱門。在檢查了一遍之後，發現沒有這些東西，我就心滿意足地躺在白色乾淨的床上入睡，很快地進入入了夢鄉，一直睡到第二天早上。

隔天早上，我們將名片寄給巴塞洛夫。在我們吃完早餐後，就已經見到他了。接著，我們得知他之前一直在關注著「勤奮號」蒸汽船的情況大約有一週的時間。他早已為我們安排好了舒適的房間，在靜靜地等待著我們。

3 月 1 日

親愛的丈夫：

在義大利的每一天，都是讓我大開眼界的一天。我參觀了地下墓穴，看到了許多最初的基督徒留下來的歷史紀錄。今天，我們要前往梵蒂岡參觀。這裡的天氣很好，景色則是美得無法言說。道路兩邊的田野生長著美麗的花朵。哦！我親愛的丈夫，要是你能夠與我在這裡一起欣賞這些美麗的景色，那麼這趟旅行將會非常完美，我認為你能夠比我更好地欣賞這些景色 —— 可以說，這個地方很好地將歷史與現代結合起來，將過去的一面與當代的一面都充分地展現出來。

想像一下在具有歷史感的廣場上悠閒地散步，或是認真欣賞著羅馬帝國時期留下來的古老石頭，或是在凱撒當年居住的宮殿廢墟前駐足觀看，或是在提圖斯凱旋門的拱形門下參觀，欣賞那些古代決鬥犧牲的角鬥士的殘骸，還有很多充滿藝術氣息的房間，而這一切都是我在一個早上所看到的。

這些都是我在週六看到的，但我真的希望能夠與你一起欣賞這些美麗的景色。你對義大利這個國家的歷史有著深入地了解，因此你更能欣賞這個國家所具有的美感。在凱撒宮殿的廢墟上，可以看到許多以前精緻的大理石所留下來的廢墟。我親眼看到一株爵床屬植物在上面生長，還摘下了這株植物的一片葉子。

我們在這邊的居住條件也很好。那位費城來的先生把我們照顧得很好，我們也很好地照顧著他。我們可以在羅馬看到很多人，其中包括約翰·布萊特、赫曼斯女士的兒子，加斯克爾女士等等。據說，大約有五千名來自英國的旅行者會過來這裡旅行。雅各·阿伯特與他的妻子聽說也即將要過來這裡。

可以說，羅馬就是一座世界性城市。羅馬是一座讓人感到無比震撼的城市！教皇的羅馬就像一位迷人的女人，吸引著無數人前來觀看！羅馬這座城市雖然古老，卻散發出無限的生機與活力 —— 每一個年輕人都會愛上這座城市的。當我抵達拿坡里的時候，會繼續寫信給你。

永遠愛你的

哈里特·比徹·斯托

從羅馬出發後，她們一行人前往拿坡里，先參觀了龐貝古城與赫庫蘭尼姆（因維蘇威火山大噴發而埋沒的古城），再攀登維蘇威火山。所有關於這些旅行的紀錄，都可以從斯托夫人給她當時居住在法國的女兒的一封信裡看出來。除了在信中講述相關的準備與出發事情，斯托夫人在信裡還說：

在攀登維蘇威火山的過程中，我們感覺到坡度變得越來越陡峭，直到我們最後需要馬匹拉著我們上去。拿坡里人對待馬匹的方式，是不會讓這些旅行者產生任何愉悅或是滿足的感覺，因為這些人似乎根本不重視動物的感受。這裡的人根本不在乎這些馬匹的死活。你經常可以看到一匹馬拉著十四五名身強體壯的男女上山。可以說，這裡的山路要比那些用石頭鋪成的街道更加溼滑。在抵達山頂之後，馬車夫都催促著馬匹下山，將下一批的乘客拉上來。

隨著上山的路變得越來越陡峭，馬匹會喘著大氣，整個身體在不停地顫抖，這讓我們覺得自己不應該坐在馬車上，但是，導遊與馬車夫卻根本不在乎馬匹的任何身體語言。最後，我們3個人下了馬車，以走路的方式前進。我們也希望我們的導遊這樣做。可是最後一段爬坡路非常陡峭，那些無賴的傢伙竟然用一根長長的竿子抽打馬腿，讓馬匹繼續前進。任何英國人或是美國人都不會這樣對待一匹馬。

所謂當年隱士居住的地方，其實是一間很小的木屋。現在，我們可以在這裡買一些酒水或是其他的點心食物。這裡的一款酒是專門用維蘇威火山的葡萄釀成

的，取名為「基督之淚」，這款酒的名聲非常響亮。山頂上聚集了很多形形色色的人，其中就有乞丐、衣衫襤褸的男孩，還有一些人在彈奏著吉他，大聲吆喝的驢車主人，還有一些人想要販售木棍或是礦石。木棍是幫助爬山者進行爬山的，而礦石則是給旅行者作為紀念的。

在一片喧囂聲裡，我們坐進了一輛驢車裡面，這頭表情似乎很憂鬱的驢子，在主人的鞭打下迅速前進。最後，我們抵達了山頂。我很高興自己終於踩在一塊堅實的土地上。山頂處彌漫著火山口散發出來的煙霧，我們還看到兩名英國紳士從陰影中走了出來，他們祝賀我們安然到達山頂，對我們說，我們非常幸運，因為這座火山其實很活躍，幸好今天沒有噴發。

在山頂上，我們還能聽到火山口不時發出那種空蕩蕩的咆哮聲響，就像一個龐大的熔爐裡面的熔漿在發出怒吼，但我沒有看到裡面有什麼東西。我問：「這就是全部了？」「哦！不是的，等導遊帶著其他人一起上來之後，還有更多可以看的。」沒過多久，其他人陸續上來了，我們照著導遊的指引，來到一條充滿霧氣的岩石路，火山口下面的火焰發出的聲音變得越來越近。最後，我們終於站在一個龐大的圓形火山口旁邊，下面的熔漿距離火山口大約有 40 英尺深，火焰上面有一層黑色的物體，就像是凝固的火山岩漿形成的黏稠波浪一樣。

火山口的另一邊則是充滿著硫磺的懸崖，懸崖上都被火山灰弄成了各種顏色，顏色從淺黃色一直變成深橙色與深棕色。在火山熔漿的表面上，升騰出一個黑色的圓柱體，就像一個龐大熔爐的煙囪。火山口裡燃燒的火焰，就像玻璃暖房工廠裡的熔爐一樣。每過一會兒，我們都可以看到裡面翻滾著融化的岩漿等東西，這些岩漿發出劈里啪啦的聲響。在火山下面一個較小的坑裡，我們看到岩漿在緩慢地流出來，一位先生正是用炎熱的岩漿來點燃雪茄菸抽了起來。

在我們所在的地方，可以看到煙霧從岩石的每一個裂縫或是細縫裡冒出來、那些聚集在我們身邊的拿坡里人都在慫恿我們，讓他們幫我們在這些細縫冒出來的煙霧上面煮雞蛋吃。我們實在說不過他們，只能同意了。最後，我發現透過這樣的方式煮雞蛋可以煮得很熟，或者說，這種用蒸氣煮雞蛋的方式也能把雞蛋煮熟。不過，我們所吃的雞蛋有一種硫磺的味道。

這整個地方讓我在腦海裡回想起米爾頓對煉獄的生動描寫。我只能猜想，米爾頓當年肯定是從這個地方汲取創作的素材，否則他不可能對煉獄有那麼生動具

體的描寫。我們都知道，米爾頓曾在義大利生活過一段時間，雖然我不知道他是否有來維蘇威火山這裡參觀過，但我忍不住認為，他就是以這裡的景象為原始素材的。如果他真的沒有參觀過這裡，那麼他寫的內容則與我所看到的景象非常吻合。

當我們下山的時候，我們這些女士明確地對當地人說，絕對不能用鞭子抽打驢子 —— 他們肯定無法理解我們為什麼會提出這樣的要求。對這些拿坡里的當地人來說，對動物要抱有憐憫心的思想是非常陌生的，他們覺得我們之所以會有這樣的要求，肯定是因為我們缺乏勇氣而已。沒多久，過去的習慣讓一個男孩忍不住用鞭子抽打驢子，當我告訴他不要這樣做的時候，他說：「夫人，做人要有勇氣！」

因為時間有限，我無法將自己在義大利南部的所有旅行經歷都詳細地告訴你。我們懷著遺憾的心情離開了這裡。過一段時間，我會親口跟你講述我們所見到的一切。

我們經由水路從拿坡里來到利弗諾，大家一路上都在暈船。抵達利弗諾之後，我們繼續前往佛羅倫斯，在佛羅倫斯逗留了大約兩週時間。兩天前，我們離開了佛羅倫斯，啟程前往威尼斯，在威尼斯停留了一天兩夜，之後繼續前往博洛尼亞。我們在這裡看到過去著名的大學，現在這些大學變成圖書館。這裡的高牆上都寫著過去那些在這裡接受過教育的著名人物的名字。

接下來我們到達了威尼斯。在歐洲旅行或者說在任何地方旅行的一大麻煩，就是你很難捕捉到一種浪漫的情感。但在威尼斯這個地方，你能感受到一種極為自然與客觀般的浪漫情感。

這裡的一切都是那麼地熟悉與自然，沒有一點陌生的感覺。你可以悠閒地喝著茶，或是吃著晚餐，像過去美好的時光那樣悠閒地過著生活，根本不會意識到你置身於何處，或是你看到了什麼。

但是，威尼斯卻是一個例外。這座城市可以說是浪漫到骨子裡了，卻又不會給遊客一種奇怪或是突兀的感覺。

在一個下雨的晚上，我們乘坐的馬車在顛簸中經過了一條鐵路橋，最後來到了火車站。鐵路橋下面是一片平坦的沼澤地，海水就在沼澤地不遠處的一邊。馬

第十三章　故地重遊，西元 1856 年

車最後停了下來，入站的火車很長，讓我們有點不知所措。我們走在雨中，與一群奧地利士兵一起走上第三等級的車廂。在經過一條很長的過道後，才來到一個坐著許多不同國籍的人的車廂，其中有義大利人、德國人、法國人、奧地利人、東方人，他們都在這個下雨的潮溼天氣裡來到這裡。

不過我們收到了消息，行李已經準備好，要乘坐的貢多拉遊船也準備好了。

我們首先下到了一艘貢多拉遊船低矮的黑色發動機罩上，特別是在下雨的晚上，這給人一種送葬的感覺。我們四個人蜷縮著坐在一起，然後從沾滿雨水的小窗戶向外望去，欣賞外面的景色。各種大小不一的貢多拉遊船在湖水上不停地前進，每一艘船都有像魚一樣尖銳的船首，安靜地在水面上前行。

但是，貢多拉遊船會發出響聲，似乎在迅速地說著含糊的話語，讓我們一路上都感到非常困惑，正如一位陸地上的馬車夫在一片乾旱的土地上那樣。不過，我們很快就將行李與毛氈旅行袋都調整好了。我們乘坐遊船前往大運河，遊船行進得非常平穩，讓我們根本沒有意識到遊船是在前進，只能夠看到兩邊的風景在不斷地移動。威尼斯真是太美麗了，就像一個美麗的女人在一場暴風雨中渾身溼透了。

（科莫湖）我們在威尼斯逗留了 5 天的時間。在這段時間裡，我們欣賞了貼身男僕所介紹的所有美麗景點。不過，這的確是一種旅行中的興奮情感所導致的，因為我們都希望能欣賞所有美麗的景色，倘若我們錯過了一兩個景點，就會感覺非常遺憾。

之後，我們從威尼斯出發前往米蘭，去那裡欣賞大教堂與李奧納多·達文西（Leonardo da Vinci）的《最後的晚餐》。米蘭的大教堂聽說是極為雄偉壯麗的，而達文西的《最後的晚餐》，我認為是人類歷史上最偉大的畫作之一。接下來，我們會返回羅馬體會聖週的樂趣，再返回巴黎。

（羅馬）在參觀完科莫湖後，我們就返回羅馬參加聖週的一些活動。現在，聖週活動已經結束了。

「你對此有什麼看法呢？」

當然，任何一個有想法或是敏感的人，都必然會在參加這樣的活動時，內心產生一種強烈的宗教情感，這樣的情感是極為深刻的。

首先，這個世界上不同國家的民眾，都想著要前來這座古老的偉大城市朝聖，慶祝耶穌基督的殉難與復活，這本身就是一件讓人內心感到無比震撼的事情。無論一些人對於基督世界的這些紀念活動有什麼看法，教眾們還是會堅定不移地慶祝耶穌基督的逾越節。因此，這一偉大而莊重的慶典活動就像一座歷史紀念碑，記錄著這個世界當年最為重要且最激動人心的歷史事件。

當一個人看到這座城市到處都是外地人，看到很多教徒徒步過來這裡朝聖，看到很多商店都有宗教節日的裝飾，看到每個教堂都在進行著宗教儀式，看到很多商品都因為太多人過來而漲價，那麼他自然會想，為什麼會出現這種現象呢？如果他無法理解在許多年前，耶穌基督與他的門徒也是在這一天見證了這一狀況的話，那麼他肯定是無法想通的。

隨著春天慢慢地到來，最好還是結束這趟愉快的旅程比較好。至少對斯托夫人來說，她認為有必要盡快返回美國。因此，在懷著依依不捨的情感離開羅馬之後，斯托夫人與表妹匆忙地回到巴黎。她在巴黎見到了她的妹婿約翰·胡克，他正在等著她的到來。在 5 月 3 日這一天，斯托夫人在巴黎寫信給丈夫說：

在這趟疲憊的旅程之後，我再次平安無恙地回到了巴黎。我發現這裡的女孩都非常健康，她們在這裡的學習都取得了巨大的進步。至於是否要帶著她們與我一起回去美國，我認為沒必要這麼著急。繼續讓她們在這裡學習幾個月的時間，會對她們的學業大有幫助。因此，我已經安排好了，她們應該會在這年 11 月的時候回到阿拉戈，帶著她們的一些朋友過來。

約翰·胡克也在這裡，因此瑪麗會與他以及其他一些朋友，前往瑞士逗留幾週時間。我回到英國還要處理一些出版方面的事宜，大約會在 6 月 6 日乘船從利物浦出發離開歐洲。今天，我真的非常想家，急切地想要與你見面。我在這邊已經待到覺得不耐煩了，想要馬上回去，但又對漫長的航海旅程有恐懼感。

不管怎樣，為了能夠見到你，我準備繼續冒險搭乘輪船回去。有時，我會對這樣的航海旅程產生恐懼感，彷彿自己的命運就繫在上帝的手上。「這一片廣袤的大海都是上帝創造出來的。」大海彷彿是上帝那位年老卻又喧囂的僕人，始終都在遵循著上帝的意志，必然能夠讓我感受到上帝的能量與愛意，我也相信上帝的力量會一直保護著我。

第十三章　故地重遊，西元 1856 年

在幫女兒順利地辦理了在巴黎的新教寄宿學校的各項手續之後，斯托夫人就出發前往倫敦了。在抵達倫敦時，她收到了來自哈里特·馬蒂諾女士（Harriet Martineau）的一封來信：

6 月 1 日，安布林賽德

親愛的斯托夫人：

我想盡了一切辦法，終於找到了連繫妳的方式。因為妳之前的地址只寫著「倫敦」，並沒有將詳細的地址寫出來。阿諾德、克羅珀與其他人都不知道妳具體住在哪裡，報紙上也只介紹著妳之前到過的地方。因此，我最後找上妳的出版商，相信他應該會知道妳去了哪裡，也知道妳最後會回到這裡來。

妳還沒有回來這裡嗎？妳肯定已經意識到了，如果妳不早點回來的話，我們就無法見面了。現在，我已經不見任何陌生人，但要是妳能及時趕回來的話，我可能還有一息尚存的力氣與妳聊天。當我躺在病床上的時候，妳完全可以自由地遊玩。我們只能抓住「我的體力尚可」的時候，才能與妳聊天。

現在的氣候與景色一般來說都是比較美麗的。西元 1835 年，當我在俄亥俄州居住的時候，難道我不是見到妳穿著白色的連衣裙與黑色的絲質圍裙嗎？我和妳的姊姊有著一定的交情，我還清楚地記得妳的父親。我相信妳就是當年那位穿著黑色絲質圍裙的那個年輕女人。

妳知道嗎？我之前一直不敢閱讀妳寫的書！病人都是比較虛弱的，我的一個弱點就是不喜歡閱讀小說 —— （除了我之前早已經讀過的一些小說）。我知道要是閱讀妳的小說，我當然不會領略當代那些主觀性太強的小說家，或是所謂「有趣的哲學家」所宣揚的各種庸俗思想，或是像蜘蛛網那樣複雜的情節 —— 我不喜歡狄更斯的小說，他的小說讓我感到非常無趣。

不過，我同時又擔心另一種小說 —— 就是那種會強烈吸引我興趣的小說。但是，閱讀妳所創作的《德雷德：陰暗大沼地的故事》，給我帶來了多大的閱讀興趣啊！可以說，妳在這本書裡充分展現出了妳的創作天才，將一切事物都浸淫在充滿榮光的樂趣當中。這是一本如此具有鮮明天才色彩的著作，是任何其他的小說都無法與之相比的。

倘若妳詢問我對這本書的看法，妳可能也會知道，我認為妳的這本書要比

《湯姆叔叔的小屋》那本書更加出色。我想肯定會有不少人認為這本書比《湯姆叔叔的小屋》差，這是因為這些人已經持有一種先入為主的成見，就是認為妳的新書肯定會比第一本書差一些，因為他們認為妳已經創作出了一本非常優秀的書，要想在第二本書裡繼續保持這樣的水準，或是超過第一本書，這是不大可能的。

但在我看來，我完全相信妳的第二本書是目前為止最好的一本書。就是從藝術的角度來看，妳的《德雷德：陰暗大沼地的故事》存在的瑕疵要比《湯姆叔叔的小屋》更少，並且從對立面的素材以及創作的方式來看，還要更加豐富與詳實。我聽到兩位我認為最為睿智的人對《德雷德：陰暗大沼地的故事》一書的評價 —— 這兩人是完全不同類型的評論家，他們對妳這本書的評價卻是與我驚人的相同。他們都明確地表示，妳的《德雷德：陰暗大沼地的故事》要比《湯姆叔叔的小屋》更加優秀。

簡單地說，我認為妳創作出了一本天才的傑作，當我在閱讀這本書的時候，簡直無法用言語表達我對妳的敬佩之情。正如我之前對我姪女所說的，我認為我們英國的小說家最好還是閉嘴，因為他們都是一些缺乏耐心的人，只想著進行一些說教式的創作，他們與妳的創作理念是無法相比的。

我的姪女（妳可能已經知道了，她叫瑪利亞，我的護士是一個非常聰明的女生）也非常喜歡這本書。瑪利亞表示，她認為妳的這本書以全新的視角展現出人類的生活，讓她明白了原來還可以透過這樣的方式去進行創作。

我也同樣從妳的旅行中感受到了一種新意。我可以更加肯定這次旅行，必然會給妳帶來更多的創意。我認為，妳的作品充分展現了南方蓄奴州的生活狀況，這對南方來說也是有好處的，因為每個人從此都會認真關注這個問題。同時，這也是我們需要去關注的問題 —— 正如《湯姆叔叔的小屋》當初出版的時候，也是非常符合當時的政治形勢。

三年過去了，妳透過這本新書展現了你們國家黑奴的生存狀況。當然，我所指的是在南方種植莊園裡黑奴的生存狀況。至於妳在書中揭示了教會的軟弱與無能，我必須要充分讚揚妳有這樣的勇氣。但我認為任何層面上的改善，都不應該從教會這個方向去尋求。在這個問題上，妳顯然是讓自己的靈魂卸下了沉重的負擔。如果這個問題是可以改正的話，那麼妳肯定能夠在這個過程中發揮重要的作用。

第十三章　故地重遊，西元 1856 年

可是，我對這樣的改正結果不抱什麼希望。我認為，南方蓄奴州肯定會對妳發動更加嚴厲的攻擊。我聽說我們中有 3 個人，每天都遭到這樣的言語攻擊，他們將妳、查普曼女士以及我本人，說成是最不吉祥與最讓人憤怒的女性。不僅是報紙，還有許多譴責我們的小冊子都在南方各州不斷地流傳。

我想，不僅是我，甚至連查普曼女士都會失去名聲，不過所有的攻擊將會以更加猛烈的方式向妳襲來。我所能做的，就是讓英國民眾在這個問題上保持正確的立場，希望透過倫敦的一家日報去宣揚正確的理念。同時，《泰晤士報》也在不斷地傳播一些錯誤的資訊，或是進行錯誤的解讀。我實在是無法理解，像《泰晤士報》這樣的報紙，居然會出現如此嚴重的錯誤。

有時，我認為紐約方面的通訊編輯是故意捉弄他們的。《每日報紙》那些有能力的編輯，在評論美國問題方面是完全自由的，查普曼女士和其他朋友經常提供一些資訊給我，讓我能夠不斷地宣揚這項自由的事業。我希望能夠聽到妳即將到來的消息。當然，我之前對妳的書進行的一番評論，似乎顯得有點魯莽無禮，但妳既然尋求我的看法，那這就是我的看法。感謝妳寄這本書給我。如果妳過來的話，一定要在這本書上幫我簽名。妳的簽名將會讓這本書成為姪子姪女們的一份珍貴收藏品。

永遠忠誠於妳的

哈里特・馬蒂諾

在倫敦的時候，斯托夫人還收到了來自歷史學家普萊斯考特的下面這封信。這封信在幾經周折之後，終於送到了斯托夫人在倫敦出版商的手上，最後轉交了給她。

西元 1856 年 10 月 4 日，佩博雷爾

親愛的斯托夫人：

菲力浦斯先生將妳寄來的《德雷德：陰暗大沼地的故事》一書送到我的手上，我真是萬分感謝！自從我們來到鄉村之後，妳的這本書在每個晚上都給我們帶來非常美好的閱讀感受，我們也度過了非常有意義的 10 月。

非洲黑人必須要感謝妳在書中將他們身上的優秀品格、樂觀精神，特別是他

們的幽默精神充分展現出來。妳在書中運用了許多這些黑人所使用的一些方言，這能夠表達出一種極為真實的情感，就好比用某種特定的蘇格蘭口音說話時，能夠更好地表達蘇格蘭民眾的情感。

每個人對這本書都有著不同的看法，但我認為，這本書裡面對狄福叔叔與妮娜這兩個人物的塑造，給我留下了最為深刻的印象。狄福叔叔的人物形象似乎與年老善良的湯姆叔叔有著類似之處，但又有所不同，不同之處就在於狄福叔叔的個性要更加樂觀，湯姆則似乎比較安靜。他們在脾性方面的差異，非常適合他們在書中所處的不同環境與情景。

不過在我看來，妮娜才是這本書真正的女主人公。倘若是我的話，我會用妮娜的名字代替「德雷克」這個名字。妮娜的確是妳塑造的一個非常成功的人物形象，她擁有著我們稱之為品格的東西，有著一種男性的陽剛之氣，但她卻是一位具有仁慈與溫柔品格的女性，這讓她的這兩種品格顯得相得益彰，給人留下極為深刻的印象。

因此，我無法原諒妳在書中讓妮娜過早地離場。可以說，任何戲劇人物都無法承受損失這樣的人物形象。可是，我絕對不是對妳的這本書提出什麼批評，因為關於這些批評，妳已經聽得夠多了。不管怎樣，我還是要感謝妳讓湯姆·戈登最後獲得了那根可以用來鞭打的手杖。

我要祝賀妳這本書取得的輝煌成功。即便在當代的作家當中，妳取得的成就都是無與倫比的。正如菲力浦斯先生告訴我的，妳的作品要比我國當代任何作品都要更加優秀。我很高興妳能夠更好地解決版權方面的問題，向世界表明來自新英格蘭地區的作家，可以在英國獲得充分的版權保護 —— 這要感謝我們的政府在方面所做的努力。

我真誠地感謝妳寄這本書來給我，真誠地祝福妳一切安好。

永遠忠誠於妳的

威廉·H·普萊斯考特

在抵達利物浦，準備乘船返回美國之前，斯托夫人給當時在巴黎生活的女兒寫了一封信：

第十三章　故地重遊，西元 1856 年

離開倫敦前，我與拜倫夫人共度了一天。拜倫夫人要比之前顯得更加友善，非常親切地詢問了妳的學業情況。之後，我離開倫敦前往曼徹斯特，看到了加斯克爾牧師在火車站等我。加斯克爾夫人看上去非常友好。她也是一位作家，但她同時證明了自己也是一位優秀的家庭主婦，完全勝任身為一位牧師妻子的所有角色。在與她度過非常愉快的一天之後，我來到了美麗的「丁格爾」地區，這真是一片非常美麗的地方。在這裡，我與丹曼勳爵的女兒愛德華‧克羅珀夫人一起前去欣賞風景。

我希望妳跟瑪麗阿姨說一聲，羅斯金先生與他的父親，居住在坎伯韋爾一個名叫丹麥山的地方。羅斯金之前跟我說，特恩納的畫廊對我以及我的朋友是隨時開放的，無論白天晚上都是一樣。羅斯金父子都是非常友好的人，擅長社交，為人真誠，他們會歡迎我的任何一位朋友前去那裡欣賞畫作的。

我匆忙地寫完這些，因為我明天早上八點鐘就要登船返回美國了。再見了，我親愛的女兒，我永遠都是深愛著妳的母親。

在乘船離開英國前，斯托夫人寫的最後一封信是給拜倫夫人的。這封信充分表現了她們兩人之間所形成的親密關係。這封信如下：

西元 1857 年 6 月 5 日

親愛的朋友：

我懷著一種莫名的渴盼與依依不捨的情感跟妳道別 —— 妳讓我產生了一種我多年前才有的感覺，這讓我有種不同尋常的孩子氣。我一直有一種莫名的衝動，想要寄一些什麼東西給妳。當妳看到我寫的這封信時，千萬不要笑出聲。

我一直對妳收藏的巴黎物品有著強烈的興趣。我一直以來的一個愛好，就是對好看的茶杯或是其他能夠用於用餐的小物件充滿興趣。但在之前，我都沒有這樣的條件去做。因此，我現在送一個描繪著報春花的茶杯給妳，還有一個有趣的大水罐，這個水罐可以放奶油，還有一個可以種植紫羅蘭與報春花的小花瓶 —— 這些都是非常可愛的小東西。當妳使用這些小物件的時候，記得想起我。我對妳的愛意超過我所能表達出來的話語。

我經常會想，能夠親眼見到妳，這實在是一種奇妙的感覺。妳是我早年就已經聽說過大名的傳奇式人物，我對妳的喜歡是一種自然而然的結果。在我看來，

妳始終生活在那片土地上，不大講究禮節所帶來的束縛，就彷彿陽光下的水霧那樣神祕。因此，我感覺愛意的語言肯定不會讓妳感到驚訝，也不會讓妳感到奇怪或是陌生。

妳的精神境界太高了，我擔心自己的每一次與妳道別，都可能是最後一次道別。當你隱藏在靈魂的背後之後，我將不會感覺到妳的消失。當我感覺自己在天國的朋友已經遠走之後，我會充分懷念這段時光的。我感覺自己距離上帝的天國是越來越近了，而不是越來越遠。

因此，我親愛的朋友，再見了。如果妳比我先看到我們天父的早晨，請把我的愛意帶給那些正在等待著我前去的朋友們。如果我比妳先走一步，妳會那裡看到我的。我們將會在那個地方永遠保存著對彼此的愛意。

永遠忠誠於妳的

哈里特・比徹・斯托

斯托夫人的返程非常順利。在抵達安多弗的小屋時，還受到了民眾熱烈的歡迎。對她來說，這個世界看上去是那麼地光明與美好。在她感受到的所有幸福當中，根本沒有任何預兆表明，這位虔誠的母親即將要面臨重大的打擊。

第十四章
《牧師的求婚》與《奧爾島的珍珠》，西元 1857 ～ 1859 年

第十四章　《牧師的求婚》與《奧爾島的珍珠》，西元 1857 ～ 1859 年

✦　斯托夫人的長子去世了

✦　給薩瑟蘭公爵夫人的信件

✦　給在巴黎的女兒的信件

✦　給她的姊姊凱薩琳的一封信

✦　前去布勞恩斯魏克與奧爾島

✦　創作《牧師的求婚》與《奧爾島的珍珠》

✦　惠蒂爾的評論

✦　羅威爾對《牧師的求婚》一書的評論

✦　羅威爾給斯托夫人的信件

✦　約翰・羅斯金對《牧師的求婚》一書的評論

✦　悲傷的一年

✦　給拜倫夫人的信件

✦　給她女兒的信件

✦　前往歐洲

西元 1857 年 6 月，斯托夫人從英國返回美國沒多久，一個突如其來的重大打擊就降臨在她頭上。她的長子亨利・艾利斯在新罕布希爾州漢諾威的康乃狄克河上游泳的時候溺水身亡。當時的艾利斯是達特茅斯學院的大一新生，正在那裡就讀。這一悲傷的事情發生在西元 1857 年 7 月 9 日。8 月 3 日，斯托夫人給薩瑟蘭公爵夫人的一封信裡這樣寫：

親愛的朋友：

在這封信送到妳的手上之前，妳也許已經從其他管道知道了，降臨在我們家的這個重大打擊 —— 我們的心肝寶貝，我們優秀、英俊的孩子，在人生最健康、最美好的年華中離我們遠去了。嗚呼！當我在英國港口送別我親愛的亨利時，我怎麼會知道，這是最後一次見到他呢？

當我返回家裡，享受著與其他人交流所帶來的樂趣時，還收到了艾利斯寄來的一封信。他在信中說自己即將要考大學了，因此只能推遲一兩週才回家裡見我。當時，我還想著帶他弟弟一起前去那裡看望他呢！但是，艾利斯的弟弟因為受到海邊空氣的影響，健康狀況出現了問題，所以我只能回來陪他進行水療治療。

在我離開兩週的時間裡，一封帶著噩耗的電報就讓我迅速趕回家。當我回到家之後，發現整個屋子裡都是艾利斯那些哭泣的同學，他們當時將艾利斯在學校留下來的遺物都帶回來了。我看到艾利斯一臉平靜地躺在那裡，顯得那麼安詳。

妳知道嗎？我真的無法想像我親愛的艾利斯，再也無法對我露出微笑了。我的聲音對他始終都是那麼具有吸引力，但即便如此，我也無法喚回我親愛的艾利斯。我們母子之間總是有一種特殊的紐帶，存在著一種溫柔的默契。因此，我真的無法理解艾利斯只能一動不動沉默地躺在那裡，對我所感到的悲慟無動於衷。

我親愛的朋友，我也知道，這樣一幕悲傷的場景不應該傳染給妳。我還記得，妳之前寫過一些類似充滿悲傷的信件給我，妳說妳為自己從未告訴親愛的孩子，妳是多麼愛他們而感到後悔與傷心。當時，妳這句話給我帶來了極大的觸動。之後，我一直將這句話記在心中，抓住每個機會向我的孩子們表達我對他們的愛意，因為我知道永遠不能向我們最親愛的人，延遲說出我們愛他的這句話。

艾利斯深知我是多麼地愛他。他寄給我的最後一封信裡談論的，都是關於我的事情。在他離開我們的那一天，他剛剛離開宿舍的書桌前，他的同學注意到他手指上佩戴著一枚印章戒指。妳可能還記得他之前在英國的時候，同樣佩戴著那一枚印章戒指，妳還說，這是一枚多麼好看的戒指啊！艾利斯說，是的，這是世界上最好看的一枚戒指，因為這是母親送給我的禮物。在艾利斯溺斃之後的幾個小時，有人從他那雙已經沒有生命力的手指上，取下了那一枚戒指送回給我。巧合的是，這枚戒指正是我之前送給他的那一枚印章戒指……

我親愛的朋友，每當我回想起帶著亨利前往鄧羅賓城堡的這段旅程，我就覺得欣慰。我當時對這樣做是否會耽誤他的學業而猶豫不決，但是，我認為一個人要想擁有深刻的洞察力與欣賞能力，從旅程中肯定能夠學到比書本中更多的知識。

事實也是如此。當艾利斯從英國返回美國後，他的內心充滿了遠大的志向與偉大的目標。「我可能不是世人所說的那種虔誠的基督徒。」艾利斯這樣寫道，「但我始終按照一個真正的基督徒該有的方式去生活，這樣的生活也是每個真正的人應該去過的。」因此，艾理斯以其嚴謹的生活態度、充沛的活力、有節制的生活方式以及關愛自身健康的行為而為大家所熟知。

他還是一個孝順父母和尊重老師的人，無論做什麼事情都會盡到自己的職責……他早年經歷過困難的生活，他有著強大堅韌的意志，無論遇到什麼事，他

第十四章 《牧師的求婚》與《奧爾島的珍珠》，西元 1857 ～ 1859 年

的心靈都不會像我的心靈這樣容易受傷。但是，我很高興將他與我在歐洲的旅行連繫在一起。

對我來說，鄧羅賓的那次旅行給我帶來一種親切的感受。我始終對妳與公爵懷著深深的敬意。因為我總是記得你們在對待艾利斯以及與他說話的時候，是多麼地親切友善。我當時就知道，正是因為妳之前失去過愛子，因此當妳看到另一個與妳愛子年齡相仿的人時，內心必然會產生強烈的憐憫心。公爵送給艾利斯的那件格子花呢衣服，艾利斯一直小心翼翼地珍藏著，始終掛在他的房間裡，捨不得穿。

妳能夠理解與感受只有妳我兩人才能感受到的這種悲傷與情感。我那可憐的丈夫現在無法承受這樣重大的打擊。我不需要就此多說些什麼，妳知道喪子之痛對於一位父親來說意味著什麼。不過，我依然要重複我最後跟妳道別時說的話。我們的死神是掌控一切的天使，祂們教會我們愛別人，祂們會讓我們的內心充滿善意，讓我們用這樣的善意去面對一切痛苦。

當悲傷讓我們在短時間內變得盲目或是失去一切感覺時，我們都應該相信天使所給予的承諾。這樣的悲傷時刻可以讓我們的祈禱更加接近上帝。當這樣的光芒出現時，我們都應該去珍藏……我毫無保留地跟妳說出自己的情感與悲傷，因為我知道妳能夠理解這樣的悲痛。

在我前去漢諾威，來到亨利溺水身亡的地方時，看到一位可憐的失聰年老女性奴隸，她的五個孩子都是奴隸，她過來安慰我。她對我說：「我親愛的人啊！妳要振作起來，妳必須振作起來，因為主始終愛著妳。」她接著說：「週日對我來說是沉重的一天，因為我無法去工作，無法聆聽到布道演說，不認識字，不會閱讀，因此我無法讓自己的心靈忘掉自己那五個可憐的孩子。不過，他們都在上帝的祝福之下，肯定會沒事的。可是，他們五個人現在到底在哪裡，我都不知道啊！」

這位母親所感受到的悲傷是如此地深刻！我會努力幫她找尋她五個孩子的下落，然後幫他們贖身。但是，儘管我做出了許多努力，這看上去依然是遙遙無期的。我所經歷的每一種悲傷，我對家庭愛意所具有的每一次神聖教訓，都會讓我下定決心，不讓更多母親經歷比我更加沉痛的悲傷……

永遠忠誠於妳的

哈里特・比徹・斯托

在同一時期，斯托夫人寫信給她當時仍在巴黎讀書的女兒說：

誰能告訴我們，在最美好的情感裡究竟殘存著多少悲傷？或是在每一次的幸福中蘊藏著多少痛苦呢？當我回到家時，看到艾利斯生前最喜歡的照片，我之前買給他的禮物以及我準備給他看的一些照片時，這些都深深刺痛著我的心靈。

有時，當我想起之前的美好時光與眼下殘酷的事實，就讓我幾次痛苦到暈倒。我感覺自己的精神已經澈底被摧殘了，我感覺自己的內心在不停地滴血，我是如此地無助，只能向救世主發出呼喊，但是無法說出什麼。妳父親說的對：「每一個逝去的孩子都是父母眼中的唯一。是的，他的個性是任何時間與任何改變都無法取代的。」

在葬禮的兩天之後，妳父親與我前去漢諾威。我們看到亨利的朋友與他生前所住的宿舍，他在宿舍裡的擺設與他那一天離開宿舍時是完全一樣的。

「整個大學裡，沒有任何一間宿舍像他的宿舍這樣子。」亨利生前的一位朋友啜泣著說。當我看到這些悲傷的同學走進亨利的宿舍時，我的內心忍不住對這些孩子們泛起了愛意。他們給我們講了亨利生前所做的事情。其中一位同學說：「亨利經常談起家裡的事情與他的幾個姊妹。就在亨利去世的那一天，他感到非常高興，因為我已經回到了美國。他期望著很快可以回到家見我。他就是在心中懷著這樣美好的願望去世的。」

有一條經過一個美麗幽谷的小路可以通向這條河。多年來，這條河一直都是學生們在這裡游泳沐浴的地方。亨利在那一天就是縱身一躍跳入這條清澈的河水裡，根本沒有想到自己不會活著游上岸。

晚上，我們前去探望亨利生前加入的划艇俱樂部。亨利非常開心自己能加入，這個俱樂部有一艘名叫烏娜的好看划艇，還有統一的制服，亨利非常喜歡這些。

那天晚上，所有的俱樂部成員都出來訓練，但是亨利的隊員卻將他們的旗幟收起來，用黑紗緊緊地繫著。我能夠感覺到這些親愛的孩子們所表達出來的愛意，這是因為他們都愛著亨利。可是，這還是給我的內心帶來了巨大的痛苦。他們都很高興見到我們，我也很高興能來這裡看看亨利生前最後待過的地方。

當他們在晚上的月光下，乘坐划艇在河面上前行的時候，河水倒映著河岸邊

第十四章 《牧師的求婚》與《奧爾島的珍珠》，西元 1857 ～ 1859 年

高聳的松樹，而我們親愛的亨利正是在這裡走向天國的。我始終相信，亨利是帶著真誠與高尚的目的，不帶任何罪惡的方式投入了上帝的懷抱，我對此是堅定相信的。

我親愛的孩子，他的人生剛剛起步，始終走在正確的道路上。要是他現在還活著，我們希望看到所有的錯誤都能從他的靈魂中剝落，就像花萼從一朵完美的花朵中掉落下來。但是，耶穌基督已經將他帶到祂的懷抱裡了。

耶穌基督的雙手將他抱在懷裡，

將會永遠消除一切罪惡。

從我上次寫信給妳之後，我們都會舉行週年聚會，這通常都會比較喧鬧，我們家裡會來很多人。週二，我們收到了一幅與親愛的亨利一樣大小的完美肖像。畫中的亨利顯得有點淘氣卻又可愛，這是他生前有時會對我露出的表情，而我則會用手輕撫著他的頭髮，認真地看著他的眼睛。每當我走進他的房間看到這幅畫，我都會看到他那燦爛的微笑，這會讓我的精神為之一振。

當我的內心感到極為沉重、疲憊與悲傷的時候，我覺得自己似乎被一支鋒利的箭射穿了心靈。有時，我會看著亨利的肖像，他的微笑似乎在說：「母親，妳要堅強忍耐一些，我現在過得很快樂！在我們天父的宮殿裡有著很多豪華的房子。」

有時，我會感覺自己就像一個園丁，總是在播下一些奇特的種子。上帝則似乎在看著綠色的葉子從土地裡冒出來。上帝不停地更換土地，不斷地更換花盤。祂認真地觀察這一切，認真地澆水施肥，讓這些種子避免一切的災難與意外。祂認真地數著每一片綠色的葉子，然後記錄下根莖的長度，直到最後形成了花蕾。這是多麼有趣的事情啊！這給我們帶來了多大的期望啊！一直困擾我們的神祕，似乎都在這朵含苞待放的花中得到了呈現。

在花苞開始綻放，淺淡的顏色開始變得鮮明的時候 —— 請妳認真觀看吧！某個晚上，溫室的主人就匆忙地將這朵花帶走了！上帝從來沒有在這方面諮詢過我的意見，也沒有給我發出任何的警告給我。祂只是沉默地將這朵花帶走，而我則再也看不到這朵花了。

接下來會發生什麼事情呢？難道我應該認為上帝會摧毀這朵花嗎？不是的。

我知道祂已經將這朵花帶到了祂的花園裡。亨利現在所處的地方，我認為要比所有人都要好。亨利現在過得怎樣，只有耶穌基督才知道。

在喪子之痛過去一段時間後，斯托夫人給姊姊凱薩琳的一封信裡這樣寫道：

如果我意識到魔鬼對我發起的攻擊，只是為了讓我遠離耶穌基督的愛意的話，我必須要承認，在那個可怕的噩耗傳來的那幾天裡，魔鬼的意圖的確達到了。我處在一種身體虛弱的狀態，感覺到前所未有的痛苦，根本無法控制自己的思想。各種關於亨利前往天國之後的不安思想困擾著我，這讓我的靈魂處於一種不堪重負的狀態。

我的耳畔彷彿總有一個聲音對我說：「妳相信上帝嗎？妳真的能夠相信上帝嗎？妳相信上帝愛著妳嗎？妳應該完全相信上帝絕對不會在妳創造出來的優雅作品，在尚未成熟之前就從妳的手上奪走吧？現在，上帝在沒有任何徵兆的情況下，催促著亨利走向了永恆。但是，現在的亨利到底好不好？」

我知道，自己的這些思想是缺乏理智的，與我在冷靜時候的堅定信仰與精神狀態是相違背的。我的這些思想直接違背上帝的旨意，因此我有責任去抵禦這樣的思想誘惑，並堅信一點，那就是耶穌基督始終愛著我們，祂只是將我心愛的孩子帶到了祂的胸懷裡。當我讓內心充盈著這樣的思想之後，我感覺到那些破壞我信仰的敵人終於消失了，我也能夠稍微恢復內心的平靜狀態。

我們每個人都有責任進行這樣的假定，那就是一件殘忍、惡毒或是不公平的事情是絕對不應該做的。當我們面對一位正在美德路上不斷前進的年輕人，在人生最美好的年華中卻突然離開了人世，進入到了一個誰也不知道的世界裡，我們會對這樣的罪惡行為有什麼樣的看法呢？特別是這個年輕人多年來一直虔誠地信仰著上帝呢？

不！魔鬼絕對不能將這樣誹謗上帝的思想，灌輸到我的腦海裡，絕對不能動搖我對上帝始終如一的堅定信仰！上帝讓我將無私的愛傳遞給我的孩子，從而讓我能夠為孩子們的永恆救贖做出一切犧牲。因此，上帝絕對不會讓我去承受，超過上帝所限定的更多愛意或是無私。

上帝創造了母親的心靈，祂當然會讓母親的心靈與之匹配。我那可憐與微弱的愛意火光足以讓我明白，哪些事情是可以做的，哪些事情是不可以做的。斯托

第十四章　《牧師的求婚》與《奧爾島的珍珠》，西元 1857 ～ 1859 年

在上週日的一篇布道演說裡表示，上帝對待我們的神祕方式，必然要透過我們對耶穌基督更為神祕的愛意所包容，正如亞倫的棍棒必須要包容魔術師的棍棒一樣。

爸爸與媽媽都在這裡，我們已經閱讀了《自傳與通信錄》，這些內容都非常具有可讀性，但不久應該會有更多這樣的內容。

始終忠於妳的妹妹

海蒂

西元 1857 年 8 月 24 日，安多弗

親愛的孩子：

自從週年紀念日以來，你們的父親與我都住在這裡，你們的外祖父與外祖母也在這裡。他們的到來讓我們的內心充滿了寬慰之情……今天，我們必須要進行最後一項讓人悲傷的儀式。亨利的遺體將會從老南教堂墓地上搬走，搬到附近的墓地。皮爾森之前已經為我們選擇好的墓地忙了一個星期了。

我們卑微的遺產因為他的墳墓而變得神聖。

當我們想到，亨利就躺在離我們不遠的地方，這樣的感覺是多麼地親切啊！可以說，我們的死亡日期也是可以預料的，雖然我們不知道這一天什麼時候會到來，但應該也不會太久了。

我真希望以後能埋在亨利的墳墓旁邊，我知道自己這樣的想法是很自私的。但是，我從來沒有像現在這樣，發現自己是如此地愛他。

亨利真的要從這個世界上消失了。此時我才知道他在我心中是多麼地重要，甚至要比世間的任何一切都更加重要。我真的希望能夠再次聽到亨利說出的一句話，能夠再看他一面，能夠最後跟他來一個擁抱……

西元 1857 年 9 月 1 日，安多弗

親愛的孩子：

已經差不多過去一週，我必須要回信給你們了……我們從未有過像現在這樣看上去如此溫馨，我之前從未感受到安多弗是如此地美麗。這裡樹木的葉子是那

麼地翠綠，這裡的灌木叢是那麼地繁茂。你們的爸爸與我剛剛在布勞恩斯魏克度過了一週時間，因為我的內心依然非常痛苦，身體依然非常虛弱，哪怕是稍微動一下，都會讓我非常疲憊。

在很多時候，我都覺得大腦混混沌沌的，始終無精打采，對一切事情都提不起任何興趣。我認為，沒有比海邊的空氣更能提振我的精神狀態了……我已經在亨利的墳墓前種了許多美麗的花朵，這些花現在應該已經綻放了，這些花包括三色堇、白色的蠟菊、白色的矮牽牛花與馬鞭草等。你們的爸爸每天都要步行到那裡，有時候經常是一天兩三次到那裡看。

那片土地已經修整過一番，上面長著綠油油的青草，看上去是滿眼的綠色，就像天鵝絨那樣柔和，有時一些小鳥也會飛到那裡。今晚，當我坐在門廊的椅子上，看著遠處的天空是那麼美麗，呈現出一片紅色的玫瑰色，還看到一輪銀色的月亮掛在天邊。你們的父親深深地嘆了一口氣，然後說：「我必須要順從上帝的旨意，但我永遠都不會與上帝就這件事達成和解的。」

西元 1857 年 9 月 6 日，布勞恩斯魏克

親愛的女兒們：

在過去四五天裡，妳們的父親與我都待在這裡。我們兩人都感覺到身體很不舒適，我們認為呼吸一下海邊的空氣，欣賞布勞恩斯魏克熟悉的景色應該會對我們有幫助。這裡的一切與我們當年離開的時候沒有什麼區別。我們住在厄帕姆女士的家裡，她的家非常寬闊，非常涼爽透氣，而她還是一如既往的好客熱情。庭院裡的樹木非常美麗。厄帕姆女士培育了許多美麗的花朵，現在這些花朵環繞了她的家。

這座城鎮的一切，看上去都與之前沒什麼區別，即便是吉丁女士那間老商店，也還是像之前那樣雜亂，擺放著許多不同的小冊子、縫紉線、織布棉線以及很多舊到難以想像的軟帽，彷彿過去幾年的時光根本沒有溜走一樣。我們發現，吉丁女士經常會抱怨自己不像之前那樣，可以輕易地找到一些東西了。

就在前天，妳們的父親、查理與我，在早晨 7 點鐘的時候前去哈普斯威爾。這裡古老的雲杉與冷杉看上去還是跟以前一樣美麗，我很高興見到這些景色，正

第十四章　《牧師的求婚》與《奧爾島的珍珠》，西元 1857 ～ 1859 年

如我以前也會在這裡漫步，靜靜地欣賞這裡的景色。陳舊的格徹爾磨坊工廠依然被廢棄在沙洲上。溪水則慢慢地流到了青草地上，顯得那麼地清澈。

我們是在陽光燦爛的一天抵達哈普斯威爾的，空氣中沒有什麼微風，因此水面也沒有泛起任何漣漪。妳們的父親與查理都準備前去釣青鱸魚，因為青鱸魚喜歡吃少量的誘餌，所以他們只需要準備 20 口左右的誘餌，就能保證可以釣到兩三條青鱸魚。最後，他們釣到了幾條青鱸魚，我們煎了這些魚來吃，還吃了一頓鮮美的蛤蜊濃湯作為晚餐。

這裡晚上的景色是我認為最為美麗的 —— 平靜的海邊是那麼地一望無際，圓圓的月亮掛在天邊。厄帕姆女士與我坐在海岸和島嶼之間的岩石上，一直待到晚上十點鐘。我從未見過如此完美與壯麗的景色，這就像是北方的美麗光芒像精靈那樣在天空裡翩翩起舞。要不是我們的臥室有蚊子的騷擾，讓我們整夜都要起來打蚊子的話，那麼這將是非常完美的。

我們前去大海沐浴了兩次。當我們剛來到這裡的時候，大約是在早上八點鐘，在我們回去之前，我們還去了中灣，查理站在妳們小時候經常站的地方，徒手捉住了一條比目魚。他興奮地大聲叫喊，響亮的聲音足以嚇到了伊戈爾島上的當地居民。

我們還去了馬奎特，參觀以前的那個池塘，如果我沒有記錯的話，妳們過去經常划的那艘舊艇，依然還漂浮在那個池塘裡。不過，划艇上有一兩塊碎片還在那裡，其他的可能已經沉入池塘下面了。

我沒有意識到，之前最為忙碌與有趣的一列火車已經不再出現了。「他將會回到他的家裡，這個地方也將不會記得他了。」我認為自己感受到了拿撒勒的耶穌基督賜給我的治癒力量，正在慢慢地癒合我內心的創傷。因為當我在內心平靜的時候，我會說：「儘管如此，我還是覺得天父待我不薄的。」

我始終堅信著最為慷慨的愛意會指引著一切，我現在為自己的內心產生這樣一種不容置疑的自信而感到高興，為自己能夠最為接近祂而感到高興。我覺得自己已經非常接近那一片充滿上帝精神的土地，聽到了這樣的聲音：「我應該去找尋耶穌基督的足跡，但是祂不會再回來了。」這樣的聲音讓我感覺非常甜美。

哦！我親愛的孩子，如果上帝能夠讓妳們看到永恆愛意所具有的無限美

感 —— 如果我們能夠與上帝緊密地連繫在一起，那麼這個世界上所有的淚水都將會被抹去。

妳們的父親每天都要發表兩篇布道演說，今晚他還要發表布道演說。他叫我記得將他的愛意傳遞給妳們。我希望他的健康狀況能夠變得越來越好。厄帕姆女士也將她的愛意傳遞給妳們，希望妳們在方便的時候前去拜訪她。

我親愛的女兒們，再見了。快點回到永遠愛妳們的母親身邊吧！

哈里特・比徹・斯托

西元 1857 年的冬天，他們是在安多弗安靜地度過的，沒有發生什麼大事。在 11 月的時候，斯托夫人在《大西洋期刊》上發表了一篇感人的寓言故事〈黑色面紗〉。

西元 1858 年 12 月，《牧師的求婚》一書的第一個章節出現在《大西洋期刊》上。在這之前，斯托夫人創作的《奧爾島的珍珠》也以連載的形式首次刊登在《獨立報》上。

斯托夫人在巨大的心靈壓力之下，透過口述的方式創作了《牧師的求婚》一書。當她將發生在緬因州海岸邊的故事變成一本書的時候，這讓她的內心充滿了寬慰之情，因為她非常喜歡這個故事。

西元 1874 年 2 月，斯托夫人收到了惠蒂爾寄來的一封信，這封信就談論了與此相關的事情：「當我想要進行深入思考的時候，我會去閱讀《牧師的求婚》這本書。但是，我最愛的卻是《奧爾島的珍珠》。我認為，這本書簡直是最具魅力的新英格蘭地區的田園詩歌。」

《牧師的求婚》一出版，就受到了各方的一致好評。下面是詹姆斯・羅素・羅威爾（James Russell Lowell）對這本書所寫的一篇欣賞性評論：

在我們看來，斯托夫人之前所寫的兩本小說，都帶有濃厚的反奴隸制元素，這樣的創作方式，可能會影響到斯托夫人完全發揮自己的文學天才，至少在她所處的國家裡是如此。因此，我們容易將《湯姆叔叔的小屋》一書取得的空前成功，歸結於斯托夫人在書中激發出來的民眾那種廉價的同情心。

第十四章　《牧師的求婚》與《奧爾島的珍珠》，西元 1857 ～ 1859 年

當讀者從最初的強烈情感中恢復理智之後，他們開始覺得討厭，抱怨說這樣的作品會局限讀者的理智，並且整個局限的過程是悄無聲息的。因此，他們會對那些過分輕視情感、過分重視道德說教的書籍表現出反感。他們認為，斯托夫人其實沒有什麼創作能力，只是以廢奴的主題作為麻藥，欺騙了許多讀者的情感。

我們有幸在巴黎第一次讀到了這本書，當時這本書在全世界尚未造成多大的影響。但即便在那個時候，我們也能深深感受到那本書所帶來的思想震撼，我們所產生的政治情感是那種沒有偏見的判斷。也許，在美國，產生這種情感的人可能不是很多。

當時，我們就認為，或者說現在也認為，斯托夫人創作能量的祕密就在於她具有這樣一種天才，就是透過創造性的文學才華，塑造出讓人印象深刻的人物形象，直抵人性的本質。而不管她創作出來的人物形象是白人或是黑人，也不管這些人物從事的工作是多麼卑微或卑賤，依然能夠激發我們的思想與情感，而且不會感覺這是虛構的。

若是憑藉豐富的想像力去進行創作，只是希望能給讀者帶來一時的印象，那麼這樣的作品是很短暫的。就好比馬蒂諾女士創作的《傳說》，或是伊里亞德女士創作的《玉米法韻律》。但是，斯托夫人的創造性文學才華，堪比創作出《唐吉訶德》（*Don Quixote*）的賽凡提斯（**Miguel de Cervantes**），以及創作出《約瑟夫・安德魯》（*Joseph Andrews*）的菲爾丁（**Henry Fielding**）。他們都將自己的創作視野放在一個非常寬闊的境地，不拘泥於形式，而是將局限於某個地方或是臨時的主題，變成一種世界性的東西。

有一句諺語是這樣說的：「人類的人性是非常重要的。」但同樣真實的另一個悲傷事實卻是，真正能夠揭示人性的書籍實在是太少了！菲爾丁是英國唯一一名能夠從最廣泛的意義層面上，去解讀生命的小說家。薩克雷與狄更斯以及他們的門徒，也沒有將人生視為社會的各個階層。薩克雷是從俱樂部的窗戶上，探出頭去研究人性。狄更斯則是從員警法庭的報告箱子裡看到的文件去研究人性。

有人說，這個國家應該消除這樣的社會等級分明的事實，但是也有人認為，這對小說家的創作會帶來不良的影響。可是，這反過來會變成小說家的優勢，因為這會迫使小說家專注於人性內在的衝突與對比之上，而不是專注於因為某些特定的社會安排而出現的膚淺人性品質。

莎士比亞（William Shakespeare）將理想的人類形象凸顯出來，菲爾丁則將自然的男女形象表現出來，薩克雷只是將紳士或是勢利小人的形象表現出來，狄更斯則將一個在等級制度森嚴的社會秩序下，最底層人物的不自然與怪異表現出來。莎士比亞與菲爾丁了解人性，薩克雷知道被稱為世界的世界，而狄更斯只了解倫敦的街頭。

社會的民主發展是否有可能剝奪小說家這樣的浪漫情感，讓他們失去社交禮儀或是社會等級對比所帶來的創作靈感呢？這樣是否會讓小說家的創作更加傾向於外在的表面，是否會讓小說家更容易了解，在貴族政治制度下，兩個極端中普遍存在的人性呢？或者說，他們是否能夠在這兩者的對比中了解到更加顯著與鮮明的特點呢？

我們希望斯托夫人能夠解決這個問題。斯托夫人對公爵與侯爵產生的興趣，對小偷與族人的關係，對圓顱黨與保王黨之間的道德對比，或是對窮人與富人之間的強烈關注，都是她所感興趣的。庫珀發現在文明與野蠻之間的衝突中，粗糙的美德會在衝突的交界處慢慢地出現。他發現，印第安人習慣按照習慣去生活，而白人則依靠傳統來生活。

斯托夫人在她之前的作品裡，似乎找到了一種與她憐憫心完全不一樣的社會形式，這樣的一種社會形式無法進行嚴謹的研究，或是無法讓我們在無意識的緩慢觀察中得出真正的真理。可以說，這就是斯托夫人所具天才的最好證據，也是她具有一種更高想像力的概念性能力的最好證明，這是當《湯姆叔叔的小屋》在南方各州出版之後，南方各州的諷刺與挖苦所無法抹殺的。斯托夫人從一開始就定下了一個重要的原則，那就是這本書必須要忠於人性，即便這不是完全澈底地忠於南方的種植園生活，也必須要忠於人性。

在斯托夫人過去的作品取得了空前成功後，我們其實就已經知道，這些成功在很大程度上，取決於她所具有的創造性能量所展現出來的憐憫視野。因此，難道我們不應該期望斯托夫人在之後的作品中，依然憑藉她那雙慧眼，繼續去感知我們每個人熟知的場景，更好地了解她所處的社會，或是對社會上形形色色的各類人，或是整個國家進行深入地描述嗎？難道我們不應該期望她創作出一些更具創新性的作品嗎？

讓我們感到欣慰的是，在《牧師的求婚》一書裡，斯托夫人將故事發生的時

第十四章　《牧師的求婚》與《奧爾島的珍珠》，西元 1857 ～ 1859 年

間背景與地點，選擇在新英格蘭地區與當地的傳統上。在藝術創作或是思想風格或是行為方式上，沒有哪位作家能夠像斯托夫人那樣，始終用慧眼進行更為真切的描述。我相信，肯定會有更多的報紙對她的作品進行大量的宣傳。

到目前為止，斯托夫人的這本書滿足了我們的期望。書中的主要人物都是讓人耳目一新且具有個性的。瑪麗在愛神丘比特的牽引下，與加爾文成為了戀人；詹姆斯‧馬文則是一位生活在海岸邊愛冒險的男孩，充盈著自然的野性，但同時也有清教主義所展現出來的克制與容忍。霍普金斯博士身為具有良知的牧師，在牧師的權威日漸衰減的時候出現了，他表現出來的獨立精神，是對牧師這種自願制度的最好詮釋。西米恩‧布朗則是一位具有神學辯證法的人，他最虔誠的信念，都與人生相互抵觸的不完美是不相符的 —— 所有這些人物角色在文學領域都是全新的。這些場景的設置似乎都與時代具有一定的距離，讓我們能夠在更加恰當的位置上去評價與欣賞。

到目前為止，我們認為這個故事展現出了一種不同尋常的強烈吸引力。這本書有允許我們表現出激情或是興趣的充分空間，能夠包容人生的許多悲喜劇。但是，書中所有的場景與人物活動都是我們所熟悉的。可以肯定的是，我們不會懼怕像布林上校這樣的人物，我們也很難根據小說所描述的平凡生活去追根溯源。布林上校可以說是一個不怎麼講究傳統觀念的人，或者說表現出一種自然隨和的品格，從而讓人物形象變得模糊或是具有誇張的色彩。

除此之外，我們不希望斯托夫人去創作一本關於社會的小說，她的文學才華不應該浪費在這方面上。她的步伐應該堅定地走在「庭院」的草地、農場或是農家大院的沙地上，而不是走在鋪設天鵝絨地毯的沙龍上。

我們對於斯托夫人是如何構思這樣的情節一無所知，但我們認為書中的瑪麗對牧師是認真的 以及她對詹姆斯的好感也可以預見，最後瑪麗發現這種衝突的情感似乎意味著一種道德的喜歡與認同，而另一種情感則是她身為一個女人所想要的。這不是一種教條主義的神學所提倡的價值觀，也不是一位在教區居民進行奴隸貿易的牧師所應該接受的考驗。

難道這位牧師沒有認識到，在智慧層面上接受一種信條與真正表達出愛意、信仰與悲傷 —— 就像耶穌基督那樣賜予我們的存在與行為 —— 之間的明顯區別嗎？難道詹姆斯‧馬文也沒有從過去的教訓裡得到經驗嗎？我們可以預見馬文會

被瑪麗所吸引，慢慢地反對清教的形式主義，最後接受一種順從自身美好天性的宗教。即便這是有點俗套的，但在傳統的信仰裡，這還是具有強大的魅力。

在本書已經呈現出來的人物素材裡，我們可以感受到斯托夫人表現出來的幽默、哀婉、堅定的道德感以及她對日常生活的深刻洞察力。我們認為，任何人無論其出身、血統或是自然能力，都是有機會像斯托夫人那樣了解新英格蘭地區的，或是任何一個具有某些天才的人，都能從這樣的認知中獲益。

在《牧師的求婚》一書裡，我們已經看到了許多這樣的場景。斯托夫人用低沉平靜的方式說著真理，這與那些創作出《維克菲爾德的教區牧師》的當代作家所表現出來的模糊，形成了鮮明的對比。倘若這本書不能被稱為是斯托夫人到目前為止最優秀的作品，那麼我認為這是一個巨大的誤解。因此，我們可以肯定，斯托夫人的名聲必然會流傳到子孫後代。

直到西元 1859 年 12 月，斯托夫人才完成了《牧師的求婚》一書。在完成這本書之前，她就收到了許多感興趣的讀者寄來的信件，這些讀者都對正如喬治·艾略特所說的「精神的孩子」最後的故事發展充滿了興趣，她們似乎認為這些「精神的孩子」是有血有肉的人。

在這個時期，羅威爾的下面這封信，給斯托夫人的內心帶來了許多寬慰：

西元 1859 年 2 月 4 日，劍橋

親愛的斯托夫人：

當然，我想要談論一下妳所寫的小說，但我只能說，妳的這本小說實在是太棒了！這不僅僅是我個人的看法，也是全世界讀者的看法！我絕對沒有要對這本書進行任何批判的意思，因為我覺得這是完全不適宜的。當妳的這個故事還沒有完全寫好之前，這樣做是非常掃興的。

在我閱讀了妳之前所寫的內容後，我曾對菲力浦斯先生說，我認為這是妳寫的最好的一本小說，接下來的連載內容證實了我之前的判斷。從我過去的生活習慣以及我研究的傾向來看，我忍不住從純粹的審美角度去進行欣賞。

我在《湯姆叔叔的小屋》一書裡所看重的，是妳表現出來的創作天才，而不是這本書表現出來的道德情感與取向。對我來說，這表明妳的作品是多麼地優

秀，因為妳知道，我絕對不是一個輕易使用天才一詞的人，並在使用這個詞語的時候非常嚴謹。但是，對於一個我如此重視的人來說，我必須要保持高度的坦誠。

　　妳的新小說真正讓我感興趣的是，妳選擇站在新英格蘭地區的立場去寫這本書。妳是極少數有如此慧眼並且如此去做的人之一 —— 正是選擇那些別人都熟視無睹的事情作為描述的內容，才能真正富有價值。對絕大多數人來說，這些看似輔助的場景都是毫無意義的，正如天文觀測臺的望遠鏡對我來說也是毫無意義的 —— 因為這些人都沒有用慧眼去觀察這一切。

　　可以說，妳的小說構思是極為巧妙的（到目前為止，我可以做出這樣的預言），彷彿妳就是用畫筆來一筆一筆地勾勒出每個人物的形象。至於「神學」方面，這是新英格蘭地區民眾日常生活的一個重要部分，在蘇格蘭民眾的生活中也是如此。因此，我必須要這樣說：「當這樣的宗教情感自然浮現出來的時候，就讓其順其自然吧！我們不需要深潛下去一探究竟。」

　　以道德為目標是一件好事，但若是以這樣的目標去創作小說，那麼創作者顯然背叛了那些為藝術犧牲一切的藝術家。請記住耶穌基督教給我們的兩次教訓。首先，耶穌基督更喜歡那位一事無成的瑪麗，而不是那位喜歡整天勤奮洗碗的瑪莎；其次，就是當模範的道德主義者與人性的朋友猶大，反對妓女收容院的背叛者時，耶穌基督寧願這樣的人在具有美感的簡單行為浪費自己，也不願意看到他們為窮人的好處做出貢獻。克麗奧佩脫拉在放棄了讓她俘虜安東尼的那塊最大的寶石之後，變成了一位藝術家。

　　我身為一位職業評論家，難道不應該對一位女性天才說出自己內心的真話嗎？難道我不應該這樣做嗎？難道這樣的事實應該被世人所遺忘嗎？當然，我本人應該努力地遺忘。首先，妳不要太在意別人對妳的作品的任何評價。其次，妳要非常重視我對妳的作品所做出的評價！我給妳的是基爾肯尼般狡猾的建議嗎？絕對不是的。我給妳的建議，就是希望妳能夠遵循自己內心的召喚 —— 堅持自己的本性，沒有必要理會別人經常談論的「理想」。

　　正因為如此，美感、哀婉之情以及成功，這些都存在於簡單的自然本性當中。從華茲華斯到現在，我們都在談論這樣的事實，卻沒有人去踐行這樣的真理。難道我每天不是陷入評論的泥潭裡，每天看到很多人都在大肆談論著某些人

看到的「理想」事物，說這是我們能夠看到、觸摸或是感受到的東西，從而能夠在我們的本性或是品格中重現嗎？難道我剛才只說上萬人嗎？我要說的是上千萬人！

到底是什麼讓莎士比亞變成如此偉大的作家呢？真正的原因就是他相信自己的慧眼，並且始終對自己所看到的事物充滿了信念。薩克雷也是如此。在這些作家身上，我看到了他們熱愛與追求真理勝過所有一切！狄更斯則堅持著悲劇的寫作方法，始終在製造著各種悲劇的效果。

我始終認為（請原諒我），《德雷德：陰暗大沼地的故事》一書裡的希伯來部分是一個錯誤。請妳千萬不要認為我這樣的評價是一種冒犯。我只是坦誠地表明自己的看法，就是我認為一位真正的天才應該對自己的看法具有強大的信念。妳要讓自己的道德感順其自然地在作品中呈現出來，不要太刻意地展現這樣的道德情感。

妳要記住一位作家的寫作桌要比一個布道演說的講臺更加高尚。我所談到的「順其自然」，可以從 2 月刊登出來的連載內容裡看到，這些內容所傳遞出來的情感，彷彿讓讀者找到了一把通向天國的階梯。

我可以肯定的是，《牧師的求婚》是妳到目前為止最為成功的作品。我之所以如此肯定，是因為妳在這本書中，充分地展現了妳運用寫作素材的能力，充分地展現了妳對現實的真實感知能力，倘若沒有這樣的創作能力作為基礎的話，那麼要想達到理想的效果是不可能的。

至於所謂的「正統性」，妳根本沒有必要在乎這些東西。任何傑出的作品最終都會在這個世界上變成真正的正統。妳根本沒有必要在意那些整天站在道德最高點的期刊所發表的文章，這些期刊對正統性所持的概念，似乎就是一種站在某個位置上的能力，這會讓妳失去大展拳腳的能力。如果妳耗盡心思去創作一本書之後，別人認為妳的作品不符合正統性的話，那麼妳个應該去相信這些評價，因為最終的評價只有上帝才能下達。

如果妳所談論的是「加爾文教派」，那麼任何女性都能夠這樣做，因為加爾文教派是一種符合邏輯的宗教思想，任何有能力的女性都可以透過自身的推論去得出屬於自己的結論。女性帶給我們的震撼，是超過任何理智的推論的。

第十四章 《牧師的求婚》與《奧爾島的珍珠》，西元 1857 ～ 1859 年

無論我們怎麼讚美上帝，也沒有比妳的新作品給我帶來更大的閱讀樂趣，也沒有比妳的作品給我帶來一種快樂的本能，這些都是因為妳對女性角色的描寫中，表現出了讓人無法推理的戀人邏輯。妳應該繼續沿著這條道路前進，盡可能地以更多的方式展現自己的思想與才華 —— 無論哪些信條才是真實的，人類最終都不可能因為機械而得到拯救。我可以談論有關正確的內容，因為我必須要坦承自己對加爾文神學思想有諸多的認同。還有，我始終堅信一點，那就是上帝的善意是面向世間萬物的。

我沒有對此說任何話，我應該說些什麼呢？人們可能會建議一位懷孕的母親，對她說以後一定要培養孩子優秀的品格，正如一位作家在腦海裡構思作品的時候，也需要有這樣的思考。

最後，我只能坦誠地說，妳的新作《牧師的求婚》讓我感到非常欣慰。閱讀這本書是我在寫評論時為數不多的樂趣。可以說，沒有人比我更加看重妳所具有的天才，或是比我更加希望妳能夠專注於自己的創作，而不要去理會別人的評價。妳千萬不要去關注關於這本書的任何負面評價，妳要相信，妳比我們這些評論家都更加優秀，要始終相信每個讀者都喜歡妳所創作的書。我本人對此也是深信不疑的。

可以說，之前還從來沒有人，能夠像你這樣創作出如此真實的新英格蘭詩歌。你在這本書給人一種原生態的描寫，給予了我們的大腦最好的激勵。當我們這些人都逝去的時候，妳肯定會永垂不朽的，前提是，妳需要始終堅信自己的創作信念。

永遠忠於妳的

詹姆斯·羅素·羅威爾

當斯托夫人的《牧師的求婚》在英國出版之後，羅斯金先生（John Ruskin）在一封寫給斯托夫人的信件裡這樣說：

我終於讀了妳的這本書，我認為沒有比這本書裡一些高尚的部分更加高尚的作品了（比如瑪麗對布林上校所說的那一番話）。沒有比這本書裡一些睿智的內容更加睿智的作品了（比如作者插入的一些個人評價）。沒有比這本書裡一些讓人愉悅的內容更加讓人感到愉悅的作品了（比如維爾尼妮所說的話以及所做的事

情），沒有比這本書裡那些鋒利的段落更加鋒利的作品了（比如坎迪斯所說的話以及所做的事情，這些都是非常有趣的）。

但我不是很喜歡這本書的創作思路，因為書中的牧師表現出來的簡樸，似乎削弱了瑪麗可能對他的敬意。我無法想像一個像瑪麗那麼優秀的女性，竟然不會嘲笑他。我也無法想像一個像這位牧師具有真正智慧的人，居然無法更好地理解自己的情感，或是無法迅速洞察別人內心的真實想法。

因此，我對書中的斯卡德女士的遭遇沒有什麼反應，我認為她是一個讓人無法忍受的人物，因為她在小說的最後詆毀詩歌所具有的價值，只是為了惹惱別人。最後，我認為妳不太注意普通讀者在這本書想要得到什麼的想法，而是在「興趣」的幌子下去做 —— 這可以漸漸地激發出讀者的期望、興趣以及好奇心，讓他們愛不釋手，只能一直讀到凌晨三點鐘，還不願意放下這本書。

而那些具有自我控制力的人也需要狠下心，才能在嘆一口氣後放下這本書，然後想著在第二天有空的時候，馬上拿起這本書來讀，想要知道接下來到底會發生什麼事。不過，我知道妳是不可能將這本書單純視為一本文學作品的。所以，妳無法過分仔細地描述許多事實。因此，許多讀者可能會按照其他作家的一些寫作基本規則，去對這本書進行評價。

不過，正如妳在創作這本書的過程中所說的，我們中很多人都沒有感受到，妳在書中想要描述的那種特定的宗教情感。

我們對認真的形式主義不是很重視，我國的形式主義者在很多時候都是膚淺、無趣的人，他們是真正傑作的激烈反對者，諸如西米恩·布朗這類人。對讀者而言，即便是他這類的形式主義者，妳的這本書可能都會給他帶來一些好處，會讓那些軟弱而又想要追求真理的人得到啟發，這會像墊被那樣不斷地震動著他們的思想 —— 讓思想的塵埃不斷地飛落，也許最後還需要羽毛撣子將所有的灰塵都清除掉，從而讓讀者最後認為，那些形式主義者都是讓人反感的墊被。

我對這本書的評價並不深入 —— 也許可以說是非常地不深入 —— 但是妳的來信讓我感到非常高興，我從未像收到妳的來信這樣如此歡喜的。不過在收到信件之後，我沒有馬上回覆，是因為要是我不及時給白朗寧夫人回信的話，我會感到很羞恥的。

第十四章　《牧師的求婚》與《奧爾島的珍珠》，西元 1857 ～ 1859 年

我無法理解妳為什麼要恐懼那些關於這本書的荒誕評論呢？可以肯定的是，妳的這本書絕對會受到讀者的歡迎 —— 當然，這樣的受歡迎並不是像《湯姆叔叔的小屋》那種受歡迎，因為《湯姆叔叔的小屋》一書裡表現出來的戲劇效果是其受歡迎的重要因素，但我不喜歡這樣的戲劇效果。可是，妳的這本新書是真實地展現出了人類生活，這才是這本書會受到歡迎的重要原因。關於這點，我認為任何評論家都無法對此進行歪曲。

在我看來，坎迪斯與維爾日妮對這本書所做出的評論是目前最好的。我很高興看到這位優雅的法國女士也參與評論。在很多時候，法國的文學作品是最容易被其他國家的民眾所忽視的……我的父親曾說，一本書就堪比一塊沉甸甸的金子，他知道什麼才是真正優秀的作品。

當我們將關注點從這些批評或是讚美中，轉移到斯托夫人在這段時期的內在心路歷程時，就會發現這本書是斯托夫人在內心極為悲傷的時候創作的。這本書裡表現出來的哀婉情感始終是存在的，即便是在《牧師的求婚》一書裡最為陽光與幽默的部分，這樣的哀婉情感也始終像是一個黑暗的背景，自然而然地流露出一種悲傷的精神。此時的斯托夫人感到身心非常疲倦，希望能夠躺在路邊的十字路口，然後在睡夢中看到美麗的場景。

在開始寫作《牧師的求婚》之前，斯托夫人寫了這麼一封信給拜倫夫人：

西元 1858 年 6 月 30 日，安多弗

親愛的朋友：

我一直都希望收到妳的來信，但我也知道妳當時不知道該說些什麼。因為妳肯定也知道悲傷教給人的一切 —— 妳的一生都在遭受著許多苦難，經歷著漫長的痛苦。但是，我認為永遠在國王旁邊的「羔羊」，到現在肯定已經在各地都擁有了許多追隨者，那些像耶穌基督一樣來到人間為了救贖別人而犧牲的人，他們肯定也會為自己能夠救贖別人而由衷地感到高興。

我經常會想，上帝讓妳遭遇如此之多的痛苦，同時又讓妳具有如此強大的天賦，這必然會給妳帶來可怕的誘惑，因為妳知道自己能夠輕易地得到一些獎賞，卻又不敢伸手去獲取。當妳被帷幕遮蔽的時候，必須要迅速地離開這樣的陰影，只有這樣妳才能見到天使，才能夠再次看到被鎖鏈束縛與詆毀的耶穌基督，妳才

能擺脫所有的罪孽，重新煥發出榮光。因此，妳憑藉著自己一生的愛意與信念，已經成功地完成了這樣光榮的變革。

我深入地思考了妳之前與我一起談論過的話題 —— 即報應的未來狀態。對我來說，基督教的精神顯然會讓人類的精神產生一種柔和的愛意，這能夠帶來所有關於這個問題的任何古老的信條。我也像其他人那樣認真地思考著耶穌基督的精神，我認為即便是耶穌基督也無法接受那些古老的信條。

與此相反，耶穌基督會說：「要擔心那些在地獄裡摧毀靈魂與身體的人。」關於這個問題更讓人震驚的話語，是耶穌基督所說的。過去一些流行的思想與觀點現在已經被拋棄了。過去罪惡所帶來的無止盡的痛苦，曾經就是基督教的教義，現在已經被我們拋棄了。如今，我們被灌輸的信條是，永恆的罪惡必然要遭受永恆的懲罰，因為邪惡會導致事物的永恆本性變得痛苦。我擔心，這是從對自然的類比中得出來的結論，然後透過《聖經》一些內容的暗示得到證實的。

是否存在什麼方法可以解決這種斷言，或是關於這個問題更深層次的暗示，從而讓我們可以置身於純粹的自然主義呢？但我可以肯定一件事，那就是考驗絕對不是止於今生的，還有很多得到救贖的人，也許要比我們今天所面臨的世界歷史更加偉大。

斯托夫人在這封信裡表達出來的觀點，當然可以讓我們對《牧師的求婚》一書中的許多內容，有更加深入的了解。

下面一封信是斯托夫人寫給女兒喬治亞娜的，她在信中談論了自己在《牧師的求婚》一書裡想要表達的一種精神與思想：

西元 1859 年 2 月 12 日

親愛的喬治亞娜：

為什麼我一直沒有寫信給妳？我親愛的喬治亞娜，這是因為我覺得自己就像一個正在沉睡的枯死的花蕾，思想一直處於冰封狀態，沒有任何枝葉，沒有任何的綻放。我覺得自己沒有什麼要跟妳這位天真爛漫的女兒說。我感覺自己非常疲憊，缺乏生氣，似乎一切事物對我來說，都是沉重的負擔。

第十四章　《牧師的求婚》與《奧爾島的珍珠》，西元 1857 ～ 1859 年

我讓之前的那株植物，在我眼前幾英寸的地方死去了，我從來沒有澆水灌溉它，我害怕自己所做的任何事情，希望自己什麼事情都不去做。當我收到我親愛的女兒寄來的信件時，我微笑著說：「我親愛的女兒，我肯定會回信給妳的。」我攤開雙手，在桌前坐了一個又一個小時，看著墨水臺，不知道從何下筆。

事實上，我親愛的女兒，母親真的疲憊了。對妳來說，人生是幸福與快樂的，但對妳的母親來說，卻是一場天人交戰的戰役，我經常感覺自己心有餘而力不足。我想要像那些在聖伯納德地區的女人一樣，張開雙臂躺在路邊的十字路口，然後在夢境中看到美好的景象。

亨利那張英俊柔和的臉龐，不時會從一片雲層中閃現出來，我能夠再次感受到內心那種永恆的痛苦：「不！不要奪走我親愛的兒子！」我再也見不到我親愛兒子的臉龐，無法再撫摸著他的肩膀，無法再聽到他的聲音了。這件事沒有削弱我對上帝的任何信仰，可我也不認為上帝的這一切安排都是正確的。

雖然我感到非常難過，但我還是一個受到上帝祝福的人。即便我現在是如此的虛弱與疲憊，我依然在靈魂的最深處信仰著耶穌基督，我相信當我再次感受到耶穌基督的存在時，一切難以想像的美感與榮光都會出現的，耶穌基督也會將我所愛的人帶回來。所以，千萬不要誤解我的意思 —— 只要知道妳的母親現在感到非常疲憊，卻始終都沒有感到沮喪。

永遠愛妳的母親

哈里特‧比徹‧斯托

很多時候，事情就是這樣：當我們邁著勇敢的步伐，遵循自身的天才前往神聖的地方，卻發現那是一個悲傷的地方。藝術有其受難與輝煌的兩面，這與宗教是沒有什麼區別的。我們最喜歡的書籍與最甜美的歌曲都是那些「講述最悲傷思想」的。

西元 1859 年夏天，斯托夫人再次出發前往歐洲，這一次她帶上了除了最年幼的孩子之外的所有孩子一起出發。

第十五章
第三次前往歐洲，西元 1859 年

第十五章　第三次前往歐洲，西元 1859 年

斯托夫人的第三次也是最後一次歐洲之旅，是在西元 1859 年夏天出發的。在同年 5 月寫給拜倫夫人的一封信裡，斯托夫人這樣寫道：

現在，我準備寫一些讓我非常感興趣的故事，這可能也會讓妳感興趣，我想要將新英格蘭地區民眾的內心想法與生活方式、宗教、神學思想以及行為方式都展現出來。倫敦的桑普森‧洛聯合出版公司正在發行這本書，我很高興得知這本書得到妳的喜歡。這本書很快就會出版，我也準備在今年夏天前往歐洲。

斯托夫人在信中提到的這個故事，指的就是《牧師的求婚》一書。我們下面將拜倫夫人的回信摘錄下來，這顯然表明了她對斯托夫人這本書的喜愛與欣賞。拜倫夫人這樣寫道：

西元 1859 年 5 月 31 日，倫敦

親愛的朋友：

我發現在收到妳的來信之後，如果不及時回覆的話，那麼閱讀妳的信件所產生的那種激動心情很快就會消失。妳的來信堪比尼加拉大瀑布那樣震撼，因為妳之前在我家見到的芬妮‧肯博爾已經去世了。

我對妳的新小說充滿了濃厚的興趣。至少在我看來，妳創作的這本新書要比之前幾本書更加讓我震撼。可以毫不誇張地說，妳的這本書要比喬治‧艾略特創作的《亞當‧柏德》（*Adam Bede*）更加具有思想力量。所以這本書現在受到讀者

的熱烈歡迎，這也是情理之中的事情。無論斯卡德女士最後是否能夠戰勝波瑟夫人，我們都會拭目以待的。

要是我告訴妳，我的外孫女與我本人想要去預測未來的「愛情故事」的消息，妳可能會感到非常有趣。因為我們在閱讀這本書的時候，曾一度認為詹姆斯出海了，牧師則要摧毀自己。我們認為她會在母親的影響下，努力愛上那位具有自我奉獻精神的男人，或是意識到身為好女孩所應該具有的高度責任心 —— 但是，我們並不希望她取得成功。接著，我們就想要知道她過去的情人到底會怎樣。這一切，時間會告訴我們的。

我剛剛錯過了戴爾·歐文的聚會，我希望能夠與他談論有關「精神主義」方面的話題。哈里斯目前在這裡發表有關宗教方面的演說，我沒發現有多少人讚揚他。人們都希望從現實生活中找尋一個能夠讓他們仰視的人 —— 希望在音樂、建築、古代遺物與禮儀等方面找到一些傑出的人才。

但是，關於歷史悠久的宗教，他們則會持一種不相信的態度。至少如果這是這些人的信仰，那麼那些不信教的人肯定會更加快樂。我想要穿越這種物質主義，但如果要我停留在這個層面的話，我會撕碎這樣的遮掩。

6 月 1 日

這是輪船出發的日子。我希望很快就能夠等到你的光臨。這裡最美麗的花朵，在妳給我的小花瓶裡綻放得十分鮮豔，釋放出生命的活力。這樣的情景總會讓我想起妳，不過妳不會像這些花朵那樣迅速凋零。

永遠忠誠於妳的

A·T·諾爾·拜倫

除了斯托夫人最年幼的兒子之外，他們全家人都一起前去歐洲旅行。斯托夫人兩個大女兒當時居住在巴黎，她們早在三月分的時候就已經乘坐輪船前往法國的勒阿弗爾，當時與她們同行的還有她們的表妹比徹小姐。當她們抵達巴黎之後，就直接前去老朋友波里昂妮女士的家裡，之後再去當地一家清教學校就讀。

家裡的其他人，包括斯托夫人與她的丈夫以及最年幼的女兒，在八月初一起

第十五章 第三次前往歐洲，西元 1859 年

乘船抵達了利物浦。與此同時，腓特烈·斯托也與他的朋友薩繆爾·斯科維爾一起在相同的港口乘船出發。斯托教授在寫給唯一留在美國的年幼兒子的這封信，敘述了他們在這次歐洲之旅早期階段所遇到的一些事情。

西元 1859 年 9 月 1 日，瑞士夏蘭城堡

親愛的小查理：

除了腓特烈之外，我們都在這裡，大家一切安好。我們這次的旅行非常開心，我下面簡單地說一下。

西元 1859 年 8 月 3 日，我們乘坐「亞洲號」蒸汽船從紐約出發。出發的那天非常炎熱，在接下來的十天裡，我們在海上度過了天氣最炎熱的十天時間。我們在船上遇到許多有趣的乘客，其中絕大多數都是外國人，包括了有義大利人、西班牙人，還有蘇格蘭人與愛爾蘭人。

昨天晚上，我們經過了一塊巨大的冰山。因為冰山不會轉彎，因此我們的輪船只能繞過這塊龐然大物。我們很高興最後順利地繞過了。這是發生在 8 月 9 日晚上的時候。在這之後，海上的天氣就變得涼爽起來。在 13 日的早上，海面上颳起了大風，一直持續到下午。在 14 日，也就是週日早上，我們平安抵達利物浦，然後乘坐馬車前往阿德爾菲酒店。你的媽媽與喬治亞娜在旅途中生了一些小病，這是發生在 13 日的事情了。

接下來就是社交時間。蘭開夏郡的高級長官羅伯特·查拉爾德爵士是一位身材高大、頭髮灰白的老英國人，他在中午的時候乘坐他那輛豪華的六輪馬車來到酒店，還帶了一些騎馬侍從、兩名號手與 12 名持槍侍衛過來，這些人都穿著得體的衣服，他們就像《時代》雜誌上那些初級讀本，或是像一間著了火的房子，我多麼希望我的小查理能夠過來這裡看看這樣的場面。

週一，我們想前去宮廷，於是我們來到了聖喬治大廳，這是一棟非常雄偉壯觀的建築，瞬間讓波士頓的州法院顯得異常渺小。羅伯特·查拉爾德爵士本人前來迎接我們，說他已經為我們安好了一切。於是，他就載著我們沿著一條狹窄崎嶇的道路前進，並且打開了一扇小門。我們透過這扇小門只看到了深紅色的窗簾。查拉爾德爵士告訴我們將窗簾攏在一邊，然後往外面看。你猜我們看到了什麼？

就在階梯上面，我們看到了帶著假髮、穿著長袍的法官，看到了擠滿人群的法院大樓。看到這樣的場景，真的有可能讓沒見過世面的人大吃一驚，但我們還是盡可能保持平靜的面容。你的母親還是跟往常一樣保持柔和的表情，戴著一頂有點破舊的草帽，穿著一件灰色的外套，似乎在說：「我並不是故意過來這裡的。」

在同一天晚上，我們抵達了倫敦。在週二，也就是 8 月 16 日，我們乘坐馬車前往斯塔福德大廳，然後詢問薩瑟蘭公爵夫人是否在那裡。此時，一位僕人走出來，說公爵夫人在家，並且非常樂意見到我們。

於是，你的母親、喬治亞娜與我三人走上了門廊處的階梯，看到了優雅、高尚的公爵夫人從樓梯上下來迎接我們。她穿著一身白色的晨禮服，一把抱住了你的母親，然後鬆開，接著抱住喬治亞娜，這讓喬治亞娜看上去就像半覆蓋在雪堆裡的灰色貓咪。公爵夫人親吻了你的母親，又走到喬治亞娜身旁親吻了她。接著，她拉著我的手，但沒有親我。

第二天，我們前往公爵夫人位於溫莎城堡附近的別墅，在公園附近騎行，欣賞這裡美麗的風景，還乘坐輪船欣賞泰晤士河的美麗風光，吃到最為可口的晚餐。

我們在倫敦一直待到 8 月 25 日，然後出發前往巴黎，找到了 H、E 與 H·B 等人，他們都一切安好，過著幸福的生活。在 8 月 30 日，我們一起出發前往日內瓦。今天，也就是 9 月 1 日，我們一起乘船欣賞美麗的萊蒙湖，這裡位於阿爾卑斯山脈的中部地區，靠近夏蘭古堡。拜倫爵士當年曾在這裡寫下了一首詩歌。一兩天後，我們就會出發前往夏慕尼，接著喬治亞娜與我將會返回巴黎與倫敦，然後按照預定的日期返程回國。在回國之前，我始終都是深愛著你的父親。

C·E·比徹

斯托夫人與丈夫、女兒一起前往英國，在旅行與遊玩了兩週後，斯托夫人向英國的朋友們告別，然後回到了她女兒所在的瑞士。10 月 9 日，斯托夫人在洛桑寫了這樣一封信：

親愛的丈夫：

我們現在抵達了洛桑，住在吉本酒店。我們的客房有一個寬闊的陽臺，羅斯金之前也曾住在這間酒店裡。在我離開你的那一天，就趕路前往巴黎。我大約在凌晨一點鐘抵達巴黎。當時，我們無法找到任何馬車，最後只能在火車站附近的

第十五章　第三次前往歐洲，西元 1859 年

一間小旅店住下來，然後一直睡到隔天早上。

　　我忍不住想著，要是我出了什麼事情該怎麼辦？畢竟沒人知道我究竟在哪裡？但是，這裡的床非常乾淨，房間也是整潔。於是，我關上房門，就進入了夢鄉。第二天早上，我搭上一輛馬車，終於趕在吃早餐的時候見到了波里昂妮夫人。今晚我會寫信給你，你可能在回國沒多久，就能收到我寫的信件。

　　我沒有在一天之內趕去日內瓦，而是在梅肯這個地方停留了一個晚上，然後在第二天下午四點鐘的時候抵達日內瓦，接著在當晚八點鐘抵達洛桑。當我走上樓梯，打開大門，發現很多人都坐在大廳裡看書，裡頭有一張桌子，地面上鋪著一張針刺繡的地毯。這一切給我一種家的溫馨與舒適感。你可以想像當時我們都在相互問候，彼此擁吻或是哈哈大笑。總之，我們度過了一段非常愉悅的時光。

　　從洛桑出發後，斯托夫人一行人就乘坐輕便馬車前往佛羅倫斯，中途經過科莫湖、米蘭、維羅納、威尼斯、熱那亞與利弗諾。他們在十一月初的時候來到了佛羅倫斯，見到了腓特烈·斯托與他的朋友薩繆爾·斯科維爾。與他們在一起的，還有一些來自布魯克林的朋友們。因此，這是一群非常友善的朋友，他們都住在義大利的古老城市度過這個冬天。

　　斯托夫人在這裡時，每個星期都會寫信給已經回到安多弗的丈夫。她在信中不僅講述了當地民眾的生活方式，還鮮明地展現了自己的心靈傾向。

西元 1859 年耶誕節，佛羅倫斯

　　親愛的丈夫：

　　祝你耶誕節快樂！希望明年能夠與你一起度過耶誕節。

　　我們準備今晚與一群美國朋友一起慶祝這個節日。斯科維爾與腓特烈去找了L·培根（培根博士的兒子）。波爾特之前在安多弗學習神學，現在也已經旅行來到歐洲。克拉克之前是康沃爾地區的牧師，詹金斯是來自羅威爾地區的人，霍華德夫婦分別是約翰·霍華德與安妮·霍華德，他們在昨晚也是突然過來這邊。

　　因此，我們在異國他鄉過了一個具有新英格蘭地區特色的聚會，我們都大聲地唱著米萊斯創作的耶誕節讚歌。我真希望你在那間古老的木屋裡也能夠跟我們這樣做。

我們的門廊上擺放著修剪過的桂冠與桃金娘，看上去就像一個涼亭。我們的壁爐架與桌子上都擺放著鮮花，散發出陣陣的香氣。

西元 1860 年 1 月 16 日

親愛的丈夫：

今天收到你的來信，這讓我的內心大大地鬆了一口氣，因為這至少表明你一直以來都能夠收到我的信。所以說，我們之間的通信連繫一直都沒有中斷。你之前在信中談到了你的精神感受，感覺我們親愛的亨利始終都與你在一起。除此之外，你還談到自己似乎感覺到一把神祕吉他發出的震動。你這樣的感受讓我覺得非常有趣。

因為我之前已經去過佛羅倫斯，我一直都對親愛的亨利有著一種無法表達出來的渴盼 —— 這是一種不可名狀的感嘆與願望，但我的內心卻充滿了一種黑暗與隔離的感覺，這不僅是因為亨利的緣故，還因為我感覺無法讓自己與上帝進行精神交流。不過，我透過一位知心朋友的開導，能夠感受到這種感覺所帶來的寬慰心理，此人就是 E 女士，她是波士頓地區一位虔誠且有成就的女性，她在精神感受方面有著與你類似的感受與經歷。

毫無疑問，在那些精神主義者看來，E 女士會被視為一名具有強大媒介能力的女性，但她同時是一名虔誠的基督徒，擔心自己會因此走上歧途，所以她始終保持著高傲的態度，不願意與這樣一類人或是事物交往。一開始，她向我透露了自己內心的想法，然後就如何做得更好向我徵求意見。她還談論了許多與你在信中提到的相類似的經歷。

我給她的建議就是，我們應該對這樣的精神感受進行分析，看看它們是否是屬於上帝的 —— 同時讓這樣的感受與《聖經》以及祈禱存在著緊密連繫，在確信這些感受與這些宗教基本原則沒有任何抵觸之後，就可以敞開心扉地接受這些精神感受。

我發現，當我與她在一起的時候，總是能夠感覺到一種來自精神世界的強大印象，因此我經常會感受到一股力量與寬慰感，彷彿我真的已經接近了我親愛的亨利與其他逝去的朋友。有時，這樣的感覺是那麼地強烈，甚至能夠極大地紓解

第十五章　第三次前往歐洲，西元 1859 年

我內心的苦悶，給予我強大的精神動力。我跟她說了你的精神感受，她對此也非常感興趣。她表示，要想聽到像你這樣一位虔誠且可靠的基督徒說出這些感受，的確是非常難得的。

不過，我不認為是我們親愛的亨利在彈奏吉他，彈奏吉他的人肯定是艾麗莎 —— 她似乎始終都牢牢地抓住這種精神表現的模式。如果你能在臥室裡表達這樣的想法，那麼你無疑能夠經常聆聽到這樣的聲音。

最近，我一直在閱讀一位生活在巴黎的年老德國人的一本有趣的書，此人之前一直在進行著精神感受方面的創作實驗。他在書中描述了與 50 個人進行交流的場景，彷彿這 50 個人是真實存在的。在他感受這些精神情感之後，他用雙手、筆或是紙將這些感受寫下來。他在書中表示，自己按照這樣的方法與很多歷史人物進行交流。

此人似乎是一位相信內心靈感的堅定信仰者，這本書之所以有趣，是因為裡面包括了許多有趣的事情，像是異教徒與基督教徒所感受到的精神現象，另外還包括印度、中國、希臘與義大利文學等方面，並且還有一些與《聖經》裡面類似的例子。

不過，我確信一點 —— 精神主義是我們對當代盛行的物質主義做出的一種反應。當路德認識到一種個人的邪惡之後，才發現自己慢慢地接近正確。我們至少應該全面地感受《聖經》所表現出來的精神主義。

許多關於精神方面的把戲或是愚弄的行為，我都將其視為一種欺騙性的信號，容易讓人走上邪惡的歧途。但是，《聖經》裡面所包含的精神主義正在慢慢地失去原先的作用，因此我們應該想辦法去恢復這樣的一種精神主義。毋庸置疑，一些人會從制度方面去做，一些人則會從身邊的精神世界裡得到屬於自己的印象。這些人就是信徒、預言家與奇蹟的創造者。

週日晚上

今天，我與 E 女士坐在她家安靜的客廳裡。我們一起閱讀《啟示錄》（*Book of Revelation*）裡面的一些內容，然後談論著聖人以及那些具有完美精神的人。當我和她交談的時候，似乎感覺亨利就在我的身旁。接著發生了一件非常有趣的事情。

E 女士有一把佛羅倫斯式的吉他，這把吉他就懸掛在客廳裡，我根本無法構到。她與我交談時，她那位務實的妹妹就幫她做一些家務，此時正在幫我們準備午餐。突然，那把吉他的低音弦似乎被觸碰了一下，發出了一陣清脆的聲音。「誰在彈奏吉他？」她的妹妹問。我們都抬起頭，結果根本沒有其他人在房間裡。在這位妹妹出去之後，E 女士說：「剛才真是太奇怪了！」

　　我昨晚就在想，今天過來這裡的時候，是否會有什麼精神也跟著過來呢？看來的確是這種精神在彈奏著吉他。」過了一會，E 女士的丈夫走進來，我們一起談著話。之後，我們都聽到了一陣奇怪的聲音，這似乎是某人用手在吉他的弦上再次撥弄了一下。大家都大吃一驚，我想起了家裡擺放的那把吉他。

　　你對此有什麼想法呢？你在精神世界裡是否還發現了更多的表現形式或是更多的事實呢？

　　2 月底的時候，在佛羅倫斯的這群朋友們終於要分道揚鑣了。斯托夫人一行人準備出發前往羅馬，而其他人則要在佛羅倫斯待到 4 月中旬。接著，拿坡里她們準備在拿坡里進行為期六天的旅行，途中經過卡斯特拉馬雷、索倫托、薩勒諾、帕埃斯圖姆與阿馬爾菲，接著再前往維蘇威，再繼續前往格羅托與卡普里島前進。之後，他們搭乘勤奮號輪船回到羅馬。並在 5 月 9 日離開羅馬，一路悠閒地前往巴黎。最後在當月的 27 日抵達巴黎。5 月 28 日，斯托夫人在巴黎寫信給丈夫說：

　　自從上次寫信給你到現在，我們的旅行計畫發生了很大的改變，因此我們返回美國的時間也出現了變化。我們預備在 6 月 16 日返回美國。如果一切順利的話，我們將會在四週之後回到波士頓。我的內心一直渴盼著回家，因為我的丈夫與孩子、我的房間、我的庭院以及我的花園還有安多弗美麗的樹木都在等待著我呢！我們將會建造一個非常幸福快樂的家，我們的孩子也會幫助我們的。

永遠愛你的

哈里特・比徹・斯托

　　這次愉悅而漫長的旅行最後以同樣愉悅的返程航行結束。在返程的歐羅巴號輪船上，她們見到了納撒尼爾・霍桑、詹姆斯・T・菲爾德斯等人，這些學識淵博

第十五章　第三次前往歐洲，西元 1859 年

之人都是她們旅途上最有趣的夥伴。

在斯托夫人充分享受這次歐洲之旅所帶來的樂趣時，她才感覺到自己骨子裡是澈底的美國人，因此她為自己最後平安回到美國，見到祖國的民眾而感到高興。因此，她絕對不會同意羅斯金在這個問題上所提出的觀點。正如在斯托夫人回到安多弗沒多久，就收到羅斯金寄來的這封信所表達出來的觀點一樣：

西元 1860 年 6 月 18 日，日內瓦

親愛的斯托夫人：

當我在日內瓦的時候，我真的希望自己能夠置身於其他地方，在倫敦城以內的任何地方。儘管如此，我還是衷心希望此時此刻我能夠看到諾伍德山，或是希望能夠看到妳和妳的孩子明早過來一起共進早餐。

當我收到妳的來信之後，對是否要返回倫敦這個問題認真地思考了一番。但是，我認為 S 先生肯定要比妳在倫敦時更加想念我。於是，我就留在這裡了。

美國人在歐洲旅行之後，最後還是選擇回到美國，這樣的想法真是讓人覺得可怕！在我看來，這是對自然秩序的一種違背。我認為美國是某種類似於實驗性的「聯合」國，而生活在這片土地上的聰明人，一旦有機會看到外面的世界，都會想辦法在一個更好的世界裡逗留，或是認為自己應該永遠不再回去（這句話是非常不符合文法的）。

特別是當他們在這裡，能讓他們的朋友都感到非常愉悅的時候。我的朋友諾頓是在這一片藍色的湖水邊第一次見到我的，他就從來都沒有想過要回到波士頓，我覺得妳也不應該回到美國。

週四時，我在火車上等待 S 先生，很自然就想到了妳 —— 我感覺我們似乎在不久前才剛剛見面。我還記得當時妳的女兒喬治亞娜正在穿越鐵軌，而我還需要抱著她，然後將她抱到我的母親身旁，並認為自己很聰明。而妳卻為她請了一位無賴的導遊。在那樣的場合下，我永遠都不會原諒那個傢伙用命令式的口吻對我說話。

現在，喬治亞娜還好嗎？身體還健康嗎？當妳寫信給喬治亞娜的時候，請將我的愛意傳遞給她。她現在肯定不會在躲在柱子後面，還以為別人看不到她了吧？

這麼說，妳已經見到教皇以及參加復活節的儀式了？我要祝賀妳，因為我認為這是類似於「人生任何階段的正面表現」。其實，有時我會想，經常思考上帝又有什麼用處呢？妳應該對如何崇拜上帝有著自己的看法。

我並不是說羅馬天主教很快就會消失。羅馬天主教存在的時間肯定會與新教一樣長的。但我好奇的是，在這些宗教消失之後，又會出現什麼其他宗教呢？這是我們每個人都應該去思考的重要問題。

按照妳在信件裡的說法，妳已經去過威尼斯旅行了？我們每個人都應該以某種方式前去那裡。可以說，世界上沒有哪個地方能夠像梵蒂岡那樣，展現出如此強大的力量。

此時此刻，我無意跟妳談論發生在歐洲的任何事情。妳什麼時候會再次過來呢？當妳回到美國後，請盡快給我回信報平安。我說錯了，妳們絕對不會消失在大西洋上的。

我不知道妳是否能收到這封信，但我希望妳會認為有必要再次看一下在丹麥山的圖畫。我也將這幅圖畫拿給我父親看。我希望有機會將這幅畫送給妳。

我對妳要離開歐洲、返回美國感到遺憾 —— 妳和妳的女兒們都是非常優秀的人。這是一個絕對的事實。我其實沒有真正地享受這趟瑞士之旅。妳之前沒有跟我說妳即將要離開歐洲的消息，這實在是太可惜了。我原本可以輕易地在巴黎停留一段時間，專門與妳進行交流。祝願妳一切安好。請將我的愛意傳遞給妳的女兒們，祝願妳們一切平安健康。

約翰・羅斯金

在羅馬的時候，斯托夫人與白朗寧夫人（Elizabeth Barrett Browning）產生了深厚的友情。她們之後經常通信。下面這封信就是在她們認識一年後，白朗寧夫人寫給斯托夫人的。

第十五章　第三次前往歐洲，西元 1859 年

親愛的斯托夫人：

讓我首先說幾句話吧！妳的來信讓我原本愉悅的心靈感到更加開心了。我親愛的朋友，我要說，我在英國的時候遭遇了許多打擊與損失，妳在信件裡所談到的事情似乎就是我心裡要說的話，妳的來信給我的內心帶來了許多安慰 —— 可以說，這是我收到的最好的一封來信了。

妳的來信讓我有點詫異，但是信件的內容卻是那麼地友好。當我們在去年春天第一次見面的時候，妳在羅馬找到了我，談到了妳之前從沒有說過的感受，這讓我非常感動。

我寄去英國的詩篇，是給一位比我還想要閱讀的人看的。我不知道人們是如何在雙眼飽含淚水時，依然維持對精神主義的偏見 —— 他們是多麼希望不要陷入「希望這是真的」的思維陷阱裡。還有對精神現象的研究，絕對不是因為他們在面對死神時候戛然而止的，他們似乎認為死神會讓他們見不到心愛的人。

我個人的看法是，這會讓我像一個哭泣的孩子那樣不知所措。這樣的一種情感衝動，不是得出最穩妥結論的關鍵所在。我之前沒有回信，是因為我不願意觸碰內心塵封已久的悲傷，因為一旦揭開這些傷口，這些傷口就會像剛剛受傷的時候那樣帶給我痛苦。只有當一個人處在更好的狀態時，才能更好地表達出自我。至少，對我來說是這樣的，雖然詩人不應該有這樣的想法。

如果妳聽到了「我從苦難的深淵中發出的呼喊聲」，妳肯定能夠明白，這是我在將近二十年前寫的，所指代的是當時的內心想法。霍華德所遭遇的痛苦讓我想起了 MS（這涉及到比徹博士在《獨立報》上發表的一篇布道演說）。我將這篇文章從一個祕密的地方拿出來，然後寄到美國。我從未想過會因為別人的誤解而給自己造成痛苦。事實上，在這個問題上，詩歌肯定會有一種誇張渲染的成分，因此也不適合用在這方面。

由於這涉及到我人生中遭遇的最大痛苦 —— 這是我唯一一次感到絕望 —— 這是在那件事一年之後發生的。請原諒所有保持緘默的人吧！我的丈夫說我在一些事情上比較「獨特」 —— 也許，他說的「獨特」是指我的笑聲吧！

我無法點名說出一些人的名字，或是說出某些具體的痛苦 —— 即便經過這

麼多年，我也一直沒跟自己的丈夫提起過。這是靈魂感到的一種沉悶狀態。我必須要說，那些能夠將靈魂的苦悶說出來的人，是多麼地幸福啊！難道妳沒看到，我比絕大多數人都更加需要這樣一種「精神主義」嗎？

現在，讓我為這種自大主義，以及所有強加於妳的軟弱思想而道歉吧！我親愛的朋友，我應該祝賀妳在美國安然度過了許多重大的危機。如果北方民眾在這個道德問題上，能夠始終保持高尚的態度，那麼無論出現任何領土的損失或是縮減，上帝與所有追求正義的人，都會將你們的國家視為一個偉大且光榮的國家。

在西沃德與亞當斯發表演說後，我對妳的處境感到非常焦慮，但是這樣的危險，似乎被南方各州做出的瘋狂行為阻止了，這似乎也是公平的。至於關稅運動，我們感到非常遺憾（我們中的一些人也對此感到遺憾）。有人對我說，這是為了能夠說服那些不願意接近道德爭論的人。

可以說，這樣的做法，就好比是勉強不讓水溝裡的死水去汙染聖水而已。如果魔鬼在這樣的力量面前逃遁消失，那麼我們應該感到心滿意足。妳為了喚起民眾對應該被詛咒的奴隸制做出了那麼多努力，妳對這種邪惡的制度該是深惡痛絕的。人們應當在美國或是其他地方為妳豎起一尊雕像。

與此同時，我正在閱讀妳在《獨立報》上的連載內容，這是蒂爾頓先生寄給我的。我對妳的連載文章非常感興趣，妳的全新小說寫得非常棒（指的是斯托夫人創作的《奧爾島的珍珠》一書）。

妳一定要記得回信給我，談論一些妳我都感興趣的話題。在我看來，羅馬教會的一些爭論可能會持續一段時間（而天主教會因為財政問題正慢慢地死去），原因是法國許多狂熱的牧師對此表示堅決反對，不過，我們已經準備好在每個第二天早上，迎接教會的轟然倒塌。

拿破崙王子的演說雖然沒有表現出任何的激烈言辭，卻表現出了法國國王內心的想法。這樣的爭論在《公報》上占據了 17 個版面，實在是讓人震驚。維克多·埃曼紐爾以義大利的名義寫信表示感謝，甚至連英國的報紙也將這讚美為：「以大師的方式闡述法國的政策。」

最後，我們決定繼續留在威尼斯等待，不過等待的時間也不會太長。匈牙利現在只是在等待，即便是硝煙散盡的波蘭，現在也出現一些零星的反抗。難道這

第十五章 第三次前往歐洲，西元 1859 年

是對所有這一切進行賠償的開始嗎？

在羅馬，英國人要比以往少了很多，這裡許多房子都已經沒人居住。每天早上，我們都會聽到一個全新的故事，但是誰也沒有將謝赫拉沙德（《天方夜譚》裡的蘇丹新娘）的頭顱砍下來。昨天，教皇直接前去威尼斯。在之前一天，維克多·埃曼紐爾來到了這裡，而在大前天，有一封信開始從加福爾一直傳到了安東內利。

可憐的羅馬人現在每天都聽到這些虛假的消息，而教皇與拿坡里的國王已經相互握手了，我無法說出其中的悲傷。不過，一位年幼的女王則是非常勇敢，她勇敢地說出了自己的觀點。當她乘坐一輛小型出租馬車，帶著王冠，露出金色的頭髮時，我們必然會為她沒有在這片聖地出生，或是沒有嫁到距離聖地更近的地方感到高興。

我的丈夫希望妳能夠記住他，我也希望你們的女兒能夠記住我們。我們的孩子現在開始學習騎馬，也在神學院學習，他看上去每天都是神采奕奕的。這要感謝上帝！

我應該跟妳談論更多關於羅馬地區的社交活動，可是我這個冬天都沒怎麼出門，因此關於這方面也沒有什麼可以告訴妳的。曼甯博士與德維爾先生已經離開了羅馬，也許他們是不忍心看到教皇忍受這樣的煎熬。

永遠忠誠於妳的朋友

伊莉莎白·B·白朗寧

回到美國沒多久，斯托夫人就開始與奧利弗·溫德爾·霍姆斯博士（Oliver Wendell Holmes）進行書信往來。這樣的書信交流開啟了一段美好的友情，而這段友情也經歷了時代的考驗。關於他們的通信內容，下面這兩封都是在那個時期所寫的信件，非常值得我們去關注與了解。

安多弗，西元 1860 年 9 月 9 日

親愛的霍姆斯博士：

從很久以前，我就一直有種想要寫信給你的衝動，以表達我對你的仰慕與敬意，並作為我對你發表在《大西洋期刊》上的最新作品《艾麗莎·文納》（*Elsie Venner*）的欣賞與敬意。

我不知道別人對此有什麼看法，因此我在回到美國之後就沒有見其他人。但對我來說，你過去所做的事情總是會激起我強烈的興趣。我感覺到內心產生了正確強烈的好奇心，每當我讀到你所說的話或是提出的想法，都會讓我覺得內心的思想似乎就要噴湧而出。

　　這種道德責任的基礎，自然與精神之間相互交叉的法則，這些關乎我們在今世與來世之間的關係，都是我越來越著重與思考的問題。我想，只有那些接受過良好教育且經常沉思的人，才能夠寫出這樣的想法。我認為所有的牧師都應該接受相應的醫學教育。

　　我多麼希望可以和你就一些校長所發表的言論，進行一番專門的討論啊！這些校長的言論往往會激起公眾的情感，這會讓我們認識到，對這些問題進行睿智且深入的分析是多麼地重要。要是一名神學家不能對這些問題懷抱著一種敬畏的虔誠感，那麼他就不可能成為一名真正意義上思想健全的神學家。

　　請允許我說明一點，一個月的時間其實並不是很漫長。我們之間的通信應該更加頻繁一些。你必須要想辦法解決這些問題。你可以詳細地跟我談論這些問題，或是可以說明所有的細節。古老的智慧就像珍貴的珠寶，請讓我們獲得更多這樣的珠寶吧！我之前已經領略過智慧所具有的魅力。你能夠過來與我們共度一天嗎？斯托與我本人都希望可以和你就這些問題討論一番。

永遠忠誠於你的朋友

哈里特・比徹・斯托

安多弗，西元 1861 年 2 月 18 日

親愛的博士：

　　昨天，我感到非常氣憤，因為我在報紙上看到一些人對你的作品進行不公正與愚蠢的攻擊。斯托已經就此寫了一篇譴責文章，我希望這篇文章能夠登報。斯托與你的父親是好朋友，因此他認為對你的這些攻擊，都是毫無根據且絕不恰當的。

　　但是，我親愛的朋友，雖然我們對這些愚蠢無知的攻擊感到震驚、驚訝或是不滿，我們卻必須要考慮到其他人的不同本性。無論是男人或是女人，都有可能

在自身毫無察覺的情況下傷害到我們。他們之所以會做出這樣的行為，就是因為他們自身的無知所導致的。正如考珀曾經有趣地說：「哦！為什麼農民那麼粗魯，而牧師卻那麼友善呢？一蹬腿，馬匹可能會走路，也可能會扼殺一種神性的聲音。」

　　一旦我們對別人貼上了標籤，那麼別人就彷彿變成了一把錘子、鋸子或是其他的東西。如果我們剛好遇到那些與我們品格不一樣的，我們就可能會感覺自己受到了傷害，會忍不住對這些人抱有惡意。可是，在很多時候，這些都是虔誠且本意良好的大槌、楔子、錘子、鋸子或是其他有用的東西 —— 只是它們不小心碰到了我們的手指而已。當然，要是你將別人當成大槌，那麼你只能看到他們大槌的一面。

　　我也曾碰到這樣的棘手問題，對於一個女性來說，要想解決這個問題更為困難，因為我無法對此進行任何回應。因此，當我寫信給拜倫女士的時候，內心的想法就跟你現在面對不公正的攻擊時一樣的憤怒。不過，拜倫女士在回信裡對我說：「我親愛的朋友，別人的流言蜚語殺不死我，否則我早就墳頭長滿青草了。」

　　這個世界上還是存在著許多真正的宗教與善意的。很多時候，要是一些冒犯我們的人，真的知道自己到底做了些什麼的話，那麼他們也會感到非常後悔的。

　　如果我是你，我會對這樣的攻擊保持緘默。畢竟，沉默是金嘛！

　　我必須要對你的作品《艾麗莎‧文納》一書表達自己的敬意。這本書非常大氣且文筆優美，讓我對書中主人公的品格有了一個完整的認知。現在，我對自己讀完了這本書感到非常滿意。這是一種藝術性的創造，而且是充滿了原創與美感精神的創作。

我永遠都是你真誠的朋友

哈里特‧比徹‧斯托

第十六章
南北戰爭，西元 1860 ～ 1865 年

第十六章　南北戰爭，西元 1860～1865 年

　　斯托夫人從歐洲返回美國沒多久，美國的國內形勢已經變得非常明朗了，即這個國家將不可避免地陷入一場可怕的內戰。用斯托夫人的話來說，就是：「這個國家的南方與北方，都受夠了南方奴隸制所帶來的巨大壓迫，要讓所有奴隸創造出來的不義之財，讓所有透過掠奪方式得到的財富，都藉由戰爭的形式去得到償還。也許，這是上帝的旨意。悲慘的奴隸的呼喊，在過去幾十年裡一直被我們充耳不聞，現在只能讓北方自由州那些最優秀的年輕人的血肉來進行回應。那些奴隸母親的淚水長年都沒有任何人去關注，現在應該做一次最後的清算。拉結（《聖經》舊約裡雅各的妻子）為他們的孩子哭泣，拒絕得到任何的安慰。北方的自由州再也無法容忍南方奴隸主對奴隸長期進行的野蠻殘忍行為，無法容忍這些奴隸主對他們的同胞如此的狂暴虐待與冷血。北方的自由州認為，這個國家的這一大罪惡必須要澈底剷除。」

　　斯托夫人是從個人的經歷說出這番話的，她的兒子就首先回應林肯總統發布的招募民兵的徵兵令，成為志願兵。他是第一個將自己的名字，寫在麻薩諸塞州志願兵 A 連隊上的人之一。當時，他的連隊駐紮在劍橋地區，斯托夫人因為有重要的事要前往布魯克林。在一封時間標明為西元 1861 年 6 月 11 日寫給丈夫的信件裡，斯托夫人這樣寫道：

　　昨天中午，亨利（沃德・比徹）過來了，說聯邦軍隊與麻薩諸塞州第一軍團的士兵已經登船出發了。一聽到這個消息，我當然會急切地想要趕到澤西城去看

我的腓特烈。弟媳尤尼斯說想要與我一起去。幾分鐘之後,她、海蒂、山姆‧斯科維爾與我就一起坐上了馬車,出發前往富爾頓渡口。

抵達澤西城之後,我們發現那些志願兵都在一個火車站裡吃飯。這是一棟有著許多條軌道與月臺的寬敞建築。在火車站的屋頂下,有一幅用鑄鐵做成的畫,這幅畫顯然是預知了今天爆發的這場戰爭。那裡有很多人都靠在一道鎖緊的柵欄門上。透過這扇柵欄門,可以看到裡面有許多士兵。我們費了很大的努力,才獲得允許進入裡面。

當我們走進裡面的時候,看到很多地方都擺放著灰色的帽子與藍色的外套,許多年輕的志願兵正在吃飯、喝酒、抽菸、聊天、唱歌以及大笑。A 連隊據說也在這裡,或是在其他地方。還好 S 看到了腓特烈就在遠處,於是我們一起朝著他飛奔過去。與此同時,我們也看到了一位穿著藍色外套的男子,避開背包與乾糧袋形成的障礙,朝著我們走來。

你可以猜到的,當腓特烈見到我們的時候,是非常興奮。我的第一個衝動就是在親吻他之前,先用手帕擦拭他的臉龐。他當時鬥志高昂,雖然他要背著沉重的背包等行軍物品。要是在之前,讓他背這些沉重的物品半小時,他肯定會無法忍受的。我將自己的手帕給了他,尤尼斯也將她的手帕給了腓特烈,尤尼斯這樣做,也完全是出於一種母性的衝動。接著,我們就將柳丁塞滿了他的乾糧袋。

我們與腓特烈待了大約兩小時。在此期間,整個火車站裡擠滿了人,他們都在高興地揮舞著手帕。我們不時聽到軍隊在演奏著鬥志激昂的音樂,士兵們也滿心愉悅地跟著一起歌唱。當一些連隊的士兵在歌唱的時候,其他的士兵則在進行訓練,每個人的臉上都洋溢著笑容。軍隊提供給士兵們豐富的飲食,包括咖啡、檸檬與三明治等等。

我們走出來時,認識了隨軍牧師卡德沃思牧師,他是一位英俊的人,有著一雙黑色的眼睛與黑色的頭髮,背著一個白色的乾糧袋。他佩戴著一把寶劍,腓特烈在摸了這把寶劍之後,問道:「這把寶劍是用來裝飾,還是用來殺敵的呢?」

「等我看到你面臨危險的時候。」牧師回答說,「你就會知道了。」

我對牧師說,我想他肯定為很多優秀的軍官祈禱,但我忍不住希望你能夠為我的兒子祈禱。牧師回答說:「斯托夫人,妳完全可以放心,我會為所有士兵們

第十六章　南北戰爭，西元 1860 ～ 1865 年

祈禱的。」

　　我們在大門口處與腓特烈道別。腓特烈說他在週日晚上的波士頓大街感到非常孤獨，因為每個人都在向別人道別。他似乎是這裡唯一沒有其他朋友的人，但是這次我前來見他，似乎彌補了這個遺憾。

　　我還看到年輕的亨利。與腓特烈一樣，他也發生了神奇的改變，他的臉上露出莊重與憂慮的神色。因此，我們的孩子似乎在一天之內就成為真正的男子漢了。現在，我正焦慮地閱讀著晚報，希望看到這個連隊已經順利抵達華盛頓的消息。

　　西元 1862 年 11 月，斯托夫人受邀前往華盛頓，參加一個由數千名逃到這座城市的奴隸舉辦的感恩晚宴。斯托夫人非常愉悅地接受了這次邀請，因為她的兒子所在的連隊，此時正駐紮在距離這座城市的不遠處，因此她想要再次見到自己的兒子。此時，腓特烈・斯托已經被擢升為中尉，這是他在一場浴血奮戰之後，憑藉著自身的勇敢與獻身精神獲得的。斯托夫人這樣談論這次旅程：

　　想像一下一個小客廳燃燒的煤炭發出的明亮火焰，煤燈在中央桌子的上方發出光亮。海蒂、腓特烈與我坐在一起。腓特烈為自己能夠再次見到母親與妹妹感到非常高興。昨天一整天，我們都與腓特烈一起度過。首先，我們獲得允許，可以前去軍營裡；接著，我們來到了連隊上尉所在的堡壘；然後，我們來到了陸軍准將所駐紮的另一個堡壘。

　　當時，我真的非常擔心他們不會讓腓特烈見我們。當腓特烈最後被允許，可以與我們一起乘坐馬車離開軍營 48 小時的時候，我們是多麼地高興。「哦！」腓特烈用極為興奮的口吻說。「這讓過去一年半艱苦困難的戰鬥都完全值得了。」

　　我們努力想要趕上五點鐘出發的火車前往勞雷爾，因為那是 □ 連隊的駐紮地。因為我們想要週日一整天都待在一起，但我們卻無法趕上這班火車，因此也只能接受這樣的結果。我成功地讓腓特烈住在我們隔壁的房間裡，有一種我的兒子終於再次回到家的感覺。腓特烈看上去精神狀態非常好，身體變得很健壯，依然像之前那樣友善與充滿感情。

　　我剛剛寫了一封充滿感情的信件給陸軍准將，希望他能夠允許腓特烈與我們一起度過一週的時間。我還給布克漢姆將軍寫了一封信，希望能將腓特烈調離步兵，因為步兵基本上都是進行一些警戒任務，騎兵則經常要參加各種戰鬥。

布克漢姆將軍昨晚前來拜訪我們。他認為這場戰爭肯定會持續很長的時間。他被委派過來，是要給麥克萊倫將軍下達解除他軍隊指揮權的命令。在晚上 12 點的時候，他將這份命令帶到麥克萊倫將軍的軍營裡。當時，伯恩賽德也在場。麥克萊倫將軍表示這是他根本沒有預想到的，但他很快就移交了指揮權。

我說當麥克萊倫將軍多次無視總統的命令之後，就應該預計到這樣的後果了。布克漢姆將軍微笑著說，他認為麥克萊倫將軍之前就經常無視總統的命令，因此他這次同樣沒有在意總統下達的命令。

親愛的，我現在感到非常疲憊，因此必須要停筆了。

我永遠都是愛著你的妻子

哈里特・比徹・斯托

在內戰最為黑暗與艱難的階段，斯托夫人給阿蓋爾公爵夫人寫了下面這樣一封信：

西元 1863 年 7 月 31 日，安多弗

親愛的朋友：

妳寄來的那封充滿友善精神的信件，對我來說是一個巨大的安慰。妳的這封信提醒了我一點 —— 自從我上次寫信給妳親愛的母親到現在 —— 已經過去整整一年的時間了。我經常都在思念著妳那位猶如上帝創造出來最美好的人。當我得知妳的母親依然健在的時候，我感到非常地欣慰。

很多優秀且高尚的人已經離開了我們，能夠與他們成為朋友，對我來說，真的是一件非常值得欣慰的事情！你那位高尚的父親、拜倫女士與白朗寧夫人 —— 這些人所散發出來的精神依然是那麼地完美，就像世界之光那樣耀眼。

我為妳親愛的母親的眼睛問題感到遺憾。在很多悲傷、漫長且安靜的時候，當我躺在床上，看著牆壁上掛著的圖片時，我都會想到妳。特別是當我在早晨起來的時候，內心充盈著苦難的情感時，我更是會想到妳。

我想到了那些具有高尚精神的人所經歷的痛苦，但即便是如此高尚的人，現在也都慢慢地走進了黑暗的陰影當中。阿爾貝特王子是一位最優秀的騎士，可以說是我們這個時代的亞瑟王子，這位擁有著智慧以及冷靜頭腦的人，正是我們這

個時代所需要的人物。還有女王陛下！是的，我經常想到女王陛下，並且經常為她祈禱。但是，一個女人能夠永遠擁有這樣的心靈，同時不會因為其他事情而削弱自己的信念嗎？

在我的圖畫下面，我寫下了這樣的文字：「當耶穌基督為我們承受肉體的痛苦時，必然會讓我們的心靈擁有這樣的承受能力。」

今年真是非常漫長的一年啊！特別對我來說，簡直是悲傷透頂的一年。即便如此，我還是要感謝上帝，讓我們在英國那裡擁有一兩位真心朋友，能夠理解和支持我們在美國所進行的自由事業。

英國許多基督徒還有反奴隸制的人無法遵從內心的願望，無法看到我們的戰爭是為自由而戰的戰爭，這實在讓我感到非常悲傷。這樣的感覺就好比美國當年通過了《逃奴追緝法》一樣，讓我感到心碎。

埃克塞特大廳裡有很多發表演說的人，都在發表著一些謊話連篇的演說，還有其他跟他們一樣的人都在說謊。沙夫茨伯里伯爵也是如此，好吧！讓他走吧！他是一名托利黨人，最後必然要順從他所在階層的利益。但是我看到你們的公爵在他的領地發表的演說，那實在是太讓人感到欣慰了。如果他能夠看到這些事情，如果他們能夠認清楚這一切，那為什麼那些在埃克塞特大廳裡發表演說的人不能看到呢？這只是因為那些人缺乏一顆誠實的心靈而已。

為什麼他們不對南方士兵做出的種種可怕暴行進行任何譴責呢？為什麼英國國會不對新奧爾良的貧窮女性表達同情心？為什麼他們要詆毀那些勇敢作戰的北方士兵，還做出一些在其他社會都無法容忍的不正當行為呢？為什麼所有人都在表達對南方奴隸制的同情心呢？

布特勒在新奧爾良保衛了許多婦女免受南方野蠻士兵的侵害，直到這一天，他依然被眾多新奧爾良婦女視為英雄，可是很多英國的報紙卻始終沒有對此進行報導。妳能夠感受到我內心的苦澀，我對此真的感到非常痛苦。

妳也許會對我的弟弟感到好奇。他是一位真正的男人，他的感受要比我本人強烈一千倍，他所表達出來的情感要比我更加深刻。因此，請妳不要對我弟弟所持的立場有任何的懷疑。請記住，這是一個看誰能夠堅持到最後的關鍵時刻。這是我們所面臨的痛苦，我們必須要獨自經受這樣的痛苦。那些多年來用廉價話語

來詆毀我們的人，已經將我們逼到了絕境。

我要感謝上帝，讓我始終熱愛與相信那些堅持立場以及原則的人 —— 包括妳的家人、妳的公爵、妳本人和妳那位高尚的母親！我已經失去了拜倫女士，她內心友善的心靈，她那些流暢的書信，都給我帶來許多歡樂。至於白朗寧夫人，她是一位具有強烈英雄主義情感的女性！她所創作的詩歌，根本不能真正表達出她的真實品格 —— 她是一個那麼強大、自信與具有力量的人，並且還有著深刻的洞察力。她在義大利度過了許多危機。她的內心就是要和全世界為善。

你在信中預言我們的國家會變得更好、更加真實與強大，我相信這肯定會變成現實的，因為這符合妳的品格以及你們高貴的血統。奴隸制將會在這場殘酷的戰爭中被激底摧毀。我們目前就是處在一種驅除妖魔的關鍵時刻。奴隸制這個癌症的根源到處擴散了，但最後必然會被連根拔起的。

聯邦政府通過的《沒收法案》就代表著奴隸制最後必然會被摧毀。林肯總統在這方面的動作是比較遲緩的。他應該更早推行這樣的法案，但無論怎麼說，這樣的法案最後還是在國會得到了通過。妳的母親肯定能在有生之年，看到美國的奴隸制遭到廢除，除非英國與南方奴隸制聯合起來對抗聯邦政府。

今天，英國已經成為南方奴隸制依靠的重要力量，再加上北方現在擔心可能會引發英國方面的不滿，導致各種軍事行動都顯得錯漏百出。這些事情必須要完成，以快刀斬亂麻的方式結束這些問題是最大的仁慈。我們國家目前的確是處於黑暗時刻，可是無論上帝是否與我們同在，我知道上帝肯定是與奴隸們同在的。在上帝的救贖下，我們必然會解決這個問題的。

我很早就知道這個問題必須要解決，因為當我在創作《湯姆叔叔的小屋》，就收到了許多人寄來的信件，他們在信中說，存在著奴隸制的國家是令人難以想像的。因為奴隸制的存在，會讓人變得墮落腐敗，會讓奴隸主將奴隸的頭皮做成酒杯，女士們則用奴隸的骨頭做成寶石浮雕。如果我在當時創作這本書的時候，就將這些內容寫進去，那麼整個社會的人都會扔掉這本書，說我的作品是無稽之談。

因此，正是為了他們的利益，為了南方同胞們的利益，我們必須要取得最後的勝利。我對南方同胞沒有任何敵意，對他們也沒有任何不好的情感，他們只是在過去一直接受著達荷美共和國的教育，才讓他們變成了野蠻人。我們並不期望

他們能夠做出什麼改變，但若是奴隸制遭到摧毀的話，那麼只需要一代人的教育與自由的實踐，就必然能夠消除這些汙點。南方的同胞們也會對此感到高興，之前那些奴隸州也會為這樣的噩夢終於結束感到開心。

　　我想自己的筆能夠在這個過程中發揮一些作用。請將我最親切的問候轉交給妳親愛的母親。我也準備寫信給她。倘若我能將自己經常想到的事情寫下來就好了！我準備戴上她之前送給我的手鏈，並在上面寫上哥倫比亞特區廢除奴隸制的時間。請將我的問候傳遞給公爵與妳親愛的孩子們。我的丈夫和女兒也將他們最真摯的問候傳遞給你們。

永遠忠誠於妳的

哈里特・比徹・斯托

　　在這年遲些時候，我們再次得知斯托夫人的兒子腓特烈在軍隊裡的消息。這一次是隨軍牧師在葛底斯堡可怕的戰場上寄來的信件。隨軍牧師在信件裡寫道：

7 月 11 日，賓夕法尼亞州葛底斯堡

親愛的女士：

　　在這片被戰火蹂躪的可怕戰場上，成千上萬的士兵負傷或是光榮犧牲了。我剛剛看到了妳的兒子斯托上尉。如果妳之前一直沒有收到關於他的消息，那麼我的這封信可能會讓妳感到高興，因為他已經回到了那些友善的朋友身旁。

　　他被一顆炮彈的碎片擊中，碎片進入了他右邊的耳朵。他現在的情緒非常平靜，希望能夠見到自己的家人。當然，他也知道家裡的人肯定會焦急地等待著他的消息。我向他保證，我會立即寫信給他的家人。雖然這一週來我已經見證了太多可怕的事情，但為了讓一個內心焦急的母親能夠放心，即便我草草地寫完這封信，相信也能夠給妳的心靈帶來莫大的安慰。

　　願上帝保佑妳，幫助妳度過這段艱難的時期。

J・M・克羅威爾

　　腓特烈的頭部受的不是致命傷。在忍受了幾個月的痛苦煎熬後，最後也算勉強恢復了健康。但是，耳朵裡面那塊可怕的鋼鐵距離他的大腦太近，因此他再也不是之前那個充滿活力與自信的年輕人了。在戰爭結束後，斯托夫人在佛羅里達

州購買了一個農場，就是希望室外生活能夠有助於她那位受傷的兒子恢復健康。

腓特烈在這個農場生活了幾年時間，後來他認為航海旅行應該會有助於他的健康。於是他繞著墨西哥灣角從紐約來到了舊金山，又從舊金山不知航行到了哪個城市。之後關於腓特烈就再也沒有相關的消息，傳到焦急等待著他回來的家人那裡。而腓特烈最後的死活，也沒有人知道。

對於斯托夫人來說，西元 1863 年真可謂是多事之秋。首先，斯托教授多年來與安多弗這個地區的感情就要告一段落了，整個家庭都將搬到康乃狄克州的哈特福。他們準備在斯托夫人在派克河岸邊的一棟房子裡居住。這棟房子建在橡樹園裡面，是斯托夫人在少女時代最喜歡遊玩的一個地方。

在這裡，她與她的朋友喬治亞娜·梅一起玩耍，她們一起度過了許多快樂的時光。因此，當她想要建造一棟房子的時候，她便希望能建在這個地方。這棟房子是在西元 1863 年建立起來的，地點就在這座城市的郊區位置，這裡有著一大片美麗的果園，是一個特別適合居住的地方。雖然這個地方非常美麗，但是他們一家在這裡只居住了幾年的時間。

因為，隨著這座城市不斷地工業化，附近建了許多工廠。為了避免工業化的侵擾，斯托夫人在西元 1873 年搬到弗雷斯特大街，在那裡購置了一間房子，之後這就變成了他們在北面的家。由於斯托夫人之前想要建造房子的地方，已經被劃為工廠用地，現在只有幾戶人家居住在那裡。

西元 1863 年發生的另一件重要的事，就是斯托夫人出版了有關義大利的一個充滿魅力的故事，書名是《索倫托的艾格尼絲》（*Agnes of Sorrento*），她在四年前就開始構思這本書了。當斯托夫人西元 1859 年至 1860 年在歐洲時，就開始有這樣的想法了。

促使斯托夫人萌生創作這本書的真實事情是：一天晚上，在佛羅倫斯的一間酒店裡，一群人認為他們應該各自寫一些短篇小說，然後唸出來給大家聽，用來消遣時間。斯托夫人當時也加入了這個活動。她寫的短篇故事就是《索倫托的艾格尼絲》一書的雛形內容。從這之後，斯托夫人就慢慢構思這本書的輪廓與情節。她將這本書獻給當時也參加這場聚會的安妮·霍華德。

第十六章　南北戰爭，西元 1860 ～ 1865 年

　　對於斯托夫人來說，這一年最為重要的一件事，就是將對英國女性來信的回覆，發表在《大西洋月刊》上。

　　西元 1863 年 1 月，回覆「成千上萬的大不列顛、愛爾蘭女性給美國女性同胞的一封信」

　　（簽名）

安娜·瑪利亞·貝德福德（貝德福德公爵夫人）

奧利維爾·賽利亞·考利（考利伯爵夫人）

哈里特·薩瑟蘭（格羅夫納伯爵夫人）

伊莉莎白·阿蓋爾（薩瑟蘭公爵夫人）

伊莉莎白·福特斯庫爾（福特斯庫爾公爵夫人）

艾米麗·沙夫茨伯里（沙夫茨伯里伯爵夫人）

瑪麗·盧斯文（盧斯文男爵夫人）

M·A·米爾曼（聖保羅執事長的妻子）

R·布克斯頓（湯瑪斯·福維爾·布克斯頓爵士的女兒）

卡洛琳·艾美利亞·歐文（歐文教授的妻子）

查理斯·溫德漢姆夫人

C·A·哈瑟頓（哈瑟頓男爵夫人）

伊莉莎白·迪西（迪西爵士的遺孀）

賽利亞·派克（派克男爵夫人）

瑪麗·安·查理斯（倫敦市長閣下的妻子）

E·戈登（戈登爵士的遺孀）

安娜·M.L·梅爾韋利（勒文與梅爾韋利伯爵夫婦的女兒）

喬治亞娜·埃布林頓（埃布林頓夫人）

A·希爾（希爾子爵夫人）

戈巴特夫人（耶路撒冷的戈巴特大主教的妻子）

E·帕爾默斯頓（帕爾默斯頓子爵夫人）

（還有其他人）

姊妹們：

八年前，妳們聯名對美國發表了一封信，這封信如下：

因為我們都有著共同的民族根源、共同的信念，因此我們相信為了追求一個共同的事業，大家必須要聯合起來，對奴隸制依然在美國如此廣泛地存在，表達強烈的憂慮。即便這些奴隸在最為友善的奴隸主的治理下，也必然會帶來最為可怕的結果。這樣的情況在西部地區的廣大地方都普遍存在。

我們不會談論一般性的問題 —— 在人類的文明不斷進步的情況下，在人類自由在世界各個角落都得到了保障的情況下，自由與人性的尊嚴應該是十九世紀的一個必然要求。但是，我們懇請你們對奴隸制的問題認真嚴肅地思考，希望你們能夠尋求上帝的意見，到底奴隸制這種制度的存在，是否符合上帝的旨意？這是否違背了永恆靈魂所具有的那種不可分割的權力？是否違背了基督教所宣揚的純粹與仁慈的精神？

我們絕不能對眼前的困難閉上眼睛，或是對眼前的危險視而不見，而是應該想辦法廢除這種長久以來違反人性的制度。我們看到了這一切，認為有必要為解決這個問題做好準備。可是，談論必不可少的初期準備時，我們絕對不能對你們國家存在的這些法律保持沉默，因為這些法律直接違背了上帝的法律。畢竟只有上帝的法律，才是在「人類思想純淨的時候制定出來的」。

不過，現在南方蓄奴州所制定的法律，卻否定了奴隸擁有結婚的權力，否定他們有過上幸福生活、享受各種權利以及義務的權力。每個奴隸主都可以按照自身的意願，隨時分開奴隸的丈夫與妻子，並讓這些父母再也見不到他們的孩子。我們不能對奴隸制這種可怕的制度視而不見，也不能對南方蓄奴州所執行的各種違背人性的法律或是制度視而不見，因為這些法律違背了基本的人類存在法則、違背了最基本的家庭觀念、違背了每一個基督徒應該遵守的教義。

要想解決這個邪惡的問題，只能改善奴隸們所處的悲慘狀態。因此，我們希望能向你們發出呼籲，身為你們的姊妹、妻子與母親，希望你們能夠想想你們的同胞發出的聲音，向上帝做出你們的祈禱，希望能讓奴隸制這種恥辱，永遠從基

督教的世界裡消失。

　　我們絕對不是以自得意滿的態度來呼籲你們，雖然我們的國家現在並不存在這樣的問題。

　　我們懷著悲傷且恥辱的心情清楚地知道，我們也同樣對這一邪惡制度的存在負有責任。我們必須要知道，正是我們的祖輩將這些非洲黑人帶到了當時的殖民地。我們必須要在全能全知的上帝面前保持謙卑。正是因為我們認為我國對這種邪惡制度的存在負有責任，因此我們才發自內心地懇求你們，能夠站起來，表達自己的聲音，為消除我們共同的罪惡與共同的恥辱做出努力。

　　這份聲明寫在牛皮紙上，寄到了我們國家，裡面還有超過五十萬英國婦女們的簽名。一位英國紳士將這封信的副本寄給我，現在這位紳士在英國身居高位了。他曾對我說，這份聲明代表了英國女性的期望，希望能夠引起我國女性同胞們的注意。

　　這份具有紀念意義的文稿，現在就收藏在堅固的橡木箱子裡，裡面裝著的對開本上，每一頁的後面都印有美國的老鷹標誌，形成了最為獨特的一個收藏品，也表現了國際社會在道德問題上所做出的獨特態度。這份聲明是合情合理、公正且充滿善意的，完全是基於所有基督徒平等的原則去寫的。

　　可以說，這份聲明完全能夠將當時的一種正確情感表達出來，將英美兩國之間的血統關係，以及對平等自由的基本人性原則的共同追求，都展現出來了。這份聲明的簽名則是最為重要的部分，因為從最高階的女王陛下到過著卑微生活的普通女性，她們都在這份聲明上簽了名。這代表了英國的民意，這種民意不是那些地位最高或是最具智慧階層的民意，還包括那些具有常識與友善情感的普通民眾的民意。

　　英國許多內閣成員的妻子的名字，也與那些普通工人的妻子的名字出現在同一頁上 ── 其中包括公爵夫人、男爵夫人、將軍的妻子、大使的妻子、女僕還有很多作家，這些人雖然來自不同的社會階層，其中一些人可能甚至不喜歡拿起筆來寫字，但是她們為了這個共同的事業而走在了一起。

　　可以說，這份聲明充分表現了英國這個國家，對我國奴隸制所表現出來的態度。在這些簽名當中，還有來自包括巴黎與耶路撒冷地區的女性的簽名。簽下這

些名字的人可能住在世界的各個角落，而且這些名字都是從不同的管道收集來的，但是這些人不論地位高低，不論處在什麼階層，都可以並列地排在一起。美國民眾沉默地看著這一切，想要知道影響英國以及世界其他地區民眾的情感在慢慢地釋放出來，而且這些國家甚至頂著冒犯美國這個強大國家的壓力這樣做。

回覆這樣的一份聲明，無論是以有形或是重要的形式回覆，都是非常有必要的。可是，我們根本不可能在我國遼闊的疆域裡進行這樣的調查，我們不可能像英國人那樣在全國各地徵集簽名。在美國，那些擁有強烈廢奴主義情感的人，正忙著做出積極的努力，根本沒有時間這樣做。他們所有的時間與精力，都投入到廢奴主義運動當中。至於英國的姊妹們表現出來的強烈廢奴情感，這些人所做出的唯一回答，就是繼續自己之前的工作，默默地去為廢奴運動做出自己的貢獻。

但是，我們完全可以預料得到，南方蓄奴州做出了強烈的譴責與指責。也許，之前沒有任何一個舉動，能夠激起南方蓄奴州做出如此毫不留情的言語指責。他們表示，這是英國的貴族與平民對我們國民生活的嚴重挑釁，想要挑起南北雙方的對峙與矛盾，希望美國爆發內戰。

不過，在美國的廢奴運動歷史裡，這樣的時刻終於到來了。我們國家的女性終於被喚醒了，她們感受到了英國的姊妹們發出的呼籲，因此她們很自然地認為應該對此進行回覆。美國的女性同胞們開始意識到，廢除奴隸制是身為一個虔誠基督徒的必要責任與基本義務。

在南北雙方就奴隸制是否存在道德衝突的爭論最激烈的時候，妳們的這份聲明寄到了美國。美國的廢奴主義運動、英國以及歐洲各國表現的強烈的廢奴願望，已經讓南方蓄奴州對此難以容忍。正如其中一位奴隸主曾經說的，他們感覺自己彷彿被隔離在文明世界之外。他們眼前只有兩條路可以走，其中一條路就是激底放棄奴隸制，放棄這一條讓他們積累財富與政治權利的基礎。另一條路就是違背聯邦政府的意願，選擇用武力對抗政府，來促使其他國家認同。他們最後選擇了後面這條道路。

為了實現這個目標，他們下定決心要控制與掠奪聯邦政府的各種資源，想要將奴隸制拓展到新加入美國的州，擴大奴隸制的勢力範圍，他們甚至還想讓奴隸制蔓延到自由州。

南方一位重要的參議員曾經吹噓，他會在邦克山宣讀奴隸的名單。在一段時

第十六章　南北戰爭，西元 1860 ～ 1865 年

間裡，奴隸主的代理人在政治領域裡，取得了一定的成功，甚至讓新英格蘭地區都有可能變成蓄奴州。

南方的奴隸主違背了密蘇里妥協協定，這份協定就像中國的長城，將西北邊界的自由州與南方野蠻的蓄奴州分割開來。

接著，就是在新加入美國的州，是否要成為自由州還是蓄奴州的爭鬥。堪薩斯州與內布拉斯加州爆發的衝突，最後演變成了武裝鬥爭。著名的約翰·布朗（John Brown）就是這場鬥爭的傑出人物，他憑藉著自身的勇氣，堅韌與對蘇格蘭長老會誓約的強烈忠誠，寧願為了自由付出血肉的代價，因為他們認為自由要比生命更加重要。

接下來的總統選舉也是極為關鍵的時刻。最後，林肯當選為美國總統，讓這場南北雙方的矛盾激化到了頂點。衝突的範圍局限在奴隸州是否應該蔓延下去。如果奴隸州控制了足夠多的州，那麼他們就能控制國會，進而通過他們想要的法律。如果奴隸州所控制的人數超過了自由州，他們所堅持的奴隸制就會變成整個國家的制度，那麼整個美國最終將會窒息而死。

因此，在這個關鍵時刻，在哥倫比亞特區、州際奴隸貿易以及所有在自由州實行的關於奴隸的法律，全都被廢除了。林肯之所以能夠當選為總統，是因為他承諾過一定要反對奴隸制勢力範圍的延伸 —— 林肯總統曾經支援過《逃奴追緝法》以及其他就此問題向南方蓄奴州妥協的法律，但他在控制奴隸制勢力範圍這個問題上，卻是非常堅定的。這可以從總統大選的結果中看得出來。當林肯當選總統成為事實的時候，南方的奴隸主就下定決心，要摧毀他們再也無法控制的聯邦政府。

他們組建了一個所謂的南方邦聯，並公開宣稱，這個共和國是以白人奴役黑人為基礎，不斷地傳播他們的旗幟，宣稱他們要在十九世紀建立一個真正意義上的基督教國家，並且讓這個國家永遠存在奴隸制。

在接下來的戰鬥過程中，南方發現取得外國勢力的支持是非常重要的。因此，他們在輿論宣傳方面投入了巨大的金錢，用來混淆與欺騙英國民眾的想法，讓他們對美國爆發衝突的真正原因視而不見。

我們經常會懷著認真嚴肅的態度說，奴隸制與這場衝突是沒有任何關係的，

這只是一場關乎權力的戰爭而已。南方蓄奴州對這場衝突的唯一目標，就是要恢復之前那種狀態的聯邦政府，讓他們可以繼續維持奴隸制的存在。我們必須要承認，聯邦政府在這方面的行為，很自然會引起許多外國人的誤解，因此他們希望能夠以更為詳實的方式，與妳們談論這個問題。

首先，南方發表的宣言就是最好的證據。無論他們對聯邦政府表達了怎樣的措辭，他們都承認繼續維持奴隸制，是他們發動這次戰爭的一個關鍵目標。

我們懇求妳們能夠將注意力集中在他們選出的所謂副總統史蒂文斯身上，他在西元 1861 年 3 月 21 日於喬治亞州薩凡納地區發表的一篇臭名昭著的演說裡，就說明了這個全新邦聯的建國目標，以及最後要達到的結果。這是我們這個世紀所出版的一份最臭名昭著的演說。我一字不差地引述《薩凡納共和報》上對這篇演說的報導，還要引述這份報紙的一些描述性報導：「史蒂文斯先生在一片狂熱人群的歡呼聲中坐了下來，彷彿雅典娜大廳從來都沒有見過這樣一位『最年長的演說者』。」

最後，南方通過的新憲法明確地表示，要將奴隸制維持到永遠 —— 這是我們所不能容忍的，因為在我們所認知的文明世界裡，是根本沒有奴隸制存在的空間的。這是引發隨後的衝突以及當前戰爭的一個直接原因。傑弗遜當年就曾睿智地對奴隸制做出評論，他說：「我們的聯邦政府建立在一盤隨時都可能吹散的流沙之上。」傑弗遜說得沒錯。他當年的這個預言，現在已經變成確鑿的事實。但是，對於他是否明白真理基礎之上的岩石，必然會取得勝利，則是存在疑問的。

在起草美國憲法的時候，傑弗遜與其他重要的政治家都認為，對非洲黑人的奴役違背了自然的法則，這在社會、道德與政治的原則上都是錯誤的。

去年，共和黨執政的聯邦政府，透過不同尋常的陸軍與海軍演習，包括進行大規模的軍事演習，表明想要單純透過憲法賦予的手段去解決奴隸制。為了實現這個目標，他們制定了一系列的措施，讓今年的廢奴運動，變成了英國解放西印度群島上的奴隸之後，最有成就的一年。

哥倫比亞特區一直以來都是屬於聯邦政府的領地，而不屬於任何其他一個州，此時與英國一樣，都變成沒有奴隸的地區。我們在哥倫比亞特區廢除了奴隸制，在這片土地上廢除了一個重要的汙點。

第十六章　南北戰爭，西元 1860 ～ 1865 年

　　另一個在原則層面上極為重要的法案，其取得的結果要更加重要，最終讓奴隸制從美國這片大陸徹底消失。

　　美國國會通過了一個法案，與英國就停止奴隸交易問題達成協定。之前，很多運送奴隸的船隻都在海關官員的默許下被縱放。現在，聯邦政府派駐了許多具有責任心的人前去那裡監督，每當發現任何從事奴隸貿易的人，就要像俘獲海盜那樣實行絞刑。在聯邦政府的努力下，這種臭名昭著的奴隸貿易在美國地區消失了。

　　最後也是最為重要的一點，那就是美國政府的總統，始終保持著鮮明的廢奴立場，向國會提交了一份透過和平方式解放奴隸的法案，透過對奴隸主適當的賠償來完成。這一充滿高尚精神與慷慨的提議是蓄奴州提出來的，總統也曾對此認真考慮過。不過，這只是今年在廢奴運動過程中取得的部分勝利而已。我們已經向妳們展示了透過運用聯邦軍隊的方式，就能為自由事業做出很大的貢獻。我們現在要向妳們展示，聯邦政府透過武力的方式去實現解放黑奴的目標。

　　今年，聯邦政府宣布，每一名反抗南方邦聯的奴隸，只要抵達政府軍的前線陣地，就馬上變成自由人，所有沒了主人的奴隸，都可以變成自由人。美國的每一位奴隸都將獲得自由人的身分。每一位幫助聯邦軍隊對抗南方邦聯軍隊的奴隸，都能立即變成自由人。為了防止聯邦軍隊將這些奴隸遣返到他們之前的奴隸主手中，聯邦政府規定這些奴隸的命運不能由軍隊指揮官決定，任何違反這項規定的人都要遭受刑事懲罰。

　　通過這樣的法案，《逃奴追緝法》實際上已經被徹底廢除了。在這樣的法律規定下，每當我們的軍隊抵達哪個地方，都會給當地的奴隸帶來自由。我們必須要記住，我們這些軍隊都是由志願兵組成的，他們都是多年來為了廢除奴隸制，而做出不懈努力的狂熱廢奴主義者，因此他們在戰鬥過程中是非常勇敢的。

　　我們的士兵在這方面的表現是如此突出，以至於他們在南方邦聯內部的電報裡，被稱為「廢奴主義者」。想像一下，當這支強大的聯邦軍隊抵達奴隸州的時候，會是怎樣的一種情景。在去年，一個連隊的士兵就足以解救兩千名奴隸，而我們現在擁有上百個這樣的連隊。

　　最後，這場戰爭過程中最重要的一個措施出現了，就是林肯總統簽署了《解放奴隸宣言》。

在英國，這份宣言也遭到了諸多誤解與錯誤的解讀。一些人說，這份宣言的主要目的是：只要你們忠誠於聯邦政府，你們就可以繼續保有之前的奴隸，要是你們反抗聯邦政府，那你們手中的奴隸就自由了。

但是，讓我們記住一點，聯邦政府這樣做，正是南方叛亂各州最為害怕的。對於一個在哥倫比亞特區廢除了奴隸制，禁止在美國進行奴隸貿易的聯邦政府來說，任何進行奴隸貿易的人都會像海盜那樣被絞死，因此就需要透過解放黑奴來否認奴隸制的擴張，或是透過一定的賠償金來讓黑奴獲得自由。

任何想要重新加入聯邦政府的蓄奴州，都必須要做到和平解放黑奴，才有機會加入聯邦政府。事實上，林肯總統發布的《解放奴隸宣言》只是意味著：放棄抵抗，以和平的方式釋放黑奴，你們會得到一定的補償金。要是你們選擇叛亂，我會解放所有黑奴，到時候我也不能保證你們會遭遇到什麼後果。

難道我們在英國的姊妹們，從這件事感受不到任何興奮的心跳嗎？在往後的歷史裡，難道不會有人說：「在這個天底下，奴隸制終於被廢除了，這個世界的所有王國，都變成了上帝與耶穌基督的王國了！」

英國的姊妹們，在這個莊嚴且讓人充滿期待的時刻，讓我們跟妳們說一件曾讓我們的內心充滿痛苦與焦慮的事情吧！這是一個無法解釋的事實，我們懇求妳們能夠對此認真思考，那就是現在努力傳播自由的一方，在過去一年裡，在英國卻始終沒有什麼有力的支持者。更讓人感到悲傷的是，負隅頑抗地維持奴隸制的南方，卻在英國找到了許多強而有力的支持者。

支持我們這些尋求自由事業的聲音實在是太少、太零散了。希望上帝不要讓我們忘記那些勇於發聲的高尚之人，因為他們在妳們國家一片譴責我們的聲音中，依然勇於堅持人性的良知。由於這些人實在太少了，因此我們絕對不會忘記他們的。

錯誤的報導讓你們國家的許多人都被蒙蔽了雙眼，讓英國許多原本最為善良的人現在都反過來對抗我們。妳們認為，北方各州想要爭取控制聯邦政府，而南方各州則是要尋求獨立。南方各州真的是要尋求獨立嗎？他們為什麼要尋求獨立？獨立之後要幹什麼？他們所謂的尋求獨立，就是為了證明人生而不平等嗎？就是為了創立白人可以永遠奴役黑人的制度嗎？

第十六章　南北戰爭，西元 1860 ～ 1865 年

在這場戰爭開始之初，從英國傳來我國的聲音是：「如果我們能夠確定你們正在為廢奴抗爭的話，我們是絕對不能在你們為此奮鬥的時候袖手旁觀的。」正如我們所知道的，說出這些話的人，正是那些寄來聯名簽署信件的高尚之人，我們也對此進行了回應。

當你們的這些聲音傳到我們的國家時，我們說：「我們可以等待。我們在英國的那些朋友很快就會發現這場衝突的走向了。」現在，一年半的時間過去了，我們正在一步步地邁向自由，套在奴隸身上的枷鎖正在慢慢地被打破，直到一大群興高采烈獲得解放的奴隸圍繞在我們的政府軍面前，用力地擁抱著他們，為他們的到來而感到無比興奮為止。可以說，最終解放的日子即將到來。很多邊境州也開始著手釋放奴隸了。在美國境內實現全面的黑奴解放，這就像遠處天邊的太陽慢慢從地平線上升起來的曙光那樣不可阻擋。

但在這個時刻，我們卻聽不到英國那邊傳來任何讚美或是支持的聲音。一點讚美與支持的聲音都沒有嗎？是的，我們只看到在公海上出現的英國戰鬥蒸汽船，這些都是英國政府專門為十惡不赦的南方邦聯建造的。這些戰鬥蒸汽船，是英國政府用黃金在英國的港口建造的，並且是由英國的水手負責操控的。他們的這些行為都是得到了英國政府官員的默認，他們竟然公然違背女王陛下宣布的中立宣言！

到目前為止，我們看不到英國民眾對美國民眾這場追求自由的戰爭有任何的支持。我們看到的是，英國那些用鋼鐵鑄成的戰船在公海上巡弋，為南方撐腰打氣。我們看到當法國聖公會聯盟要求英國聖公會聯盟表達對聯邦政府的支持時，英國聖公會聯盟拒絕這樣做。我們在英國的許多宗教報紙上，看到了許多讓人感到悲傷的報導，這些報導竟然為南方各州的奴隸制與奴隸主辯護，對他們的所作所為表達強烈的同情。

但即便是在我們的國家，新聞報紙都一致譴責南方蓄奴州的種種行為。我們發現林肯總統發布的《解放奴隸宣言》，被英國這些報紙說成是煽動奴隸起義的做法。我的天呀！我們還在妳們的報紙發現，許多具有思想的人也開始拒絕支持美國的廢奴運動。

此時，在我們國家的首都，正舉行著一場莊重的宗教節日儀式，很多從南方各州逃出來的奴隸都跑到我們的軍隊前線，希望能夠尋求保護。在聯邦政府的旗

幟下，這些逃出來的奴隸能夠獲得憐憫與救援。一千名獲得自由的奴隸聚在一起歡度了感恩節，他們能夠從耶穌基督的仁慈中獲得救贖，能夠從堅定的宗教信仰感受到精神的滿足。

在英國的姊妹們，我們希望妳們能夠親眼看到這樣的場景。我們希望妳們能夠聆聽那位雙目失明的年老黑奴所做出的祈禱，他將自己的同胞稱為受洗者約翰。他用不標準的英文表達了自己的感恩之情。我們希望妳們能夠聽到這些獲得自由的黑人，愉快地歌唱有節奏的聖歌，而這是他們之前在南方種植園裡不能做的 —— 這是一曲關於當代的「出埃及記」的美妙讚歌 —— 這將馬賽曲的雄壯激情與古老的希伯來預言家的狂熱宗教信仰，完美地融合了：

> 哦，摩西，沿著道路
> 走出埃及的領地吧！
> 告訴埃及的法老，
> 讓我的人民離開吧！
> 我們要離開這裡！
> 我們要離開這裡！
> 讓我的人民離開這裡！

當我們即將離開的時候，一位年老的女士走上前，抬起頭用充滿祝福的口吻說：「感謝上帝，最終讓我感受到了人生中最為幸福的一天！感謝上帝！」難道在整個英國，都沒有人在說：「阿門。」了嗎？

我們對於英國公理教會提出的問題感到震驚與難過，因為這個教會的成員都是那些熱愛自由的清教徒。他們提出的問題是：「為什麼北方就不能任由南方獨立呢？」

什麼？任由南方獨立？放棄解放這四百萬的黑奴？讓我們重新轉過身，對這些黑奴的悲慘遭遇視而不見，讓這些黑奴自生自滅？什麼？放任我們的白人兄弟繼續幹著壓迫黑奴與搶劫的行為？假使我們真的相信上帝在天國掌控著一切，你們會認為上帝對此不感到憤怒，不會讓這樣的狀況結束嗎？

記住，盼望南方奴隸主的勝利，其實就等於盼望南方的所有男女永遠都處於

被上帝詛咒的狀態，因為他們壓迫黑奴的行為是上帝所不能容忍的。請記住我們所說的話！若是我們取得成功，那麼現在那些正在與我們作戰的人將會站起來，並對我們加以感恩。正如上帝始終控制著這個世界，正如國家的基礎必須要建立在平等之上。若是我們取得了成功，那麼我們就能讓這些走上歧途的同胞們的子女，免於更多的罪惡，否則他們最終面臨的也只有死路一條。

現在，英國的姊妹們，要是我們在回信的時候，沒有用痛苦的口吻，而是用最為悲傷的口吻對妳們陳述，請妳們千萬不要感到驚訝。英國的姊妹們，我們要對妳們說，妳們之前說的沒錯，我們聽到與注意到了妳們的話。我們一直為自由的事業不斷地奮鬥努力，直到最後的死亡來臨。

我們國家有許多家庭的壁爐都沒有燃起火光，整個家園都荒蕪了，但我們都在為自由的事業付出最大的犧牲。我們的兒子、丈夫與兄弟的鮮血都流在了為自由奮鬥的戰場上。在很多家庭裡，一個家的希望之光已永遠地消失了，不過我們勇於接受這種漫長的黑暗局面，將這看成是我們為可怕的奴隸制進行贖罪的一種方式。透過這樣的方式，我們絕對會消滅一切邪惡的制度，在正義的基礎之上實現永久的和平。英國的姊妹們，妳們為此做了些什麼呢？妳們想要去做什麼呢？

我們是以姊妹、妻子與母親的身分向妳們發出呼籲，讓妳們的聲音被同胞聽到，透過妳們的祈禱，希望上帝能夠消除奴隸制所帶來的痛苦，將基督教世界的這個毒瘤澈底剷除吧！

謹代表美國成千上萬的女性

哈里特・比徹・斯托

西元 1862 年 11 月 27 日，華盛頓

斯托夫人這封回信在出版之後，收到了約翰・布萊特寄來的下面這封有趣的信件：

西元 1863 年 3 月 9 日，羅克代爾

親愛的斯托夫人：

收到妳的來信，給我帶來了許多快樂。妳將《大西洋月刊》的副本寄給我，裡面還有妳寄給英國女性的信件內容，這實在是太好了。我懷著濃厚的興趣認真

閱讀妳所寫的每個字，我可以肯定，這封信在英國所產生的影響是明顯且正面的。

　　你的這封信讓一些人感到了深深的羞愧，讓很多人開始轉變他們之前的立場，讓不少人開始採取相應的行動。在收到我的這封信之前，妳可能會看到英國許多地方都出現了大規模的集會，是專門支持廢奴運動與聯邦政府的。沒有一個城鎮有足夠大的建築物可以容納那些前來聆聽的人，很多人都紛紛表示要支持自由與聯邦政府。你的那封回信所帶來的效果是非常明顯的，這樣的影響包括了我們的報紙與國會對此討論時的口氣。現在，已經沒有人表示支持南方邦聯了。

　　英國所要履行的責任就是保持堅定的中立，但是英國國內數百萬民眾的情感則是要對美國民眾以及政府保持善意。當聽到北方軍隊已經占領了維克斯堡以及大西洋沿岸的查爾斯頓，即將粉碎南方的陰謀時，英國的所有民眾都感到高興，不過，可能有少數貴族或是腐敗的商人會對此感到不滿。

　　我希望你們的人民擁有足夠的力量與美德，去贏得這場自由事業寄託給你們的重任。因為要是考慮到南方的奴隸制長久存在的話，必然會讓北方出現墮落，這是非常可怕的。新英格蘭現在的經濟水準要遠遠高於其他州 —— 在文化與道德層面上也是處於高點，但是我依然希望新英格蘭地區能夠堅定地維持自己的立場，熬過這次可怕的危險。

　　我還記得在羅馬的時候，我們在某個晚上所進行的交流。妳當時在抱怨布坎南當選總統。妳對他的評價很不好。事實證明，妳看人的眼光要超過我，布坎南是一個比我想像中更加無能且不誠實的人。不過我認為，我當時說的即便弗雷蒙特順利當選總統，妳所支持的政黨也沒有足夠的能力去執行相應的政策，這番話是正確的。

　　在六年之後，北方各州也只是勉強支持聯邦政府推行的政策，雖然現在發生的事情是妳那時所無法想像的。林肯總統現在已經度過了他困難重重的任期的一半時間。在剩下的一半任期裡，我希望他能夠看到光明的曙光。可以肯定的是，奴隸制會被摧毀得一乾二淨，任何力量都無法再次修復或是重振奴隸制了。一旦奴隸制激底走進歷史，我不知道聯邦政府下面的其他州是否會處於分裂狀態。

妳真誠的朋友

約翰・布萊特

斯托夫人的那封公開回信也收到了大主教懷特利的回信：

西元 1863 年 1 月，都柏林宮殿

親愛的斯托夫人：

在收到妳的信件與小冊子之後，我藉這個機會告訴妳，說說我所了解的民眾，對發生在美國的事情的主流看法。當然，對發生在美國的事情，有很多人都有不同的看法，特別是像我們這樣的國家，出現不同的看法是很正常的。有一些人同情北方軍隊，有一些人則同情南方，但是絕大多數人都是對南北雙方持不支持的立場，譴責每個政黨都不應該為了解決奴隸制問題，選擇這種造成人員與財產巨大傷亡損失的方式。

那些不支持北方的人，其實也是反對奴隸制的，但這些人根本沒有看到這場戰爭，真是為了廢除奴隸制而爆發的。他們說：「這場戰爭顯然是為了維持聯邦政府的權威而發動的。」為了證明自己的觀點，他們談到了《解放奴隸宣言》裡面提到的，關於沒收的奴隸屬於分離主義者的財產的內容，而那些支援聯邦政府的南方奴隸主，則能夠免於這樣的沒收懲罰。

因此，這些人認為這場戰爭並不是真正為了廢除奴隸制。他們認為，如果發動這場戰爭是為了其他目的 —— 比如恢復聯邦政府的統一 —— 那麼這個目標是不可能實現的。

這些人沒有意識到這場戰爭是如何結束奴隸制的存在。相反，他們說：「如果分離運動被允許以和平的方式實現，那麼北方民眾就可以像我們這樣，宣布每個踏足自由州的奴隸都將獲得自由，這對於限制奴隸制的發展將會有巨大的意義，特別是對於任何殘忍對待奴隸的人來說會有威懾力。」

許多反感奴隸制的人卻表示，南方各州至少有權利從聯邦政府中分離出去，正如美國當年透過武裝反抗脫離英國的統治一樣。還有很多人認為，考慮到我們可能會因此而面臨嚴重缺乏棉花的問題，我們應該展現出極大的克制，避免認可南方邦聯，不要急著去打破目前的封鎖。

當然，也有一些人對美國報紙上持續指責英國政府的行為感到不滿，說美國要威脅英國當時的殖民地加拿大。

還有不少人覺得，美國目前的局勢不可能維持太長時間。他們認為，如果南

方能夠繼續保持這樣的情勢，那麼他們會在接下來的兩三年時間裡保持獨立的狀態，到時候將得到歐洲諸多列強的承認。這也是歐洲列強在面對相似局面時都會採取的外交態度，比如之前發生的英美戰爭以及西班牙與美國的殖民地戰爭，或是海地與比利時人的戰爭，都是如此。

在這些例子裡，歐洲列強的一貫做法，就是承認那些反抗者建立的國家，即便他們現在沒有立即承認，也會在一個適合的時間裡，觀察這些反抗者是否能夠維持自身的獨立，然後再做出相應的承認。在這些人看來，這都是比較公平的做法。

除此之外，還有很多人表示黑人或是有色人種，在北方各州也沒有得到友善或是公正的對待。這些人認為，一位重新獲得自由的黑人，並沒有得到任何恰當的培訓，從而可以讓他們透過自身的勞動去獲得麵包。在很多情況下，他們會被視為流放者，被排除在眾多工作之外。很多白人都不願意與黑人一起工作，因此這些黑人在來到北方之後，基本上也沒有得到任何的庇護。

我跟妳說了這個地區許多人所持的一些不同觀點，我對這些人所持的觀點不負責任。

為了以更為穩妥與有效的方式去解放黑奴，我本人認為沒有比海因茲主教所推薦的漸進式解放黑奴的方法更加完善的了。他推薦對奴隸實行從價稅 —— 就是奴隸的價格由奴隸主來決定，然後政府以這個價格去購買。這樣奴隸就會成為奴隸主的一個沉重負擔，而那些最能幹的奴隸，他們的價格就會越高，這些奴隸也就最有資格獲得自由。這樣一來，奴隸主會想辦法訓練這些努力成為自由的勞工，然後以漸進的方式解放這些奴隸，而且整個過程避免了流血衝突。不過，我認為在美國嘗試這樣做的時機已經過去了。

祝願妳新的一年健康快樂！

永遠忠誠於妳的

懷特利

就斯托夫人發表在《大西洋期刊》上的那封信的眾多回信裡，就有納撒尼爾·霍桑寄來的一封信。他在信裡這樣說：

第十六章　南北戰爭，西元 1860～1865 年

我懷著極大的興趣閱讀了妳發表在上次《大西洋期刊》上的文章。如果說有什麼會讓英國人感到羞愧臉紅的話，我認為妳那篇文章肯定會達到那樣的效果。畢竟很多英國人都是內心冷漠與充滿罪惡精神的偽善之人。我始終認為他們對支持或是反對奴隸制根本毫不關心，只要這樣的戰爭能夠給他們一個道德制高點，好讓他們可以展現出自身的美德與嘲笑我們的邪惡就行了。

霍桑夫人與我本人祝願妳與妳的家人一切安好！

納撒尼爾・霍桑

第十七章
佛羅里達州，西元 1865 ～ 1869 年

第十七章　佛羅里達州，西元 1865 ～ 1869 年

西元 1866 年，南北雙方爆發的可怕戰爭終於結束了。斯托夫人寫了下面這封信給阿蓋爾公爵夫人：

> 西元 1866 年 2 月 19 日，哈特福

親愛的朋友：

妳的來信給我的內心帶來了許多安慰，讓我想起了在因弗雷里那個有趣的圖書館所度過的美好時光。

妳在信中談到了妳母親現在的健康狀況，我感到非常難過。我將妳的來信拿給珀金斯女士看，我們一致認為應該抽出時間找一個專門伺候她的傭人給她，妳肯定也有這樣的想法吧！此時此刻，我真的很想去她的身邊，唸書給她聽，與她說說話。哦！我們可以談論很多有趣的事情，這必然能讓她那顆高貴的心靈感到寬慰。

我的朋友，當我想起過去幾年發生的事情以及現在發生的事情，就會陷入不可思議的震驚當中。最近一段時間，我都在閱讀《湯姆叔叔的小屋》，但是現在的感覺與之前不一樣了。我還記得，當我創作這本書的時候，我的內心似乎在忍受著巨大的折磨，所有關於痛苦以及恐怖的念頭都會湧上心頭。

但是，現在這一切都結束了。現在，我們所討論的問題是，是否要給予之前被當成商品任意買賣的奴隸選舉權 —— 當這個問題結束之後，我認為任何個人

的悲傷都再也無法給我帶來多少悲傷了。如果我對上帝的信念是真實的，相信上帝對正義公平的觀點，那麼我不會對此有任何的懷疑。

我剛剛收到加里森寄來的一封充滿友善基督教情感的信件。他在勝利時刻表現出來的冷靜和感恩之心，與他在面對道德鬥爭時表現出來的勇氣，是一樣值得讚揚的。他在信件的末尾這樣說：「只有上帝才是最為光榮的！」加里森的態度要比溫德爾·菲力浦斯的態度更加高尚。他知道偉大的目標已實現，便以充滿感恩的心情結束了《解放者》這份報刊，將自己的全部精力投入到幫助被解放的奴隸上。

而菲力浦斯則似乎下定決心要忽視這項重要的工作，因為他認為這必然存在著許多無法克服的缺陷或是不完善的地方。我們的國會裡有許多優秀之人 ──他們都是具有堅定原則與強大決心的人。我們的總統（指安德魯·詹森）是一位懷著誠實之心去追求正義的人。如果他無法認識到正義究竟意味著什麼的話，這必然是因為他是從小在奴隸州長大的人。

不過，除非我們處在他現在所處的位置，否則我們無法真正去感受他所感受到的各種力量。我的弟弟亨利以認真、自信的方式與他交流，認為現任總統是一位想要尋求正義的認真善良之人。亨利認為，透過軍刀的威脅來給予南方所有獲得自由的黑人立即得到選舉權，這是不明智的舉措。他的看法是，應該讓解放黑奴事務管理局給予獲得自由的黑人保護，直到自由勞動的法則讓之前的奴隸主與奴隸都能夠明白這樣的道理。他認為，聯邦政府應該嘗試去縫合戰爭造成的裂痕，與南方各州那些真正優秀的人聯合起來，為聯邦政府服務。

正因為如此，亨利始終都在宣揚要寬大處理南方的許多士兵。他希望能夠讓南方的民眾受到北方的道德影響，從而讓他們做出友善的回應。為了實現這樣的目標，就應該在南方成立一個保護黑人的政黨。

查爾斯·索姆奈只是簡單地看待正義的抽象一面。亨利看到了現實中的各種可能性。我們都知道南方目前的社會狀態是：法律甚至連白人的安全都無法提供保障，更別說是黑人的安全了。南方地區的選舉過程爆發了許多暴力的行為，真正出來投票的只有白人。

因此，許多人在投票站前失去了生命。如果我們違背黑人的意願，強硬地給予黑人選舉權，我認為除了會直接導致一場種族戰爭之外，不知道還會出現什麼後果。

第十七章　佛羅里達州，西元 1865 ～ 1869 年

若是給予黑人選舉權是作為他們獲得政治地位的一種前提，那麼之前的奴隸州顯然應該給予黑人這樣的選舉權。當然，他們會名義上給予黑人這樣的權利，因為他們知道給予黑人這種權利，是永遠都不可能在現實中真正實現的。如果真是這樣的話，那麼黑人幾乎什麼都沒有得到。

我很遺憾地看到，不少人在對一些重大複雜的共同議題上出現不同的觀點時，往往會相互指責對方背後的動機。亨利因為他經常宣揚寬大處理的立場，就被稱為是倒退者，但是我卻認為，正是耶穌基督的精神，才真正影響著他堅持這樣的立場。加里森也一樣作為不受歡迎的人表達了這樣的觀點，因為他說只有真正有始有終地完成一件事，才算是真正的完成了。還有就是因為奴隸制被廢除之後，他似乎不再堅持之前那種激進的立場了。

我認為我們的總統遭受到了許多強加在他身上的諸多罵名。很多人都指責他這樣做，背後肯定有著自私或是見不得人的動機，可是我們的總統似乎不會對任何誠實且無私之人的建議無動於衷。

亨利經常談到妳與公爵，說經常想到妳們有著超人般的精力與熱烈的激情。他經常對我說：「當這一切都結束了，當我們取得了最後的勝利，那麼我肯定會寫信給公爵夫人。」不過，當這一切都結束之後，當聯邦政府的旗幟在薩姆特城堡升起的時候，他卻聽到了林肯遭人槍殺的噩耗！

在我們國家遭受重大考驗的黑暗時刻，你們給予我們真誠的憐憫。妳與妳們一家人是我們在英國唯一的朋友了。除非當妳的國家處在生死存亡的關鍵階段，否則妳是永遠都無法想像我們那個時刻內心的惶恐。我親愛的朋友，這樣的一種體會，能夠讓我們知道自己到底是什麼樣的人，知道我們內心的真正感受。

我很高興我們可能有機會在我國見到妳的兒子。我擔心妳兒子要拜訪太多人，因此我們可能沒有與他見面的時間。不過，要是他能夠過來這裡拜訪我們，我們將會感到無上光榮的。我們現在所居住的哈特福是一個比較沉悶又普通的地方，與波士頓或是紐約的風光無法相比。但是，我希望妳的兒子真的前來美國的話，記得一定要過來我們這裡做客！願上帝保佑他！妳能將所有的孩子都撫養成人，並看著他們成長，妳肯定感到非常欣慰。

我想請妳幫我一個忙。妳是否有妳們家人的照片呢？如果有的話，妳能夠將妳、公爵、艾迪斯夫人以及妳長子的照片寄給我嗎？我真的很想知道你們現在的

容貌。當然，我還想看看妳親愛的母親現在怎樣了。

當我回想起幾年前那些愉快的時光時，這一切彷彿就像在做夢。我很高興看到，妳依然還對我們這麼關心。喬治亞娜結婚了，這讓我們都感到非常高興。他們夫婦現在生活在斯托克布里奇，這是麻薩諸塞州一個最美麗的地方。她的丈夫也是一位最為虔誠的牧師，將他的時間與財產都投入到他所熱愛的事業裡，這一切都純粹是因為他對上帝的愛意。

我的其他幾個女兒都跟我住在一起，我的兒子斯托上尉在戰爭中負傷，現在依然在忍受著頭部受傷所帶來的折磨，這讓他重新開始學習變得非常困難。自從我的丈夫辭去教授一職後，健康狀況不斷好轉。他也將自己最美好的祝願傳遞給妳與公爵，他對妳的母親也充滿了敬意。我的表妹瑪麗也希望將她的愛意傳遞給妳，我的女兒們也是如此。希望妳能在下次回信的時候，多說些有關艾迪斯夫人的事情，她現在肯定變得更美麗了。

永遠忠誠於妳的

哈里特・比徹・斯托

在內戰結束後沒多久，斯托夫人就萌生了與全家人到南方一起度過冬天的念頭。在她看來，抵達南方之後，她可以逃避北方寒冷的冬天，還有她那位在戰爭中受傷的兒子腓特烈可以整年在室外生活，這樣有助於恢復他的健康。斯托夫人也急切地想要引導和教育那些黑人，過上一種更加高尚的生活，因為她這一輩子都在致力於幫助這些黑人獲得自由，而此時的黑人雖然獲得了人身自由，卻因為長期的奴役生活，使他們依然處在無知的狀態。在西元 1866 年寫給她的弟弟查理斯・比徹的一封信裡，斯托夫人這樣談到了自己的希望與計畫：

我計劃前往佛羅里達州，這次旅程絕不是單純為了什麼世俗的目的。多年來，我一直希望能夠在這個世界上，以更為直接的方式參與耶穌基督交付給我的使命。我始終希望能夠用自己所寫的文字去為那些貧苦之人發聲，雖然這些人目前處於一種無知幼稚的狀態，可是他們也在慢慢地走向一種適應文明社會的成型狀態。

腐敗的政客已經開始將這些可憐的黑人視為政治籌碼，從而更好地實現他們內心一些不可告人的祕密，不斷給那些可憐的黑人灌輸一些幻想。佛羅里達州正

第十七章　佛羅里達州，西元 1865 ～ 1869 年

是這些腐敗政客想要灌輸這些思想的地方。很多移民過來這裡的黑人都受到了這樣的洗腦，但這只是一種帶有世俗目的的做法。這些政客只是希望以這樣的方式，撈取更多政治資本與獲取更多金錢而已。

但是，聖公會教堂卻在佛羅里達州未來主教的指引下，在整個州都推廣這樣一套基督的儀式活動。我希望能參與這項工作。我的計畫就是在聖約翰河邊找一個比較顯眼的位置，可以與一些人營造充滿基督教氣氛的社區，那麼這樣的影響必將會超越當地的地域局限。

在這年裡，斯托夫人透過在聖約翰河西邊，靠近柳丁公園村莊的地方，購買了一座被稱為「月桂果園」的大農場，部分實現了自己之前的計畫。她在這裡幫腓特烈購買了一座棉花種植園，讓他當起棉花種植園主。腓特烈在這裡生活了兩年。但是，這個位置最後證明並不是最為理想的，這裡的棉花產量也不理想。

在西元 1866 ～ 1867 年冬天前去佛羅里達州之後，斯托夫人的目光完全集中在聖約翰河東岸的曼達林地區。西元 1867 年 5 月 29 日，斯托夫人給當時居住在哈特福的查理斯‧比徹牧師，寫了下面這封信：

親愛的弟弟：

現在，我們正認真考慮在曼達林購買一幢房子，這裡的環境要比附近其他地方都要好。這裡有五棵巨大的棗椰樹，這裡的棕櫚樹也非常高大，這裡的柳丁果園一年能夠生長出大約 75,000 顆柳丁。要是我們最後選擇購買這裡的話，我希望你能夠考慮購買旁邊的一塊土地。

這塊土地的面積大約是 200 英畝左右，它還有一座美麗的柳丁果園，這裡的果樹生長出來的水果，一年可以在碼頭上賣到 2,000 美元左右。這片土地靠近河邊，每個星期都有 4 艘蒸汽船經過，分別前往薩凡納與查爾斯頓。總的來說，這是一個非常適合生活的村莊，這裡的房子也非常美麗，因此你不需要與我們一起過來建造房子。

現在，我正與佛羅里達州的主教通信，表達了希望在聖約翰河流沿岸建立幾間教堂的願望。倘若我最後定居在曼達林，那麼這將會是我的駐地之一。你願意前往聖公會教堂，成為我們這裡的牧師嗎？事實上，你正是我們所需要的合適牧師人選。假使我的目標與情感無法讓你傾向於教會，我依然會選擇最好的方式，

從而更好地培訓那些心智依然不成熟的黑人。這個方式借鑑了英國工人階層的能力素質培養系統，非常適合我們現在多數沒有任何知識的黑人。

一直以來，我都希望能夠參與這樣的工作。每當我的內心萌生了這樣的想法，就會感到一股烈火在胸中熊熊燃燒。但是，我依然會保持一顆平常心，將所有的一切都交給上帝處理。我相信上帝將為我指出一條全新的道路，讓我盡最大的努力幫助那些可憐的黑人。

永遠愛你的

哈里特・比徹・斯托

在這之前，斯托夫人已經加入了聖公會教會，因為她的女兒此時也成為了聖公會教會的一員，因此她希望可以跟女兒一樣，參加相同的宗教儀式。她的弟弟查理斯・比徹認為沒有必要改變自己的信仰，雖然他最後前去佛羅里達州，並在聖約翰河以西一百六十哩的紐波特購買了一塊土地，這裡靠近墨西哥灣岸區的聖馬科斯，距離佛羅里達州的首府達拉哈西布大約二十哩的路程。

在接下來的 15 年時間裡，查理斯・比徹每年冬天或是夏天，都會過來這裡生活。他給當地人留下了深刻的印象，因為他友善的行為與充滿精神力量的品格，都給當地人帶來諸多的積極影響。

與此同時，斯托夫人購買了一些不動產，其中包括一座柳丁果園與舒適的農舍。她之前曾向弟弟推薦這些土地。因此，曼達林最後成為了她在冬天時居住的地方。任何一個曾經到此見過這裡美麗且寧靜的鄉村風光的人，都不會忘記斯托夫人在佛羅里達州的家以及美麗的周圍環境。

她的住所是一棟只有一層半的村莊房子，周圍有許多松樹，房子矗立在一座斷崖之上，能夠俯瞰五哩之外的聖約翰河的大部分景色。這座房子的周圍生長著龐大的、長著青苔的橡樹，而他們家的前門是建在這個位置。幾排古老的柳丁樹就聳立在房子的附近，每當微風吹過，都能夠聞到柳丁樹發出的香氣，特別是在早春百花盛開的時候，空氣的香氣更是讓人陶醉。

而在冬天那幾個月裡，樹上仍然結著金黃色的水果，每個經過這個地方的人都可以摘一個下來吃。在房子的後方則是修剪整齊的果園，斯托夫人為這座美麗

第十七章　佛羅里達州，西元 1865 ～ 1869 年

的果園感到自豪，經常在這裡散步，這座果園給她的內心帶來了許多歡樂。在她生活的房子附近的每個地方，都可以看到美麗的鮮花與歌唱的小鳥。玫瑰在前門的花園裡綻放，房子則建在斷崖邊上，每一個見到這樣情景的人都會讚嘆不已。

就在龐大的橡樹下面，房子前面的走廊上，斯托教授經常欣賞著陽光灑在美麗的聖約翰河上，用他那雙充滿學術精神的眼睛，靜靜地欣賞著眼前這一片絕對的安靜與難得的休閒時光。而這樣的寧靜時光，正是他前半生繁忙的工作所感受不到的。在一天中的每個時候，當地人都可以看到一位頭髮花白、留著鬍子與一臉友善的人坐在那裡，旁邊放著一個裝滿書的箱子，其中很多書都是用已經滅絕或是幾乎被人類遺忘的語言所寫的。

關於在這裡的家庭生活，發生了一件有趣的事情：一些北方的拜訪者似乎認為，斯托夫人一家沒有任何權利去享受這樣的安靜。他們一般都會來到碼頭，然後在這個地方閒逛，摘取一些花朵，然後透過窗戶與大門窺視裡面的情況，就像那些缺乏教養之人在旅途中所做出的一貫缺乏教養的行為。

很多時候，斯托教授都會被這些遠道而來的「兩足動物」所打擾。一天，其中一位訪客從一棵柳丁樹葉子後面，直接走到斯托教授的眼前，背上背著一袋沉甸甸的柳丁，臉上露出了勝利的笑容。斯托教授從椅子上站了起來，跟這位嚇著他的年輕人講了一些做人要誠實的基本道理，因為他認為這位訪客的行為是讓人無法接受的。

斯托教授用誠懇與較為激烈的方式說話，但卻不會讓當事人覺得反感。那位偷柳丁的人回說：「什麼？我認為這是斯托夫人的地方！」「你認為這是斯托夫人的地方！」接著，斯托教授大聲地說：「先生，我希望你能夠明白一點，我是斯托夫人與這片土地的所有人與保護者。如果你做出了任何讓人感到羞恥的墮落行為，我會讓你得到應有的懲罰！」於是，這位偷柳丁的北方人終於意識到，這個世界還真的存在著上帝！

西元 1869 年 4 月，斯托夫人匆忙地趕回北方，以便前往加拿大，因為她要在加拿大保護自己的新書《老城的人們》（Oldtown Folks）一書的版權。

大約在這個時候，斯托夫人購買了一塊土地，並準備在上面建立一棟建築，

讓這個地方在平日變成學校，在週末的時候則成為教堂。在接下來幾年的冬天，斯托教授都會在這座小教堂裡發表布道演說，斯托夫人則將這座教堂變成主日學校，開辦了縫紉學科、歌唱學科與其他對參加學習的人有幫助的學科。斯托夫婦的這些行為，得到了當地白人與黑人的一致讚賞。

某次，當斯托夫人抵達她在曼達林的家時，她這樣寫道：

終於，在查爾斯頓停留了一天半之後，我們在週六早晨十點鐘抵達了這裡，此時距離我們乘船離開這裡已經整整過去一週的時間了。這座房子看上去是那麼地美麗，那麼地安靜與美好。這裡的歲月是那麼地靜謐與友好，彷彿能夠讓我忘卻所有內心的煩惱，能夠讓我擁有一個身心感到滿足的地方。斯托在這裡也生活得非常快樂，經常說自己在這裡過得很愉快。看到他在這裡如此幸福快樂，我的內心也感到十分滿足。自從斯托前來這裡生活之後，他的健康狀況正在慢慢好轉，現在他每天都會外出走上一段路。

我們都感到非常滿足與快樂。我們在這裡養了六隻鳥、兩條狗與一匹小馬。我們擁有了更多的寫作時間，寫作的頻率也更高了。這裡的一些似乎都是那麼永恆。你們根本無法想像時間透過怎樣的方式，進入到這麼偏僻靜謐的角落裡。

西元 1872 年，斯托夫人寫了關於佛羅里達州的系列文章，這些文章最後以書籍的形式出版。在接下來的一年裡，出版商 J·R·奧斯古德以《棕櫚葉》（*Palmetto Leaves*）的書名正式發行此書。西元 1873 年 5 月 19 日，斯托夫人寫信給當時居住在佛羅里達州紐波特的弟弟查理斯·比徹說：

雖然我之前寄給你一封信你沒有回覆，但在我準備離開佛羅里達州的時候，絕對不能不說任何道別就離開。我寄上《棕櫚葉》一書以及離別愛意給你。若是我不需要帶上我的丈夫，那麼我肯定會在今年冬天前去看望你的。你之前在信件裡談到的美麗玫瑰花，讓我的內心充滿了羨慕。

在接下來的週六，我們將會離開聖哈辛托。我正準備充分利用剩下的一些時間，好好地欣賞這裡的一切。因為這裡的春天永遠是這麼地美麗。我從未看到過像這個地區如此完美的氣候。這裡的一切足以讓一位聖人變成最為堅定的加爾文教徒，而這一切的轉變都是潛移默化的。如果我們的父親當年生活在這裡，而不是在普利茅斯的話，你認為新英格蘭地區的神學會在這裡蓬勃發展嗎？

第十七章　佛羅里達州，西元 1865 ～ 1869 年

你下次收到我的信件時，我肯定已經在北方了。我們的收信地址將會在哈特福的福里斯特大街。我們在那裡靠近貝拉的地方購買了一座美麗的房子，並會在那裡度過整個夏天。

在接下來一年的五月，一封寫給她在哈佛地區生活的兒子查理斯的信件裡，斯托夫人這樣說：

我很難想像，這個漫長且鮮花似錦的夏天，到處都有美麗的花朵，到處都有沉甸甸的果實，同時卻也能夠看到北方地區一些雪堆與雪風暴。但事實就是如此。現在已經是五月一號，草莓與黑莓都成熟了，柳丁似乎已過了季節。現在，我們準備前往北方度過整個夏天。我們可以欣賞到玫瑰花，吃到草莓與黑莓，還能吃到綠豌豆。

我很高興聽到你現在的學習情況。喬納森·愛德華茲對你產生的影響，與我當年所經歷的心靈洗禮是非常相似的。愛德華茲所擁有的強大把握能力與情感強度，都是你需要去學習的。他是一位擁有強烈概念感覺的詩人，他的一些布道演說要比但丁在《煉獄》裡的一些詩歌顯得更加可怖。

西元 1874 年 11 月，當他們返回曼達林的時候，斯托夫人這樣寫道：

我們需要南方溫暖的氣候，我們需要上天賜給我們的這一切美好。此時，我們的房子已經成為蜘蛛、蟑螂與各種讓人厭惡的小動物的天堂。但不到一個星期，我們就將這一切都打掃乾淨了，這座房子重新變成了我們的天堂。現在，這裡安靜卻又充滿活力的空氣始終吸引著我。

正如我之前所說的，這裡的天氣彷彿是上天賜給我們的，這裡既不冷也不熱，一切都是那麼地正常，陽光依然是那麼地明媚，氣候依然是那麼地宜人，周圍的環境還是那麼地安靜。我們在這裡的氣候環境，似乎有一種難以描述的東西。這裡的氣候絕對不像哈特福十月分時那種帶著寒冷的天氣讓我的身體感到虛弱。

在第二年的 2 月分，斯托夫人在回覆一封邀請她前去北方礦泉療養地的信件裡說：

我非常樂意前去那裡，也知道沒有任何事情可以阻擋我前往。感謝上帝，我

這個夏天沒有什麼小說需要去創作，因此我可以像一個無拘無束的老人那樣在大海上漂浮，希望自己能夠像其他人那樣，享受這個美麗的季節。今天，這是一個讓我感到非常高興的邀請，讓我彷彿置身於純潔的伊甸園一樣。

在一封寫於同一個時期的一封信裡，時間大約是西元 1875 年 3 月 28 日。在這封信裡，斯托夫人有趣地描述了他們在曼達林那間小校舍舉行的週日復活節活動的事情。斯托夫人這樣寫道：

在復活節到來的一個星期前，我們就已經想著要對小教堂裝飾一番了。我家裡兩塊哥特式的壁爐遮板變成了教堂的布道演講臺。我前去傑克遜維爾，購買了五英寸的模製品作為底座，然後將這兩塊壁爐遮板鋸成四塊，那麼在每一邊都會有一個拱形面板。接著，我們繼續找尋頂部所需要的物品，想做出一張桌子。

突然間，我想起家裡那張黑色的核桃伸縮桌子非常適合。最後，我們修剪了黃色的松木，然後打磨，然後再上油。我拿出了粉刷的工具，用梵戴克繪畫風格的方式將釘眼粉刷成棕色。在週六早上的時候，這已經變成一張非常有趣的哥德式布道講臺，安東尼將這張講臺抬到了小校舍，然後將之前那張老桌子搬走。

那天下午，我們乘坐馬車來到樹林裡，收集許多要在復活節使用的百合花、番木瓜、光亮的漿果、綠色的蕨葉子與雪松葉子。到了晚上，女生們都來到米茲一起排練復活節的聖歌。但是，我依然留在家裡，用雪松葉子與白色百合花，做出一個 18 英尺長的十字架。南方的雪松葉子是最為精緻的東西，就像柔軟的羽毛那樣。

週日早上的天氣涼爽，陽光明媚，這簡直是完美的復活節天氣！我們的這座小教堂裡面坐滿了人，每個人似乎都對這樣的裝飾感到非常滿意。斯托在布道講臺上發表了一篇布道演說，講述了耶穌基督最後必然會讓一切都處於公平正義之上，必然會讓每個善良虔誠的人都感到舒適。因此，復活節這一天真是非常美好的一天。我相信那些可憐的人，必然能夠從中感受到耶穌基督的存在。

在這年冬天，斯托夫人與她一直非常重視的朋友奧利弗・溫德爾・霍姆斯博士有一番有趣的書信交流。奧利弗・溫德爾・霍姆斯博士在一封回信裡就談到了斯托夫人最新創作的一本書：

第十七章 佛羅里達州，西元 1865～1869 年

西元 1876 年 1 月 8 日，波士頓

親愛的斯托夫人：

我真的非常感謝妳寄給我的《耶誕節禮物》一書。

這個耶誕節箱子裡裝滿了所有美好的禮物。

在我閱讀這本書的時候，我的內心一直充滿著許多滑稽的想法，在今天下午才最終讀完了這本書。對我來說，妳在這本書最後談到的內容，肯定會給妳的許多讀者帶來思想的震撼，但對我的影響卻沒有那麼大，因為我對這趟朝聖之旅的過程已經非常熟悉了。

《迪肯·皮特金的農場》一書充滿了新英格蘭地區的特色，如果說妳在更加精確地描述這方面的內容上還有什麼對手的話，那麼我真不知道妳的對手到底是誰。當我閱讀這本書的時候，我激動到要用紙巾擦拭掉下來的淚水。

在我閱讀《貝蒂的好點子》時，我要用紙巾擦拭雙眼的淚水。在我看來，這是最具魅力、最感人的故事了。每個閱讀這篇故事的人，都會感覺內心就像一塊鵝卵石那樣，在不知不覺中變得柔軟。

妳究竟付出了多大的努力，才讓我們新英格蘭地區的生活變得如此圓滿與快樂啊！如果有人能夠回顧哪位作家的創作生涯，最好地描述我們過去的世界以及幫助我們看清楚全新的文明世界，那麼這位作家非妳莫屬。

當然，妳後來創作的書也是其他作家都無法相比的。首先，這些作家必須要想辦法與《湯姆叔叔的小屋》一書進行比較。妳的這本充滿著光明之火的作品就像一把火炬，燃亮了整個黑夜。任何超越世俗的成功，都必然會讓那些批評家嗤之以鼻，他們所使用的貶低方法，就是將山茱萸說成是「可憎的」。

每當我想起那些依然活在世上的親切朋友，內心就感到非常愉悅。每過一年，當年與我們一起進行思想交流的朋友就越來越少。我們已經失去阿加西與薩姆納。我發現莫特里也身患重病（我希望他現在的健康狀況慢慢有所好轉）。我希望他能夠從喪妻之痛中走出來，因為他的妻子也是我最為親密的一位朋友。因此，妳可以肯定一點，我完全能夠感受到妳的善意。我非常感謝妳始終惦記著我。

永遠是忠誠於妳的
奧利弗·溫德爾·霍姆斯

斯托夫人在回覆這封信時這樣寫道：

西元 1876 年 2 月 23 日，曼達林

親愛的博士：

收到你回覆這樣一封充滿友善情感的信件，真是太讓我開心了！我多麼希望你能夠來到我所在的地方，看看這裡的樹木都結出白色的花朵與掛著金黃色的柳丁！我希望能夠為你割下一簇金黃色的葉子。就我現在所處的地方來說，波士頓似乎是一個非常遙遠與夢幻的地方，就像之前某些遠古的存在一樣。當我坐在房子的走廊上，看著 5 哩之外聖約翰河不斷退卻的潮水時，我的內心是非常愉悅的。

親愛的博士，時間過得多麼快啊！我還記得當初薩姆納先生是一個年輕人，現在他已經離開了我們。還有威爾遜與查斯，我印象中的他們都是在辛辛那提的年輕人，現在他們都已經離開了我們。還有斯坦頓也離開了，西沃德也離開了我們。不過，這個世界依然在繁忙與喧囂中繼續前進！他們就像一些帶著讚美和責備情感的氣泡，慢慢地駛向了生命的偉大之船，永遠都不會再回來了！

唉，我們忍不住會有這樣的感想啊！對我來說，當初與我們同一個時代的人，已經游到了河岸的另一邊，但我依然在河流的這一邊，不過我相信他們也在耐心地等待著我們的到來。薩瑟蘭公爵夫人、充滿善意的公爵、蘭斯唐尼、埃爾斯米爾、拜倫夫人、安伯里勛爵與夫人、虔誠的教友派信徒查爾斯·金斯萊與約瑟夫·斯特奇，他們都像乘坐著灰色的火車，永遠地離我們遠去了。

在這些人當中，不少都是我當年最為親密與真誠的朋友，他們都是上帝創造出來最為高尚純潔的人。此時此刻，他們在宇宙的某個角落依然表現出強烈的活力。親愛的博士，我必須要相信這些想法，並且永遠都不會對這樣的想法有任何懷疑。

我經常會思考你所寫的作品，你的作品中某些元素始終吸引著我。我覺得，這應該是你在作品中表現出來的那種充滿憐憫和慈悲的元素，這包括了你對窮人的憐憫以及那些處於掙扎狀態中的人性的見解。因此，我認為，你肯定是一個非常接近上帝真正心靈的人，因為你的內心充滿了愛意。

你曾經寫了一些詩歌，這些詩歌都收錄在讚美詩集裡。在我一些最為神聖的

第十七章　佛羅里達州，西元 1865～1869 年

時刻裡，我經常會對你所寫的這些詩歌充滿共鳴，因為這充分表達了我內心的悲傷與煩惱。比如，你所創作的這首詩歌：

「熱愛神性，俯身與眾人分享吧！」

我沒有收集到你所創作的全部作品，並經常為自己無法記住你的詩歌而感到煩惱。但是，你的這首《熱愛神性》，卻始終讓我印象深刻，在我感到痛苦和掙扎的時候，給我的內心帶來了安慰與希望。每當閱讀這首詩歌，我彷彿會感覺某位朋友正在感受著與我一樣的情感。所以，我希望你能夠將這首詩歌手寫出來送給我。

我還記得你曾經對精神主義發表過自己的看法。我無法完全記清楚你當時說的原話，但我記得你對此的看法是，精神主義是加爾文教派某種尖銳視角的一種變更，正如大霧籠罩在山川上。要是以後有時間的話，我希望能夠與你就精神主義交流一番，向你展示一下我身為非專業人士所收集到的一些有趣的事實。

斯托剛剛艱難地讀完了慕尼克大學教授格勒斯，在四十年前所創作的八卷的《神祕》一書，這本書首先是講述有關生理學方面的內容，接著講述哲學方面的內容。在這本書裡，格勒斯詳細地談論了一些不正常的心理、精神事實、恍惚、入迷、透視、巫術與精神主義等等，這些都可以從天主教所謂的奇蹟以及歐洲的歷史中看出來。

一直以來，我都得出這樣的結論，即精神主義的奇蹟是自然的，而不是一種超自然的現象 —— 這代表著自然法則的一種不尋常的運轉方式。我相信身體之內與身體之外中間的那扇大門，在任何時候都不是絕對關閉的。在某些時候，我們可以看到帷幕背後所隱藏的東西，而這些隱藏起來的東西則代表著自然的一部分，因此這些東西根本算不上是真正意義上的奇蹟。

當然，這樣一個階段的人類體會，為每一種形式的欺騙與迷信行為都提供了強大的堅實基礎。因此，我對於任何以此為職業來謀生的人都是持懷疑態度的。關於這些以精神主義謀生的人，我認為他們摩西的法則是禁止任何人透過別人去了解這種「熟悉的精神」。因此，我認為這樣的法則是非常明智的。

親愛的博士，有空記得多寫信給我。在這片全新的土地上，你肯定會過得非常舒適。你創作的歌謠是非常具有魅力的，現在你可以創作出一些讓我們讀起來

感到非常有趣的小說了。斯托也將他最好的祝願送給你，並且希望你也能夠去閱讀格勒斯的作品。當然，這本書的文字是用法語寫的，我認為法語版本的翻譯要比德語原文來的更好一些。

永遠忠誠於你的朋友

哈里特・比徹・斯托

　　西元 1876 年秋天，斯托夫人給她當時正在德國波恩地區學習的兒子查理斯的一封信裡，講述了她與丈夫以及幾個女兒從紐約到查爾斯頓這段航海旅程中所遭遇的猛烈風暴，這讓他們準備之後都放棄乘船旅行了。斯托夫人在信中表示，他們一路上遇到的海浪非常高，這些海浪彷彿沸騰的水蒸氣，在不斷地翻滾，而坐在客艙裡的他們，透過小小的窗戶看著外面洶湧的海浪，內心感到無比恐懼，因為海浪有可能隨時吞沒船隻與船上的所有乘客。但是，從查爾斯頓出發，他們則非常順利地抵達了這次旅程的終點。斯托夫人在信中這樣寫道：

　　我們最後平安順利地抵達聖約翰河，彷彿在這條河流上取得了一場戰鬥的勝利。我們在下午四點鐘左右抵達曼達林，驚訝地發現附近所有的鄰居，無論白人或是黑人，都來到碼頭歡迎我們。接著，很多人不停地揮舞著手帕和旗幟，不斷地為我們鼓掌、為我們歡呼。他們都敞開大門，隨時準備歡迎我們。我們很高興再次回到在佛羅里達州的美麗房子。

　　在當年的 12 月，斯托夫人寫信給她的兒子說：

　　我再次陷入了要寫一個系列小說的工作中，這根本不是我的本意。不過，這個故事是與一本耶誕節手冊相關的，之後我開始慢慢地進行構思，最後我認為還是將這個構思以書籍的形式表達出來比較好。對現在的我來說，我最个願意做的事情，就是繼續進行這樣的寫作。在這個故事裡，我將自己過去所經歷的時代都濃縮起來，包括我從小成長的環境，我們所受到的教育以及行為舉止該有的方式，一切都像英國的狄更斯所創作的小說一樣。

　　現在，因為有創作這個故事的必要性，因此我感覺自己受到了限制。我不得不放棄與別人交往，無法拜訪許多有趣的人，只能將全部的精力都集中在創作之上。我希望自己有足夠的能力去完成這項工作，雖然我的內心真的很希望能夠順

第十七章　佛羅里達州，西元 1865～1869 年

利完成。但是，我也開始感覺到，自己的身體不再像前幾年那麼健康。我的查理啊！你的母親現在是一個年老的婦女了。在讀者對閱讀她的作品感到疲倦之前，她最好不要停止寫作。

我很希望再寫一本與《主人的腳步》（*Footsteps of the Master*）相似的書。但是，即便是宗教方面的報紙，現在也對連載的速度有一定的要求。他們需要我按時交稿。我有時會想，既然這一代人只想要閱讀故事，為什麼不創作出一些故事給他們看呢？

斯托夫人提到的那本書就是《伯格努克民眾》（*Poganuc People*），這個連載的小說有趣地記錄了將近一個世紀前，發生在新英格蘭地區的有趣事情。事實證明，斯托夫人的這本書讓很多讀者都感到著迷。這本書在 1878 年出版，斯托夫人也認為這將是她最後一次的文學創作，雖然在之後的幾年時間裡，她還偶爾寫了一些短篇故事與文章。

西元 1879 年 1 月，斯托夫人在曼達林寫信給霍姆斯博士：

親愛的博士：

今天早上，我希望能夠給你與霍姆斯夫人送去美好的祝福。現在，我的窗戶是打開的，這是一個空氣清新、陽光明媚的日子，屋外的柳丁樹上都掛著沉甸甸的柳丁，這些都是我可以從窗戶裡頭看到的。這些果樹大約有三十英尺高，樹葉在陽光的照耀下閃耀著光芒。

我已經將《伯格努克民眾》一書寄給了你與霍姆斯夫人，因為你們都是了解過去那個時代的人。這本書講述了許多平淡的故事，沒有什麼曲折動人的情節。即便那個時代發生了許多重大的事件，但我現在已經老了，我希望回憶那些安靜與簡樸的時光，希望看到每個教區都沒有窮人的時代，希望看到民眾的生活每年都在不斷地提升。

斯托與我最近都懷著濃厚的興趣閱讀了莫特里的《回憶錄》。莫特里是一個讓我們感到驕傲的人，也是一個英俊的人。遺憾的是，我從未有機會認識他。

你曾說，我們都來到了一個要與這個世界告別的階段，你的話讓我深有同感。從來沒有哪份報紙記錄斯托一些逝去的朋友的故事。但是，人生的河流永遠

都不像看上去那麼的黑暗，在河的彼岸是清澈見底的河水。我們偶爾還能夠聆聽到美妙的音樂，或是能夠得到別人的一些認可。毫無疑問，那些早我們一步到達河流彼岸的人，肯定會懷念我們的。

我的女兒們與我最近再次閱讀了《艾爾西·文納》（*Elsie Venner*）。可以說，書中的艾爾西是我的一位特殊的朋友 —— 即便她是一位貧窮可愛的孩子 —— 你在那本書裡表現出來的神學觀點，讓我的內心深感共鳴。

難道《聖經》沒有告訴我們，在某個時候，我們所有人都將不再感受到痛苦嗎？這肯定是彌賽亞的終極使命與目標，上帝最後會將所有悲傷的淚水都擦拭掉。我正無所畏懼地面對著未知的一切，我相信你也是如此。我始終相信仁慈的上帝會做出最好的安排。

斯托也將他最美好的祝福送給你與霍姆斯夫人。我永遠都是忠實於你的朋友。

哈里特·比徹·斯托

大約在這個時候，斯托夫人出發前往佛羅里達州的紐波特，拜訪她的弟弟查理斯，之後再繼續前往新奧爾良。在新奧爾良，她沒有感受到那些最優秀的南方人對她表現出來的任何憎恨之情。無論是在新奧爾良還是在達拉哈西，斯托夫人都受到了熱烈地歡迎，還參加了一些公共宴會，這讓她與許多參加這次宴會的有教養之人，都感到非常高興。

無論去到哪裡，斯托夫人都受到人們熱烈地歡迎，特別是那些黑人更是歡迎斯托夫人的到來。當他們一知道斯托夫人要過來，都紛紛來到火車站，就是為了能夠親眼看一看他們最為尊敬的這位女性的風采。

在接下來的冬天，斯托夫人返回了曼達林。每當回到曼達林的家，斯托夫人的內心總會產生強烈的愉悅情感。身為真正熱愛自然的人，這裡美麗的環境總能給她帶來最為愉悅美好的情緒。每年重新回到這裡生活，她總能感受到不一樣的快樂。西元 1879 年 12 月，斯托夫人寫信給她當時已經結婚，並在緬因州索科地區擔任牧師的兒子說：

第十七章　佛羅里達州，西元 1865～1869 年

親愛的孩子：

一回到曼達林，我們就彷彿感覺從 12 月回到了炎熱的 6 月。今天早晨陽光明媚，樹枝上掛著一些露珠，清新的海風吹拂過來，讓整個空氣中都彌漫著生機。我剛剛用剪刀剪下了一些玫瑰花與百合花。現在，整個花園簡直變成一個熱帶叢林，讓我無法進入了。

花園裡的美人蕉、粉蕉和玫瑰花都纏在一起，因此我根本無法沿著之前開闢的道路走去那裡。我這一輩子，從來沒有見過像美人蕉生長得如此迅速的果樹。整個地面上都覆蓋著掉落下來的柳丁，整個花園看上去非常凌亂，但是這裡的一切又是如此地美，因此我原諒了這凌亂不堪的一切。

在週三晚上大約 9 點鐘的時候，我們回到了這裡，發現許多鄰居都聚集在碼頭上歡迎著我們的到來。包括米茲、克拉納、維波斯與其他人都來到了碼頭，而很多黑人在見到我們之後，都感到非常歡喜。

你的父親現在一切安好，大海的空氣對他的身體還是會帶來一些積極的影響。在我們離開紐約之前，你父親都是比較安靜的，表現出優雅與順從的態度，因此我對他的健康狀況還是抱有希望的。

你父親承諾要按照我告訴他的話去做，他表示完全相信我的指引。難道每個女人不會將這樣一種精神，視為一種迅速的轉變嗎？有時，我真的非常擔心，你父親可能會不久於人世。但是在第二天，當我們乘坐輪船出海的時候，他的精神狀態一下子好了起來，也恢復了胃口。他用洪亮的聲音表示自己感覺非常好，而且還抱怨我沒有必要那樣擔心他。

於是，我就提醒他在精神低落的時候，對我做出的莊嚴承諾，但我的話對他沒有產生任何用處。事實上，你父親的自我想法始終都沒有離他遠去，現在我也不擔心他會出什麼狀況。今天早上，他就要前去教堂發表布道演說了。

他們在南方這座美好的家園度過的最後一個冬天，是在西元 1883～1884 年的冬天，因為在接下來的一年裡，斯托教授的健康狀況已經岌岌可危，不允許他再乘船從哈特福前往曼達林。在這個時候，斯托夫人之前最美好的一個願望實現了。這個願望之所以能夠實現，在很大程度上都要歸功於她的努力。曼達林終於

擁有了一座聖公會教堂，並且吸引許多教徒前去那裡，那座教堂也擁有了一位固定的牧師。

西元 1884 年 1 月，斯托夫人這樣寫道：

現在的曼達林擁有了許多美麗的新房子，還有一座全新的教堂與郊區，這裡要比之前更加美好與舒適了。我們的牧師是完美的，我希望你們都能夠了解他。他目前只是缺乏一些身體的能量，但在其他方面上，他都可以解答教徒們的任何疑問。

這是一個陽光明媚、空氣清新的早晨，四名採摘柳丁的工人正忙著採集我們的果實，我們在懸崖邊上的果樹，要比佛羅里達州其他地方的果樹都結出了更多的果實。

今年冬天，我只研究耶穌基督的人生。首先，我閱讀了法勒就耶穌基督所寫的作品，並認真研究了一遍。現在，我正在閱讀蓋基的相關作品。閱讀這些作品會讓我的心智處於一種穩定狀態，可以幫助我更好地承受任何的疲倦與痛苦。可以說，我在今年冬天比往年的冬天有更多的收穫。

第十八章
《老城的人們》，西元1869年

第十八章　《老城的人們》，西元 1869 年

- ✦ 斯托教授是斯托夫人所著的《老城的人們》一書「哈利」的人物原型
- ✦ 斯托教授給喬治·艾略特的信件
- ✦ 喬治·艾略特對信件的評論
- ✦ 斯托教授記錄他年輕時在精神世界的各種行為
- ✦ 斯托教授對斯托夫人文學生涯的影響
- ✦ 喬治·艾略特對《老城的人們》一書的評論

這本關於斯托夫人的自傳，要是不提及斯托教授的出生、童年、早年的朋友以及他的一些獨特且不正常的心理體會，那便是是不完整的。斯托教授身為斯托夫人的丈夫，當然這一身分讓他成為有關斯托夫人的任何自傳裡都必不可少的人物。

但除此之外，他還是斯托夫人的《老城的人們》與《老城的爐邊故事》（*Oldtown Fireside Stories*）裡那位「幻想男孩」的創作原型。這兩本書裡那位「幻想男孩」的感受，其實就代表著斯托教授在童年與年輕時期，他所生活的老城裡面的一些獨特以及有趣的人物形象。

西元 1882 年 3 月 16 日，斯托教授在給路易士夫人的一封信裡，就講述了與此相關的一些內容：

親愛的路易士女士：

我完全能夠理解妳不喜歡休謨這個人，以及人們一般公開談論的所謂的精神媒介。

休謨的童年時期就生活在我父親所在的那座城鎮裡，我的親人跟一些朋友都生活在那裡。休謨表現出來的一些特性是科學所無法解釋的，他的一些行為雖然非常古怪卻又無比真實。我對精神主義這個問題的興趣，正是起源於我自身的一些經驗，這可以追溯到六十年前我童年時期的一些體會。

當時，我從未站在主觀的立場去對這些體會進行任何分析，只是認為其他人也會有著類似的經驗。關於我所提到的這方面體會，妳可以從《老城的人們》一書中獲得一些相應的概念。

在度過了童年時期之後，類似的體會還是繼續出現，雖然我對於這些表現出

來的體會會存在著嚴重的疑慮。我注意到很多人都會對祈禱做出鮮明且詳細的回答，比如斯蒂林、弗蘭克與拉瓦特等人，在很多時候都擁有這樣特殊的脾性。

要是我們認為一些脾性早已存在於神經系統，將靈魂與身體連繫起來，可以讓他們比其他人更能以一種不正常的方式去接觸精神世界（比如雅各·博美與斯韋登伯格等人），並且他們還從未想過改正自己的錯誤，或是讓他們在道德層面上比別人做得更好，難道這樣的想法是荒謬的嗎？

請允許我這樣說，我始終都讚賞妳的心智所得出的結論，妳始終表現出對正義的完美理解與對誠實的準確認知。我認為，即便在沒有教會或是神學的情況下，妳都要比絕大多數人更能成為一名優秀的基督徒。而我在很多時候，始終都是在喬納森·愛德華學校讀書的那位加爾文教徒。願上帝保佑妳！我始終支持著路易士先生對歌德的深入研究。

在過去 40 年裡，我一直都崇拜著歌德。西元 1830 年，我第一次閱讀他的作品《浮士德》（*Faust*）。我還記得那是天氣陰沉且寒冷的 11 月。當時，我正乘坐馬車經過新罕布希爾州的叢林，準備前往達特茅斯學院擔任教授。我那時完全被歌德的這本書所吸引，不能自拔。

永遠忠誠於妳的朋友

C·E·斯托

路易士夫人在西元 1882 年 6 月 24 日寫給斯托夫人的一封信裡，談到了斯托教授寄給她的信：

我要特別感謝斯托教授寄來的那封信。他的英文寫法有點像阿拉伯語 ── 當然，他的英文寫法是非常優雅的 ── 不過，我還是能夠看得清。我認真地閱讀了斯托教授寄來的信件。他在信中表達的一些友善情感對我來說是彌足珍貴的。我將他寫信給我視為一種最好的鼓勵。

當妳告訴我說，斯托教授正是《老城的人們》一書裡那位「幻想少年」的原型時，我感到非常震驚。因此，我認為當你與斯托教授談論他的一些經歷時，必然是非常有趣的。也許，在這些事實的影響下，我傾向於從生理學與心理學層面上，去研究斯托教授多年來收集到的事實，從而更好地解讀「未來的視野」，我相信斯托教授也會表示同意的。

第十八章 《老城的人們》，西元 1869 年

在我看來，要想進行限定是很難的 —— 特別是要限定到一個精確的範圍 —— 從而避免將內在心理產生的印象，與那些直接依賴於外部環境刺激所產生的印象進行區別。事實上，這種內在和外在之間的區別，在某個層面上，會隨著年齡的增長，慢慢變成一個更加微妙與讓人感到困惑的問題。

西元 1834 年，當斯托還在俄亥俄州辛辛那提的萊恩神學院擔任神學教授的時候，他就寫下了自己在年少時有關精神世界活動的一些文字。我們可以摘錄其中的一些文字：

我經常認為自己能夠與一些具有科學精神的醫生，交流某些獨特的幻覺現象，因為從我出生後到 15 ～ 16 歲這段時間裡，我一直都產生這樣的幻覺。現在，雖然我已經年過 30 了，但年少時期的幻覺依然對我產生深遠的影響。

這些幻覺所帶來的事實，在我的心靈裡留下了難以磨滅的印象。在我看來，這些心靈的幻覺是非常有趣的，值得所有心理學家認真研究。我之所以會重視這些幻覺現象，是因為我無法發現自己是否擁有寫小說或是創作詩歌的任何品味或是才華。我沒有豐富的想像力可以沉浸其中，無法從中感受到巨大的樂趣，無法像其他作家那樣能夠據此創作出文學作品，但我從不認為自己有能力或是可以將自己的這些幻覺表達出來。

與此相反，我的寫作風格始終都是比較平實的，以闡述事實為主。我的心靈能夠迅速分辨出歷史和文學之間的區別，會在追求事實知識的過程中始終保持著熱情與堅持。正如德國人所說的，我是屬於那種笨鳥先飛之類的人，沒有其他任何特殊的天賦。我只是意識到自己有一種比較特殊的才能，能夠精確地觀察人與事物，另外還具有一些幽默感和詼諧感。

從我出生的那一刻開始，身體就一直不好。在這方面，我的父母身體也不是很好，因此我的神經系統經常會受到刺激。但是，我小心翼翼地讓身體狀況處在一定的健康水準。我一生都是個勤奮的人，因為我的父母比較貧窮，因此我從小就要想辦法去工作，養家活口。

在說了這個大背景之後，我開始研究我的心理歷史中一些有趣的細節。早在我有記憶時，我就記得自己會觀察許多充滿生命力且會移動的物體，我可以清晰地分辨出這些東西，因為我看到這些物體都從我的身旁不斷地移動。有時，我還

會聽到一陣嘈雜的聲音，或者說是清晰的聲音。但是，我從來都無法觸碰這些東西。無論從哪個方面去看，這些都是獨立於觸覺之外的，因此無法以任何現實物體的干預去阻礙。

我可以看到這些物體就在不遠處，雖然這個過程中會出現很多阻擋我視線的東西，可我依然能夠清楚地知道他們是否與我待在同一個房間裡，還是直接就在我的眼皮底下。我能夠看到他們走在地板上，還看到天花板以及房子的牆壁，看到不同方向的一個個沒有門或是鎖眼的房間，或是看到一道可以允許他們走進去的裂縫。我有時目光會跟著他們移動，或是直接看著地面上，或是看著天花板。

我可以看到木板、木材與石磚，或是任何阻擋我看到其他物體的東西。我所看到的這些畫面並沒有讓我感到驚訝或是恐懼，因為我已經透過自身的感官了解它們了，除非這些物體以醜惡或是可怕的形象呈現出來，或是展現出某些嚇人的姿態。至於他們存在的事實以及對我不具有傷害的特性，讓我根本無法區分出他們與我的眼睛所看到的其他物體的區別。

在我看來，這些物體與我的父母以及我的哥哥帶給我的形象都是一樣熟悉的。他們構成了我日常存在的一部分，並且變成我意識中的一個重要主題，正如我坐在靠近母親膝蓋位置的小長凳上，或是我在地板上看到的輪子、木棍或是線條之類的東西。事實上，我能夠區分這些東西和我能夠感受與控制的東西之間的區別，但對我來說，這樣的區別帶給我的驚訝，與我看到我的母親跟那個過來幫她的黑人女性是一樣的，也與我那位尚在襁褓中的弟弟或是我喜歡的那隻名叫布魯特斯的斑點狗一樣，並沒有給我帶來任何特殊的驚訝感。

可以說，在任何時候、任何地方或是任何環境下，這些物體都會展現出他們的形象。不過，孤獨與沉默似乎要比成群結隊或是相互對話，更適合他們展現出來的形象。這些物體的數量是龐大的，形象是鮮明且活躍的，特別是當我孤身一人置身於黑暗當中的時候，特別是當我的母親將我放在床上，然後手持著蠟燭回到她的房間時。在這種時候，我總是期待著想像中的那些訪客的陪伴，然後認真地在腦海裡思考著他們，用來愉悅自己，直到我最後沉入夢鄉。

每當我想像中的訪客沒有出現時，我就會感到非常孤獨與不滿。我會想著與他們進行一場生動的對話 —— 當然這不是透過語言或是任何信號的形式 —— 因為對我來說，任何說話或是移動的方式，都會在瞬間破壞這種交流的美麗，將這

些幻想的訪客全部趕走。所以，我們是以某種特別的精神交流來溝通。

當他們的專注力轉移到我身上的時候，我能夠感受到他們所有的思想與情感，並對這些思想與情感做出相應的回饋。與此同時，我也能夠意識到他們會用相同的方式來回饋我所做出的反應。有時，他們根本不會注意我的存在，而是彼此之間輕快地交流著，他們主要是以面部表情與手勢來交流，偶爾還會說出一兩句我能夠聽清楚的話來。

事實上，我只熟悉他們當中極少數的人，大部分的人都是我不認識的。這些少數的人拜訪我的次數與頻率，都要比其他人更多，他們似乎能夠理解我的心情，因此他們特別關心我。我根本不知道自己該如何描述他們存在的形式或是一般的形象，畢竟他們在我們所處的現實世界裡，根本沒有任何可以進行對比的參照物，也沒有任何準確的語言可以有效地描述。

他們展現出各種不同大小、形狀、比例、顏色等方面的組合，但他們最常用的形象則是以人類的不同比例或是形狀表現出來，可是給我的感覺卻始終是一種陰影的輪廓，似乎他們會在無形的空氣中慢慢地被融化掉。有時他們會突然進行古怪的改變，在深藍色的外表上出現了棕色或是褐色那樣的斑點。這就是我在幻想世界裡見到的大多數人的一般性狀。不過在這些一般性的描述之外，還有很多例外的情況，特別是對那些經常拜訪我的熟悉「訪客」來說，更是如此。

除了這些理性且無害的一般性存在之外，還有另外一組物體也經常會進入我的幻想世界，但是這些物體卻在形狀與品質方面，似乎都不會發生任何變化，始終表現出敵意或是讓人感到害怕。他們出現的時機，在很大程度上和我的健康與情緒狀況相關。如果我感覺非常良好或是內心非常快樂，他們就很少過來拜訪我。但是，如果我患病了，或是內心感到沮喪時，他們幾乎肯定會以一副醜惡的面容出現在我的幻想世界裡。

他們的存在就彷彿厚厚的烏雲壓在我的頭頂上，讓我看到眼前的一切都是黑色的。他們出現的時候，渾身都是黑色的，同時裝點著棕色的東西。他們的形狀就像一個沒有噴嘴的燃燒倒轉隧道，直徑大約是 10～30 英尺或是到 40 英尺左右。他們會從一個地方漂浮到另一個地方，其數量之多難以計數，而且他們漂浮的方向也是沒有任何規律的，顯示出非常大的隨意性。他們就像一團烏雲那樣，以強有力的方式在不停地前進，發出震動聲，彷彿他們內部的每一個部分都處於

一種顫動狀態。

　　每當他們出現時，我幻想世界裡那些理性的幻想事物，就會處於一種驚慌失措的狀態。因為一旦這團烏雲的任何一部分觸碰到這些理性的幻想事物，這些理想的幻想事物就會立即變成跟這團烏雲一樣的顏色，一樣會處於一種顫動狀態。

　　身為不幸受害者的我，即便做出很多努力與驚厥般的掙扎，這團烏雲的黑色顏色仍然沒有發生任何改變，這團烏雲依然在緩慢地前進，其前進的過程是那麼地堅定，不會被中斷。這團烏雲似乎想將其黑色傳播到我身體的每一個部分，並且想要以最快的速度讓我的身體融入這團烏雲當中，使我成為其中的一部分。

　　當然，看到這種扭曲且痛苦的掙扎，看到可憐的我遭受著這些可怕的黑色烏雲的侵襲，這的確是非常可怕的一幕。最後，我似乎感覺自己一寸一寸地被烏雲所吞噬，無法做出任何抵抗與逃避，只能深深陷入。

　　在我所有的幻想事物中，只有可見的東西是不會對理智的幻想事物造成任何傷害，這種可見的東西與組成理智的幻想事物，顯然是由一樣的成分組成的。所有這些幻想事物的形狀和行動，都會隨著我的健康狀況以及動物本能的精神狀況而出現變化。

　　可是，我從未發現周圍的現實物體會對他們產生任何變化，除非是在某種特殊的情況下，也就是說，當我在一間乾淨整潔且有家具的房間裡看到他們的時候，那麼他們表現出來的形狀似乎也是特別整潔的，而他們做出的行動也是非常有規律的。與此相反，若我在一間尚未完工或是骯髒的房間裡看到了他們，那麼他們也同樣會表現出粗魯或是狂躁的樣子。

　　當我在森林或是草地上看到他們時，他們也會呈現出相應不同的回饋方式。當我在河邊或是大地上感受到他們時，他們彷彿就像置身於空氣或是星群當中。

　　我所居住的每個不同的房間，都會對這些幻想事物造成不同的影響，他們似乎總是會隨著環境而發生一定的變化。（不過，我們必須要意識到一點，真正讓這些幻想事物發生形象改變的，並不是這些幻想事物出現時所處的環境，而是我在觀察他們的時候，內心所處的一種心靈狀態。事實上，這些幻想事物所處的位置，顯然會對他們呈現出來的形象產生一定的影響，但是我本人內心的想法則更加重要。）

第十八章　《老城的人們》，西元 1869 年

因此到目前為止，我只是想對這些有趣的體會，進行一般性的輪廓性描寫而已。現在，我將會詳細地描述一些特別有趣的事情，這是為了能夠更加清楚地闡述這些有趣的體會。我會隨機選擇這些幻想事物表現出來的形象。我還記得自己感受到這些幻想時所處的環境。

我生於西元 1802 年 4 月，西元 1808 年 7 月，我的父親在與慢性器官病搏鬥了一年之後撒手人寰。在父親去世前兩三年，他從我出生的那間房子搬到了距離那個地方有點遠的另一個地方居住。因此，父親最後患病時，在我腦海裡出現的幻想情況，肯定是出現在我 5 歲那一年。

而在我搬家之前所感受到的幻想事物，一定是在我 3 歲那一年發生的。在搬家之前，我睡在房子前面的一間小房子裡，無論是早晨或是晚上，我都是自己單獨度過好幾個小時的。這個房間的隔壁就是另一個房間，我打開那扇小門，看到裡面有一個黑暗、狹小且尚未完工的櫥櫃，櫥櫃一邊是打開的，裡面都是一些碎屑與陳舊的東西。

這個櫥櫃就是那些幻想事物最喜歡玩耍的地方，但是關於這些他們表現出來的形狀與做出的行動，我現在記得不是很清楚了。我只記得，我當時小心翼翼不去做任何事情，不然我認為他們會感覺受到了冒犯。不過，他們的存在沒有給我帶來任何不安，也沒有讓我的內心感到任何恐懼。

我第一件清晰記得的事情，就是下面這件事：

一天晚上，當我獨自一人躺在房間裡的時候，陪伴著我的那條小狗布魯特斯在床邊打著呼嚕，接著我看到櫥櫃裡走出一個體型健碩的印第安女人，還有一個個子較矮的印第安男人，他們一起用手捧著古提琴。

那個女人穿著一條有點鬆散的黑色長袍，在腰間用一條腰帶將長袍束起來，她的頭上則戴著一頂高高的黑色皮帽，這頂帽子的形狀有點像現在女性都喜歡拿著的皮手套，上面裝飾著一排排紐扣，打開這些紐扣之後，裡面有一條紅線。那個男人則是穿著一件寒酸的黑色外套，戴著一頂圓圓的黑色帽子，剛好適合他的頭部大小。

他們似乎根本沒有注意到我的存在，只是用有點不滿的目光看著對方，好像正在為誰應該擁有這把古提琴的問題爭論不休。那個男人一把搶走古提琴，接著用手指彈奏了幾聲刺耳的音調。我非常清晰地聽到了這幾聲聲響，這些聲響讓我

整個身體都在顫動，帶給我一種詭異而又震撼心靈的感覺。接著，那位女人也一把奪走那把古提琴，然後非常認真地演奏著，她看來對自己的演奏感到非常滿意，但是她的演奏卻沒有發出任何我能夠聽到的聲音。

他們很快就離開了我的房間，我看到他們走進後面的廚房，並在那裡坐下來，然後一邊演奏，一邊與我的母親交流。後來，當那個男人又搶走古提琴，我才再次聽到了古提琴發出的尖銳刺耳的聲響。最後他們站起身，走出後門，跳過一大堆稻草與尚未脫粒的豆子，伴隨著一陣奇怪而轟鳴的聲響，就消失了蹤影。

當我們生活在這棟房子的時候，這樣的幻想畫面幾乎在每個晚上都會出現在我的腦海裡，直到我們最後搬到了另一所房子居住之後才消失。到現在，真正讓我感到無法理解、刺激著我的好奇心的事情，就是每天晚上在門口的位置，都應該堆著一大堆的稻草與尚未脫粒的刀豆。但是我在白天時，卻始終見不到這些東西的存在。我經常會悄悄地從床上爬下來，然後躡手躡腳地走到廚房，想要看看窗外是否已經是拂曉時分。

我想要詢問母親有關這方面的情況，但因為我當時太小了，還沒有掌握多少語言，所以無法從母親口中得到滿意的回答，只感覺到自己向母親提出的問題，讓她非常不耐煩。一開始，母親就沒有注意到我究竟在說什麼，顯然她認為這只是幼稚的孩子一些毫無意義的胡思亂想而已。不過，我的耐心與堅持不懈似乎讓母親感到非常恐懼，因為母親似乎認為我的精神有問題。於是，我很快就不再問母親任何事情了，越來越將內心的所有想法都放在自己的心中。

就在我們搬家之後沒多久的一天晚上，當這間房子陷入了寂靜，所有家人都入睡時，這些神祕的音樂家再次降臨到新家的廚房裡。他們急躁地觀察周圍的環境，然後不滿地皺著眉頭坐了下來，保持著安靜。接著，他們站起身來，走出後門，然後輕盈地跳過一堆玉米桿。之後，我就再也沒有見過他們了。

我們的新房子是一間釘滿釘子的平房，因為沒有二樓，所以我就睡在面向廚房的那間臥室裡。當你走進廚房的時候，會發現我的這間臥室就在大門的左手邊，接著就是通向閣樓的樓梯。因為當時的房間還沒有完全做好，一些木板仍然擺放在比較狹窄的樓梯上，在樓梯與天花板之間留下了相對比較多的空間。其中一塊開闊的空間就是直接面向我的床，因此當我躺在床上的枕頭上，我的臉就直接對著這一大片空間。

第十八章 《老城的人們》，西元 1869 年

每天晚上，在我上床睡覺，蠟燭熄滅之後，我都會感覺到有一個面容慈善的人臉，似乎在木板的頂端窺視著我，然後他的頭部、頸部、肩膀都在慢慢地向我這邊靠過來，最後他身體的腰部位置也向我這邊靠來。透過這樣的開闊空間，他以友好的姿態向我露出了微笑，然後以他出現時那樣友好的方式消失了。

他是我比較喜歡的一個幻想人物。雖然我們之間從未進行過任何交流，可是我們都能夠明白對方的想法，也都完全忠誠於對方。在這個獨特的事實裡，這個讓我喜歡的幻想人物，有著與比我大一些，讓我感到恐懼與怨恨的大男孩相似的面容。因為這個幻想人物的形象太強烈了，於是我就用自己的名字將他命名為哈威。

哈威的每次拜訪始終都是如約而至，並且每次都會給我的內心帶來愉悅。不過，有些時候，也會有一些其他讓我感到恐怖與憎恨的幻想人物出現。我在下面所談到的這次體會是最具代表性的。

一天晚上，當我躺在床上休息，正等待著哈威再次出現時，我觀察到一大堆隧道形狀的一團烏雲出現了，這些我在上文也有所描述。這些烏雲看上去是那麼濃密、那麼躁動。這樣的景象讓我的內心感到極為恐懼。我當時就有一種可怕的預感，那就是可怕的事情即將要發生了。

沒過多久，我看到哈威出現在他平時會出現的地方，正透過一個小孔小心翼翼地窺視著我。他的臉上露出了痛苦與害怕的表情，似乎正在警告我可能要發生的事情，但是他不敢將頭伸進房間裡，生怕那一團黑色的烏雲觸碰到他，因為此時這團烏雲正變得越來越濃密。

哈威很快就離開了，留我一個人在房間裡。當我將目光轉向房間左手邊的牆壁時，我想我看到了在我下面非常遠的地方，就是一個被詛咒的地方。因為我之前在聆聽布道演說時，曾聽人這樣說過。在這個充滿恐怖的可怕世界裡，這些隧道形狀的烏雲正在慢慢地累積能量，我能夠感受到他們正在摧毀許多陰鬱的房子。

那個地方離我很遠，我只能看到一些不清晰的畫面，比如看到下面有許多人，這些人的人數非常龐大，他們似乎都顯得非常活躍。在靠近地球表面的地方，在我看來離我的床只有一點距離，我看到四、五個身體結實的魔鬼正在將那些沒有原則與自甘墮落的男人帶到下面，其中一個男人的名字是布朗。

接下來的幾年裡，每當我想起這一幕，就會感到渾身顫抖。我所看到的這些魔鬼，和人們平常談論的魔鬼形象非常不一樣。他們既沒有紅色的臉龐，也沒有長著號角或是馬蹄，更沒有尾巴。無論從哪個方面去看，他們都是身體結實、穿著整齊的紳士。我在他們的外貌上注意到的唯一特點，是在他們的頭部。他們的臉龐與脖子幾乎都是光滑的，沒有任何毛髮或是肉，都是一種統一的天藍色，就好比是燒廢紙時出現的那種顏色，但他們看上去給人一種相對光滑的感覺。

　　當我集中所有注意力看著這一切的時候，這些魔鬼正在用力地強迫著布朗跟他們走，而布朗也在絕望地反抗，想要努力掙脫他們的控制。看來，人類在絕望的時候表現出來的潛能，對於來自地獄的魔鬼來說還是太大了。在這個關鍵時刻，其中一位魔鬼正在大口喘著氣，用手擦著汗，懇求那一大團擁有強大力量的濃密烏雲過來幫忙。

　　那一團烏雲似乎也是心領神會，於是就像旋風那樣將布朗捲起來，牢牢地將他控制住。布朗勇敢地反抗，憤怒地用拳頭對著這團烏雲揮舞著，但布朗的這一切努力都是徒勞無功的。他的雙手開始發黑，在慢慢地顫抖，似乎正被這團烏雲慢慢地融化了。

　　在這千鈞一髮之際，布朗將他畢生的全部能量激發出來，迅速從這團烏雲的中心掉了出來，然後用手掙脫這團烏雲的束縛，跳回了地面。回到地面上的布朗用極為興奮與粗野的聲音大聲地說：「該死的，我回到了這裡！我還沒到下地獄的時候呢！」布朗的這句話直到現在都刺痛著我的耳朵。這是整個可怕過程中，我唯一能夠聽到的一句話。這是我第一次看到這團烏雲無法如願，這一幕讓我渾身從頭到腳都在顫抖。

　　不過，這些魔鬼看來並沒有對這樣的結果感到沮喪。其中一個像是領導人的魔鬼慢慢地走開了，然後帶著兩個固定在鐵架上的巨大滾輪回來，這些滾輪都是鋼鐵鑄造工廠用來滾動鋼鐵棒的。不過，我所看到的這一對巨大滾輪，沒有用任何機械來驅動，而是用一個巨大的曲柄來控制。

　　此時，3個魔鬼正抓著布朗，將他的雙腿放在滾輪下面，另外兩個魔鬼則站在旁邊，其中一個魔鬼手裡拿著曲柄，開始讓滾輪慢慢地碾過布朗，布朗根本沒有任何反抗的餘地。此時，我聽不到布朗發出的任何聲音，整個場面也沒有人在說話。但是，布朗看起來在進行著可怕的掙扎，他臉上的痛苦表情是我所不能忍受的。

第十八章　《老城的人們》，西元 1869 年

　　我從床上驚醒，經過廚房，跑到我父母睡覺的那個地方，然後懇求他們跟我一起睡。在對我安慰一番之後，他們向我保證，任何事物都不會傷害到我的，並且建議我回去房間睡覺。我回答說，我不是擔心這些東西會傷害到我，而是我無法忍受看到那些魔鬼對待布朗的行為。

　　我的父親用輕蔑的口吻說：「哼，你這個愚蠢的孩子。你剛剛只是在做夢而已，快點回你的房間睡覺，不然我就要打人了。」我知道自己別無選擇，只好拖著疲憊的腳步回到了房間。我將自己的全部勇氣都集中起來，小心翼翼地觀察著房間裡面的情況。

　　此時，我發現房間裡空蕩蕩的，沒有任何東西，剛剛所看到的那團烏雲也不見了，沒有了魔鬼，更沒有我之前所見到的一切景象。於是，我爬上床，淡然地睡到了第二天早上。第二天睡醒後，我感到非常悲傷與憂鬱，但我還是將自己的所有想法都放在心裡，並一直為布朗所遭受的可怕命運感到恐懼。我的這一切幻想都是在我父親生病之前，大約發生在我四歲到六歲之間。

　　在我父親生病期間以及父親去世之後，我與祖母一起生活。當我從祖母家回到自己家裡時，我發現自己再也看不到哈威的存在了。在晚上的大部分時間裡，我依然是孤獨地睡覺，可是這次我是在一個整潔乾淨的房間裡睡覺。在房間的角落裡，也就是距離我的床沒多遠的地方，有一個看起來像老式碗櫥的櫥櫃。

　　在上床之後，我認真地看著這個櫥櫃的大門，我彷彿看到了裡面遠處有一片非常美麗的草地，草地一直延伸到一個美麗的小果園。在這座果園之外，又是一片綠油油的草地，接著是一個非常美麗的小女人的身影，這個小女人的身高大約是八英寸左右，身體的比例非常勻稱，穿著一條寬鬆的黑色絲綢長袍，留著一頭又長又柔順的烏黑頭髮。

　　她以緩慢且有規律的步伐慢慢地走來，隨著她越走越近，我漸漸能看清楚她的模樣。她最後差不多來到櫥櫃大門的位置，微笑地看著我，然後抬起手，放在頭上，接著放下手，用手指著她兩邊的臉頰。突然間，她轉過身。我看到了一個面容秀氣的黑白混血男人，這個男人的身材要比這個女人更矮一些，但始終跟在這個女人的後面。在我完全入睡之前，這樣的情景重複了兩三次左右。這個黑白混血兒的形象，與之前那位拿著古提琴的印第安男人的形象有點相似，只是這個混血兒顯得更加溫順和友善。

在一個月光皎潔的晚上，我醒了過來，發現有一具灰藍色的高大人類骨骼正與我睡在一張床上。我發出驚恐的尖叫聲，很快地，家人都聚集在我身邊。我拒絕告訴他們我驚慌失措的原因，但我懇求他們讓我睡另一張床，他們最後同意了。

在這個晚上接下來的時間裡，我幾乎都沒有闔眼睡覺。但我看到了窗臺那裡似乎有一些小精靈，她們大約有六英寸高，穿著白色的長袍，正在愉悅地嬉戲與跳舞。其中兩個精靈分別是男性與女性，他們要比其他精靈更高一些，頭上戴著王冠、手上拿著權杖，展現出他們的地位。他們對我非常友善，以非常仁慈的方式對著我微笑，像是在告訴我，他們肯定會保護我的。他們的存在讓我的內心得到了極大的安慰。雖然，他們有時也會表現出險惡與自私的一面，這讓我無法完全信任他們。

直到此時，我依然深信著這些幻想事物的真實存在，我也從未懷疑過其他人無法像我這樣可以清晰地看到這些景象。不過，我現在可以安心地意識到，我的朋友們都對這些伴隨著我一生的幻想事物是一無所知的。當我與他們談論這些情況的時候，他們總是一頭霧水。當我就此表達自己的抱怨時，他們都會哈哈大笑。我從來沒有想過要將這些內心想法說出來，而當我知道別人根本沒有我這樣的經歷之後，則更是讓我堅定了要對此保持緘默的態度。但是，這並沒有影響我的信念，或是讓我認為我所幻想的東西是不存在的。

在這段時期，我從晚上獨自散步的過程中，獲得了極大的樂趣。在那些最為安靜的田野、樹林、河岸邊或是其他完全安靜的地方散步，都是我最喜歡做的事情。因為我可以靜靜地享受自己所感受到的各種幻想事物，並且不會受到外界的任何干擾。每一個物體，即便是一片顫動的葉子，似乎都在因為同一種充滿著靈魂的力量而變得富於生機，其自然本性似乎與其所處的自然環境是一致的。

我將自己人生大部分的時間都用於這種孤獨的散步，我想要指出一些特別的地方，而且我也會定期前去這些地方。柔和的月光對我來說是非常美好的，但是，我最喜歡的是沒有月光且多霧的晚上。有時，當我在這個時候出去散步，就會感覺自己似乎被一種不可名狀且深沉的憂鬱情感所壓迫。我不知道其中的緣由，只是感到非常不快樂，希望自己能夠從這個世界上消失。

突然間，我意識到我在家裡的朋友也正在遭受著某種可怕的災難。這樣的想法如此強烈，讓我加快回家的腳步，想要看看家裡到底發生了什麼事情。在這樣

第十八章 《老城的人們》，西元 1869 年

的時候，我會對我的朋友產生一種病態的愛意，這樣的情感真的令我的心靈忍受著無盡的煎熬。每當我想到他們可能會面臨的任何問題，我都會立即陷入一種不可控制的激情當中，就像翻滾的泡沫一樣。

因此，我被大人們說成是脾氣暴躁的孩子，但是上帝知道我從未給任何動物 —— 無論是人類或是低等動物 —— 帶來任何傷害，因為我無法承受這樣做所帶來的可怕後果。即便是現在，我依然會感受到深沉的悲傷，感覺到突如其來的憂鬱、惱怒或是痛苦的後悔情感，這讓我飽受煎熬。每到秋天這個季節，憂鬱的情感就會持續地出現，壓迫著我的心靈。

我從很小的時候就開始識字，在認識了一些字之後，我就開始瘋狂地喜歡上了讀書。在閱讀《聖經》時，我讀了約伯的前面幾個章節，還有關於以西結、但以理與啟示錄的部分內容。這些內容都強烈地吸引著我。在我所在的農村，當其他孩子剛剛會說一句符合語法的話時，我已經能夠背誦其中的部分段落了。

我記得，除了《聖經》之外，我閱讀的第一本書就是摩斯所著的《新英格蘭的歷史》。這本書激發了我強烈的閱讀興趣，我每天都如飢似渴地閱讀這本書，特別是書中關於印第安人與巫術方面的內容，更是讓我愛不釋手。當時，我養成了每當讀到不懂的內容，就前去找祖母尋求解釋的習慣。祖母也會跟我解釋其中的一些內容，而我則在一旁聚精會神地聆聽著祖母講述馬瑟的《馬格諾拉》。

這是一本我一直以來都想要閱讀的書，但我直到二十歲的時候才有機會讀到。在我很小的時候，我就得到了一本名叫《演說的藝術》的書，裡面包含了從彌爾頓到莎士比亞等著名作家的文章。這本書的其他內容同樣吸引著我，但是這些內容都是從這兩位著名詩人的作品中節選下來的，因此裡面的大部分內容是當時的我所無法理解的。

於是，我反覆閱讀這些內容，並從每次的精讀過程中得到快樂，直到我能夠將這些內容都記在腦海裡，在翻閱這些書籍時都能自然而然地想起內容。但在我這個階段所閱讀的書中，真正讓我的內心感到無比震撼的，是班揚（John Bunyan）所著的《天路歷程》（*The Pilgrim's Progress*）。無論是白天或晚上，我都會反覆閱讀這本書。我將這本書放在枕頭邊，在睡覺的時候將這本書抱在懷裡睡覺。每當我發現這本書的不同版本，都會拿過來認真地看，彷彿就像在看一個全新的故事一樣。

在閱讀的過程中，我的內心感受到了前所未有的滿足感，這更加讓我產生這樣的感覺，那就是「誠實的約翰」在這本書裡所提到的任何事情，都是無比真實的，都是真實發生過的。即便讓我再次閱讀這本書，我依然會產生一種強烈的滿足感，彷彿這本書能夠給我帶來小時候閱讀時的那種無比強烈的美好感覺。

在我接著談論一些細節之前，我有必要談論一些相關的事情。我所幻想出來的訪客的形象，特別是他們所做出來的行為，都是與所謂的因果存在著緊密的連繫。因此，我無法判斷這些幻想的訪客是否會帶來某些情感。這些幻想的事物一般都會表現出愉悅或是痛苦、殷勤或是憤怒，而這一切的變化都取決於我當時所感受到的心情。

若是我所幻想的事物從一個地方轉移到了另一個地方，同時也沒有挪動他們的四肢時，那他們的這種滑行運動也許會與某些精神相關。那麼在這些幻想事物迅速地移動時，我的胃部就會感覺到一種不安的感覺。倘若他們是以一種不安的步伐在慢慢地移動，那麼我會感覺整個身體都會出現震動的情況。

這些幻想事物的形象總是都需要我做出很多的思考，讓我的身心感到非常疲憊。這些幻想事物表現得越是明確與生動，我的疲憊感就會越發強烈。在這個時候，我的臉色肯定是蒼白的，我的雙眼則會異常地充血。每當我對這些想像的幻覺感到滿足之後，這樣的情況才會慢慢地消失，否則這樣的情況會持續到現在。

因此，斯托夫人在將斯托教授的這些幻想內容以文學的形式表達出來，會給人們帶來不同尋常的閱讀感受，這也不讓我們感到驚訝了。當早年的這些不同尋常的經驗，被視為一種有趣或是愉悅的體會之後，那麼這樣的體會就在《老城的爐邊故事》裡得到呈現了。

斯托夫人在這本書裡描述的事情或是刻畫的人物形象，肯定不是理想化的。這些故事都是出自斯托教授之口，斯托夫人在創作的時候幾乎也沒有什麼更改。書中的山姆・勞森是一個具有真正品格的人。在西元 1874 年，惠蒂爾在一封給斯托夫人的信件裡說：「我現在沒有足夠的精力去寫太多的文字或是閱讀什麼書，因為閱讀書籍需要我付出一定的思考，這個過程會令我感到非常痛苦。但是，我正在閱妳你的這本書，裡面的山姆・勞森讓我覺得非常有趣，正如特里姆下士談論尤立克的布道演說一樣：『我真的非常非常喜歡。』」

第十八章 《老城的人們》，西元 1869 年

這些故事所具有的力量以及文學方面的價值，就在於這些故事是忠於本性的。斯托教授本人就是一位無與倫比的講故事之人。斯托夫人身為女作家的成功，在很大程度上都有斯托教授的功勞。斯托教授不僅擁有敏銳且積極的思維方式，還有著強大的記憶能力。只要斯托教授還活著，那麼斯托夫人在任何主題上的創作，都不會缺乏可靠的資訊。

可以說，斯托教授是屬於那種稀有的物種，是那種「百科全書式的學者」。斯托教授的研究是無法用當代「教授」一詞本身所具有的意義去衡量的。但總的來說，斯托教授對奇蹟的熱愛是非常強烈的。

因此，談論斯托教授在品格塑造方面的能力，這是有必要的。因為這可以從他與斯托夫人的對話或是信件往來中，看到斯托夫人與他在這方面有著深深的共鳴。

西元 1839 年 7 月 14 日，納提克

我在這週寫作布道演說的過程中，度過了非常美好的時光。我在過去散步的地方漫步，發現那裡還有一塊相同的石牆，也看到了一條老舊的石路穿過黑麥田野，直通到河流。這裡的牛蛙依然在綠色的田野裡呱呱地叫著，這裡的水龜在我經過的時候，慢慢地抬起頭，似乎在向我鞠躬。我在這裡什麼都不缺，唯一缺的就是我的妻子不在這裡與我一起聊天，否則這裡的一切都將變得非常圓滿……

我跟老叔叔「喬」培根聊天，還與一些老人一起，你應該也聽說過這些人。柯帝士河經常會在水漲的時候淹到喬叔叔的草地，這讓喬叔叔感到非常憂慮。他說：「我會告訴你的伊齊克叔叔，如果魔鬼總是這樣對待我，那麼我就看不到魔鬼的存在還有什麼意義。」「你與柯帝士聊過這件事了沒？」「聊過了。但是他們根本不理我。他們還告訴我，以後還要讓河水淹沒我的前門，讓我在出門的時候都要乘坐小船。」「為什麼你不去找法官呢？」「哦，麻薩諸塞州這邊的法官總是在變更法律，他們認為冰冷的河水不會傷害到任何人。」

母親與阿姨納比各住一間房子。一開始，納比阿姨在早上起床，檢查了水槽，看看水槽是否漏水，是否腐蝕了橫梁。接著，她就開始生火，將那個小茶壺放在柴火上面，然後將一小勺黑茶放在小茶壺裡。之後，她就開始忙著準備早餐了。

在這個時候，母親悄悄地走下樓梯，就像一隻年老的虎斑貓那樣從煙灰口裡走出來。母親似乎對此有點疑惑，詢問納比阿姨是否想過用其他方法去做早餐，因為母親在這個早上沒有什麼食慾。但是，納比阿姨正切著培根肉，然後用火來烤這些培根肉，接著就開始泡咖啡，認為自己應該喝點咖啡。我不知道咖啡是否對她有什麼好處，但她似乎也沒喝多少咖啡。

後來，在納比阿姨坐下來品茶，用力咀嚼麵包並沾著奶油吃的時候，她的臉龐是那麼淡定，流露出一種心滿意足的感覺。母親則像在一座充滿疑惑的城堡裡的羞澀夫人，對此感到非常困惑與不解。直到她看到在房間的另一個角落裡還有另一張小桌子，上面擺放著烤火腿和咖啡，還有一兩個荷包蛋之類的食物。這位羞澀夫人在內心感受到了諸多沮喪之後，終於坐了下來。雖然她預感到這會讓她像那位隨時準備停止的先生，在拄著枴杖走到那位感到無比恐懼的女士身旁時，依然會迅速地飛翔一樣。

因此，我分別與母親以及蘇珊阿姨一起吃早餐，但是我沒有向她們說出納比阿姨的行為。她們進行了有趣的談論，談論著要聯合起來之類的話。此時，一些流言已經傳出來了，說她們將會聯合起來，在一張桌子上吃東西，特別是當哈里特與小海蒂都過來的時候。如果整個過程出現了任何奇怪的事情，那麼她們也不知道到時候報紙會說些什麼。

母親是一個非常好的人，她的身型就像一把短柄斧頭那樣瘦削，但她卻像捕獸夾那樣靈敏。納比阿姨還是像以前那樣肥胖與隨和。既然水槽已經修理好了，那就不存在任何漏水或是腐蝕橫梁的事情。因此納比阿姨除了認真觀察水槽的情況之外，也沒有其他事情可做了。比爾叔叔已經前往華盛頓市居住，現在也不再喝朗姆酒了。納比阿姨為自己失去了一個可以聊天的人而感到苦惱。

伊克叔叔從小就患有麻痺症，因此身體一直都非常虛弱。他說自己的小腿與手臂有時會不聽使喚，不過他的大腦與內心的毅力卻始終都是非常強大的。我告訴他，我們的姊姊凱特也有同樣的情況，這讓伊克叔叔深受感動，於是他將一個碩大的南瓜打開一條裂縫，向我展示裡面的兩排白色象牙。我從少年時期就對這些象牙充滿了敬畏之心。伊克叔叔現在已經 65 歲了，卻從未掉過一顆牙齒。他一生一直生活在距離他的出生地，大約方圓 15 里內的地方，除了有一次例外，那是在西元 1819 年，我當時在布拉德福德學院的時候。

第十八章 《老城的人們》，西元 1869 年

那次伊克叔叔不知怎的，突然產生了一種冒險的衝動，想要到布拉德福德學院帶我回來過暑假。伊克叔叔竟然駕駛馬車完成了 30 里路的行程，並且整個晚上都在一間小旅館裡睡覺。他之後的人生再沒有過這樣的勇敢壯舉。我還清楚地記得，在安多弗北面這個偏僻的小旅館裡，我們住在一個有雙人床的房間裡。

因為我當時比較年少，還是像之前那樣脫衣睡覺。但是，我那位勇敢且深思熟慮的叔叔只是脫下外套，放在枕頭上，雙腳依然穿著靴子，雙手則放在帽子的邊緣上。當他躺在床上時，小心翼翼地用雙手將帽子放在肚子上。伊克叔叔不許我吹滅蠟燭，然後用那雙蒼白的眼睛盯著天花板看。

最後，他表現出了一個勇敢之人所應該有的沉著冷靜，下定決心要面對可能會降臨到我們頭上的任何危險。最後，我們毫髮無傷地離開了，那位勇敢強悍的旅館主人與他那位無情的兒子，只要求我們付清晚餐錢、住宿錢、馬草錢以及早餐錢。我這位勇敢的叔叔沒有展現出一點恐懼感，果斷地支付了這些錢。

斯托夫人將斯托教授講述的這些故事，用文學的方式創作成了有 22 個章節的《老城的人們》一書，伊克叔叔就是書中雅各叔叔的原型。

斯托夫人對於《老城的人們》是否會在英國受到讀者的歡迎，存在著很大的疑慮，因為這本書具有鮮明的新英格蘭特色。在這本書出版之後沒多久，她就收到了路易士（喬治·艾略特）在西元 1869 年 7 月 11 日寄來的下面這封信：

我收到了妳寄來的《老城的人們》，並且認真地閱讀了一遍。我認為，在妳的讀者當中，沒有誰像我這樣老一輩的人，更能對妳在書中講述的內容更感興趣的了。

我對這本書的強烈興趣，主要源於兩個方面：一是我本身對過去時代的鄉村生活充滿了熱愛，因為這與當代的生活都是緊密連繫的。雖然我們相隔了一個大西洋，但我依然能夠感受到我的父親與母親在不同的歷史時期的生活狀況。二是我對加爾文正統宗教的一些實驗性認知。我認為妳闡述這些宗教信念的方式並不是屬於妳本人的，以間接的方式去表達，才算得上是妳的洞察力與包容心的一種勝利。

路易士先生與我本人都對斯托教授所談到的獨特心理體會非常感興趣，我們認為要是能夠親自從他口中聽到這些事情，那肯定是非常榮幸的事。要想獲得研

究這種不同尋常心理體會的機會是非常難得的，即便對那些擁有卓越心靈的人來說，也是非常稀有的。

《老城的人們》顯然是斯托夫人描述她所處時代的最後一本書。這本書除了作為小說所具有的內在價值之外，這還為我們研究「被稱為具有創造力時期的新英格蘭地區的民眾生活與特定的歷史」有著很高的價值。

無論斯托夫人是否已經遠離了她所處的時代或是民眾，她都希望「能夠讓自己的心靈像一面鏡子或是高山湖泊那樣平靜與客觀，只是將倒影在這面鏡子或是湖水上的景象描繪出來。」斯托夫人這樣的創作理念是她這本書具有永恆價值的一個重要原因，而這本書若是單純以一個故事去解讀的話，那麼其具有的價值肯定是非常短暫的。

第十九章　拜倫夫人的爭議

第十九章　拜倫夫人的爭議

在斯托夫人的一生中，要想避免所謂的「拜倫夫人爭議事件」不談幾乎是不可能的。我們有必要對這件非常無趣的事情闡述一番，因為斯托夫人當年也不得不對這件事有一番無趣的討論。為了在這件事情上給自己正名，斯托夫人這樣說：

在我們短短的一生裡，你、我、我的兄弟與姊妹們，除了說出真話之外，還能說些什麼呢？難道不是男人與男人之間的真話，男人與女人之間的真話，才是所有一切存在的基礎嗎？難道不是每個人都必須要單獨對上帝負責，去了解這件事的真正事實嗎？當我告訴你們，我在這件事情的立場時，請認真聆聽我所說的話，了解我在這其中所處的位置。

西元 1869 年 7 月，一場針對我的好朋友的無恥攻擊，出現在《布萊克伍德》雜誌上。這篇文章將拜倫夫人說成是十惡不赦的罪犯，並且將古利奧奇那本面向基督徒的書，說成是拜倫爵士的情婦所寫的。這件事在英國沒有引起任何人的憤怒。里特爾的《當代》雜誌重新刊登了《布萊克伍德》雜誌上的這篇文章，還有美國最大的出版公司《哈帕》雜誌也轉載了這篇文章，將這篇文章公布在全世界面前。

《布萊克伍德》雜誌上的這篇文章，包括《帕爾默爾中心公報》以及英國的其他期刊，都開始向美國的年輕人與讀者宣揚這件事。我經常在翻看日報的時候看到這樣的報導，看到很多雜誌也紛紛刊登這樣的內容。這些文章都是以有關指責拜倫夫人的誹謗言論作為事實依據的，這些都是根本不可信的。那些真正接觸拜倫夫人的人，即便在英國也只有少數人，現在隨著了解她的人都慢慢地逝去，因此了解她的人就更少了。

相比於這個世界的許多人來說，了解她的人太少，所以這些人也只能保持沉默。我看到那些愚蠢的誹謗之人，宣揚一些根本違背事實的內容，大肆汙衊拜倫夫人的品格。這些人根本對拜倫夫人生前所處的圈子與生活環境一無所知。當這樣的風波出現之後，沒有人願意站出來發聲，我決定站出來。

其實，根本不需要連篇累牘地概述這件事，因為公眾已經對這些事實有所熟悉了。因此，我們可以說，在西元 1868 年桂喬麗公爵夫人所著《拜倫勛爵回憶錄》一書出版後，斯托夫人認為自己有必要捍衛她的朋友，避免那些謬誤的事實與誹謗者攻擊拜倫夫人。為了實現這個目標，西元 1869 年 9 月，她在《大西洋月刊》上刊登了〈拜倫夫人真實的一生〉。在這篇文章裡，斯托夫人談到她對拜倫夫人的第一印象：

我是在西元 1853 年第一次前往英國的時候認識她的。我是在她的一位朋友的午餐聚會上見到她的。當我被引薦認識她的時候，我能夠感覺到她丈夫當年所說的話：「她能夠讓你瞬間產生敬畏感，她的精神似乎坐在寶座上。」

西元 1856 年秋天，也就是斯托夫人第二次前去英國的時候，她與她的姊姊前往埃弗斯利去拜訪查爾斯・金斯萊牧師。她們在中途停下來，受邀前往拜倫夫人在里士滿附近的漢姆大廳的夏日住所裡，與她一起共進午餐。在那個時候，拜倫夫人對斯托夫人說，她希望斯托夫人在返程的時候能夠再過來看望她，因為她有一個重要的問題想徵求她的意見。斯托夫人這樣描述與拜倫夫人的會面：

午餐後，我與拜倫夫人一起回到房間，我的姊姊則與她的朋友在一起。在這裡，我應該講一下這次談話的主題，對我來說，也不是什麼新穎的話題。

在我第一次與第二次前往英國這中間的時間裡，拜倫夫人的一位好友在經過她的同意之後，向我詳細地講述了這件事，並且列舉了一些事實。因此，我對接下來發生的這些事情還是有些心理準備的。

那些指責拜倫夫人喜歡談論這個話題，或是對這個問題盲目樂觀的人，根本對拜倫夫人毫無了解，不知道拜倫夫人的忍耐力，以及她在談論這些埋藏於心底的事情，是多麼困難的一件事。她習慣性的冷靜與沉著，無論在任何場合下表現出來的威嚴，這些都是她的丈夫生前所經常提到的。

第十九章　拜倫夫人的爭議

當然，她的這種表現有時會得到讚賞，有時則會遭到批評。拜倫生前說：「雖然我指責拜倫夫人有時會表現出過度的自尊，但我必須坦率地承認一點，如果一個人始終應該忠實於自己的想法，那麼拜倫夫人表現出來的思想、言行，都是世界上那些最為得體的女性應該表現出來的。我認為，只有極少數女性才能達到她這樣的境界。」

拜倫夫人表現出來的冷靜和威嚴，在這次對話中表現得淋漓盡致。當我回想起十幾年前的這場對話時，我總是會想起當時所使用的語言。我還記得拜倫夫人說的一些特別的字眼以及表達方式。在其他情況下，我可以將雙方談論的問題記錄下來。

不過拜倫夫人在談論到某些話題時，表現出來的那種受壓抑的情感讓我感到很可怕。但是，她竟然能夠用語言將那樣的情感表達出來，這點是毫無疑問的。

斯托夫人接著詳細地談論她與拜倫夫人之間的對話，在最後結尾時這樣說：

當然，我沒有以調查真偽的角度去聆聽她說的話。我認為她說的是事實。她跟我說這些話並不是讓我告訴全世界的人。但她在我離開之前，也問過我是否應該將她的這些想法公諸於眾。整個會談中她所說的話，全都是以無法反駁的證據為基礎的。關於這些證據到底是什麼，我沒有認真詢問。在回答一些一般性問題時，她說自己有一些信件與檔案，可以作為她所表達的證據。

我知道拜倫夫人有堅強的意志、冷靜的頭腦、做事準確的習慣，以及她對這件事知根知底，因此我認為她是最有發言權的。我對她說，我應該認真考慮這個問題，會在幾天後說出自己的看法。那天晚上，在我的姊姊與我回到住所之後，我向她講了這個故事，我們整個晚上都在談論這件事。我一直希望拜倫夫人能夠以公正得體的方式立即公開這些事實。可是，拜倫夫人始終不願意邁出這一步。

在第二天告別的時候，有關拜倫夫人說的這個故事發生的一些日期以及具體情況，我請求她給我一份備忘錄，好讓我更好地記錄這些事情，拜倫夫人答應了。在給我這些文件的時候，拜倫夫人懇求我在這個問題變得毫無重要性的時候，就要還給她。因此，在一兩天之後，我在一封匆忙寫好的信件裡將這些檔案隨信寄過去，因為我當時正準備離開倫敦前往巴黎，沒有足夠的時間去考慮這件事。

當我回想起自己的這些行為，我認為整件事情似乎是某種不自然的邪惡衝動，而最後造成的結果是精神層面上的錯亂。在我看來，這是解釋很多毫無動機、不正常的邪惡與殘忍行為的唯一途徑。我對這件事的第一印象，可以從我當時匆匆寫的一封信裡看出來：

西元 1856 年 11 月 5 日，倫敦

我最親愛的朋友：

我將這些東西寄回給妳，這些東西讓我感到目瞪口呆。這是多麼奇怪的事情啊！這是多麼地不可理解啊！妳是否有將這樣的情況告訴醫生，讓他們去判斷呢？這到底是屬於神經性疾病還是屬於精神失常呢？

天才與瘋狂之間僅有一線之隔，

而這樣的劃分是那麼地模糊。

但是，我今晚寫信給妳的目的，並不是要詳細告訴妳我對這件事的看法。我準備在抵達巴黎，有了充裕的時間後再寫信給妳。

這封信的其餘內容主要是關於拜倫夫人與我，幫助了一位遭遇不幸的藝術家的事情。這封信的最後內容如下：

現在，我正在前往巴黎的路上，匆忙寫了這封信給妳。至於何時返回美國，我現在還沒有這樣的打算。再見了，我的朋友。我對妳的愛意是無法用語言去表達的。願上帝保佑妳！

哈里特·比徹·斯托

斯托夫人在抵達巴黎之後寫的一封信如下：

西元 1856 年 12 月 17 日，巴黎

親愛的拜倫夫人：

堪薩斯委員會寫了一封信給我，希望我能夠向某某女士寄來的 5 美元表達感激之情。我並不認識這位女士，因此只能透過妳來表達我們的謝意。

在之前的一兩天裡，我將堪薩斯委員會寄來的信件隨信寄給妳了。

第十九章　拜倫夫人的爭議

關於我們上次在一起聊天的問題，我這段時間對此深入地思考了一番。我改變了之前的看法，考慮到這件事情的特殊性，我只能希望這種神聖的沉默情感能夠將過去發生的一切都淹沒，在我們的餘生中都再也不會被提起。我要說，將這些事情交給一些小心謹慎的朋友吧！他們可能已經離開這個世界了，他們可以在天國裡盡情地說出事實的真相。

有時，我不得不認為，世人做出的一些判斷是多麼卑微、低俗且難以理解。在鳥身女妖的控制範圍裡，我無法展現出更多的尊敬、愛意以及敬意，因為鳥身女妖會玷汙她所觸碰到的一切事物。所有隱藏的事物最終都會被光明照耀到。任何不該掩藏的事情都該公開，絕對不該隱藏在一個無人知曉的地方。因此，正義永遠不會缺席。

親愛的朋友，這些就是我的看法。這可能與我第一次聽妳說那段奇怪且悲傷的故事時的想法有些不一樣。請記住，無論我們是否能夠再見面，我永遠都愛著妳。

永遠忠誠於妳的

哈里特・比徹・斯托

在斯托夫人的那篇文章登報之前，她寫了下面一封信給當時居住在波士頓的霍姆斯博士：

親愛的博士：

我想要懇求你的幫助。我相信我們之間的友情，可以讓我向你這樣的朋友尋求一些建議。為了讓你對這件事有深入的了解，我必須要從幾年前談起，一五一十地跟你說一下。

當我第一次前往英國的時候，我與拜倫夫人成為了朋友，這讓我們之後有許多有趣的書信往來。西元 1856 年，當《德雷德：陰暗大沼地的故事》一書出版之後，我第二次前往英國。拜倫夫人寫信給我，希望與我進行一番私下的祕密會談，並且邀請我前去她在倫敦郊區的房子裡會面。

我前去她的住所，與她單獨談論了整個下午。關於這次拜訪的主要目的，拜倫夫人後來跟我解釋了。拜倫夫人當時的健康狀況不是很好，因此她認為自己可能時日無多了，所以她想將自己要說的話說出來。

你肯定也知道，拜倫夫人的一生，都是在許多對她丈夫的誹謗與錯誤的非難

中度過的。她除了對自己一些少數信任的朋友說過自己的故事之外，根本沒有與其他人說過。每當她遇到一些緊急事情的時候，都需要這些朋友的幫忙。當然，世人似乎對她的遭遇沒有任何的同情，他們更加專注於一種不公平的行為，而不是一種對嚴格正義的追求。

在那個時候，市面上出現了一本關於拜倫的廉價書籍，這本書後來的銷量不錯。這本講述拜倫家庭不幸生活故事的書籍，引發了很多讀者的同情。但是，這本書的內容基本上都是虛構的，只是為了能夠有更多的銷量。

在那樣的情況下，拜倫夫人的一些朋友向她提出一些問題，詢問她是否應該站出來說出事實的真相，或是透過沉默的方式，預設公眾對她的那種完全錯誤的看法。可以說，拜倫夫人的一生，都表現出了最為勇敢的自我克制與自我犧牲精神。因此，那些關於她是否應該再次保持克制的問題，不去說出事實的真相要求，其實都是不重要的，而不論這樣的克制會給她本人的情感造成多大的傷害。

正是出於這個目的，拜倫夫人對我說，她希望能夠向一位她可以完全信任的朋友講述整件事 —— 一個來自其他國家的人，一個與這件事發生的國家或是地區毫無關係的人 —— 講述這件事的來龍去脈。她說，只有這樣，我才能更好對她所講述的故事有一番客觀的評論。

這次見面聊天的過程，有著一種病榻前離別的那種毫無保留的坦誠。拜倫夫人跟我講了我之前在《大西洋雜誌》上所看到的一篇文章。我當時就已經準備好資料對此進行回擊了，因為這篇文章從頭到尾都充斥著許多拜倫爵士的情婦對拜倫夫人的攻擊。

當你讀了我的文章之後，我需要的並不是關於這件事的主要事實是否應該說出來的建議，因為在這個問題上，我認為坦率地說出事實真相對我是毫無好處的。但是，你可以用你的細膩情感與洞察力幫助我，讓我講述這件事的方式變得更加完美。我希望能夠以睿智的方式去闡述這個故事。

在 7 月 1 日之後，我的郵局位址將會是麻薩諸塞州布里斯托爾韋斯特波特角。出版商會將校樣寄給你。

永遠忠實於你的朋友
哈里特‧比徹‧斯托

第十九章　拜倫夫人的爭議

　　為了回應這篇文章刊登之後所引發的爭議風暴，斯托夫人繼續付出一番深入的努力，想要證明自己指責拜倫爵士的行為。西元 1869 年，斯托夫人出版了名為《為拜倫夫人正名》（*Lady Byron Vindicated*）的書。在這本書出版之後，她就將一本樣書寄給了奧利弗‧溫德爾‧霍姆斯博士，並且附帶了下面一封信：

西元 1869 年 5 月 19 日，波士頓

親愛的博士：

　　在寫完這本書之後，我有許多閒暇時間可以寫信給你。我正處於一個「關鍵的階段」。這是一種奇怪且詭異的體會。我之前沒有對任何人說過一句話，雖然我經常會想起你，希望能夠從你那裡得到一些幫助與憐憫。我經常會想起你，為你的作品在美國與英國深受歡迎而感到高興。相比於大多數人的看法，我更加看重你的看法。我經常思考你上次寄給我的那封信的內容，我也將這封信寄給了我的許多朋友。願上帝保佑你！請你與你的妻子接受這本書。

永遠忠誠於你的

哈里特‧比徹‧斯托

　　西元 1870 年，斯托夫人透過倫敦的桑普森‧洛聯合出版公司，向英國讀者出版了名為《拜倫爭議的歷史》（*The History of the Byron Controversy*）一書。不過，斯托夫人的這本書，未能平息英國民眾對拜倫夫人的反感。也許，斯托夫人不應該在那個時候出版這本書，即便是在斯托夫人最忠實的崇拜者看來，也是如此。

　　斯托夫人寫這本書的本意，就是透過講述拜倫夫人之前跟她說過的事實，希望能夠證明拜倫夫人純潔的動機以及高尚的情操，從而讓這件痛苦的事情為大眾所了解。

　　當斯托夫人努力捍衛拜倫夫人的名聲時，很多人根本對此毫無反應，還聯合起來反對她的這種做法。於是，斯托夫人就將這件事公諸於眾。她收到了奧利弗‧溫德爾‧霍姆斯博士的下面這封來信：

親愛的斯托夫人：

一直以來，我都想寫信給妳。但在很多人都對《大西洋期刊》上的那篇文章，發表荒謬且惡毒的評論時，我感覺應該在第一波的憤怒情感逐漸消失之後，才有必要對此表達自己的觀點。

我認為，我們都明白一點，那就是這場爭論不應該發生在美國，而應該發生在英國。我聽到了很多人對此表達的觀點，不過我始終都以沉默的方式站在妳那邊，衷心地支持我這位最具智慧的朋友。在這個過程中，我看到了很多人所持觀點的轉變。

一開始，人們認為古利奇奧背後的那些支持者，肯定反對任何對拜倫爵士的攻擊，因此他非常希望有機會能夠加入這場所謂的道德爭論，這能夠讓他們有機會令這場爭論變得更加具有影響力。不過，這場爭論也可以提升我們對人性的標準，特別是關於女性的標準。在這次爭論的渣滓慢慢沉澱之後，必然會出現一場比較尖銳或是痛苦的爭議，但這樣的爭議並不一定要以言語攻擊對方為手段。

那些拒絕服從的人所持的第一個觀點，就是拜倫夫人在兩年的時間裡，讓拜倫爵士經受了太多嚴酷的考驗。他們中的一些人用言語攻擊別人或是以咬牙切齒的方式來打壓對方，彷彿這是他們最擅長的行為。可是，這樣的情況不會持續太久的。任何一個有理智的人都會認為，妳所說的每一句話絕對是真實的，就像一滴滴融化的鉛水，在他們的記憶裡留下深刻的印象。

拜倫夫人跟妳講的那個故事的真實性，是那些蠢人或是心懷惡意之人的誹謗所無法打壓的。無論拜倫夫人的信念是否堅定，我們都可以從已有的證據中看到這是真實的。事實上，拜倫夫人所說的話，與那些最想要了解這件事情真相的人所掌握的資料，並不存在任何矛盾。

到目前為止，只是他們這些人不願意承認這個事實罷了。無論在什麼不同的猜測或是假設下，我都沒有看到任何可以說明拜倫夫人是負有責任的證據。即便是拜倫爵士生前聲稱自己犯下一些錯誤，但他是在精神失去理智的情況下說的，而且事實上，他也根本沒有犯下那些錯誤。

第十九章　拜倫夫人的爭議

因此，這是多麼荒謬的一件事！正常狀態下的拜倫，是絕對不會玷汙相信他清白無辜的姊姊的名聲。他始終都懷著天使般的熱情與純潔的心靈生活著，絕對不會與這些臭名昭著的指控連繫在一起的。假設拜倫夫人的一些行為是比較難以理解的，難道一個年輕且誠實的女性，在面對這樣一個男人的時候，我們能夠期望她不做出任何動搖或是妥協的行為，從而質疑或是違背自己的原則嗎？這顯然是不可能的。

至於那些詩歌裡所謂包含的直接證據，我認為這只能證明拜倫夫人有罪的假設是根本不成立的。我認為布特勒的觀點以及其他人表示這些詩歌並不能說明什麼的立場，對於我們認清這個事實有幫助。很多誠實的當事人的回答都是可靠的，只是他們的回答，讓那些對這件事情感興趣的人，不怎麼滿意而已。

我知道妳是一個堅強獨立的人，勇於在這樣的時刻站出來說出真相，這是需要勇氣的。關於妳說出事實真相的這件事，公眾的想法肯定會或多或少地出現一些分歧，這是很正常的。

希望妳能迅速從微恙中康復。

永遠忠誠於妳的

奧利弗・溫德爾・霍姆斯

在遭受著最為無情或是缺乏憐憫心的攻擊與侮辱時，斯托夫人收到了來自路易士（喬治・艾略特）夫人下面這封充滿憐憫心的來信：

西元 1869 年 12 月 10 日，普利奧利，北岸區第 21 號

親愛的朋友：

在妳置身於困擾的時候，我經常會想起妳，因為我擔心妳正在飽受著來自不公平且苛刻的批評所帶來的嚴峻考驗。之所以會出現這樣的情況，部分原因是一些人終於找到了機會，可以發洩他們對妳的不滿情緒，另一個原因就是，希望利用這種匿名的方式，來展現出他們讓人髮指的殘忍行為。

在我看來，拜倫問題永遠都不應該上升到面向公眾的高度，因為我認為關於這個主題的討論，對於整個社會是有害的。但至於妳，我親愛的朋友，我可以肯定一點，那就是基於妳所做出的行為，我知道妳是出於純粹且慷慨的情感去這樣

做的。千萬不要認為我寫這封信給妳，是為了批判妳的行為。我只是想要向妳表達，我對妳的憐憫心與信任。要是我就在妳的身旁，我肯定會親吻妳或是握住妳的手。

　　我希望能夠聽到有關斯托教授身體健康的好消息，當然還有妳身體健康的好消息，哪怕妳有時間給我說一兩句也可以。我不會期望能夠收到妳寄來的長信，因為這是不合情理的。對妳來說，寫作之後的休息時間是非常寶貴的，畢竟妳現在的年紀也慢慢大了。只要妳在回信裡談論妳與家人的一些情況，那麼我就會感到開心了。路易士先生與我都非常敬佩妳和妳的丈夫。除此之外，身為女性同胞，我還有幸跟妳說一句，我永遠都是愛著妳的朋友。

M・H・路易士

第二十章　喬治・艾略特

第二十章　喬治·艾略特

當我們從斯托夫人人生中最不開心的經歷，轉移到她與同時代最友好且最有智慧的女性喬治·艾略特之間的有趣通信時，這實在讓我們的內心感到無限的寬慰。

雖然她們在智趣層面上有著許多的不同點，但似乎有某種深沉的情感讓她們走在一起。

喬治·艾略特是在西元 1853 年透過她給佛倫女士寫的一封信，首先對斯托夫人產生了濃厚的興趣。在談到這件事的時候，她（喬治·艾略特）這樣寫道：

佛倫女士向我展示了一封斯托夫人剛剛寄給她的信，我認真閱讀了這封信。斯托夫人在這封信的開頭就說：「我是一個個子不高的女性，年齡大約在四十歲左右，目前的身體狀況彷彿一撮鼻煙那樣一吹就散。即便在我最美好的年華裡，也不是一個好看的人，現在更像要報廢的東西了。」斯托夫人的這封信非常具有吸引力，讓我馬上喜歡上了她。

斯托夫人與喬治‧艾略特之間的通信，始於斯托夫人。斯托夫人的來信，讓英國這位最著名的小說家，回覆了下面這封最有趣的信件：

西元 1869 年 5 月 8 日，普利奧利，北岸區第 21 號

親愛的朋友：

我非常珍視妳在來信中將我稱呼為朋友，因此我也這樣稱呼妳。某天晚上，當我們從義大利度假 9 週之後回到家，我發現這封信靜靜地等待著我。我當時感到非常沮喪 —— 也許這應該是一種讓我動彈不得的沮喪之情 —— 因為我的寫作生涯裡的那麼多天，就這樣毫無意義地過去了。

妳在來信中給我的鼓勵讓我充滿了動力，妳在信中表示我的作品肯定是具有價值的，這讓我受寵若驚。但是，我不會沉浸在自己的任何心理疾病當中。妳的來信帶給我最大的快樂，就是妳表現出來的友好情感，妳的這封來信都充滿著這樣的美好情感。

我將會變得越來越好，因為妳以這樣的方式讓我知道妳比我更好。我必須要告訴妳，當看到信封上寫著妳的名字時，我的內心非常激動。這封信的收信人是寫給佛倫女士的。一天早上，我前去倫敦拜訪她（這是多少年之前的事情了！）她非常友好地將這封信讀給我聽。

因為這封信裡包含著有關妳的一些歷史，還描述了妳當時的家庭生活環境。我還記得當時自己的想法就是，妳實在是太友善了，竟然給自己還沒有親自認識的人寫那麼長的回信。現在回頭看看我的體會，我認為妳的善意要比我當時感受到的善意更為強烈，因為在那個時候，妳肯定正遭受著巨大的名聲所帶來的各種憂慮。

我還記得，妳在當時那封信裡談到，妳的丈夫是一位懂得希伯來語和古希臘語比英鎊或是先令更多的人。妳的丈夫身為一名充滿激情的學者，始終都是讓我非常感興趣的人。每當我在腦海裡描繪妳的形象時，總是會想到妳身旁站著一位學者形象的人。我非常期待妳的丈夫對歌德的研究所取得的成果。

關於妳的新書（《老城的人們》）一書主要是講述美國人的故事，因此擔心在英國這邊的銷量問題，我認為這樣的擔心是毫無根據的。絕大多數的讀者都喜歡閱讀妳創作的書，因為妳的書能給他們帶來讀者的視角，讓他們產生閱讀與研

究的興趣。我敢說，妳早已經明白一點，即一本書如果擁有某些特點碰巧是成為暢銷書的話，那麼這些書對社會民眾的思想影響，最後都要歸結於少數人對這本書的欣賞，因為暢銷的結果肯定是源於得到少數人的欣賞之後再慢慢發散出去的。

　　我的意思是，妳的作品能夠影響一些人的心靈，而這些人又會反過來影響其他人的心靈。但是任何一本真正有特點的書，都不會以恰當或是直接的方式告訴讀者應該怎麼做，無論這本書的傳播方式多麼廣泛。妳可以親眼看看讀者對這些書的評價，即便一些評論可能不是妳願意聽的，不過這些都是有好處的。我絕不是以憤世嫉俗的態度這樣寫，而是出於純粹的悲傷與遺憾的情感來寫的。

　　無論是在國外旅行或是留在國內，我們英國人的視野以及運動方式，在過去幾個世紀裡都慢慢地朝著道德方面發展。這樣的發展趨勢，與妳所談到的問題以及我的宗教觀點，都是比較吻合的。我同樣相信宗教能夠在某個占據主宰的階段去發生一些改變。一種比任何輿論觀點更為完善的宗教觀點，必然會對個人的情感安慰沒有多少關照，而是更加注重每個人都應該要承擔起來的責任 —— 這就是人類命運的一大難點。

　　信件本身就是比較狹隘或是零散的交流方式。當某人想要就某個廣泛的話題進行寫作，相比於他想要說明的道理，必然會製造出更多的誤解。可是，我親愛的朋友和同事，我對於寫信給妳沒有任何顧慮，因為妳身為作家比我有著更多的經驗，而且身為女人也有著比我更多的生活經驗，因為妳已經有了孩子，知道身為母親的感受。我相信妳擁有迅速敏捷的思維能力，可以讓妳不會誤解我所說的話。

　　當妳說：「我們生活在一座柳丁果園裡，並且準備種植更多的果樹。」我想妳肯定能夠感受到來自家庭的濃濃愛意，而這樣的愛意始終都會讓妳的精神感到愉悅。在我看來，妳彷彿就置身於美好的天堂。不管怎樣，我必須要相信，妳的作品裡表現出來的那種愉悅且溫柔的幽默，更加接近妳的現實生活，而妳則將現實生活中的陽光賜給我們。我看到了《老城的人們》一書的廣告，非常期待這本書的發行。我們之間任何全新的紐帶都是我非常重視的。

　　祝願妳一切安好，我永遠是忠誠於妳的朋友！

M·L·路易士

斯托夫人在曼達林回信給喬治・艾略特說：

西元 1872 年 2 月 8 日，曼達林

親愛的朋友：

距離我上次收到妳寄來的充滿友好情感的信件，已經過去了兩年時間。在這長達兩年的時間裡，我之所以沒有回信，是因為我每天都在進行著高強度的工作，讓我根本無法抽出時間靜下來回信。但是，我在心裡始終惦記著妳，始終信任著妳，一有空就會閱讀妳發表在報紙上的一些文章。

但是，我現在所處的環境不一樣了，因此我有足夠的時間可以靜下來回信了。目前，我在佛羅里達州的一座柳丁果園裡有一間小屋，屋子前面是藍色的聖約翰河，這裡還有一排排的槲樹，槲樹下面都長滿了長長的灰色苔蘚，還有掛在柳丁樹上金黃色的柳丁，似乎睥睨著下面暗淡的葉子。這裡的一切就像索倫托 —— 真是太像了，有時我都會感覺彷彿就是置身於索倫托。

當我來到這裡的時候，感覺自己過上另一種生活。之前那個喧囂的世界似乎慢慢地從我的生活中遠去了，我覺得自己已經擺脫了塵世的煩惱，外面發生的一切都不會影響到我的內心。所有的一些喧囂與噪音在這個偏僻安靜的地方都澈底消失了。這裡沒有寒冷的冬天，有的只是開闊清新的生活 —— 這是一種有點古色古香、狂野氣息的生活，在表面上看顯得比較粗野，實質卻是非常豐富的。

可是，來到這裡之後，我寫信給朋友們的次數，要比之前在任何地方居住的時候都還要多。這裡的郵局每個星期會派送兩次，這也是一個很重要的原因。我那位學識淵博的丈夫與我正準備搭建帳篷，然後認真地研究德語、希臘語以及希伯來語，他如飢似渴地閱讀著所有黑皮封面的書籍，而我則跟在他後面，將他所遺漏的內容都補充好。

我一直都在想，當我來到這裡之後，肯定要馬上寫信給你。因此，我現在也這樣做了。我已經讓郵局的人定期寄《哈帕週刊》給我，因為妳的最新小說故事在這份週刊上有連載。現在，我有充裕的時間可以慢慢品味妳所寫的每一個字了。

當我有這樣的想法時，我想向妳介紹我的一位朋友，他是一個極為高尚的人，他叫歐文。他在拿坡里擔任過幾年大使，現在在美國過著一種典型的學者生

活。他的父親是勞勃·歐文（**Robert Owen**），是一位理論家與共產主義者。前幾年妳在英國生活時，有可能聽說過這個名字。

幾年前，當我在拿坡里的時候，我第一次拜訪了歐文先生，發現他正將自己的專注力投入精神主義現象的研究當中。他偶然發現了一些關於精神主義的有趣現象，於是他就希望能夠對此進行一系列的研究與實驗，他還將自己的一些實驗結果展示給我看。這是我第一次認真對待這個問題。

之後，歐文先生邀請我的妹妹與我，一起看看居住在他們家的一位朋友所展現出來的事情。在那個時候，展現出來的結果是非常有趣的，但我對他闡述這些結果的方式非常感興趣，因為他總是將每次實驗的結果都記錄下來，並且歸納分類。

經過一番研究與觀察之後，他出版了兩本書，分別是《另一個世界邊界傳來的腳步聲》（*Footfalls on the Boundary of Another World*），在西元 **1860** 年出版。他的第二本書《今世與來世之間有爭議的領地》（*The Debatable Land Between this World and the Next*）。我將歐文先生視為少數一些有能力在不違背常識基礎的情況下，對這些問題進行認真探索的人。因此，他的這兩本書都是值得認真閱讀的。對我來說，他的這兩本書會激發出我強烈的興趣。

當然，我並不認可他在書中得出的所有推論，認為他在書中有著太多想當然的結論。儘管這兩本書存在著一些缺陷，但我認為這兩本書還是非常有趣且有用的。在他後來寫給我的一封信裡，他這樣寫道：

「在當代，最讓我尊敬的作家就是路易士夫人了。我最看重路易士夫人對我這些作品的看法。」

我認為，他想將他的作品寄給妳。我希望妳能夠認真閱讀這些作品。他在作品中一些描述性的內容可能會震撼妳的心靈，正如這些內容曾經震撼過我的心靈一樣，但閱讀他的作品就彷彿是欣賞阿拉伯神燈的有趣表演。我想要說的是，我曾經以偶然的方式透過個人的觀察，證實了其中一些重要的結論……

關於這個主題的各個分類，我始終都認可歌德的觀點，也就是「在現在這個時代，盲目地否認精神主義事實的存在，就與中世紀的民眾將精神主義歸結為

魔鬼一樣，都是非常荒謬的。」我認為，歐文先生過分看重他在書中所闡述的事實。我不認為來自這個世界之外所發生的事情，是特別具有價值的，除非這些所謂的事情能在人們去世之後依然存在。

我想，根本不存在任何證據可以支撐他提出的這個觀點，即很多證據都是基督教的啟示的補充或是延續。但我發自內心地認為歐文先生的這些研究，是心理學層面上的有趣且獨特的研究，每一個像歐文先生這樣的認真觀察者，都應該將他們觀察到的事實說出來。

在這封信裡，我將隨信附帶一封關於歐文先生這本書的個人看法。我非常清楚一點，許多宣稱來自精神世界的啟示，都是比較輕浮或是毫無價值的。在我看來，這些精神世界是否具有價值，與這些事實問題根本毫無關係。

這些無形的精神是否會以各種方式 ── 無論是睿智或是愚蠢的方式 ── 表達出來，這才是我們首先要提出的問題。我不知道為什麼在未來的世界裡，會出現那麼多愚蠢的處女。因為，我始終相信著《聖經》與基督教的教義，我不需要這些東西來佐證我的信仰。對我來說，那些所謂關於來世的信條並不是一種宗教。我只是將那些東西視為我觀察北極光的現象，或是達爾文在自然選擇方面的研究，認為這是對自然的有趣研究而已。除此之外，我想，我們終有一天能夠找到一條可以解釋這一切的法則。

我希望這個話題不會讓妳感到無聊，當然，這個話題現在顯然是激起了越來越多人的興趣了。現在，也有很多人開始慢慢相信這些精神主義，也敢公開宣稱自己是精神主義者了。至於我，我只是希望這個問題能夠在公開自由的環境下，接受任何人提出的質疑。

如果妳對此有什麼自己的感受，請快點寫信告訴我。我知道像妳這樣天性的人，肯定會想提出更多的問題。不過，讓妳知道我始終思念著妳，始終愛著妳，這肯定是沒有錯的。

永遠忠實於妳的朋友
哈里特・比徹・斯托

第二十章　喬治·艾略特

西元 1872 年 3 月 4 日，普利奧利，雷根特公園北岸區第 21 號

親愛的朋友：

我深知妳在過去兩年裡，一直都忙著各種必要的工作，因此，妳很難騰出足夠的時間寫信給別人。我對此非常理解。妳依然深情地記得我的這個事實，讓我的內心無比感動，帶給我無限的快樂。因為，每當我想起妳正快樂地享受著在柳丁果園裡的悠閒生活時，我就替妳感到開心 —— 那裡算是妳在西部世界的索倫托了，而且深愛著妳的丈夫仍然與妳在一起呢！

我敢肯定，每天能夠生活在安靜舒適的環境下，絕對會給妳帶來極大的祝福。正如當我們遠離了倫敦喧囂的生活之後，前往鄉村地區去學習、散步或是聊天時，都會感覺身心愉悅。

若是我有更多閒暇時間，我肯定會閱讀歐文先生的作品，如果他能夠賞臉寄給我看看的話。我始終希望自己在所有問題上都保持開放的心態，但是我之前所感受到的各種與精神思想存在連繫的現象，都會以一種最為低級的招搖撞騙的可怕形式呈現出來……

但是，倘若不需要透過公開展示或是透過媒介來賺錢，或是透過任何其他來謀取錢財的方式去表現精神主義的話，那麼我是絕對不會先入為主地對這個關乎人類命運的話題抱有成見的。妳在來信裡所表現出來的情感很容易觸動別人，讓別人至少想要去了解一下妳非常感興趣的話題……

真誠地祝福妳一切安好

M・L・路易士

西元 1874 年 5 月 11 日，佛羅里達州曼達林

親愛的朋友：

很高興收到妳非常友好的來信 —— 我很遺憾得知妳現在偶染微恙。因為出版商出現的一些差錯以及誤解，我現在還沒有像預定計畫那樣，在柳丁樹的陰涼處閱讀《米德爾馬契》（Middlemarch）這本書。再加上郵局的人也沒有寄過來，因此我也不願意出去外面找這本書。當我閱讀妳的來信時，感覺要是邀請妳過來

我們這座佛羅里達的村莊，該是多麼有趣的事情啊！

這裡是一派充滿曠野氣息的全新田園生活。雖然這裡的氣候環境與義大利地區比較相似，但呈現出來的自然景色卻有著天壤之別 —— 這裡的植物、小鳥、動物都和義大利那邊是完全不同的。英國那邊一片綠油油的草地以及修剪之後的果園，在這裡變成了一種野蠻生長且充滿原始氣息交織起來的美感。每一棵樹上都會出現野花，野生的藤蔓與匍匐植物就像發了瘋一樣在陽光下跳舞，不斷地相互纏繞，最後形成了一個無窮無盡的迷宮。

但在這裡，在我家後面的這一片沙地平原上，卻能每時每刻感受到自然在狂野生長過程中所呈現出來的美感。首先，這裡的松樹 —— 雖然與義大利那裡的五針松一樣挺拔 —— 可是這裡的松樹有著更長的葉子，每片葉子的長度可以長達 18 英寸左右。每當風吹過這些葉子，都會產生一陣充滿夢幻色彩的聲音。接著就是槲樹與水櫟了，這些都是葉子形狀較小的青綠樹木，但整棵樹的體積卻非常龐大。這些樹木的樹枝上都長滿了灰色的苔蘚。在我們家後面，是這些樹木可以自行生長的野生公園。

可以說，這裡的樹木一年四季都是常青的，葉子上掛著的苔蘚形成的彷彿毛織物的東西，遠遠看上去就像一個充滿著神祕色彩的洞穴。在這些高大樹木下面，則生長著冬青樹與長著花朵的灌木叢，還有黃色的茉莉花以及金鐘花的花蕾也會散發出香氣。因此，我們可以說，這些花朵有時會完全被樹木的葉子所遮擋。

這種神奇的、野蠻的且充滿活力的生長，對我來說都是全新的、陌生的且未知的，因此對我充滿了極大的魅力。這是一個讓我們忘卻外面世界的世外桃源，也是一個安靜感受自我的好地方。如果妳能夠過來這裡，我們將能每天都在一起交流，可以去採摘杜鵑花、白色的百合花、銀鐘樹葉與藍色的鳶尾屬植物。

當我想要將這些景色描繪下來的時候，這些花朵的不同顏色總是會讓我感到抓狂。我剛剛完成了一幅畫，畫上描繪的是一株白色的百合花在河道邊的潮溼地上生長的景色。我一直都想要去描繪藍色的鳶尾屬植物。妳天生就是一位藝術家與詩人，因此妳應該能夠更好地感受這裡的景色。要是妳能夠過來這裡，我會帶妳欣賞這裡的景色，讓妳住在我這間溫馨舒適的房子裡。

我這座房子的歷史是這樣的：我找到了一間小木屋，這間小木屋就在一棵周

第二十章　喬治·艾略特

長為 25 英尺的槲樹旁邊,並且上面有長達 8 英尺的樹枝都是掛在空中的,就像蒼穹那樣不斷地散發出去,樹枝上都掛滿了苔蘚。我們一開始就生活在這裡,之後,我們用板條、灰泥與紙張來裝飾這間房子。接著,我們就在房子前面建造了一條寬闊的走廊。因為,在這樣的地方生活,所謂的走廊其實就是客廳的一部分。

我們的房子就建造在槲樹樹幹的旁邊,所以我們的住所每天都能呼吸到特別清新的空氣,這些清新的空氣似乎有一半是源於樹葉散發出來的,有一半則是源於其他地方吹來的。之後,我們不斷地添加一些東西,隨著樹枝的不斷延伸,我們也逐漸修建了山形牆與房間,直到我們的房子彷彿成為了一座公共建築。

但是,我們在這裡卻過得非常開心。我們的房子有著各種有趣的小房間,可以讓 17 個人前來居住。在房子前面,是美麗寬闊的聖約翰河,這條河流的寬度大約是 5 哩。我們經常可以看到很多來自外面的人,乘坐蒸汽船在河上經過。房子周圍都是高大的柳丁樹,這些柳丁樹形成了濃密的樹蔭,終年常青,遮蔽著陽光,讓我們可以在陰涼處坐下來、散步或是過著一種舒適的室外生活。

這裡的冬天也不冷,天氣只是有點涼爽。我們喜歡在冬天的時候到外面呼吸新鮮空氣,這裡也不會下雪。在一年的 12 個月裡,每個月都可以看到美麗的花朵在盛開,花園裡的生菜與豌豆也在茁壯成長。這裡夏天的溫度大約為攝氏 32 度,但這裡吹來的海風會讓空氣變得非常清新。總的來說,在為期 3 個月的夏天裡,我們都會前往北方避暑的。當然,我並不是指要回到佛羅里達州,這不是由我決定的。即便妳不能親自過來,我也希望妳能夠神遊到這裡領略一番。

我那位可憐的丈夫!我想要寄一些用阿拉伯語寫成的文章給妳,我擔心妳看不懂。現在,他正在研究有關古代巫術的問題,並且認真研究了與此相關的各種文獻,包括從《塔木德》到……

永遠忠誠於妳的朋友

哈里特·比徹·斯托

親愛的朋友：

當妳沒隔多久就再次看到我寄來的信件，肯定會認為我這裡下雨、下冰雹或是下雪了。不過，我目前在氣候宜人的波士頓居住，而親愛的菲爾德斯夫人就像一隻溫和的鴿子那樣「在充滿著友好情感的環境下，安靜地坐著沉思」。我們都一致希望妳能夠與我們在一起。妳上次寫給我的那封信裡談到要給菲爾德斯夫人寫信，但她現在還沒有收到妳的來信呢！我認為，妳肯定是已經寫信了，但信件可能送錯了地方，因為我知道妳當然會寫信的。

昨天，我與菲爾德斯夫人在聽到卡索邦那討厭的傢伙後，都感到非常遺憾與憤怒 —— 想到可憐的多蘿西婭就像一波溫暖的海浪撞到了冰冷且堅硬的岩石上！卡索邦實在對任何事情都抱著太強的恐懼心理了，因此他的身體裡似乎流的都是冰冷的血液。當然，為人冷血麻木可能不是他的過錯，只是他的不幸而已，因此我們也不需要為他感到生氣。

當我們在花園裡靜靜地欣賞著美麗的景色，跟一位博士交談了一番之後，我們的心靈才恢復了平靜。在波士頓，有不少像這位博士這樣的人物，在文學圈裡有著很高的地位。但我認為他的妻子一點都不像多蘿西婭。他們就像中國的夫妻那樣，總是相互尊重著對方。

親愛的朋友，我之所以對這個故事產生這樣的感慨，是因為如果妳能夠過來我們這個有點破敗、充滿著歡樂氣息的鄉村地區 —— 也就是說「愉快」的地方，那麼妳就能在一個很高的層次上去寫作與生活！在這裡生活，本身就是一種自我克制的做法。我們都希望妳能夠過來這裡，來到這裡來。有時，我們會一起出去划艇，整個過程非常有趣，還可以說我們想說的任何話，做我們想做的任何事情。因為我們想說想做的事情都不會有任何的不恰當。

我每天都希望妳能夠盡快前來美邊 —— 就像我之前前往英國那樣，從一座小鎮前往另一座美麗的城鎮，感受不同的生活型態，看到不同的物質財富，感受民眾的教養與社會進步，以及感受一切所有美好的東西。這座「鴿舍」是我所能想像到的最為美好的住所了，這裡的前門對著城市大街，打開後門窗則能看到海景，安靜的房間裡擺放著各種書籍、圖畫以及各種有趣的物品，這些都是妳與路

易士先生肯定會喜歡的東西。

　　千萬不要對跨越大西洋心存恐懼！我曾六次跨越大西洋呢！因此我可以向妳保證，旅程過程中的危險其實都被過分高估了。弗魯德即將前來這裡，為什麼妳就不能過來呢？除此之外，我們這裡還有永恆的青春之泉，我說的是我在佛羅里達州的住所。如果你們能夠過來的話，你們夫婦可以在這裡過上一段非常舒適的生活，可以創作出更多傑出的詩歌，可以進行更加深邃的哲學思考。我的丈夫目前正在「第七重天國」中進行創作，他也表達希望妳能夠過來看看的願望。當我離開佛羅里達州的時候，他仍然留在那裡繼續進行創作。

　　既然妳給菲爾德斯夫人的信件還沒有送到，妳可以現在就準備過來。請讓我聽到妳爽快的肯定回答。我們將能夠敞開心扉進行極為舒適的交流。

永遠忠誠於妳的朋友

哈里特·比徹·斯托

　　西元 1874 年夏天，斯托夫人的弟弟亨利·沃德·比徹牧師遭受了一場針對他個人純潔品質充滿惡意與毫無根據的攻擊。路易士女士在給斯托夫人的信件裡表達了對亨利·比徹極大的同情心：

　　親愛的朋友：

　　前幾天，我收到了菲爾德斯夫人的來信，得知妳弟弟遭受到了別人毫無根據的惡意攻擊。就我所掌握的資訊來看，我知道這肯定是不值得相信的攻擊。但是，我知道一點，這件事肯定給妳與妳的弟弟帶來了極大的痛苦。在這件事情上，我自然會更多的關心你的感受（因為很多公開的資訊都是不完整的）。

　　在我們朋友的來信到來之前，我都對路易士說：「斯托夫人現在是怎樣一種感受呢？」我還記得菲爾德斯夫人曾在信中跟我談到，妳所擁有的無畏勇氣與樂觀精神，這能夠讓妳經受巨大的考驗。我相信妳能夠用柔和的話語和真誠的建議，去幫助那些遭受痛苦的人。我能夠感覺到這樣的攻擊必然會給妳的心靈帶來一些傷害。我親愛的朋友，妳始終善待著所有的同胞，始終希望去關愛別人，難道妳不應該用更為快樂與豁達的心境去享受生活嗎？

　　我不能在對這件事情一無所知的情況下發表自己的觀點，唯恐自己會使用一些不當的詞語。但是，我相信妳不會認為我的這封信是在評論什麼，而只是表達

我對妳的完全信任。我始終都會為妳對我表現出來的善意而感恩，也為妳給予我的友情而感激。

大約在兩年後，斯托夫人才回覆了路易士女士這封充滿著憐憫心的來信。

西元 1876 年 3 月 18 日，曼達林

親愛的朋友：

每當桔子花開的時候，我總會想到妳。現在桔子花生長得非常茂盛，好多蜜蜂都在花朵上飛來飛去，整個空氣中都充滿著蜜蜂發出的嗡嗡聲。現在，我每個月都能從《哈帕雜誌》上讀到妳的作品，妳的作品還是一如既往地那麼優秀。妳創作的《丹尼爾·德龍達》（*Daniel Deronda*）這本書成功地喚醒了我沉睡的心靈。

在當代，許多雜誌上刊登的小說故事都是良莠不齊的，但妳的這部小說卻非常優秀。一本書要想給讀者留下深刻的印象，必然要有一些不同尋常的東西。妳的這本書正好能夠吸引著我，讓我產生強烈的興趣，因此我每個月都懷著激情的心情等待著。我希望能讓妳感受這裡漫長的冬日氣候 —— 我說的不是妳在西西里島上的那種冬天。

我們都是從 11 月生活到第二年的 6 月，我的丈夫會整天都坐在室外走廊上的椅子看書或是寫作。可以說，我們是一家人都搬過來這裡居住了：包括我兩位可愛的女兒、她們的丈夫與孩子，還有僕人都一起過來這裡度假，然後在夏天的時候一起前去北方的房子避暑。我那一對雙胞胎女兒幫我做家事，讓我免除了做家事的煩憂，她們都是充滿活力與力量的人，同時對現實生活有著清醒的認知。

我們發現附近的鄰居也過來這裡居住了，他們跟我們一樣都是來這裡過冬的，他們在這裡過著一種安逸、舒適、自在的生活，遠離外面世界的喧囂與煩惱。斯托現在每天都忙著閱讀格勒斯八卷本關於中世紀精神主義研究的作品。這位格勒斯是德國慕尼克大學的一位哲學教授，他在這些作品中全面地研究了自然與超自然之間的界限 —— 包括神迷、恍惚、預言、奇蹟、精神主義與聖痕等情況。

格勒斯還是一位虔誠的羅馬天主教徒。在我看來，他在書中談到的所謂的事實的確是讓人震驚。不過，物質所具有的惰性以及人類所具有充滿生命力與力量的永恆靈魂，會讓這一切都顯得可信。有時，人類的靈魂的確能夠對物質產生一

第二十章　喬治·艾略特

些影響。最近，我一直忙著閱讀聖特貝弗所寫的七卷關於羅亞爾港建設狀況的書籍。我非常欣賞聖特貝弗。他所具有的深刻洞察力，正確看待自然與情感之間的能力是讓人驚嘆的。不過，我很遺憾地得知他已經離開了這個人世。

在我房間窗戶前面的那棵柳丁樹上，有一隻紅雀在不停地歌唱著，牠的聲音是那麼婉轉優美，幾乎讓我想停下手中的筆，認真地聆聽了。親愛的朋友，我真希望妳一切安好，身體狀況比上一次寫信給我的時候更好一些。

妳上次給我的來信是那麼美好，讓我的內心感到非常溫暖。我想妳可能早已忘記妳在那封信裡說了些什麼吧？但是妳對我弟弟所遭受的考驗表現出來的友好情感與憐憫心，讓我非常感動。這也說明妳擁有美好的心靈。畢竟，我對妳的愛意要勝過我對妳的崇敬之心，因為我認為，成為一個真正精神活躍且具有價值的女人，要比掌握希臘語、德語或是創作書籍更加重要。在我最近閱讀你這本書的過程中，這樣的感受更加強烈 —— 這樣的念頭彷彿始終盯著我，希望我能夠做出有趣的展示。

我親愛的朋友，我感覺自己終於要來到人生這邊的渡口了，隨時準備要渡過生命的那一邊。當我在下午睡覺的夢境中醒來的時候，我感覺所有人似乎都已經不在了。其他人都在收拾著東西，打包著行李，等待著裝載他們的輪船靠岸。

現在，當我回想起來，我感覺我與弟弟亨利當年年輕的時候距離現在，這幾十年的時間真是彈指一揮間啊！他比我小兩歲，在 4 個兄弟與 3 個姊妹當中，他與我的關係是最好的。小時候，我教他繪畫，聽他背誦拉丁課文，因為妳也知道女生要比男生更加早熟。我一路看著他考上大學，幫助他處理愛情方面的問題，最終看著他娶妻生子。接著，他與我的丈夫都對德語感興趣，彼此成為了朋友，這最後反而讓我嫁給了斯托。

在那個時候，我們從未想像過斯托與我或是我們中的任何人能夠在這個世界上相識！在那個時候，亨利似乎始終是一個充滿著陽光、愛意與熱情的男孩，努力想要幫助那些遭受壓迫的人，匡扶正義，這讓他在人生早年的時候就開始寫社論了，希望自己能用鋒利的筆作為武器，捍衛當時在辛辛那提生活的悲慘黑奴。當時，我們就生活在辛辛那提，肯塔基州的奴隸主煽動了一群暴徒對黑奴發動攻擊，亨利對此發表了最為強烈的譴責。

之後，亨利結了婚，在新西部地區過上牧師生活，每天都充滿熱情與騎士

精神去工作與生活，讓我們的生活都充滿了陽光和活力。再後來，他受邀前去布魯克林擔任牧師。當時正是廢除奴隸制危機爆發的時候，《逃奴追緝法》也剛通過。我那時身在緬因州，還清楚地記得在一個下雪的晚上，他乘坐馬車前來我家，與我們一起談論到第二天早上。我們一致認為，應該想辦法去對抗這部可怕殘暴的法律，因為這部法律針對的是毫無抵抗能力的黑奴。

我的丈夫當時出去外地發表布道演說，我的內心因為憤怒和痛苦而感到非常焦慮。那時，亨利對我說，他必須要在紐約進行這樣一場戰鬥，他會爭取教會支持他所持的廢奴立場，抵制南方奴隸主的專制統治。我說：「我也要開始做一些事情了，我準備寫一部小說，要將奴隸們經受的苦難與痛苦全部說出來。」「海蒂，妳做得很對！」亨利說，「妳要盡快完成這部小說，我會盡自己最大的努力幫妳將宣傳這本書。」

就這樣，我創作了《湯姆叔叔的小屋》一書，亨利所在的普利茅斯教會也成為逃奴們避難的一個場所與堅定的庇護所。一天早上，亨利發現可憐的保羅·艾德蒙森就坐在他家門口的階梯處，正在低聲啜泣，因為他的兩個分別只有十六歲和十八歲的女兒，已經被送到了布魯恩山上的奴隸倉庫，即將要被售賣。我的弟弟於是帶著這位老人參加一場公共集會，替他講述了自己的故事。在不到一個小時之內，就籌集到兩千美元來幫他的兩個女兒贖回自由身。

在這之後，普利茅斯教會幫助了許多奴隸，亨利與普利茅斯教會在南方各州成為了仇恨與恐懼的代名詞。從我們一起談論《逃奴追緝法》開始，我們就從來沒有在這一場需要付出血淚的廢奴運動中有過任何的退縮。亨利在這場運動中投入了一切精力與時間。當總統大選的焦點聚集在奴隸問題的時候，他不斷幫助支持廢奴運動的總統候選人發表助選演說，不斷反駁任何支持奴隸制的聲音。在演說過程中，他始終堅持一個核心觀點，那就是耶穌基督的事業其實正是奴隸們的事業。

當這一切都結束之後，他與勞埃德·加里森立即被聯邦政府派到薩姆特城堡升起聯邦國旗。妳肯定能夠明白，一個像我弟弟亨利如此熱衷於社會事務的人，怎麼可能不會製造一些敵人呢？可以說，整個聯邦政府裡有一半的人遭遇了失敗，數百萬奴隸主所謂的財產得到了解放，之前那些因為奴隸制而過上富有且自豪生活的奴隸主，現在變成了乞丐。因此，南方許多從來沒有見過我們，只聽說

過我們名字的人，必然是恨我們恨得咬牙切齒的。

　　之後，亨利在神學領域裡成為一個進步分子。他開始相信赫胥黎、斯賓塞與達爾文等人的學說 —— 這足以引起過去老一派的宗教分子的警醒 —— 但是，亨利始終都是一位虔誠的超自然論者，因此他不會在宗教領域內成為一名激進的破壞主義者。他與我都是崇拜耶穌基督的虔誠信徒，都將耶穌基督視為全能全知的上帝的意志形象，全心全意地相信著祂。再之後，亨利成為了一名社會改革家，宣揚要給予所有人選舉權，包括給予女性應有的政治權利，不過他的激進程度沒有像法國那些社會主義者那麼嚴重，因為亨利知道那麼激進的做法，必然會摧毀原有的一切制度。

　　最後，亨利成為一名非常歡迎的人，這可以說是他的不幸。我無法跟妳描述亨利身上所展現出來的愛意與偶像崇拜的程度。他身上似乎有一種磁性，能夠讓每個人都想要與他交往 —— 這會讓人們願意追隨與尊敬他。我還記得在早春時節的一個晚上在他家裡，就在那個晚上，緬因州那邊寄來了一大箱的鮮花，另一箱鮮花則是從紐澤西州那邊寄來的，還有一箱鮮花是從康乃狄克州寄來的 —— 這些都是那些與他素未謀面的人寄過來的，送這些鮮花過來只是為了表達對他的敬意。我說：「人們一般只會這樣對待女歌唱家，到底是什麼讓人們如此崇拜你呢？」

　　我的弟弟亨利是一個無可救藥的慷慨主義者，相信每個人都有著善意。他無法相信人性本惡，這似乎是不可思議的。當然，他這種輕信人性本善的理念也給他帶來了許多痛苦。妳說妳希望當普利茅斯教會洗脫我弟弟的罪名時，我肯定會感到歡欣雀躍。可事實不是這樣的。那些攻擊我弟弟的敵人已經發話，不是他們死，就是我弟弟死，因此接下來還有兩年多最為可怕的纏鬥。

　　首先，有一場長達 6 個月的法庭審判，我弟弟這邊要支付的賠償費用大約為118,000 美元。當時，他跟他勇敢的妻子都坐在法庭的座位上，聆聽著那些陰謀者所策動的計畫。這些陰謀者早在三四年前就已經計畫這樣做了。陪審團的領班收受了 10,000 美元的賄賂，決定讓陪審團裁定我弟弟有罪。他將一封裁定我弟弟有罪的信件交給了法官。

　　雖然他們處心積慮地想要整我弟弟，但有四分之三的陪審團成員，還是認為我弟弟是無罪的，因此那些陰謀者的詭計沒有得逞。我弟弟的很多朋友都認為這

是一場巨大的勝利。不同教會的許多最有影響力的牧師，都紛紛透過發表公開信的形式表示，希望這件事能夠盡快結束，不要讓任何一個無辜之人遭受誣陷。

但是，那些敵人依然在祕密地計劃著各種陰謀，想要澈底摧毀這個成功的公眾人物，因此他們一直要求進行一場教會的審判。他們這樣的要求出現在許多宗教報紙上，最後普利茅斯教會也只能與那些犯罪分子站在一邊 —— 他們受到那些犯罪分子的鼓噪與煽動，拒絕進行全面的調查。

6個月的司法調查是不足夠的，因此需要一場全新的審判。普利茅斯教會立即召集所有的牧師與人員，說要代表教會一共 37,000 人 —— 這個龐大的委員會最後一致支持教會法庭的判決，那就是基於對所有事實的充分調查，發現任何關於我弟弟的指控都是不成立的。在他們的要求下，普利茅斯教會指派了一個五人委員會，在 60 天內提交他們可以提供的任何證據。

我弟弟的許多朋友都認為，這件事肯定要就此結束了。可是，妳也知道我為什麼之後都沒有回信給妳的原因吧？這件事讓我感到非常痛苦，我感覺自己的內心在滴血。我弟弟是我最親愛的人，我知道妳是那種善解人意的人，因此當我說我的弟弟遭受如此重大打擊的時候，其實也是對我的一種打擊。我知道弟弟是一個純潔、有尊嚴且敏感的人，從小就知道他是一個有著純粹理想的人，他非常注重自己的良知，希望憑藉自身的榮耀去改正人類的錯誤，他從來不會說任何一句誹謗別人的話，也從來不會聽別人說這樣的話。

我從未見到一個像我弟弟一樣擁有如此強大心靈力量，卻又有著如此純真心靈的人。他是一個絕對平和與冷靜的人，雖然我也見過他感到無比憤怒的時刻，但是我從未見過他感到不安或是惱怒 —— 他做出的每一個行為，都在為別人考慮。他是一個走在大街上，孩子們都願意追隨的人。很多悲傷、軟弱或是不安的人，都會將他視為天然的幫手。

在他漫長的一生裡，他與任何女性的關係都是符合他的道德感的 —— 始終都保持著一種純潔與得體的關係。我知道有關他的一切，因此我從來都不擔心他會犯下什麼錯誤。感謝上帝，我的弟弟沒有犯下任何錯誤，我也可以安心地閱讀《聖經·新約》，感受上帝給予我弟弟的所有祝福。

亨利冷靜、柔和與樂觀的性格，讓我們每個人都對人生充滿了樂觀積極的態度。無論他在哪裡，與他交往的人都不會感到任何不安或是悲傷。我的弟弟安慰

別人的能力可以說是非常獨特與神奇的。我親眼看到他來到病榻前或是參加一些人的葬禮，在那種場合下，任何所謂的希望都會讓人感到麻木，可是他卻能夠讓病人或是死者的家屬感受到天國的平和，將他們原本對上帝的絕望變成對上帝的堅定信任。

在面對自己所遇到的逆境時，他同樣表現出無比強大的力量。妳無法想像那些從未見過他的人是多麼強烈地愛著他 —— 那些身體麻痺、內心不安或是被社會忽視的人，那些過著貧苦生活的女裁縫師、那些黑人 —— 都深深感覺到，那些射向他們恩人的箭，其實就是射向了他們的心靈。他們都給亨利寄來許多充滿憐憫的信件。

從一開始，亨利就以慈幼會的精神去面對這一切 —— 希望透過沉默、祈禱與工作來面對。當他不得不為自己辯護的時候，他說：「上帝最終會為我正名的。」上帝是最好的審判官，知道他到底為服務上帝做了多少事情。

在妳對德龍達的描述裡，談到了德龍達有著罕見的品格，就是沒有任何個人品格的錯誤，因此從來不會心懷怨恨。「苦痛的感覺不會滋生出去給別人製造苦痛的念頭，而會讓我們產生憎恨所有苦痛的念頭。」我必須要說，在我弟弟經歷的這一切衝突與痛苦當中，他始終都是懷著上帝賜給他的精神，讓他在遭受任何攻擊時，始終都聆聽著上帝教導他的話。

他的朋友與律師，有時會對亨利這種習慣性友善對待別人的做法感到不滿，也會對亨利對那些誹謗他的敵人表現出沉默感到不滿。從這場考驗的開始到最後，亨利從未中斷過自己的工作。他依然在人群擁擠的大廳裡發表布道演說，甚至當他來到礦泉療養所度過短暫假期時，也依然會進行簡短的布道演說，將他的使命傳播到這座城市最不受人注意的兩個地區，讓那裡的民眾能夠誠心信仰上帝。

他對他所在的教會說，不要過分專注於他的這件事以及所面臨的考驗，而要透過更加忠誠的教會工作與更加仁慈的做法，給社會帶來更大的幫助。之後，普利茅斯教會在幫助窮人方面，表現出了前所未有的能量與高效。亨利最近說：「一個人所能經歷最糟糕的事情，就是不再想著上帝，而是開始想著自己。如果這場考驗最終讓我們開始將所有的專注力都轉向自己，那麼這場考驗才真是給我們帶來了巨大的傷害。」

我親愛的朋友，請允許我叨叨絮絮地跟妳說了這麼多。我愛著妳 —— 我愛

著妳 —— 因此，我希望妳能夠知道我此時此刻的感受。我親愛的朋友，這一切都結束了，千萬不要認為妳必須要就此回信給我。我知道妳還有許多事情要做 —— 是的，我知道大腦疲憊不堪時候的感受。我認為，妳最近創作的這部小說是妳最優秀的作品。我希望這能夠讓妳在西西里島或是其他地方購買一座柳丁果園，在一個像我們這裡一樣有著溫和氣候的地方生活。

妳忠實的仰慕者（指斯托教授）一般都是在晚上八點鐘上床睡覺。最後，他在我的說服下，一直到十一點鐘才睡覺，因為他每個晚上都要看妳的作品《丹尼爾·德龍達》，他非常喜歡這部作品。我們都非常喜歡裡面格溫多林這個人物，她與當代的年輕女性非常相似。

明年，如果可以的話，我會寄一些柳丁給妳。衷心希望到時候妳會喜歡這些柳丁。

附注：我想，當我閱讀妳這部作品的時候，還會寫信給妳的。因為這部作品的確是發人深省，讓我忍不住想要表達自己的觀點。

永遠忠誠於妳的朋友
哈里特·比徹·斯托

路易士夫人在回信裡說：

請將我真摯的愛獻給斯托教授，告訴他我為自己的作品能讓他遲點上床睡覺感到無比驕傲。我希望妳與斯托教授都能夠繼續對我的作品感興趣。

在路易士先生去世後，路易士夫人給斯托夫人寫了下面一封信：

西元 1879 年 4 月 10 日，普利奧利，北岸區第 21 號

親愛的朋友：

這麼長的時間，我都沒有寫信給妳（除非妳從菲爾德斯夫人那裡得到了有關我的消息）。但是，我內心始終都惦記著妳與斯托教授，每當想起你們，就會產生一種柔和美好的情感，讓我度過現在面臨的悲傷……當妳第一封信寄來的時候，還附帶著妳那本美麗的書（指的是《湯姆叔叔的小屋》全新版本），當時悲傷的心情讓我無法閱讀任何信件，因此我在很長一段時間裡，也沒有閱讀妳寄給我的那封信。

第二十章　喬治‧艾略特

可是，當我閱讀妳的信件時，我感受到妳表現出來的友善與憐憫，我對此非常感恩。首先，我要感謝妳。其次，我要感謝你所在的那個偉大的國家。這個世界的希望已經慢慢地轉移到了西邊。我們所在的這一片舊大陸因為遭遇太多道德與戰爭方面的災難，早已經失去了往日的希望與榮光……

感謝妳告訴我，妳見到了兒子，這滿足了妳對他的美好祝願，也讓我的內心也充滿了欣慰之情。每當我想到妳感受到的家庭歡樂時，內心就非常高興。我收到的關於孩子最好看的一張照片，就是妳寄給我的……

請將我最虔誠與最友善的敬意傳遞給妳的丈夫，我永遠都是妳最忠實的朋友。

M‧L‧路易士

雖然我們在前文談論了許多關於精神主義的內容，但是這個話題在斯托教授與斯托夫人的研究以及談話中，並沒有過分重要的地位。

斯托教授所進行的重要心理學研究，加上他早年一些異乎常人的心靈體會，這些都是他們經常談論的話題，也始終讓他們充滿了興趣。

斯托教授對這個主題文學進行了詳細且富有價值的編輯，正如斯托夫人所說的，這個主題是「超越正常感官的巫術」。

斯托夫人對這個讓人感到困惑的主題思考了多年，在經過多年成熟的思考，最終才讓這些想法慢慢成形。

在談到專業媒介的時候，這樣的精神會出現窺視、交談與低聲嘀咕的行為。斯托夫人這樣寫道：

每個朋友都帶走了我們身上的一部分。我們每個人的存在都與上帝存在著部分的連繫，而這樣的部分對於每個人來說都是不一樣的。我們有些話要對他說，但是這些話卻是其他人所無法理解或是明白的。我們一部分的思想會變得毫無用處或是成為負擔，這會一而再，再而三變成一種自然而然的渴盼。我們會在聖體安置所的門口處變成一塊石頭。我們會依靠在冰冷且沉默的大理石上，可是我們無法獲得任何答案，聽不到任何聲音。

還有一些人讓我們認為，在我們這個時代，這樣的災難必然可以得到遏制。

還有一些人有足夠能力讓我們與失去的一部分自我恢復連繫。不知有多少人的心靈在可怕的沉默中感受到內心的折磨與痛苦，最後卻在這樣的建議下產生了奇怪且模糊的希望！當我們有時聽到一些擁有最為強大心智的人，對一些精神現象表現出輕信態度的時候，讓我們不要對此感到奇怪。如果我們對此深入地探究，始終都會發現這樣的信念，會追隨著關於死神的一些線索。只有當心靈的飢渴處於一種絕望的境地時，內心的一部分呼聲才會漸漸平息下來。

　　啊，倘若這是真的就好了！要是精神世界與物質世界的隔閡變得越來越少，讓逝去的祝福能夠重新回歸到塵世，給凡人帶來許多特權或是可能性的話，這該多好啊！啊，當我們為灰色的黎明而哭泣的時候，忍受著我們逝去的心愛之人所散發出來的氣味時，我們可以發現那塊始終壓迫我們的石頭已經滾遠了，並且發現天使正坐在那塊石頭上面。

　　對我們來說，這塊石頭必須要由一個不容置疑的天使滾走，這位天使的面容就如閃電，在蒼白的月光或是星光下變戲法，然後在一個陽光明媚的早晨將這塊石頭滾回去，最後坐在石頭上面。我們會為上帝賜予我們的這份美好的禮物而充滿感激，內心滿懷著愛意與敬畏，懷著平靜的心態去迎接另一種美好的生活。這需要我們在日常生活中始終懷著崇敬與信任的心態去編織這張網。

　　但是，我們從未見過這樣的天使 —— 也從未見過如此壯觀、不容置疑或是充滿榮光的現象。當我們看看自己所得到的一切時，每個在天國擁有朋友的人都希望他們給予我們這些東西嗎？當一支神聖之箭似乎禁止我們最為美好與最為光榮的人應該屈服於被遺棄的人那一刻，難道我們不應該明白那一條簡單的自明之理嗎？

　　我們應該有足夠的智慧去表達自己的想法，去開一些無惡意的玩笑，或是說一些無傷大雅的笑話，或是引領我們穿越無窮無盡的迷宮。我們必須要懷著悲傷的心情冷靜地說，我們寧願沒有這樣的體會。我們需要的是，知道我們以後生活的一些情況，而不是之前的。我們懷著認真的心態感受精神傳遞所帶來的感受，無論從培根到斯韋登伯格再到其他人，這些不同人所具有的不同精神，似乎都可以在精神領域的土地上感受得到。除了相信這些體會是真實的，我們無法想到更讓人震驚的事實。

　　如果我們從閱讀的過程中感受到未來的生活是那麼陳腐、缺乏新意或是毫無

第二十章　喬治·艾略特

價值的話，那麼人們就有足夠的理由去哀嘆，任何自殺的行為都無法給予我們出口，從而讓我們實現永恆的事實。要是我們最終只能過上這樣一種單調沉悶的生活，那麼這要比毀滅我們更讓我們感到可怕。

難道對靈魂的探究，就無法帶來任何滿足感嗎？耶穌基督會對我們說：「我是一個活過又死過的人，看看我現在永遠存在的樣子吧！我掌握著通往地獄與死亡的所有鑰匙。」耶穌基督還曾說：「那些愛我的人也應該熱愛我的父親，我也會愛著他們，並將這一切告知我的父親。」這是個人的一個直接承諾，並局限於一開始追隨他的信徒，並用一種更為廣泛的方式表明，每一個熱愛耶穌基督與遵循祂意志的人都可以做到。

當我們不得不面臨生離死別所帶來的悲傷時，這似乎都給我們的內心帶來了無限的安慰。因為我們會感覺到，在可怕的未知世界裡，始終都會有一位全能的朋友在與我們交流，回應我們內心的精神。我們那位老朋友能夠分享我們的人性，不僅存在於精神領域裡，而且在現世也是全能全知的。當他要關閉一扇門的時候，任何人都沒有能力打開這扇門。當他要打開一扇門的時候，任何人都無法關閉這扇門。

我們見過祂的肉身，在拉扎勒斯（《聖經》中的麻瘋乞丐）的墳墓前哭泣的人，正是掌握通往地獄與死亡大門鑰匙的人。如果我們無法與我們的朋友進行交流，我們至少可以與祂進行交流，因為祂始終都是與我們同在的。他是精神世界與我們靈魂世界的連繫紐帶。當我們親近祂，感受祂的愛意的深度、寬度、廣度與高度的時候，這要比我們內心長久以來被各種斷斷續續且夢幻的暗示所欺騙來得更好。

那些不相信所有精神事實的人，那些對天使或是精神存在持懷疑態度的撒都該教派教徒，可能會發現當代精神主義出現了巨大的進步。但是，一個真正與基督交流過的人，曾對約翰說：「我們始終都與天父同在。」難道這樣的想法還不能讓我們在當代的環境中感受到滿足嗎？

對於那些陷入自我封閉的基督徒們，我們只能推薦逝去的約翰·牛頓（John Newton）所說過的這句有趣的話：

「難道耶穌基督不正是考驗你的語言與內心想法的最好存在嗎？」

在所有這些所謂的啟示裡，除了那些從這個世界上得到救贖的人，能夠對那首全新的歌產生共鳴之外，任何展現出來的愛意都會超越知識 —— 簡而言之，精神主義可能會對那些從未見過，或是從未聽過的人展現出應有的一切，而這些卻正是每個人之前所無法想像的呢？我們必須要坦誠一點，所有這些尚未表現出來的精神主義，似乎正在約翰或是保羅所處的世界存在著。

因此，讓每一個希望能夠與這些精神進行交流的人都去親近上帝，因為上帝承諾要對我們的心靈說話，與我們交流。祂已經將這句話永遠地留在祂的教會裡：「我不會讓你們的內心感到痛苦，我會親近你們的內心。」

第二十一章
結局，西元 1870 ～ 1889 年

第二十一章　結局，西元 1870 ～ 1889 年

- ✦ 文學創作
- ✦ 斯托夫人出版作品的完整名單
- ✦ 第一次閱讀之旅
- ✦ 簾幕背後的窺視
- ✦ 新英格蘭的一些城市
- ✦ 來自緬因州的一封信
- ✦ 有趣與無趣的閱讀
- ✦ 第二次閱讀之旅
- ✦ 一次西部旅行
- ✦ 故地重遊
- ✦ 慶祝七十大壽
- ✦ 惠蒂爾與霍姆斯博士發來的祝賀詩歌
- ✦ 最後的話

西元 1870 年到 1880 年間，除了每年定期往返於佛羅里達州以及她在南方地區的生活愛好之外，斯托夫人的大部分時間，都投入到文學創作與其他工作中。西元1871 年秋天，斯托夫人在一封寫給女兒的信件裡，就談到了她的工作狀況：

我終於完成了第三本書的所有內容，這本書應該會在年內出版。在完成《老城的爐邊故事》之後，妳根本不知道擺脫了文學創作後，所享受到的那種奢侈的休閒時間。我感覺自己就像曾經讀到的這首詩歌裡面的那個可憐女人：

她總是感到疲憊，

因為她居住在房子裡，

沒有任何人的幫助。

在斯托夫人臨終前，她這樣談到這個女人：

她合攏雙手，

想用盡最後一點力氣，

但一句話都說不出來，

就這樣沉入了永恆。

我感覺自己沉入了她那樣的精神狀態，我充分享受此時此刻的懶散狀態。我不想做任何事情，也不願意去任何地方。我只想享受此時此刻的這種懶散狀態。

斯托夫人完全有休息的權利，因為她一生大部分的時間，都投入到緊張繁忙的文學創作當中。除了她當時已經創作的 23 本書之外，她還為許多雜誌與期刊創作了數量驚人的短篇故事、旅行遊記、論文以及其他文章。雖然她取得了如此重要的成就，並且取得了驚人的文學成就，但她還要準備寫 7 本書。在這個過程中，她還要寫很多短篇故事。

事實上，斯托夫人真正的文學生涯始於西元 1852 年，她的大部分作品都是在之後的 26 年時間裡完成的。按照這些書籍出版的年份順序進行排列，我們可以看到：

西元 1833 年　　《基礎地理學》（*An Elementary Geography*）

西元 1843 年　　《五月花號》（*The Mayflower*）

西元 1852 年　　《湯姆叔叔的小屋》（*Uncle Tom's Cabin*）

西元 1853 年　　《湯姆叔叔的小屋題解》（*Key to Uncle Tom's Cabin*）

西元 1854 年　　《陽光的回憶》（*Sunny Memories*）

西元 1856 年　　《德雷德：陰暗大沼地的故事》（*Dred, A Tale of the Great Dismal Swamp*）

西元 1858 年　　《我們的查理》（*Our Charley*）

西元 1859 年　　《牧師的求婚》（*Minister's Wooing*）

西元 1862 年　　《奧爾島的珍珠》（*Pearl of Orr's Island*）

西元 1863 年　　《索倫托的艾格尼絲》（*Agnes of Sorrento*）

西元 1864 年　　《房子與家的信件》（*House and Home Papers*）

西元 1865 年　　《小狐狸》（*Little Foxes*）

西元 1866 年　　《妮娜·戈登》（*Nina Gordon*）

西元 1867 年　　《宗教詩歌》（*Religious Poems*）

西元 1867 年　　《奇怪的小人》（*Queer Little People*）

西元 1868 年　　《煙囪一角》（*The Chimney Corner*）

第二十一章　結局，西元 1870 ～ 1889 年

西元 1868 年——《我們這個時代的人物》（*Men of Our Times*）

西元 1869 年——《老城的人們》（*Oldtown Folks*）

西元 1870 年——《為拜倫夫人正名》（*Lady Byron Vindicated*）

西元 1870 年——《小褪色柳》（*Little Pussy Willow*）

西元 1871 年——《拜倫爭議的歷史》（倫敦出版）（*The History of the Byron Controversy*）

西元 1871 年——《粉色與白色的暴政》（*Pink and White Tyranny*）

西元 1871 年——《老城的爐邊故事》（*Old Town Fireside Stories*）

西元 1872 年——《我的妻子與我》（*My Wife and I*）

西元 1873 年——《棕櫚葉》（*Palmetto Leaves*）

西元 1873 年——《著名小說的圖書館》（*Library of Famous Fiction*）

西元 1875 年——《我們與我們的鄰居》（*We and Our Neighbors*）

西元 1876 年——《貝蒂的聰明點子》（*Betty's Bright Idea*）

西元 1877 年——《主人的腳步》（*Footsteps of the Master*）

西元 1878 年——《聖經的女主角》（*Bible Heroines*）

西元 1878 年——《伯格努克民眾》（*Poganuc People*）

西元 1881 年——《一條狗的使命》（*A Dog's Mission*）

　　西元 1872 年，斯托夫人開始一項有報酬的全新工作。雖然這項工作讓她感到疲憊，需要做很多事，不過她還是一如既往地投入精力與熱情去做。美國波士頓文學局邀請斯托夫人，在新英格蘭地區的主要城市舉行 40 場閱讀演說。這個邀請是慷慨的，斯托夫人在接受這個邀請時，提出了一個條件，那就是閱讀之旅必須在她 12 月前往佛羅里達州的家之前結束。她的要求得到了同意，於是她就在康乃狄克州的布里奇波特，發表了第一次閱讀演說，時間是西元 1872 年 9 月 19 日。

　　下面是斯托夫人寫給丈夫的一封信件的部分節選，我們可以從中看到斯托夫人在這次閱讀之旅中的內心感受。在 10 月 31 日，斯托夫人在波士頓這樣寫道：

　　我度過了非常成功卻疲憊的一週。我今晚要在劍橋波特發表演說，明天晚上

要到紐波利波特發表演說。

兩週之後，斯托夫人收到了丈夫寄來的信件，斯托教授在信中說，他擔心自己可能沒有多久可以活了。斯托夫人在麻薩諸塞州的韋斯特菲爾德回信說：

在我的人生面臨的諸多考驗中，沒有比我現在不得不離開你更為嚴峻的考驗了。我不願意此時此刻不在你的身邊，可是我中途退出的話，這會給別人帶來巨大的損失。我認為那樣做是錯誤的。

上帝賜給了我所需要的能量，我認為昨晚的閱讀演說是最讓我感到滿意的。

現在，我親愛的丈夫，請你耐心地等待一段時間，等著我回來，然後我們一起跨越這條生命之河。我的心每時每刻都想著要回家，與你一起回到在佛羅里達州的家。哦，但願我們還能再見面。我是永遠都是深愛著你的妻子。

在日期標明為 10 月 29 日的一封信裡，斯托夫人在麻薩諸塞州的菲茲柏格這樣寫道：

在靠近帕爾馬的馬車上，你猜你遇到了誰？我遇到了剛剛從西部旅行回來的 J·T·菲爾德斯夫婦，他們就像遊吟詩人那樣快樂。我坐在他們隔壁的座位上，一起歡快地前往波士頓。之後，我乘坐馬車前往威廉姆斯的家，在那裡見到了切爾西經紀人，這位經紀人告訴我，在切爾西地區是沒有酒店的，不過他們已經為我準備好可以住宿的房子。

於是，我立即乘坐馬車前往查理斯大街 148 號，來到了菲爾德斯家，當時他們還沒有將行李都整理好。我們愉快地聊著天，我受到了他們熱情的歡迎，並前往他們為我安排的房間。在吃了一頓可口的飯菜後，我躺在床上睡午覺。

晚上七點半的時候，馬車過來了。我被告知不需要單純地進行閱讀演說，因為主辦方還邀請了一些歌手參加。因此，當我上了馬車後，發現裡面坐著一位穿著藍色緊身緞子，頭上戴著鮮花裝飾，繫著白色腰帶的人，而她正是我們的老朋友 —— 之前我在安多弗的音樂會上見過她，她現在成為了歐洲某個名人的某某夫人。她之前在義大利學習過，之後又來到米蘭，在那裡進行了一個冬天的歌劇演唱，之後還前往巴黎與倫敦。

她的歌聲非常優美，看上去非常美麗。接著，我們看到一位來自切爾西的妙

齡少女，她不僅會唱歌，還會彈鋼琴。我閱讀了《牧師的管家》與《托蒲賽》，臺下的聽眾都顯得很滿意。接著，我們就乘坐馬車回家了。

　　下面這封信是斯托夫人在緬因州寫的，大約是在她從班格爾前往波特蘭的馬車上寫的。她在信中這樣寫道：

　　親愛的丈夫：

　　波特蘭與班格爾的閱讀之旅終於結束了。我之前一直擔心這次旅程會是孤獨且遙遠的，但最後證明這是我到過最有趣的地方。我在費伊斯一家逗留，他現在是安多弗地區的一名學生，你肯定也還記得他。他家是一個溫馨舒適的地方。我在晚上遇到了一位能夠和他深入交流的聽眾，並且進行了一場非常有趣的閱讀。我閱讀了關於吉特里奇船長的文章，聽眾們都對他的航海故事非常著迷。我還閱讀了《牧師的管家》、夏娃與托蒲賽等文章，也取得了不錯的反響。

　　一個完全失聰的女人走到我前面，對我說：「願上帝保佑妳。我是專門前來看妳的。相比於女王，我更願意見到妳。」另一個人過來跟我說她的女兒就叫哈里特·比徹·斯托。還有另一個大一點的女孩名叫夏娃。她說她們專門從五十哩外的地方，趕過來聆聽我的閱讀演說。這樣的事情真的讓我的內心感到非常快樂。

　　馬病給班格爾的民眾帶來諸多困擾。但是，市長與他的夫人特地走了很長一段路，前來送花給我。在閱讀開始的時候，他也專門介紹了我。這裡的聽眾都非常好，每個人都是走路過來聽我演說，因為他們都不敢乘坐馬車過來。當地的不少教授都過來拜訪我，當地的專職牧師紐曼·史密斯也特地過來看望我。

　　每個人都非常關心你的健康狀況，費女士對我說，希望我與你能夠在明年夏天與她們一起度過一週。在波特蘭的霍華德先生在見到我的時候，也詢問了你的情況。每個人都為你的健康有所好轉而感到高興。

　　我在波特蘭與班格爾時，天空下起了暴風雪，因此我沒有見到很多人。現在，我坐在前往肯尼貝克的豪華車廂上，回想著這趟旅程的點點滴滴。當然，我住在一個相當不錯的房子，還有許多非常有趣的拜訪，重新見到了好多老朋友。即使我沒有賺到什麼錢，但這一切都已經足夠了。總的來說，這是我一種比較輕鬆的賺錢方式，雖然任何賺錢的方式都不是那麼容易的 —— 畢竟賺錢的過程中，必然會出現某些讓人感到不愉快的事情。

在陰沉的天氣下，整天待在酒店裡的那種孤獨，是讓人不愉快的事情之一。在波特蘭的時候，也沒有人願意邀請我們前往他們家做客。我們在那裡的老朋友幾乎都去世了。他們已經跨越到生命之河的彼岸了。我給你寄去幾首讓我感到快樂的詩歌。我一直都希望與你在一起，與你有一番長時間的交談。

河流沿途的景色非常美麗。這裡的橡樹依然還有葉子，雖然其他的樹木早就光禿禿的了。但是，橡樹與松樹形成了鮮明的對比。我們應該會在布勞恩斯魏克停留 20 分鐘，因此我可以回去看看以前居住過的老地方。

現在，我們正經過哈洛威爾，肯尼貝爾河流的流向發生了改變。這是多麼美麗的一條河流啊！現在，河流上漂浮著許多木材和木筏。好了，我先寫到這裡。我親愛的丈夫，再見了。我永遠都是深愛著你的妻子。

在當年 11 月 7 日，斯托夫人在麻薩諸塞州的南弗雷明漢姆寫了下面一封信：

11 月 7 日

親愛的，我現在在 E 這座美麗的小房子裡。他有一位美麗的妻子、一位美麗的妹妹、一個可愛的嬰兒、兩個英俊的男孩，還有一隻可愛的白色貓咪。我必須要說，這隻白色的貓咪真的是太好看了！這是他們從派克博士那裡買過來的一隻波斯貓，貓的顏色就像白雪那樣白，有著最為柔軟的毛髮，還有著極為溫順的性情，有時會發出咕嚕咕嚕的聲音。

昨晚，我在演說過程中遇到了非常優秀的聽眾，他們都很喜歡我的演說。要不是考慮到馬病以及下雨天等因素的影響，這些聽眾可以說實在是太棒了。他們在整個過程中都發出了許多笑聲。我們之後還碰到了一場大風。

E 在這裡擁有著鄉村牧師真正應該有的待遇：他配有馬匹、雙輪單座輕馬車以及一匹漂亮的馬。他的那個小嬰兒是那麼地有趣，有時會流著口水，會嘟噥著什麼話，真的非常可愛。

11 月 13 日，維克菲爾德

昨晚，我在黑弗里爾進行了一場閱讀演說。當時天空下著暴雨，但還是來了很多聽眾，不過這些聽眾的表現，不像在沃特漢姆地區的聽眾那麼興奮。有一些聽眾似乎顯得特別開心，有一些聽眾則不是這樣。我必須要想辦法讓他們擺脫這

樣的沉重心情，因為在弗雷明漢姆與沃特漢姆地區，這些聽眾的表現也給我的內心帶來極大的鼓舞。

願上帝保佑你！每當我想到你現在心情憂鬱，而我卻不能在你身邊，就讓我感到非常悲傷。我們很快就可以在一起，然後永遠地在一起。再見了，親愛的。

11 月 24 日

我在皮博迪地區的閱讀演說還是非常順利的。我參觀了當地的圖書館，看到了女王陛下的畫像，這是她專門為喬治·皮博迪創作的。這幅畫大約有六平方英寸，上面裝飾著鍍金琺瑯，裱在一個結實的畫框裡。整幅畫呈現出來的效果，與在象牙上繪畫沒有什麼區別。晚上，這幅畫會被放在一座安全大門裡，並且還有一個密碼鎖來進行保護，防止有人盜竊。這讓我想起了我們之前在國外的一些有趣現象。

我認為自己的人生也即將要走到盡頭了。如果我能在人生的最後階段沒有什麼病痛的話，那麼這最後一段旅程將會顯得非常美好。我從未像現在這樣感覺自己如此接近仁慈的天父。上帝會賜給那些軟弱者以力量，讓他們感受到祂的存在。

在我的一生裡，我始終都感受到這樣一種力量。

永遠深愛著你的妻子
哈里特·比徹·斯托

11 月 26 日，斯托夫人在紐波特這樣寫道：

在新倫敦進行閱讀演說，這是一件讓人感到疲憊、睏倦與煩惱的事情。我必須要在帕爾馬等待三個小時候。接著，還要搭乘一輛比較緩慢的火車，這列火車直到天黑之後才抵達新倫敦。此時，我根本沒有任何可以休息的時間，只能拖著疲憊的身軀繼續前進，我甚至連換衣服的時間都沒有。整段路途讓我全身都因為疲倦而感到顫抖。

演說的大廳很長，裡面的燈光較為昏暗，聽眾坐得也不是很密集，只是有一定數量的聽眾。整個演說大廳的燈光都很昏暗，除了一盞煤氣燈專門照在我眼前

的閱讀桌，因此，我根本看不到臺下的聽眾。當這場閱讀結束之後，我只覺得非常高興，為自己能夠回到酒店休息感到開心。接著，我必須要在凌晨 5 點鐘起床，前去乘坐紐波特火車。

在一個多霧的早晨，我來到了這個地方。我一開始乘坐渡輪，之後乘坐馬車，接著再乘坐一艘比較舊的蒸汽船。我沒有發現有任何人前來歡迎我，於是我就叫來一輛馬車前往酒店。酒店老闆非常友善地對待我，說他知道我要前來這裡，也知道我現在住在曼達林。但是，我想要的只是一間溫暖的房間，還有充裕的睡眠時間。現在，我已經從三個小時的打盹中醒了過來，孤單地坐在這間酒店的客廳裡。

親愛的老人，我真的非常想念你。我現在只想回到我們安靜的家，一起歌唱：「約翰·安德森，我的兄弟姊妹們。」第二天，我離開了這間酒店，因為在這裡居住就像坐牢一樣。還有兩天，我就要返程了。

永遠深愛著你的妻子

哈里特·比徹·斯托

斯托夫人在第二年繼續她的閱讀之旅。這一次她是前往西部舉行閱讀演說。西元 1873 年 10 月 28 日，她從俄亥俄州的贊斯維爾寫信給她在哈佛大學讀書的兒子說：

你能夠經常寫信給我，這讓我感到非常欣慰。我經常在不同地方收到你的來信，這著實讓我的內心感到喜悅。我感覺自己真的是疲憊到了極點。我在芝加哥連續兩個晚上都有閱讀演說，在之後的一天裡，連續十三個小時都在路上，前往三百哩之外的辛辛那提。我們不得不乘坐我所看到過最讓人不舒服的馬車，馬車裡面坐滿了人，我甚至沒有機會垂下頭休息。這就是從芝加哥通往辛辛那提的所謂康莊大道。我們在早上八點鐘從芝加哥出發，直到晚上將近十點鐘的時候才抵達辛辛那提。

抵達辛辛那提之後，我們發現喬治·比徹沒有收到我們的電報，因此沒有過來迎接我們，也沒有為我們預約酒店房間，我們也無法在她的住所裡住一晚。最後，我們只能前往酒店入住，此時大約已經是晚上十一點鐘了。當我爬上床睡覺的時候，我感覺身上的每一根神經都非常疼痛。第二天的天色較暗，下著雨。我

第二十一章　結局，西元 1870～1889 年

大部分時間都躺在床上。不過，在我起床時，仍然感到非常疲憊，似乎自己根本沒有從疲憊中完全恢復過來。

那些為我安排這次閱讀之旅的人，根本沒有將兩地之間的可怕距離以及疲憊的火車旅程計算在內。在這些西部路線裡，沒有所謂的特等臥車。桑德斯先生想盡一切辦法，想讓火車站務員為我們準備一個特等臥車車廂，但沒有成功。站務員說，只有夜班火車才有特等臥車。因此，我們別無選擇，只能在晚上乘坐特等臥車出發。

我在辛辛那提遇到了最讓我感動的聽眾。他們似乎都為見到我而感到非常高興，懇求我再次過來。第二天，喬治帶著我們乘坐馬車前往核桃山丘。我們看到了神學院的建築，你的姊姊當年就在那裡出生的。我們之後有一段時間也曾在那裡居住過。下午，我們必須要離開這裡，匆忙趕往代頓準備晚上的閱讀。第二天晚上，我們還要在哥倫布地區進行一場閱讀演說。在哥倫布的時候，我們在一位老朋友家睡了一晚。

現在，我終於可以稍微從這次可怕的旅程中獲得一點休息，但我再也不會這樣做了。這樣的事情只做一次就足夠了，明白是怎麼一回事之後就不該再做了。在哥倫布與匹茲堡兩地之間，我只有在贊斯維爾進行一場閱讀演說，這是一座像地獄那樣黑暗的城鎮，人們有可能在這裡看到冥河。

之後，我遇到一群友好的聽眾，在這裡進行了愉快的閱讀演說。今天，我們就要前往匹茲堡，我將會在明天晚上進行閱讀演說。

之後的一天，我在代頓遇到了一位已經成為祖母的女性。我還記得當我第一次來到西部時，她還是一個天真無邪的女孩。她是喬治牧師第一批說服信仰基督教的信徒，現在居住在奇利科西這座小鎮上。如今，她的一個兒子成為了最高法院的大法官，另一個兒子則是商人。她與兩個兒子不僅成為了基督徒，而且還是最虔誠的那種基督徒。

對他們來說，宗教是他們人生最為重要的原則，堅定的宗教信仰讓他們能夠勇敢面對任何挫折，取得最終的勝利。她滿臉笑容地對我說，她的丈夫在內戰爆發的第一年就犧牲了，而她唯一的一個女兒與兩個孫子都去世了，她現在只是安靜地在等待著上帝的安排，希望能夠與他們重聚。她的兒子現在是長老會教派的主要成員，希望教眾能夠誠心地進行懺悔，而不是做樣子。

當我想到這一切都是源於當年那個天真無邪的女孩所帶來的改變，而喬治看上去似乎沒有做什麼時，我說：「誰能夠衡量一位虔誠的牧師所做的工作呢？」可以說，我親眼看到了基督教在世界上不斷發展壯大。

再見了，我的兒子。我們應該很快就能回到佛羅里達州的家了。

始終深愛著你的母親

哈里特・比徹・斯托

在結束這次閱讀之旅後，斯托夫人再也沒有接受任何的閱讀邀請了，不願意再為了金錢而這樣做，儘管她經常將自己在這方面的才能貢獻給慈善事業。

斯托夫人晚年最值得記錄的一件事，就是慶祝她七十歲生日。她的出版商，來自波士頓的霍頓與米爾林，為她舉辦了一場花園聚會形式的生日招待會，邀請了當時美國文學界的重要人物。生日聚會的時間是在西元 1882 年 6 月 14 日，地點是「老榆樹」花園，這座麻薩諸塞州前州長克拉夫林在牛頓維爾的家，這裡是波士頓地區最美麗的郊區。許多名人都來到這裡，為斯托夫人慶祝生日。在 6 月天氣晴好的下午，大約有兩百多名文學界的名人以及當時傑出的女性參加。

在下午 3 點到 5 點鐘，是賓客自由社交的時間。隨著賓客逐漸到來，霍頓先生將他們一一介紹給斯托夫人。然後，賓客們都分別聚集在走廊上、草地上或是茶點室。大約在五點鐘的時候，他們都來到了草地上一座龐大的帳篷裡。身為主人的霍頓向斯托夫人的朋友與來賓表達了歡迎之情。在歡迎詞的結尾處，他說：

現在，尊敬的斯托夫人：

妳彷彿穿越了好望角，經過了莫三比克，然後沿著東北風聞到了阿拉伯海沿岸吹來的辛辣味道。

可以說，所有人都懷著謙卑之心前來為妳祝賀生日，妳的影響力像是插上了翅膀的風，吹遍了地球的每個角落。但是，沒有任何人比妳更應該得到這樣的禮遇。妳的一生始終都在追求公平正義，忍受著許多的不公，可是妳依然勇敢地奮戰著，最後戰而勝之。許多人將妳和米里亞姆（希伯來女先知，摩西與亞倫的姊姊）以及底波拉（希伯來女先知及法官）相比。當妳唱出這句鼓舞人心的歌詞時：

第二十一章　結局，西元 1870 ～ 1889 年

讚美上帝吧！因為祂是無上榮耀的。

全能全知的上帝透過一個女人的手，讓他們都失望了。

斯托夫人的弟弟亨利・沃德・比徹對此進行了回應，他說：「當然，你們的想法都跟我一樣。但站在這個地方，我眼前浮現出來的只有我的父親與母親。母親去世的時候，我還只是一個孩子，父親是我永遠的老師和朋友。可以說，他是一個有著誠實靈魂、從不嫉妒、沒有私心的人。雖然，他認為自己在神學理論方面做出了一點貢獻，但每個人都知道，他是在宗教領域做出了貢獻。

我的母親對我來說，就像聖母瑪麗亞對那些虔誠天主教徒一樣。她是一個本性良好且有著哲學家思維的女性，雖然有著豐富的想像力，為人卻較為羞澀，不善言談 —— 我在這方面與母親比較相像 —— 正是這位女性生下了斯托。母親所具有的優雅與風度超越她的任何一個孩子。我覺得，從體型來看，我不像她，但是我認為斯托是最像母親的。我代表我的父親和母親，感謝你們給予我的姊姊斯托夫人如此多的善意與友愛。」

約翰・格林利夫・惠蒂爾當時朗讀了下面這首詩歌：

在這片滿地都是花朵，

周圍種植著金黃色柳丁樹的涼亭邊，

我們進入了 6 月舒適青綠的季節。

我們必須要感謝她，

正是她在我們國家面臨邪惡的時候，

讓國民認清了邪惡。

她用超過男人的力量

超越男人的寶劍的武器，

用她的筆劃破暗夜的長空。

她讓世人了解

生活在小屋裡的奴隸的生存狀況，

讓奴隸的痛苦與悲傷為世人所知。

世界上說不同語言的人，

無論是北方人、南方人、東方人或西方人，

都能夠感受到內心的震撼，

這樣的聲音彷彿是上天的雷鳴

從天而降，撕裂著套在奴隸身上的枷鎖！

每個人都喜歡她的《牧師的求婚》。

這展現了虔誠清教徒內心的信仰，

將人類的愛意與上帝的愛意

緊密地連繫在一起。

她用手中鋒利的筆，

描繪著老城的人們的生活，

講述著他們的爐邊故事，

這些可能是心酸的，也可能是愉悅的。

這些故事帶著山姆·羅森那種古色古香的感覺，

彌漫著過去新英格蘭地區的瑣碎生活，

彷彿一切都洋溢著田園牧歌的感覺。

這些故事是那麼平凡卻又那麼傳奇，

正如喬叟或是薄伽丘所創作的故事一樣。

不管時間地點如何變化，

她始終保持天性的優雅與力量，

就像索倫托露出的微笑一樣。

在一個長滿樺樹的小島上，

那裡夏天的風吹過了

拉布拉多的浮冰。

她點亮了柴火，

第二十一章　結局，西元 1870～1889 年

讓世人看到哈普斯威爾天使般的女孩

她的那顆無價的珍珠。

在她 70 歲生日這一天，

任何對她的讚美或是文章，

任何榮耀與真誠的祝福，

都屬於世人對她的愛意，

屬於上天賜給我們的希望！

啊！比今天的空氣更加親切的是

我們的愛意全部獻給她！

她不追求名利，

她的名字與自由一詞緊密連繫。

在我們都遠去的時候，

她的名字將會繼續流傳。

當海浪沖刷著我們灰色的海岸線，

當狂風吹動著南方的松樹林，

這一切都是在為進行的永恆歌唱，

正在輕聲細語地闡述著她的故事。

讓過去的一切罪惡與愚蠢的仇恨，

讓所有種族的仇恨與等級的區分

全部消失。

讓白人、黑人與印第安人

都能夠和平共處。

這就是她所做的最高尚的事情。

接著，奧利弗·溫德爾·霍姆斯博士也閱讀了一篇祝賀斯托夫人的詩歌：

如果說不同語言的人都讚美她，

那麼我就要在桌前冥思苦想，

想出真正具有特色的話來讚美她。

我們的讚美會得到很多人的共鳴，

不同口音的人都會一致認為，

無論在世界上的哪個地方或是部落，

都在用不同的語言表達著同一種意思。

英國人、法國人、瑞典人、丹麥人，

土耳其人、西班牙人、烏克蘭的韃靼人，

西班牙貴族、哥薩克人、穆斯林的下級法官，

荷蘭貴族與荷蘭平民，

俄國的農奴，波蘭的猶太人，

阿拉伯人、亞美尼亞人與滿洲人，

都會大聲地說：「我們認識這位女士。」

我們知道她！誰不知道湯姆叔叔呢？

她的作品彷彿是摩西以來最重要的。

我們知道那些勇敢的黑人，

知道這些為了自由而拿起鋤頭的人

他們在南方的種植園裡認真地除草。

許多年前，阿基米德曾經自豪地說：

「給我一個支點，我就能夠舉起整個地球。」

他的這個夢想或許是幻想，

現在終於由她完成了，

將女性的信仰傳播到世界各地。

第二十一章　結局，西元 1870 ～ 1889 年

她手中的槓桿是一根藝術的魔杖，

她的支點就是人類的心靈。

在所有人的支持下，

她終於舉起了地球！這讓天空雷鳴閃電，

讓高山震動，讓宮殿震撼。

鮮紅色的岩漿終於噴射出來，

摩羅神終於沉入了地獄。

儘管經歷了起起伏伏的衝突與鬥爭，

湯姆叔叔和老約翰·布朗卻變得鮮活起來，

一個活似鬼魂，一個活似理想的人物。

哪一個真，哪一個假？

哪一個的力量更為強大呢？

最為睿智的女預言家也不知道，

因為這兩者都是真實的。

姊妹們，神聖的女僕在修道院的陋室裡

默念著珠子。

她們蒼白的信仰在猶豫不決。

但她要為那些飽受痛苦之人解除痛苦，

她的祈禱透過充滿愛意的行為展現出來。

希望上帝能夠默念她的珠子

以及默念人類的手指。

真理是，她本人也是奴隸制下的奴隸，

你的雙手也是被套在枷鎖裡。

但是小說帶來的彩虹式的翅膀，

將真理一直傳播到今天。

將天使的花冠編織好，

將百合花放在你的腳下，

感受上天賜給你的祝福吧！

當時，還有以下來賓寫了詩歌表達對斯托夫人的祝福：A‧D‧T‧惠特尼夫人、伊莉莎白‧斯圖瓦特‧菲爾普斯夫人、J‧T‧特勞布利奇、艾倫小姐（斯托夫人的女兒）、安妮‧菲爾德斯夫人以及夏洛特‧F‧巴特斯小姐。法官阿爾比恩‧W‧圖爾熱以及文學界的其他人也發表了演說。

很多因為所處的地理位置或是有事要忙而無法出席的著名人士，也寄來了祝賀信件。在這些信件裡，當時只閱讀了四個人的祝賀信件，但是所有的祝賀信件都送到了斯托夫人手上。這場慶祝生日的活動最後在斯托夫人的簡短致辭中結束。當時，斯托夫人走到前面的講臺上，所有來賓都站了起來，並且一直站到斯托夫人講完為止。斯托夫人還是以一如既往的謙遜以及柔和態度，表達了自己的感謝之情：

我發自內心感謝我的朋友們。這就是我此時此刻的感受。還有一件事，那就是如果你們中有任何人感到困惑、悲傷或是痛苦，如果你們對這個世界感到懷疑，請記住上帝為我們所做的事情。請你們記住奴隸制這個讓人悲傷的制度已經永遠消失，一去不復返了。我每天都能在南方看到這個事實。我在南方的一些小木屋裡，看到那裡的黑人變得越來越富有。我看到許多人雖然過著卑微的生活，但他們依然感到非常快樂。

可以肯定的是，你們必須要對他們保持耐心。他們不是完美的人，他們也有自己的缺點，並且對白人的看法有著很大的缺陷。可是，他們是非常快樂的人，這是顯而易見的，他們顯然知道怎麼去享受生活，他們在這方面顯然要比我們做得更好。我附近鄰居有一位過去做過奴隸的黑人，現在已經擁有一棟全新的兩層樓房子，擁有一個柳丁果園還有一間糖廠。他現在賺到了很多錢。

斯托某天見到他，這位黑人說：「我現在擁有 20 頭牲畜，還有 4 匹小馬，40 隻小雞，我還有 10 個孩子，他們都是我的孩子，每一個都是我的孩子。」你

們都知道，這是之前的黑人做夢都不敢說出來的話。這個黑人現在已經差不多 60 歲了。即使他們有著各種各樣的缺點，要是他們獲得了自由，哪怕他們一開始是一無所有，他們都能憑藉勤勞的雙手去過上幸福的生活。誰能夠像他們那樣呢？我認為他們做得非常不錯。

不久前，一些黑人在他家舉行了一次教會的晚上聚會，籌集到了 50 美元。我們這些白人乘坐馬車前去，當我們抵達那裡的時候，發現一切都已經安排妥當了。他的每個女兒都知道如何烹飪。他們家是舉行這樣聚會的好地方。他們的晚餐就擺放在一張白色的桌子上，餐桌上鋪著一張乾淨的桌布。每個人需要為晚餐支付 50 美分。他們籌集到 50 至 60 美元左右。整個聚會的場景是非常融洽有趣的。他們還準備自製的霜淇淋，味道非常好。

這是我現在所看到的，所以讓我們千萬不要對此有任何懷疑。任何我們期望中應該發生的事情，現在都正在發生。

斯托夫人的公共生活，就是在她這次生日花園聚會之後結束的，之後關於她的事情其實也沒多少可以說的。西元 1880 年，斯托夫人開始收集整理與她這一生相關的信件和文章。在一封寫給她在緬因州索科工作的兒子的信件裡，斯托夫人談到了這項工作：

西元 1880 年 9 月 30 日

親愛的查理：

最近，我一直惦記著你。這段時間裡，我忙著整理與收集我之前的文章，想要篩選出哪些文章是沒有任何保存價值的，哪些是有保存價值的，好讓我的繼承人在財產過戶的時候不會遇到更多的麻煩。我無法跟你說清當我重新回看過去這些文章時的感覺。閱讀過去的這些信件 —— 這些信件的作者都已經離開了人世 —— 這會讓我在閱讀的過程中，感覺自己彷彿進入了一種精神世界裡 —— 這些信件裡講述著一種溫暖、充滿期望、不安與忙碌的生活，但屬於這些人的這些生活已經永遠地成為了過去。

我自己的信也一樣，充滿了我早年生活中的往事和我孩子們的童年時光。當我回想起多年前給我帶來深刻印象的事情，仍然會讓我充滿了情感。當這些場合與情感徹底從我的腦海裡消失時，會讓我深深地感到不安。但是，我要感謝上

帝一點，從我 13 歲起，就一直對耶穌基督產生了強烈的情感，一直感受著他的教導、指引與關愛。現在，這是我唯一剩下的。

我年輕時候的浪漫情感已經褪去了。要是從我現在的年齡去看，以前真的是太年輕了 —— 在那些歲月裡，我的心智幾乎只存在於情感當中。當時，我從來不在信件上署名日期，因為這些都是我內心的想法，但現在我再也不是一個年輕人，永遠都不可能在世界上有第二次年輕的機會了。現在，我年輕時候的朋友都已經走進了永恆的世界，我還剩下什麼呢？

穿越生命與死亡，穿越悲傷與罪惡，

上帝會支持著我，因為祂一直在支持著我，

耶穌基督是最後的歸宿，因為祂也是起點。

一切的開始和結束都是耶穌基督。

過去，我一直沉迷於對逝去時光的依戀。當我閱讀以前的這些老信件，寫信的人幾乎都已離開了人世（除了 C・馮・倫斯勒），其中包括了喬治亞娜・梅、迪莉婭・培根、克拉利沙・特利特、伊莉莎白・萊曼、薩拉・柯爾特、伊莉莎白・費尼克斯、法蘭西斯・斯特朗與伊莉莎白・福斯特。我收過他們寄來的信件，可是他們已不在這個世界上了，他們比我更早知道另一個世界是什麼模樣。

有時，這會讓我感到恍惚，不禁產生人生苦短，感覺自己正在慢慢地接近那個永恆的世界。因為我看到之前與我一起旅行、生活和交流的人，都走進了永恆的帷幕裡。還有就是我所寫的信件，這些都是我在結婚後前兩年所寫的。當時，斯托身在歐洲，我則滿懷興奮地準備成為母親 —— 當時，我的全部生活都局限在四面牆的嬰兒室。我的想法也隨著孩子們的不斷成長或是不斷離開而發生了改變 —— 我的兩個孩子都是極為可愛的，但耶穌基督在他們年輕的時候就帶走了他們，還有我那個尚在襁褓中的小兒子查理，上帝在他尚未懂得任何罪惡或是悲傷的時候就帶走了他 —— 接著就是我的哥哥喬治與姊姊凱薩琳 —— 她是我年輕時候最重要的陪伴。在我 12 歲離開家的時候，她就承擔起母親的角色 —— 現在，他們都已經遠去了。接著，就是我摯愛的父親，他這一輩子就是天父的理想形象 —— 他遭遇過許多痛苦與挫折。在我感到困惑或是迷惘時，他始終都是我

詢問的最好對象。父親已經去了天國，與我那位沒有多少印象的天使般的母親相聚了。

　　西元 1882 年，斯托夫人在給她兒子的一封信裡，談到了她在閱讀《約翰·昆西·亞當斯的人生與信件》（*Life and Letters of John Quincy Adams*）一書的感受，順便回顧了她人生中所經歷的各種考驗。

　　你的父親喜歡前去波士頓圖書館。他現在正在閱讀約翰·昆西·亞當斯自傳的第 12 卷還是第 14 卷。可以說，這是我國歷史上一段關於奴隸制慢慢形成以及最終引發內戰的過程。亞當斯是一位非常勤勉的人。他每天都忠誠地記錄著當天發生的事情，了解那些奴隸制勢力所耍的卑鄙手段以及陰謀，也將北方各州表現出來的優柔寡斷記錄下來了。

　　當時，卡爾霍恩是美國國務卿，在他的縱容默許下，甚至連美國民眾的民意都可以篡改，用來證明自由對於黑奴來說是沒什麼用的。有關那些失明、失聰與精神分裂的黑人的紀錄傳到了北方各州，還傳到了約翰·昆西·亞當斯的家鄉，用來證明根本不存在所謂的黑奴。當亞當斯發現這些資料都是偽造的，只是為了讓美國政府與英國大使進行爭論，從而讓英國方面同意德克薩斯州成為一個奴隸州的時候，年老的亞當斯去拜訪了卡爾霍恩，遞給他一份真實的文件，證明那份所謂的民意是錯誤的。

　　亞當斯說：「他就像一條被踩到的響尾蛇那樣在蠕動，只是說那份報告裡充滿了錯誤，但說總的內容還是真實的 —— 因此沒有必要去修正這樣的報告。」亞當斯的一生都在與迅速發展的奴隸制堅決地鬥爭著，因為當時的奴隸制就像毒蛇那樣想要征服一切。

　　在那個時候，南方蓄奴州像蠢蠢欲動的老虎與響尾蛇 —— 當他們遭到欺負、指責、嘲笑或是威脅的時候，這個老人每天都會勃然大怒，因為他深知國會的每一條法則，知道辯論的策略，有辦法將自己的聲音表達出來。接著，南方蓄奴州提出了一份來自黑奴們的請願書，這份請願書激起了極大的憤怒。他宣稱，黑奴們提出請願書的權利是每個人都擁有的權利。

　　南方蓄奴州想辦法要將他趕下臺。按照憲法的規定，在他下臺之前，還是可以堅持自己的立場。因為這就是他想要做的。他堅持了十四天，用自己強大的記

憶力，充分地闡述了奴隸制殘暴血腥的歷史。但是，他的敵人發現這件事變得越來越敏感，激發了越來越多的民憤之後，就開始撤銷這樣的動議。最後，黑奴們獲得了請願的權利。

真正讓人感到驚訝的是，這本日記裡詳細地記錄著，他每個週日都要前往教堂，分析牧師布道演說的內容。這其中表現出了一種簡樸與認真的態度。他的分析通常與演說者的觀點不太一樣 —— 顯得更加莊重與謙卑 —— 他似乎總是持有一種自我懷疑態度，有著強烈的罪惡感與軟弱感，不過他始終相信上帝天父般的仁慈是存在的。

只需看看他在週日的布道演說紀錄，就能對任何一位想要成為布道牧師的年輕人有深刻地啟發。他是一位虔誠的領受聖餐者，還會在耶誕節與復活節的時候前去教堂禮拜 —— 我真的敬佩這位老人。他去世的時候，還沒有看到上帝賜予黑奴們自由，這實在是有點遺憾。但是，我相信他肯定在天國那裡見到了這一幕。他是在國會山去世的。他的臨終遺言是：「這是我在世界上的最後時刻了，我感到心滿意足。」現在，我相信他已經與上帝在一起了。

所有一切都已經遠走了。過去的一切憤怒、一切威脅，一切臨陣逃脫的懦夫，一切見風使舵之人，一切為了個人利益而出賣國家利益的人，一切臭名昭著以及鄙視真理的人，都在塵土中沉默，戰鬥已經結束了。不管他們生前做的好與壞，不論他們生前是勇敢戰鬥還是像懦夫那樣逃脫，永恆都不會抹去他們原有的靈魂。

從某種意義上來說，我們的人生都是無法修復的。如果我們感到畏懼，如果我們失敗了，如果我們選擇短暫的安全而放棄永恆的存在，那麼上帝可能會原諒我們。可是，我們的內心卻會殘存著永恆的遺憾。在面臨最嚴重的考驗時，我們應該保持謙卑，在真理不受歡迎的時候，我們應該堅持真理。因為當耶穌基督被套在枷鎖，被當成奴隸那樣鞭打時，他依然默默地堅持著真理。

西元 1887 年秋天，斯托夫人寫了一封信給她在紐約市布魯克林居住的哥哥愛德華・比徹牧師：

西元 1887 年 10 月 11 日，康乃狄克州哈特福福里斯特大街 49 號

親愛的哥哥：

第二十一章　結局，西元 1870 ～ 1889 年

收到你充滿友善情感的來信，我真的很開心。你是我早年的宗教老師。當我還是一個在哈特福上小學的女孩時，你給我的來信讓我產生了虔誠的基督教信念與標準，我一直都希望自己這輩子沒有失去這樣的信念。基督教的信念不僅給我的人生帶來數不盡的好處，還讓我在當時認識了許多親密的朋友，比如喬治亞娜·梅、凱薩琳·科格斯韋爾等人。

當年溫馨、簡單且天真的學校生活，經常在我的回憶世界裡翻滾。在那些早年的朋友當中，我是唯一還活著的人。我早年的同學都已經去世了 —— 現在，就連比我小一兩歲的亨利也離開了，還有我的丈夫也離開了我（斯托教授在西元 1886 年 8 月去世了）。有時，我忍不住會想，為什麼上帝要這樣寬容我呢？我是不是還有什麼事情沒做呢？我正在考慮，在我的兒子查理斯的幫助下，整理我的人生紀錄，書名就叫《過去人生海岸邊的鵝卵石》。

查理告訴我，他已經寫到我 12、13 歲左右的人生自傳了，當時我在姊姊凱薩琳的照顧下生活在哈特福。從那之後，我每天都會寫日記。我想，你當時是哈特福語法學校的一名老師。

我親愛的哥哥，讓我們始終保持著善意的心靈，那麼任何邪惡的念頭就不會侵襲我們。罪惡本身就是邪惡的，但是耶穌基督會保護我們。我們的人生旅程是如此之短暫。

我感覺現在發生的事情，就像我在酒店裡所遇到的事情。在我的行李都打包好了之後，我就要準備返程回家了。我可能會感到不安或是煩躁……但這又有什麼呢！我很快就要回家了

永遠愛著你的妹妹

海蒂

斯托夫人在稍後寫給一位朋友的信件裡說：

最近，我一直在考慮著離開你們，獨自回家的可能性。我已經差不多來到了人生這一場朝聖之旅的終點，已經能看到死神之河了。我感覺自己現在不論白天黑夜都可能會見到上帝的信使。有時，我會在睡夢中感受到某種鮮活的精神生活的奇怪感知，感覺自己是那麼接近耶穌基督以及其他的神聖之人。那樣一種快樂，是任何其他的快樂感覺都無法相比的。這種感覺是無法用世界上的任何言語

去表達的。

　　我當時的感覺，我現在是絕對清楚的，但這與我們在這個世界上所看到的任何東西都不一樣，因此無法用言語去表達。這都是耶穌基督創造出來的一種難以言喻的美好！在我看來，在某個空間裡，愛意的熱情代表著靈魂的一種沉著的習慣，這是不需要任何言語的，不需要我們展現出任何情感，就必然能夠聆聽到彼此的信條，彼此的愛意。

　　我們可以回饋無限的愛意，我們可以從自身感受到祂的答案，因此根本不需要任何言語。這一切看上去都是那麼地迅速，那麼地友善。每當這樣的感覺出現時，我們都能感受到耶穌基督帶來的那種顫動快感。「經歷一切，感受一切，穿越一切。」他正是憑藉這種美好而仁慈的意志去救贖與拯救的。當我醒來的時候，我這樣說：「這樣的快樂已經足夠了，躺在你的雙腳下。你不會讓我繼續跌倒，也沒有人能夠飛得更高了。」

　　人生只是一瞬，但這在我的心靈裡留下了難以言喻的美好感覺。

引發南北戰爭的「小婦人」哈里特・比徹・斯托：

引領廢奴文學興起，喚醒社會平權意識，《湯姆叔叔的小屋》作者與她不斷揭露不公和偏見的一生

作　　者：[美] 查爾斯・愛德華・斯托（Charles Edward Stowe）

翻　　譯：孔謐

發 行 人：黃振庭

出 版 者：崧燁文化事業有限公司

發 行 者：崧燁文化事業有限公司

E-mail：sonbookservice@gmail.com

粉 絲 頁：https://www.facebook.com/sonbookss/

網　　址：https://sonbook.net/

地　　址：台北市中正區重慶南路一段六十一號八樓 815 室

Rm. 815, 8F., No.61, Sec. 1, Chongqing S. Rd., Zhongzheng Dist., Taipei City 100, Taiwan

電　　話：(02)2370-3310

傳　　真：(02)2388-1990

印　　刷：京峯彩色印刷有限公司（京峰數位）

律師顧問：廣華律師事務所 張珮琦律師

-版權聲明

定　　價：599 元

發行日期：2023 年 03 月第一版

◎本書以 POD 印製

國家圖書館出版品預行編目資料

引發南北戰爭的「小婦人」哈里特・比徹・斯托：引領廢奴文學興起，喚醒社會平權意識，《湯姆叔叔的小屋》作者與她不斷揭露不公和偏見的一生 / [美] 查爾斯・愛德華・斯托（Charles Edward Stowe）著，孔謐譯 . -- 第一版 . -- 臺北市：崧燁文化事業有限公司 , 2023.03

面；　公分

POD 版

譯　自：The life of Harriet Beecher Stowe

ISBN 978-626-357-089-4(平裝)

1.CST：斯托 (Stowe, Harriet Beecher, 1811-1896.) 2.CST：傳記 3.CST：美國

785.28　112000209

電子書購買

臉書